D1654690

FÉLIX FABRI

Les errances de Frère Félix, pèlerin en Terre sainte, en Arabie et en Égypte (1480 - 1483)

Tome I

Premier et deuxième traités

Texte latin, traduction, introduction et notes sous la direction de

Jean MEYERS,
Professeur de langue et littérature latines

et de

Nicole CHAREYRON,
Maître de Conférences de langue et littérature médiévales

Ouvrage publié avec le concours du CERCAM et du Conseil Scientifique de l'Université Paul-Valéry

Université Paul-Valéry - Montpellier
Publications du CERCAM
2000

Publications
du Centre d'Études et de Recherche
sur les Civilisations Antiques de la Méditerranée

Ont participé à ce volume :

Michel TARAYRE, Professeur agrégé de Lettres Modernes, Chargé de cours à l'Université Paul-Valéry

Jacques DUMAREST, Professeur agrégé de Lettres Classiques en classes Préparatoires au lycée Champollion de Grenoble

Monia ALLAYA, Ancienne étudiante en Maîtrise de Lettres Modernes à l'Université Paul-Valéry

Kartigueyane CANABADY-ROCHELLE, Ancien étudiant en Maîtrise de Lettres Modernes à l'Université Paul-Valéry

L'ensemble des traductions a été revu et mis au point par Jean Meyers avec la collaboration de Michel Tarayre et de Nicole Chareyron.

PRÉFACE

Les récits de pèlerinage qui se multiplient aux derniers siècles du Moyen Âge constituent un type de document particulièrement riche pour connaître non seulement les itinéraires et les sanctuaires mais aussi les conditions de voyage et la mentalité des hommes de cette époque. Le but des rédacteurs est avant tout de tirer la leçon de leur expérience, d'être utiles aux futurs pèlerins en les informant sur les lieux à visiter, les précautions à prendre pendant le trajet et les dangers à éviter. Ces récits s'apparentent ainsi à la fois à nos reportages journalistiques et à nos guides touristiques.

Parmi eux, une place de choix est occupée par le témoignage du Dominicain allemand Félix Fabri, qui raconta à la fin du XVe siècle ses pèlerinages en Terre sainte et les appela *Evagatorium*, bien traduit par le terme « Errances ». Ce texte est connu depuis longtemps. Conrad Hassler en donna une édition au milieu du XIXe siècle. Une traduction allégée anglaise et une traduction intégrale allemande existent déjà. En revanche, le lecteur français ne disposait que d'une traduction sélective de la partie égyptienne du voyage de 1483 et ne pouvait connaître l'intégralité de ce texte dans sa langue. Il faut donc se féliciter de l'initiative de deux enseignants de l'Université Paul Valéry de Montpellier, Jean Meyers et Nicole Chareyron, qui ont allié leurs compétences de latiniste pour l'un, de spécialiste de la littérature médiévale de pèlerinage pour l'autre. Avec l'aide de leurs étudiants et de collègues dévoués, ils se sont attelés à la traduction de l'*Evagatorium* de Félix Fabri dont paraît maintenant le premier volume, enrichi de notes et d'une longue et précieuse introduction. Les traducteurs ont eu, de plus, la bonne idée de rééditer, revue et corrigée, l'édition Hassler devenue aujourd'hui introuvable.

Cette traduction à la fois précise, claire, et agréable à lire nous permet, à travers le récit de Félix Fabri de comprendre ce que représentait un pèlerinage à Jérusalem au XVe siècle et de pénétrer de plain-pied dans la mentalité d'un chrétien cultivé de cette époque. Les pages consacrées à l'étude de la valeur du pèlerinage ou à la description des terres et des mers, si elles sont moins pittoresques que celles qui racontent les faits divers du voyage, ne sont pas les moins intéressantes. Quant à celles qui décrivent les galères et la vie à bord, elles constituent un document remarquable pour la connaissance des techniques et pour celles des relations humaines.

En bref, on s'instruit beaucoup et on ne s'ennuie pas avec Félix Fabri. Remercions les traducteurs de donner au lecteur la possibilité d'en profiter.

Pierre André Sigal

INTRODUCTION

Accipite ergo, mei desideratissimi, hunc vobis promissum fratris vestri Felicis Evagatorium, et pro solatio duntaxat in eo legite.

Félix Fabri, *Lettre aux frères d'Ulm*
(*Evagatorium* I, 1, fol. 2 A)

I. L'homme

On a gardé trace de l'existence de Félix Fabri, originellement Félix Schmidt, dans les ouvrages où s'émiette son histoire : quelques éléments inscrits dans les Registres des Dominicains, quelques pièces de puzzle émergeant d'une oeuvre où le moine se souvient çà et là d'un épisode. Le récit de ses voyages en Terre sainte, son histoire de la Souabe sont pour lui des occasions de faire remonter à la surface de la conscience des événements dont il a été victime ou témoin. Mais sa biographie éclatée apparaît finalement plus mentale que tangible en faits, et nous connaissons mieux le tempérament de l'homme (qui se livre volontiers dans ses écrits) que les détails matériels de son cheminement terrestre.

Félix Schmidt est né à Zurich au sein d'une famille noble au blason « portant d'une sphère d'argent sur champ de sable »[1]. C'est là-bas que sont restées ses racines. Alors qu'il

1.– Cf. Franciscus Dominicus Haeberlin, *Dissertatio historica sistens vitam itinera et scripta fr. Felicis Fabri monachi praedicatorii Conventus Ulmani ad illustrandam historiam patriam*, Göttingen, 1742, 34 p. [cote B.N. : MP 1448]. Voir aussi son arbre généalogique dans *Quellen zur Schweizer Geschichte*, VI, éd. de Hermann Escher, Bâle, Felix Schneider, 1884, p. 136 : Burkhart Schmidt et Verena Zum Thor eurent deux fils Josef, époux de Clara von Yssnach (mort en 1443) et père de Félix, et Oswald surnommé « der ältere ». Burkhart, le grand-père de Félix, avait une soeur, Elisabeth,

traverse l'Égypte en 1483, il évoque les martyrs de sa ville natale et en particulier saint Félix de Zurich, qui convertit les habitants avant de subir le martyre[2]. Fabri écrit : « J'aime toujours entendre, lire, écrire, penser et parler de ces saints glorieux, de cette église et de cette ville, vu que le pays natal retient tout homme par des liens chéris et ne permet pas aux siens de l'oublier. En effet je suis né dans cette ville de Zurich, j'y suis *re-né* sur les fonts baptismaux, sur les tombes des saints martyrs, j'y ai été rendu associé au nom de Félix en recevant le nom de saint Félix, et je suis ainsi attaché à ce lieu et à ces saints. C'est une joie profonde pour moi de me souvenir que j'ai été dans le pays où ils sont nés. »[3] Par ailleurs, dans son *Histoire des Suèves*, l'historien rappellera aussi l'épisode fondateur de civilisation, la conversion du peuple par saint Félix[4].

On ignore à quelle date exactement Félix Fabri a vu le jour. S'appuyant sur la *Descriptio Sueviae*, J. Masson et A. Duval retiennent 1434 ou 1435, années de guerre civile opposant son canton natal à celui de Schwyz[5]. K. Wieland

mariée à Rudolf Stüssi (également mort en 1443), et un frère, Oswald de Kyburg, lequel eut un fils Oswald « der jüngere ». Oswald de Kiburg recueillit son petit-neveu Félix après la mort de son père.

2.– Cf. Mgr Paul Guérin, *Vie des saints de l'Ancien et du Nouveau Testament, des martyrs, des pères, des auteurs sacrés d'après le père Giry*, Les Petits Bollandistes, T. XI, Bar-le-Duc, Louis Guérin, 1873, p. 36, s.v. « Saint Félix de Zurich » (fête le 11 septembre). Saint Félix, réfugié à Zurich avec sa soeur sainte Régule et son serviteur saint Exupère, se bâtit une cellule sur l'emplacement de l'église Wasserkirke. Les réfugiés y prêchèrent l'Évangile à une population encore idolâtre avant d'être mis à mort par Dèce, proconsul romain sous l'empereur Maximien. Les martyrs sont vénérés comme premiers apôtres de la Suisse.

3.– Félix Fabri, *Voyage en Égypte (1483)*, T. II, traduction (partie égyptienne de l'*Evagatorium*) du R.P. J. Masson, Paris-Le Caire, Institut Français d'Archéologie du Caire, 1975, p. 752. Pour le texte latin, cf. *Fratris Felicis Evagatorium in Terrae Sanctae, Arabiae et Egypti Peregrinationem*, éd. Conrad D. Hassler, Stuttgart (« Bibliothek des Literarischen Vereins », 2-4), 1843-1849, T. III, p. 192.

4.– Felix Fabri, *Historiae Suevorum* I, 11, éd. Melchior H. Goldast, *Suevicarum Rerum Scriptores*, Francfort, Wolfgang Richter, 1605, p. 85-100.

5.– Cf. l'introduction à la trad. du *Voyage en Égypte* de J. Masson, T. I, p. I et A. Duval, « FABRI, Félix », dans *Dictionnaire d'Histoire et de*

préfère les dates de 1437 ou 1438 sur la foi des *Annales Suevici* de Martin Crusius et tente de faire le point sur l'imbroglio des différentes hypothèses. La date du 11 septembre 1438, donnée par H. Hess, n'est authentifiée par aucune référence[6] : le jour correspond néanmoins à la fête suisse de saint Félix. G. Gieraths privilégie, avec quelques autres, une date plus tardive, 1441 ou 1442[7], qui paraît peu compatible avec celle de 1452 que Fabri donne de sa prise d'habit.

Ce qui est certain, c'est que Félix n'était encore qu'un enfant (*puer*) lorsque son père, Josef Schmidt, fut tué pendant le siège de 1443[8]. L'auteur parle avec émotion de « cette très funeste guerre » et des drames familiaux qu'elle engendra dans la communauté zurichoise. Lui-même aura été du nombre des orphelins, et l'enfant devenu adulte garde une blessure qui se manifeste encore par intermittence et se réveille à l'évocation de cette triste page d'histoire de la Suisse[9]. A la mort de son

Géographie Ecclésiastiques, sous la direction de R. Aubert et E. Van Cauwenbergh, fasc. 90, Paris, Letouzey et Ané, s.d., col. 326-329.

6.– Cf. Félix Fabri, *Die Sionpilger*, Introduction de C. Wieland, Berlin, 1999, p. 53-54, n. 1 et 2 et H. HESS, « Felix Schmidt genannt Fabri », dans *Historisch-biographisches Lexikon der Schweiz*, suppl. Bd. Neuenburg, 1934, p. 153.

7.– Eyriés, « Faber (Schmidt) Félix », dans *Biographie Universelle*, Michaud, T. XIII, 1854, p. 233. Gundolf Gieraths, « Fabri (Schmid) Felix », dans *Neue Deutsche Biographie*, T. IV, Berlin, Duncker & Humblot, p. 726.

8.– Sur ce conflit, cf. l'article sur l'histoire de la Suisse de Paul Guichonnet, dans *Encyclopaedia Universalis*, T. XV, p. 518 : « En 1436, Schwyz et Zurich entrent en conflit pour la possession du comté de Toggenbourg, clé des routes vers l'Autriche et les cols grisons. Zurich s'allie à l'Autriche, mais les Sept Cantons remportent la victoire de Saint-Jacques sur la Sihl (juil. 1443). L'Empereur obtient l'aide de la France. Charles VII envoie le dauphin Louis avec plusieurs milliers de mercenaires armagnacs qui tiennent les confédérés en échec à Saint-Jacques sur la Birse (août 1444). Cependant la France signe la paix sans poursuivre son offensive, et au bout de dix ans de guerre civile, Zurich reprend sa place dans l'alliance. »

9.– Félix Fabri, *Descriptio Sueviae*, éd. Hermann Escher dans *Quellen zur Schweizer Geschichte*, T. VI, Bâle, Felix Schneider, 1884, p. 156 : *Dux Austriae et multi barones, comites, milites et proceres ac nobiles interempti fuerunt et de communi vulgo infiniti orphani derelicti, patribus et amicis ac necessariis privati et orbati. Et hoc scribens vix contineo planctum manifestum lacrimas prohibere minime possum, recolens me ipsum proprio*

père, sa mère, Clara von Yssnach, l'emmène alors à Diessenhofen (à 10 km à l'est de Schaffhausen), se remarie avec Ulrich Büller, honnête citoyen[10]. Félix va passer neuf années auprès de son grand-oncle Oswald Schmidt, bailli au château de Kyburg (au Sud-est de Wintherthur)[11].

Par la suite, Johannes Meyer l'aurait conduit à Bâle : avant de partir en mission de réforme, il avait rendu visite à ses amis au sein desquels se trouvait Félix, qu'il avait emmené avec lui au couvent dominicain de Bâle[12]. C'est là que le garçon a été « élevé depuis son enfance et instruit dans la religion et les saintes Écritures »[13] ; c'est là aussi que le jeune homme a dû adopter le nom latin correspondant à son patronyme, *Fabri*, nom sous lequel il signera ses oeuvres et nom d'usage par lequel on le désigne toujours[14]. Félix Fabri prend l'habit le 25 novembre 1452, à la Sainte-Catherine, et fait profession un an après, jour pour jour. En 1483, son excursion au sommet du

et dulcissimo patre in his malis orbatum et multis consanguineis, quos mucro furiosus, crudelis, saevus, cruentus mihi abstulit et ex continenti hereditate paterna spoliavit et insuper natali solo ab eo tempore usque in hanc horam (sunt anni nunc quadraginta quattuor) me privavit exulemque constituit.

10.– *Ibid.*, p. 175 : *In hoc oppido [Diesenhofen], transportatus fui puer a Turego una cum matre mea, quae cuidam civi honesto Uldarico Büller ibi nupserat post genitoris mei mortem, de cujus obitu dictum est : et mansi ibi novem annis cum eo tempore, quo fui cum patruo meo in Castro Kiburg, praeside per Turicenses posito.* Cf. aussi p. 201 : *Nam et ego puerulus forte octo vel novem exsistens annorum flevi, cum tamen extra Turegum essem in Diesenhofen, audiens Turicenses Sviceros fore factos.*

11.– *Ibid.*, p. 136, où il décrit la forteresse de Kyburg, non loin de Zurich et de Wintertur, et évoque Oswald : *Ego ipse in eodem castro aliquibus annis post mortem patris mei fui puer cum patruo meo bonae memoriae, Oswaldo Schmid qui erat undeviginti annis praefectus castri et advocatus totius comitatus, anno Domini 1444.*

12.– Martin Crusius, *Annales Suevici* I, 2, Francfort, 1556, p. III, l. VIII, c. IV, cité par K. Wieland dans son introduction à *Die Sionpilger*, Berlin, 1999, p. 53.

13.– *Evagatorium* I, 1, fol. 2 B : *...fratribus mihi singularissime dilectis Conventus Basiliensis, inter quos a puero educatus, et in religione et sacris literis instructus sum.*

14.– Certains l'appellent parfois *Faber* en rétablissant un nominatif, mais le forme du génitif *Fabri* est une forme lexicalisée et qui ne se décline pas. Seule la forme *Fabri* apparaît dans les Registres des Dominicains et Fabri lui-même se nomme au nominatif *Frater Felix Fabri*, comme le prouve le début de sa *Lettre aux frères d'Ulm* (*Evagatorium* I, 1, fol. 1 A).

Mont Sainte-Catherine du Sinaï sera pour lui l'occasion de se remémorer sous une forme anecdotique le jour béni de ses voeux et de son mariage mystique avec la vierge d'Alexandrie : ce jour-là, il était le seul à avoir emporté des provisions de route et, les ayant placées dans la concavité où la tête de la sainte aurait reposé, il les partagea fraternellement en disant : « Plaise à Dieu que je puisse vous faire bonne chère avec munificence. C'est dans cette demeure, dans cette pièce, dans ce lit qu'a habité et reposé ma douce épouse, sainte Catherine... Elle a été ma fiancée durant ma jeunesse... elle a été mon élue de par le sort divin. C'est en effet en la fête de cette vierge, en l'an 1452, que, pour son amour, j'ai renoncé au monde et revêtu l'habit des Prêcheurs, et qu'après un an, au même jour, j'ai fait profession de liens perpétuels envers Dieu en me soumettant, en hommage à cette vierge. Venez donc tous, qui que vous soyez, et mangez avec joie. »[15] Alors qu'il se trouve en mer, lors de son second retour de Terre sainte, un 25 novembre, il se souvient encore de cet anniversaire[16].

Félix passe à Bâle ses années de noviciat et d'études, se lie d'amitié avec Jacques Sprenger qui fondera, à Cologne, la Confrérie du Rosaire[17]. Il exerce la charge de lecteur dans cette communauté, qui lui restera chère et à laquelle un exemplaire des *Errances* devra être envoyé, ainsi qu'à plusieurs couvents de la province[18].

En 1465, les Prêcheurs d'Ulm sont en train de se réformer[19]. Leur abbaye est le premier couvent de la Souabe à appliquer les nouvelles règles, à l'instigation de Ludwig

15.– Félix Fabri, *Evagatorium* II, 7, fol. 47 A (éd. Hassler, T. II, p. 462). Trad. de J. Masson, *Le voyage en Égypte*, T. I, p. 200. Le mariage spirituel avec sainte Catherine sera annulé par l'Église catholique en 1969.
16.– *Evagatorium* II, 9, fol. 177 B (éd. Hassler, T. III, p. 301-302).
17.– *Evagatorium* II, 4, fol. 190 B-191 A (éd. Hassler, T. II, p. 22-24).
18.– *Evagatorium* I, 1, fol. 2 B.
19.– Il s'agit de la réforme catholique des couvents, à ne pas assimiler au mouvement de la Réforme protestante. Sur la progression des nouveaux statuts dans les couvents, cf. Iohannes Meyer, *Buch der Reformacio Predigerordens*, T. IV-V, éd. B. M. Reichert, dans *Quellen zur Schweizer Geschichte*, 1908.

Fuchs[20]. Pour l'accomplissement de ces nouveaux statuts, des Dominicains sont envoyés de Bâle à Ulm, et, parmi eux, Fabri. Le mouvement s'étendra[21], et le laxisme observé dans certains couvents italiens non réformés suscitera chez notre moine des remarques de réprobation : de la communauté de Trente, il écrit par exemple : « il n'y a là aucune observance, ni aucune règle. Seul un petit nombre de frères misérables y emploie son temps inutilement. »[22]

Le lecteur de Bâle en séjour à Ulm est invité à se joindre définitivement à la congrégation. En 1467, il fait un pèlerinage à Aix-La-Chapelle[23] et, en 1468, il devient prieur, succédant à Heinrich Reis (nommé à Mayence). L'autorisation d'assignation définitive à Ulm, demandée par l'Abbé Ludwig Fuchs, est datée du 6 juin 1474[24]. Fabri est ensuite nommé Prédicateur Général et fera d'Ulm sa patrie d'adoption : il y est élu *filius nativus*. C'est donc tout naturellement à son abbé, à « l'excellent professeur de théologie sacrée, Maître Ludwig Fuchs, [son] très digne prieur... [son] si scrupuleux professeur » qu'il demandera l'approbation de l'*Evagatorium* avant sa diffusion[25].

Frère Félix fait de nombreux déplacements au cours de sa vie. Il rend visite, dans le canton d'Unterwald, à l'ermite Nicolas de Flüe, qui, depuis 1469, reçoit des pèlerins dans sa retraite[26]. Il se rend à Rome en 1476 : dans le quatrième traité

20.– Cf. Félix Fabri, *Tractatus de Civitate Ulmensi*, éd. Gustav Veesenmeyer, Tübingen, 1889, p. 168-169.

21.– *Ibid.*, p. 204.

22.– *Evagatorium* I, 1, fol. 29 B : *ibi est nulla observantia nec regula, sed pauci et miseri fratres ibi sine fructu degunt.*

23.– *Evagatorium* I, 4, fol. 179 A (éd. Hassler, T. I, p. 470).

24.– *Registrum litterarum Leonardi de Mansuetis de Perusio*, éd. Paulus von Loë et Benedictus Maria Reichert, dans *Quellen und Forschungen zur Geschichte des Dominikanerordens in Deutschland*, Leipzig, Otto Harrasso Witz, 1911, p. 50 : *Anno 1474 Provincia Theutonie : Fr. Felix Fabri, lector conv. Basiliensis, assignatur in suo conventu, a quo non potest ammoveri sine licencia magistri et de consensu majoris partis potest fieri filius nativus dicti conventus.*

25.– *Evagatorium* I, 1, fol. 3 A.

26.– Saint Nicolas de Flüe (1417-1487), du hameau de Flüeli (Canton d'Unterwald), avait été marié, avait eu dix enfants et avait fait une carrière

de son *Evagatorium*, consacré à sa visite de Jérusalem, alors qu'il évoque la maison de sainte Véronique, il se remémore brièvement une relique vue à Rome un jour d'Ascension[27], et fait allusion, dans le premier traité, à son passage cette année-là à Trente, où il a vu les corps pendus à la potence des bourreaux de l'enfant martyr Siméon.

A son retour de Rome, le 15 juillet, il trouve ses frères dispersés dans d'autres couvents de la province en raison de leur prise de position dans le conflit opposant le Pape à l'Empereur. Le différend avait surgi à propos de la désignation de l'évêque de Constance. Cet épisode, conséquence d'une phase de la crise, prendra pour Fabri valeur symbolique et lorsqu'il sera à Jérusalem sur le lieu présumé d'où les apôtres furent dispersés pour évangéliser les diverses parties du monde, il se souviendra de la dispersion temporaire de ses frères, jour funeste qui, par la suite, sera commémoré au couvent[28].

politique avant de se vouer à Dieu avec le consentement de sa femme et de ses grands enfants, et de se construire un ermitage dans une montagne dominant la vallée de Melch, où il mena une vie d'ascète, inspiré par des visions, visité par des pèlerins et consulté. Il fit reculer des conflits avec l'Autriche (1473), Constance (1480), Bâle (1482), Milan (1483) et éviter une guerre civile entre cantons (Convenant de Stans, 1481). Cf. l'article « Nicolas de Flüe » dans *Catholicisme hier, aujourd'hui, demain*, T. IX, Letouzey et Ané, 1982 et *Evagatorium* I, 4, fol. 165 B (éd. Hassler, T. I, p. 432) : *Novimus enim eremitam Nicolaum, commorantem in solitudine montuosa super Luceriae lacum, jam ad XX annos vixisse sine omni cibo et potu. Quod tamen audite est mirabile. Hunc virum ego vidi anno 1475.*

27.– *Evagatorium* I, 4, fol. 137 A-B (éd. Hassler, T. I, p. 357).

28.– Voir l'article « Constance (Diocèse) », dans *Dictionnaire d'Histoire et de Géographie ecclésiastiques*, T. XIII, Letouzey et Ané, 1956, col. 554. Depuis 1474, le siège de Constance était l'objet d'une compétition électorale entre Otton de Sonnenberg, candidat élu par le chapitre conformément au Concordat de Vienne, et Louis de Freiberg, désigné par le pape Sixte IV après la mort d'Hermann de Breitenlandenberg. Le diocèse se trouva divisé. Seule la mort de Freiberg (1480) dénoua le conflit en faveur de Sonnenberg. Fabri évoque un des effets de cette crise comme une tribulation en *Evagatorium*, I, 4, fol. 104 B (éd. Hassler, T. I, p. 270) : *In hoc loco venit mihi in memoriam lamentabilis quaedam separatio et divisio fratrum meorum Conventus Ulmensis, cui et ego interfui, quae fuit facta anno Domini 1476 ipso die divisionis Apostolorum. Quia enim adhaesimus domino Papae et Romana ecclesiae, uti dignum, justum et sanctum erat, imo et necessarium, coacti fuimus in conventus per provinciam : nolebamus enim profanare et contra apostolica mandata facere, et tenuimus interdictum soli, et subjecimus*

Une note de Mansuetis fait état de la nomination de Fabri comme lecteur à l'Université de Tübingen en 1478[29]. Si ce fut le cas, Fabri ne semble pas avoir déserté pour autant ses responsabilités au couvent d'Ulm.

Sur son désir de voir la Terre sainte et sur le concours de circonstances qui favorisa ce voeu, Félix est assez disert. C'est une fois devenu Prédicateur ou Prêcheur Général qu'il conçoit son projet de pèlerinage en Orient. Il s'en explique fort bien et fait valoir un argument de poids : « Certes la science nécessaire pour prêcher peut parfaitement s'acquérir dans les écrits..., mais on n'en est pas moins conduit à cette même science par le pèlerinage vers les lieux dont j'ai parlé, par la présence, sous ses propres yeux, de ces lieux... D'ailleurs, la contemplation des Lieux saints apporte beaucoup à la compréhension de la sainte Écriture »[30]. Félix conçoit donc avant tout son voyage comme une étape utile à sa formation de prédicateur. Il est d'un temps où certains ne se contentent plus des seuls yeux de la foi, ni de la géographie évangélique constituée en soi par la lecture des Écritures. Ils veulent voir et toucher les lieux bibliques, écouter leur histoire. Dans l'esquisse qu'il fait des laïques devenus bons théologiens par simple vertu de pèlerinage, c'est tout l'esprit du siècle qui se manifeste. L'appel de l'Orient tourne à l'obsession et Fabri sollicite des conseils : un prince, un chevalier, une religieuse

nos episcopo dato per Papam et confirmato, et non electo per capitulum et manutento per Imperatorem. Verum tribus mensibus exulavimus, et reformata pace, cum magna gloria et honore, revocati fuimus. Decrevimus ergo diem divisionis Apostolorum perpetuis temporibus durante Conventu solemniter sub toto duplici festo celebrare, in perpetuam rei memoriam, ut posteri nostri discant et sciant, quod propter nullam tribulationem debeant apostolicis mandatis contraire : sed potius exulari, imo et mori. Valde multa sustinuimus tempore interdicti, quasi duobus annis durante etc.

29.– *Registrum litterarum L. de Mansuetis*, éd. Paulus von Loë et Benedictus Maria Reichert, p. 132-133 : 1478 (mai), *Fr Felix Fabri conv. Ulmensis fuit assign. ad legendum bibliam pro primo anno ac deinceps sentencias pro forma et gradu magisterii in Universitate Tübingen dioc. Constanciensis cum graciis consuetis : nullis obstantibus.*

30.– *Evagatorium* I, 1, fol. 9 A-B.

seront les messagers du Ciel pour l'encourager à rompre les amarres qui l'arriment au couvent, car du courage il lui en faudra, ne serait-ce que pour affronter la vie en mer.

Comment il obtint l'autorisation de Rome par l'entremise d'un ami, puis la permission de ses supérieurs, Félix Fabri n'en fait pas mystère. Le problème des dépenses se trouva ensuite réglé. Il serait le chapelain du jeune Georg von Stein, fils du Préfet de Haute Bavière. Il reçoit son autorisation de voyage en Terre sainte, sollicitée par le Frère Sigismond Heyligraber du couvent de Presbourg, qui le présente comme son compagnon éventuel[31].

Fabri quitte son couvent le 14 avril 1480 et y revient le 16 novembre de la même année. Il fait lui-même le compte de ses jours d'éloignement : 215 au total[32]. Mais il rentre avec le sentiment que son périple n'a pas été du profit espéré. À vrai dire, sur sept mois, il a passé moins de deux semaines à Jérusalem, et le beau théorème du pèlerinage formateur est resté sans démonstration. Inanité d'un tel voyage, trop précipité, trop mouvementé ! Les Turcs de Mehemed II assiégeaient Rhodes, ajoutant encore aux difficultés ordinaires d'un tel déplacement. « La Terre Sainte, écrit Fabri, Jérusalem et ses Lieux saints se montrèrent dans un nuage ténébreux, comme si je les avais aperçus en songe ; il me semblait que j'en savais moins sur tous les Lieux saints qu'avant de les avoir visités. »[33] Félix rumine donc en secret le désir de repartir. À l'en croire, agitation et dépression ont dominé son âme pendant les deux années qui ont suivi son retour.

En 1482, Salvo Cassetta, maître de l'Ordre, est en Allemagne, envoyé en mission par le pape Sixte IV. Il convoque au couvent de Colmar les plus fameux Prêcheurs de la région. Félix est de ceux-là et se rend au synode. Il fait

31.– *Registrum litt. L. de Mansuetis*, éd. Paulus von Loë et Benedictus Maria Reichert, p. 146 : *Fr Felix Faber, lector con. Ulmensis habuit licenciam ire in societate prefati fratris Sigismundi [Heyligraber] sine inferioris molestia. Dat. Rome 29 aprilis 1478.*
32.– *Evagatorium* II, 11, fol. 231 A (éd. Hassler, T. III, p. 468).
33.– *Evagatorium* I, 1, fol. 23 A.

connaître au maître son désir de repartir et obtient sans difficulté une autorisation pour un nouveau pèlerinage. Quant à la permission pontificale, il profite du passage à Ulm de Uldaric Gislin, évêque de Rimini, en partance pour Rome, pour envoyer sa demande au Saint-Père, demande qui sera favorablement reçue[34]. Reste à trouver un groupe où s'agréger : le seigneur Jean Truchsas de Waldburg réunit justement une compagnie de pèlerins dont Félix sera le chapelain.

De son propre aveu, personne ne semble avoir cherché à le retenir à Ulm. Au contraire, il part, investi d'une mission : « Très chers frères..., écrit-il, vous m'avez poussé avec beaucoup de fermeté à m'éloigner de vous et à partir en direction de l'Orient (...) ; vous vouliez que j'examine (...) ces contrées, mais surtout la région de la Terre sainte, que j'en fasse une description et que je vous la rapporte fidèlement. »[35] Ce second voyage durera du 13 avril 1483 au 30 janvier 1484[36]. S'y ajoutent une expédition au Mont Sinaï et un détour par Le Caire et Alexandrie. De retour, Frère Félix

34.– *Registrum litterarum Salvi Cassettae de Panormo (1481-1483)*, dans *Quellen und Forschungen zur Geschichte des Dominikanerordens in Deutschland*, Leipzig, Otto Harrasso Witz, 1912, p. 40 : *Fr. Felix Fabri, lector conv. Ulmensis habuit licenciam eundi ad Sepulcrum Domini in Jerusalem habita licencia domini Pape, et nullus inferior potest impedire et potest recipere elemosinas pro hujusmodi opere exe quendo dat ut supra (Die Ultima oct 1483)*. Voir aussi le chap. sur « la manière dont F.F.F. se prépara au second voyage » dans l'*Evagatorium* I, 1, fol. 23 A-25 A.

35.– *Lettre aux frères d'Ulm*, *Evagatorium* I, 1, fol. 1 A.

36.– Voir *Evagatorium* II, 11, fol. 231 A (éd. Hassler, T. III, p. 468) où Fabri compte respectivement 215 jours de voyage en 1480 et 289 jours en 1483-1484. Voir encore *Statistisches über die Ordensprovinz Teutonia*, éd. P. von Loë dans *Quellen und Forschungen zur Geschichte des Dominikanerordens in Deutschland*, , Leipzig, Otto Harrasso Witz, 1907, p. 47 : *Anno Domini 1483, 13 aprilis, venerabilis pater Felix Fabri conventus Ulm exivit Ulma versus sanctam Iherusalem quem Dominus sua pietate conservet et reducat prospere* ; et *Anno Domini 1484, penultima ianuarii, venerabilis pater frater F. Fabri, lector et predicator famosus, rediit de peregrinacione Syon et Synai. Laus sit Christo, ejus matri, sueque sponse virgini Katherine.*

reprendra sa charge de Prédicateur à Ulm[37]. Apaisé, semble-t-il.

Le 4e dimanche après Pâques 1485, Fabri assista au Chapitre Provincial de Nuremberg[38]. Il participa, l'année suivante, à l'élection du Maître Général Barnabé Sassoni de Naples au Chapitre de Venise, le sixième de l'Ordre organisé dans cette ville ; Barnabé y fut élu maître de l'Ordre, Frère Ulrich Zehender de Vienne définiteur, et Félix Fabri membre et électeur. En 1487, il retourne à Venise. Suite à des décès, Joachim Venetus est élu à la tête de l'Ordre, Félix, désigné comme définiteur et remplacé comme électeur par Bernard de Esslingen. C'est au cours de ces séjours qu'il accumula la matière de la description de Venise qui remplit le onzième traité de l'*Evagatorium* ; il y témoigne de la pompe qui accompagna ces cérémonies : « Le jour du Chapitre (...), il y avait autour du couvent des frères Prêcheurs, tant de monde et tant de spectacles que c'était comme si Rome ressuscitée allait défiler. »[39]

Quand et comment Félix rédigea-t-il son *Evagatorium* ? On imagine sans peine que l'élaboration et la composition d'une telle somme s'étala dans le temps. Nous avons quelques repères car son écrit linéaire, s'il est parfois entrecoupé de retours en arrière en forme de souvenirs, l'est aussi de quelques références au présent de l'écriture. La *Lettre aux frères d'Ulm*, qui ouvre l'ouvrage, est datée de 1484. À partir de ce moment-là, Fabri suit un plan et commence à mettre en ordre ses souvenirs à partir des notes accumulées. Il les enrichit de lectures. Dans deux passages au moins est

37.– *Evagatorium* II, 11, fol. 207 B (éd. Hassler, T. III, p. 389). Fabri dit avoir décliné des invitations pour retourner au plus vite à Ulm reprendre ses fonctions de prédicateur. Il confirme cette réintégration en *Evagatorium* II, 11, fol. 231 A (éd. Hassler, T. III, p. 468).
38.– *Evagatorium* I, 4, fol. 163 B (éd. Hassler, T. I, p. 426) et *Evagatorium*, II, 6, fol. 267 B (éd. Hassler, T. II, p. 245).
39.– *Evagatorium* II, 11, fol. 220 B (éd. Hassler, T. III, p. 434). Traduction Audrey Elzière, *Le pèlerinage de Félix Fabri en Terre sainte : Venise*, Mémoire de Maîtrise sous la dir. de J. Meyers et de N. Chareyron, Montpellier, 1998, p. 110.

mentionnée l'année 1488 correspondant au temps de la rédaction[40].

Pendant cette longue rédaction, qui dure donc au moins de 1484 à 1488 et qui réveille ses souvenirs, Félix Fabri entendit une fois de plus l'appel de l'Orient et obtint, le 21 octobre 1489, une autorisation du Maître Général Turiani pour un troisième voyage en Terre sainte[41]. Mais il renoncera. Peut-être la mise en forme des documents qui ont vu le jour sous le titre de *Tractatus de civitate Ulmensi* et qui sont présentés comme le douzième traité de l'*Evagatorium* (quoique constitué en livre indépendant en raison de sa longueur), l'a-t-elle détourné de la tentation d'un tel voyage. Selon Gieraths, un âge d'or économique avait commencé à Ulm et requérait l'attention du témoin[42] . C'est à cette époque aussi que Fabri composa ses *Historiae Suevorum*, une somme qui est un témoignage des plus intéressants sur l'état des connaissances et la conception qu'on se faisait de la science historique et géographique à la fin du XVe siècle (origine des peuples, étymologie, familles princières)[43].

Désormais, le pèlerin Fabri ne voyagera plus qu'en esprit, mais il fera faire encore de beaux pèlerinages en imagination à ceux qui le liront. En 1492, il écrit en effet *Die Sionpilger* pour ceux qui ne peuvent pas se déplacer corporellement. Ces « pèlerins de Sion » sont invités en quelque sorte par le Dominicain à un voyage virtuel. L'oeuvre

40.– *Evagatorium* II, 6, fol. 268 B(éd. Hassler, T. II, p. 248) : *cum simus nunc in anno 1488* et II, 10, fol. 196 B (éd. Hassler, T. III, p. 357) : *Rex Hungarorum hoc anno 1488 misit solemnem legationem ad regem Franciae.*
41.– *Registrum litterarum Joachimi Turriani (1487-1500)*, dans *Quellen und Forschungen zur Geschichte des Dominikanerordens in Deutschland*, Leipzig, Otto Harrasso Witz, 1914, p. 31 : *Fr. Felix conv. Ulmensis potest ire ad Sanctum D. Sepulcrum. 21 oct. 1489.*
42.– Gundolf Gieraths, « Fabri Felix », dans *Neue Deutsche Biographie*, p. 726.
43.– L'oeuvre a été insérée par Melchior H. Goldast, dans *Suevicarum Rerum Scriptores*, Francfort, Wolfgang Richter, 1605 sous le titre *Felicis Fabri Monachi Ulmensis Historiae Suevorum*, p. 46-223 (livre I) et 224-317 (livre II).Voir encore l'édition abrégée d'Hermann Escher, sous le titre de *Descriptio Sueviae*, dans *Quellen zur Schweizer Geschichte*, 1884, p. 107-229.

est conçue comme un manuel journalier, dont on a retrouvé plusieurs copies, assorti de vingt règles préparatoires et qui permet de guider sur un circuit mental de 208 jours ceux qui marchent dans leur tête[44].

Fabri meurt le 14 mars 1502, au couvent d'Ulm, date retenue sur la foi d'une pierre tombale retrouvée dans l'ancien terrain du monastère en 1734[45].

II. L'*Evagatorium* et la fortune littéraire de Frère Félix

Rien, dans ce qu'on vient d'énoncer, ne paraît avoir prédisposé Frère Félix Fabri à s'incarner en personnage de roman. Et pourtant, le paradoxe est là : F. F. F. , comme il se nomme lui-même, est devenu un héros romanesque, tant il a su donner de lui une image vivante dans l'écrit qui reflète ses « errances ». Intarissable et chaleureux, il emporte par sa verve, son style, sa sincérité, son sens de l'observation, sa manie du détail et du commentaire. C'est qu'en arpentant la terre pour la décrire, Félix ouvre son coeur. Accoutumé à l'introspection, il examine sa conscience : ses appréhensions, sa tentation, bien avouable, de faire demi-tour, ses craintes de passer pour instable lorsqu'il sollicite une nouvelle autorisation pour repartir en Terre sainte, son allégresse intérieure dans l'attente du départ, sa tristesse de s'éloigner de ses frères ; Félix n'épargne aucun détail, fait partager jusqu'au bout l'intimité de son aventure faite de dévotion, d'admiration, de déception. Le récit de pèlerinage s'incarne en lui pour se faire expérience de

44.- Félix Fabri, *Die Sionpilger (1492)*, hrsg. von Wieland Carls, E. Schmidt cop. Berlin, 1999 ; sur l'ouvrage lui-même, voir la riche introduction, p. 11-51.

45.- *Tractatus de Civitate Ulmensi*, p. 223. Voir à ce sujet la note de Wieland Carls, *Die Sionpilger*, p. 55 n. 15 : Häberlin hésite entre mars et mai (qui serait une mauvaise lecture) et se décide pour mars. D'autres ont ces mêmes hésitations. De plus, il est aussi fait mention d'un missel comportant la date du 23 mars 1502 (B. Pfeiffer, « Das Biberacher Geschlecht von Brandenburg und seine Kunstpflege », dans *Württembergische Viertejahreshefte für Landesgesch*, NF, 19, 1910, p. 285).

pèlerin : c'est là sans doute que réside le secret de sa fortune et de son originalité littéraires.

Rien d'étonnant donc à ce qu'il ait inspiré des créateurs. A New York, en 1997, Sheri Holman publie un premier roman, intitulé *Stolen Tongue* (« La langue volée »), traduit en français sous le titre *Les naufragés de la Terre sainte,* dont le héros n'est autre que notre pèlerin[46]. L'auteur reconnaît sa dette envers Hilda F.M. Prescott à qui l'on devait *Friar Felix at Large* (1950) et *Once to Sinai* (1958)[47]. Mais l'affection des Anglo-Saxons pour Frère Félix, aussi bien celle de Holman que celle de Prescott, fut acquise grâce à la traduction d'Aubrey Stewart, qui, en publiant à la fin du XIXe siècle *The Wanderings of Felix Fabri*[48], mettait ainsi à la disposition du public anglais le texte (parfois allégé de ses longueurs) du *Fratris Felicis Fabri Evagatorium in Terrae Sanctae, Arabiae et Egypti Peregrinationem*, édité entre 1843 et 1849 par Conrad Hassler[49].

Les Français, quant à eux, pouvaient découvrir l'auteur grâce à Jacques Masson qui, en 1975, donnait une traduction partielle dans *Voyage en Égypte de Felix Fabri (1483).* Cet ouvrage s'inscrivait dans une collection entreprise au sein de

46.– Sheri Holman, *Les naufragés de la Terre sainte*, Paris, Ramsay, 1997 (traduction par Claude Séban de *Stolen Tongue*, New York, The Atlantic Monthy Press, 1997).

47.– Hilda F.M. Prescott, *Friar Felix at Large*, Yale, 1950 ; *Once to Sinai*, Macmillan, 1958. On lui doit aussi *The Jerusalem Journey in the Fifteenth Century*, Londres, Eyre and Spottiswoode, 1954, qui fut traduit en français sous le titre *Le voyage de Jérusalem au XVe siècle*, Paris, Artaud, 1959.

48.– Félix Fabri, *The Wanderings of Felix Fabri*, Translated by Aubrey Stewart, Londres (« Palestine Pilgrims' Text Society », 7-10), 1896-1897, réimpr. New York, AMS, 1971.

49.– *Fratris Felicis Fabri Evagatorium in Terrae Sanctae, Arabiae et Egypti peregrinationem*, éd. Conrad Dietrich Hassler, 3 tomes, Stuttgart (« Bibliothek des Literarischen Vereins », 2-4), 1843-1849. En fait, le titre de l'oeuvre, tel que le donne lui-même l'auteur dans son *Epistola*, est simplement *Evagatorium Fratris Felicis* (« Les errances de Frère Félix ») ; quant au manuscrit, il porte le titre : *Felicis Fabri ord. Predicatorum Evagatorium seu duplex peregrinatio Hierosolymitana*. Nous avons quant à nous retenu le titre original « Les errances de Frère Félix », tout en ajoutant « pèlerin en Terre sainte, en Arabie et en Égypte » pour rappeler le titre de l'édition de Hassler, qui est le plus connu et le plus souvent cité.

l'Institut Français d'Archéologie Orientale du Caire sur les voyages d'Européens en Égypte. Un des mérites de cette édition est de proposer, à la suite de la traduction du texte latin correspondant à l'errance égyptienne, une traduction de la version allemande du voyage, faite par Gisèle Hurseaux[50]. Toutefois Fabri fut très tôt connu en France par quelques-uns : Nicole Le Huen, premier traducteur de Bernard de Breydenbach (1488), n'ignorait pas son existence[51].

Mais c'est en Allemagne, terre d'élection de l'auteur, que la diffusion a été la plus large. De l'*Evagatorium*, on connaît la version latine de référence, conservée au *Stadtarchiv* de la ville d'Ulm et publiée par C.D. Hassler au milieu du XIXe siècle, somme nourrie de longs développements savants, dont les premiers destinataires étaient les frères Dominicains de Fabri[52]. Celle-ci a donné lieu à des traductions[53]. À côté du monumental *Evagatorium* en latin, existe une version

50.– *Le voyage en Égypte de Félix Fabri (1483)*, traduit par J. Masson, Paris-Le Caire, Institut Français d'Archéologie Orientale, 1975. Le volume III contient la traduction de la version allemande faite par Gisèle Hurseaux.

51.– Voir N. Pinzuti et P. Tucoo-Chala, « Communication sur un récit inédit de voyage aux Lieux saints sous Louis XI », dans *Comptes Rendus de l'Académie des Inscriptions et Belles Lettres*, 1973, p. 188, n. 2 : « La première édition du voyage de Félix Faber fut donnée en France dès 1487 sous la forme d'une adaptation dans un savoureux dialecte franco-normand par frère Nicole de Huen. » Les auteurs ne donnent pas de référence à une édition de ce texte (il existe par contre plusieurs éditions de la traduction par Le Huen de Breydenbach, *Des Saintes Peregrinations de Jerusalem*, publiée à Lyon, Michel Topie, 1488).

52.– *Evagatorium in terrae Sanctae, Arabiae et Egypti peregrinationem*. Ulm, Stadtarchiv, cod 19555, 1.2 (olim 6718) 1484-1488. Autre exemplaire Ulm, 1509.

53.– Felix Fabri, *Galeere und Karawane : Pilgerreise ins Heilige Land, zum Sinai und nach Aegypten 1483*, Übersetzung von Herbert Wiegandt, Stuttgart, Erdmann cop., 1996 et, surtout, la traduction complète récemment publiée par Herbert Wiegandt et Herbert Krauss : Felix Fabri, *Evagatorium über die Pilgerreise ins Heilige Land, nach Arabien und Ägypten*, 2 vol., sans lieu ni date [en fait : Stadtbibliothek Ulm, 1998]. Les allemands sont aussi ceux qui ont consacré les études les plus importantes à Fabri, comme le montrent les ouvrages de Max Haussler, *Felix Fabri aus Ulm und seine Stellung zum geistigen Leben seiner Zeit*, Tübingen, 1914 et de Herbert Feilke, *Felix Fabris Evagatorium über seine Reise in das Heilige Land. Ein Untersuchung über die Pilgerliteratur des augehenden Mittelalters*, Berne-Francfort, P. Lang, 1976 (*Europäische Hochschulschriften*, 156).

allemande plus courte, rédigée par Fabri à la demande des seigneurs qu'il avait accompagnés en Terre sainte : ce *Pilgerbuch* fut imprimé pour la première fois en 1556[54]. Fabri fait allusion à une descendance multiple de son récit sous forme de « petits recueils » dont son texte aurait fourni la matrice[55]. La version allemande, qui circula sous forme de copies, paraît plus adaptée que la somme latine à la facture de ces mémoires imités. J. Masson, à travers les indices relevés dans l'oeuvre, a posé le problème de la datation des rédactions des versions respectives, sans parvenir à trancher sur la chronologie[56]. Il y eut encore une adaptation versifiée en dialecte souabe de la relation du voyage de 1480, publiée en 1864 à Munich par Antoine Birlinger[57].

III. Les traités I et II de l'*Evagatorium*

Ce premier volume des *Errances* de Frère Félix Fabri paraîtra peut-être un peu disparate, mais c'est ainsi que l'a voulu l'auteur. On y trouvera d'abord la *Lettre aux frères d'Ulm*, puis un plan complet des *Errances*, suivi des deux premiers traités d'un ensemble qui en compte douze, divisés en

54.– *Eingentliche Beschreibung der hin unnd Widerfarth zu dem Heyligen Landt gen Jerusalem und furter durch die grosse Wüsteney zu dem Heiligen Berge Horeb Sinay*, Frankfurt, 1556. Autre édition : Salzburg, 1557 ; texte repris dans Sigmund Feyerabend, *Reyssbuch*, 1584, f. 122-188. Sur les copies conservées et les éditions successives, voir l'introduction de Wieland Carls dans *Die Sionpilger*, Berlin, 1999, p. 59-61 et p. 564-566. Les versions les plus récentes sont Felix Fabri, *In Gottes Namen fahren wir : die Pilgerfahrt des Felix Faber ins Heilige Land und zum St. Katharina-Grab auf dem Sinai A. D. 1483*, Gerhard E. Sollbach, Kettwig Phaidon cop., 1990 (sur ces éditions, voir encore J. Masson, *Voyage en Égypte...*, T. I, p. V-X). T. Tobler (*Bibliographia geographica Palaestinae*, Leipzig, 1867, p. 54) mentionne un exemplaire de 1663 édité par Ph. E. Ilm, portant mention d'une septième édition.

55. Cf. *Evagatorium* I, 1, fol. 2 B : *...mihi minus notis communicavi [hoc Evagatorium], qui accepto meo processu sibi ad suas personas ex eo libellulos confecerunt...*

56.– J. Masson, *Voyage en Égypte...*, T. I, p. VII-VIII.

57.– *Bruder Felix Fabers gereimtes Pilgerbüchlein*, Hrsg. von Anton Birlinger, Munich, E.A. Fleischmann, 1864 (31 p.). Cette liste n'est pas exhaustive.

deux parties : d'une part, le voyage de Jérusalem (traités 1 à 6), de l'autre, le voyage en Palestine, en Égypte et le retour (traités 7 à 11)[58]. Le douzième traité, consacré à la ville d'Ulm, fut considéré comme un ouvrage autonome du fait de son ampleur et de son sujet[59].

Dans l'épître qui lui sert de préface, Fabri pose lui-même le double objectif qui a présidé à l'élaboration de son oeuvre : faire une description des régions traversées et raconter les événements heureux ou malheureux de l'aventure. Et le fait est que l'oeuvre s'est écrite dans ce dialogue entre le monde – ses richesses et ses obstacles – et l'être qui le découvrait et l'exprimait par la plume. Cette sorte de préface auctoriale a été parfois négligée. Certes, elle n'a pas le cachet anecdotique des différents traités ; Aubrey Stewart l'épargne à son lecteur. Mais pour qui veut savoir dans quel esprit le Dominicain a travaillé, quelle représentation il a gardé du monde, comment il a tenté de mesurer l'espace, et quelle idée il se faisait de la nature de son propre écrit, cette lettre est capitale.

Le premier traité comporte plusieurs parties. Il s'ouvre sur un prologue qui pourrait être de nature à rebuter le lecteur en seule recherche de témoignages sur les voyages[60] : ce lecteur pourra passer sans plus attendre au « Commencement des *Errances* » et à la « Brève relation du premier voyage » (1480). Ce pré-texte n'en est pas moins une pièce intéressant l'histoire des mentalités. Il se présente sous la forme d'un magistral exposé en six points, sur le pèlerinage et les devoirs du pèlerin, et pourrait partiellement tenir dans cette formule de son auteur : « Celui qui fait un pèlerinage pour errer est un

58.– Dans nos références à Fabri, nous avons adopté le système suivant : mention de la partie (I ou II) et du traité (1, 2, 3 etc.) et référence aux folios du manuscrit de Fabri, que nous avons maintenue, comme Hassler l'avait fait, dans notre volume. Ce système permet donc de retrouver facilement un passage, que l'on utilise notre texte ou celui de Hassler.

59.– Pour un aperçu détaillé de tout l'*Evagatorium*, nous renvoyons le lecteur à celui qu'a dressé avec beaucoup de précision Herbert Wiegandt dans le premier volume de la trad. complète en allemand de Félix Fabri (p. I-XLIII) [cf. n. 52].

60.– Aubrey Stewart l'épargne également à son lecteur.

pécheur, mais non celui qui erre pour faire un pèlerinage ». Il annonce les futures déceptions devant « la vigne du Seigneur ravagée par le Sultan » et les « pitoyables ruines » du pays visité. L'idée se contracte dans un autre aphorisme de prédicateur : « Celui qui va à Jérusalem sans y corriger ses défauts, sans fuir les péchés et les occasions de les commettre, dépense sa peine en pure perte ». Cet écrit, rappelant un peu la forme du sermon, était peut-être destiné à devenir un modèle de profession de foi pour tout pèlerin en partance.

Ce prologue est suivi d'une autre dissertation sur la « valeur de la Terre Sainte et justification de son pèlerinage ». L'homme de couvent y fait l'éloge d'une terre universellement convoitée, tant sont grandes ses qualités, terre d'élection divine selon douze signes énumérés. En revient-on meilleur ? *Verus peregrinus* quant à lui, Fabri admet les vertus du pèlerinage pour qui demeure fidèle à l'éthique du « saint voyage ». Mais il a constaté que quelques-uns faisaient le voyage par curiosité ou vanité. Un tel voyage est-il utile ? À cette époque, le débat traverse fréquemment la littérature du pèlerinage[61].

Les *Errances* proprement dites s'ouvrent avec la « Brève relation du premier voyage » de 1480, sur lequel nous reviendrons plus loin. Suit un bilan d'où ressort le sentiment de frustration consécutif au retour de 1480. S'y ajoutent les conditions de la préparation du voyage de 1483, le premier prenant alors le statut de prélude ou simple parcours de reconnaissance. La seconde partie de l'*Evagatorium* commence avec le voyage de 1483-1484. Le premier traité s'achève avec l'itinéraire qui conduit le voyageur d'Ulm à Venise. Il est conçu, en vertu de la méthode énoncée, selon un

61.– Voir C. Zacher, *Curiosity and Pilgrimage*, Baltimore-Londres, The John Hopkins University Press, 1976. L'Anglais William Wey, par exemple, fait un énoncé des dix pieuses raisons qui doivent être celles du pèlerin (*Itineraries of William Wey to Jerusalem AD 1458 and AD 1462 and to saint James of Compostella AD 1456*, printed for the Roxburghe Club, Londres, Nichols and son, 1857, p. 25). Le Milanais Santo Brasca, quant à lui, décrie ceux qui voyagent par vanité (*Viaggio in Terra santa [1480]*, éd. Anna Laura Momigliano Lepschy, Milan, Longanesi, 1966, p. 128).

récit structuré par un calendrier allant du 13 au 30 avril[62]. On y suit le tracé de la route du voyageur d'Ulm à Venise. Toutefois des interférences géographiques et historiques, des souvenirs d'autres traversées de l'Italie, un souci d'organisation viennent troubler la visibilité de ce trajet : certains passages ont été rédigés plusieurs années après la prise de notes. Pour Bolzano, plusieurs séjours se superposent. La ville de Trévise est réservée pour le traité du retour. On a parfois l'étrange sentiment d'une représentation de l'espace donnée à plusieurs échelles : celle du marcheur se croise avec celle du géographe. Ce traité s'achève sur la liste des participants du groupe d'Allemands avec lesquels Fabri doit voyager et le contrat signé avec le patron de galère élu.

Le deuxième traité contient un diptyque déséquilibré. Un premier volet, constitué par le séjour à Venise, correspond au mois de mai[63] et se déploie sous forme d'un journal daté où s'inscrivent les stations d'un pèlerinage secondaire : à chaque jour, son église, à chaque date, ses reliques[64]. C'est la Venise du pèlerin qui s'y reflète, celle du voyageur, de l'observateur et de l'historien sera déployée au onzième traité qui englobe le retour, mais dont la composition a pu être parallèle à celle de cette partie : les renvois de Fabri à d'autres passages où l'information est complétée le laissent penser. Le second volet, plus fourni, concerne les « informations utiles pour comprendre un voyage en mer » et s'annonce en plusieurs subdivisions : considérations historiques et géographiques sur les mers et la salinité de l'eau, dangers de la navigation, nature des galères, société et hiérarchie à bord, vie religieuse, activités

62.– Cf. en annexe à cette introduction le calendrier du mois d'avril.
63.– Cf. en annexe à cette introduction le calendrier du mois de mai.
64.– Voir l'étude d'Elisabeth Crouzet-Pavan, « Récits, images et mythes : Venise dans l'*Iter* hiérosolomytain (XIVe-XVe s.) », dans *Mélanges de l'École Française de Rome*, 96 (1984) p. 489-535, qui écrit notamment : « Dans le cours d'un pèlerinage hiérosolomytain se dessine peu à peu un autre pèlerinage vénitien... La ville vaut d'abord comme reliquaire... L'étape vénitienne suit les règles dévotionnelles fixes. »

quotidiennes, désagréments et inconfort du voyageur, avertissements divers.

Ainsi, l'oeuvre apparaît-elle d'ores et déjà se construire autour de deux pôles : l'individuel et l'universel. D'une part, la pratique quotidienne du voyage est laborieusement reflétée sous la forme du journal, d'autre part, parallèlement, la théorie en est élaborée à travers les considérations sur l'éthique directrice (traité I) et l'enquête sur la navigation (traité II), l'expérimental laissant la place au général et le général renvoyant au particulier.

IV. Le pèlerin, le voyageur, l'auteur

Fabri appartient à une famille qui traverse les frontières et les siècles, celle des pèlerins de Jérusalem. L'ère des croisades révolue, les pèlerinages s'intensifient sous la forme de voyages organisés le plus souvent (mais pas exclusivement) au départ de Venise où se rendaient les groupes localement constitués. Les portes du Saint-Sépulcre se sont rouvertes avec l'autorisation du Sultan d'Égypte, et une génération de nouveaux pèlerins s'y engouffre chaque été. Ils ont en main un petit guide de dévotions procuré par les frères du Mont Sion, seuls habilités à diriger les marches processionnelles sur les traces de Jésus-Christ[65]. Ce « saint voyage » touche des hommes d'horizons géographiques ou sociaux diversifiés. La piété qui fait prendre la route s'exprime en plusieurs nuances à travers des motivations intimes[66].

65.– Sur ces guides, voir entre autres Ch. Kohler, « Libellus de Pierre de Pennis », dans *Revue de l'Orient Latin*, 9 (1902) p. 313-383 ; R. Pernoud, *Un guide du pèlerin en Terre sainte au XVe siècle*, Maintes, 1940 ; H. Omont, « Un guide du pèlerin de Terre sainte au XVe siècle », dans *Mélanges offerts à Gustave Schlumberger*, Paris, Paul Geuthner, 1924, p. 436-450 ; B. Dansette, « Les Pèlerinages occidentaux en Terre sainte : une pratique de la "Dévotion Moderne" à la fin du Moyen Âge », dans *Archivum Franciscanum historicum*, 72 (1979) p. 106-133 et 330-428.

66.– Pierre-André Sigal, *Les marcheurs de Dieu*, Paris, Armand Colin, 1974, p. 5-47 (ch. 1 : « Pourquoi prend-on la route ? »). Sur les conditions matérielles, voir, du même auteur, « L'apogée du pèlerinage médiéval »,

Écrire son journal fut une habitude assez répandue pour qu'on dispose aujourd'hui d'un corpus de textes non négligeable[67]. Mais si de rares auteurs ont joui d'une certaine notorité, le plus grand nombre est resté inconnu, parfois jusqu'à une édition tardive de leur journal au XIXe ou au XXe siècle. La célébrité n'était pas le but des pèlerins (du moins avant le siècle de l'Imprimerie) et la qualité des récits n'entre en rien dans la destinée de ces textes[68]. L'Irlandais Semeon Semeonis (1323) ou l'Italien Jacques de Vérone (1335) n'ont pas moins de talent que Niccolò da Poggibonsi (1347) dont le récit a été plus largement diffusé. Parfois ces narrations s'avèrent complémentaires : Giorgio Gucci, Simone Sigoli et Niccolò Frescobaldi ont voyagé ensemble (1384) et écrit leur pèlerinage en choisissant des options narratives ou thématiques différentes. Georges Lengherand et l'Anonyme de Rennes partagent l'aventure en 1486.

Les profils sociaux de ces chrétiens sont multiples ; les marchands et les bourgeois côtoient les clercs, les religieux et les seigneurs. Il va sans dire que tous ne sont pas curieux des mêmes choses et que des motifs autres que religieux peuvent s'ajouter. Si Fabri se dessine en pèlerin géographe, Ghillebert de Lannoy (1421) se dessine en pèlerin espion, lui qui couvre sous son pèlerinage une mission d'observation pour le compte de princes d'Occident. Bertrandon de la Broquière (1431), pèlerin observateur, expédie ses dévotions à Jérusalem avant d'entamer une traversée de la Turquie. Le pèlerinage peut s'insérer dans un voyage à horizon élargi : celui de Però Tafur (1436), celui de Joos Van Ghistele (1483) surnommé le « Grand Voyageur », celui d'Arnolf von Harff (1498)

dans J. Chélini et H. Branthomme (dir.), *Les Chemins de Dieu*, Paris, Hachette, 1982, p. 188-194.

67.– Entre 1320 et 1500, Nathan Schur (*Jerusalem in Pilgrim's accounts [1300-1917], Thematic Bibliogaphy*, Jerusalem, Ariel Publishing House, 1980, p. 141) a répertorié quelque 75 récits de pèlerinages. A sa longue liste, on peut encore ajouter des noms comme celui de Pierre Barbatre (1480) ou de l'Anonyme de Rennes (1486), pour ne citer que ceux-là.

68.– Sur les éditions, voir la thèse de Marie-Christine Gomez-Géraud, *Le crépuscule du grand Voyage (1458-1612)*, Paris, Champion, 1999.

s'intègrent à un grand périple[69]. Le récit du « saint voyage » a subi de multiples avatars en diachronie, et il reste, en synchronie, d'une diversité qui le rend difficilement réductible à des règles génériques[70].

Ce récit, en mutation à la fin du Moyen Âge, intègre de plus en plus la dimension de l'individu. Si l'Anglais Richard Guylforde (1506) n'a pas la même acuité que l'Italien Pietro Casola (1494), ce n'est pas seulement affaire de patrie ou de statut social. Les deux religieux allemands, Félix Fabri, serviteur du seigneur de Truchsas de Waldburg, et Bernard de Breydenbach, Doyen de la cathédrale de Mayence, ont beau avoir fait le même voyage, la même année, ils ne se conforment pas pour autant à un traitement littéraire identique[71], le premier étant, plus que l'autre, porté à l'anecdote. Quant au Franciscain Paul Walther de Guglingen, autre religieux allemand qui a traversé le désert avec eux, il donne également un reflet personnel de son point de vue de pèlerin, lequel diffère fortement de celui du voyageur flamand Joos Van Ghistele qui hantait lui aussi le désert d'Égypte à la même époque[72]. Le pays ne prend de visage que dans le miroir des textes.

69.– Sur la diversité de ces pèlerins, cf. l'étude de Nicole Chareyron, *Les pèlerins de Jérusalem au Moyen Âge. L'aventure du saint voyage d'après journaux et mémoires*, Paris, Imago, 2000. Sur leur profil, voir Aryeh Graboïs, *Le Pèlerin occidental en Terre sainte au Moyen Âge*, De Boeck, 1998, p. 45-51 ; Yves Dossat, « Types exceptionnels de pèlerins : l'hérétique, le voyageur déguisé, le professionnel », dans *Le Pèlerinage*, Toulouse (« Cahiers de Fanjeaux », 15), 1980, p. 207-225.

70.– Cf. à ce propos Jean Richard, *Les récits de voyage et de pèlerinage*, Brepols-Turnhout («Typologie des sources du Moyen Âge occidental », 38), 1981, p. 8 ; Friedrich Wolfzettel, *Le discours du voyageur*, Paris, PUF, 1996, p. 9 ; R. Le Huenen, « Qu'est-ce qu'un récit de voyage ? », dans *Les modèles de récits de voyage*, Université de Nanterre, Littérales, 1990, p. 13.

71.– Voir Lia Scheffer, « A pilgrimage to the Holy Land and Mount Sinai in the 15th Century », dans *Zeitschrift des Deutschen Palästina-Vereins*, 102 (1986) p. 144-151.

72.– Bernard de Breydenbach, *Sanctes Peregrinationes*, Mayence, E. Reuwich, 1486 ; Paul Walther de Guglingen, *Fratris Pauli Waltheri Guglingensis Itinerarium in terram sanctam ad Sanctam Catharinam*, éd. M Sollweck, Stuttgart, 1892. Joos Van Ghistele, *Le voyage en Égypte (1482-1483)*, trad. Renée Bauwens-Préaux, Le Caire (« Institut Français

Quoique le pèlerinage proprement dit tende à se dissoudre dans le voyage profane qui le double nécessairement – et peut-être à cause de cela –, Fabri réaffirme de manière péremptoire une éthique du « saint voyage » universellement reconnue : le marcheur doit se hâter vers son unique but sacré. Comme l'a fait ressortir F. Tinguely dans une étude récente sur la spécificité de ce genre de déplacement, « le pèlerin n'est pas un globe-trotter »[73].

Mais, une fois posés ces principes, le Frère Félix ne s'interdit pas d'ouvrir les yeux et d'exprimer son enthousiasme et ses peurs au fil des découvertes ; le moine au nom prédestiné, qui a eu le bonheur de voir tant de choses, ne veut pas priver ses frères du sel piquant de son errance. La brève relation de 1480 donne le ton : Félix rit à la vue d'un compagnon ivre de malvoisie, Félix souffre de la soif et rêve d'un lac aux eaux profondes, Félix compatit à la souffrance des animaux de consommation embarqués sur la galère, Félix admire l'exploit d'un plongeur, et avec lui son lecteur rit, rêve, souffre, compatit, admire. Attentif aux menus détails, il nous les montre, et nous les voyons par ses yeux peut-être mieux encore que nous n'aurions su voir par les nôtres.

Signe de maturité littéraire dans le genre balbutiant du récit de voyage, Fabri a compris qu'au delà de son entreprise de « description de la Terre Sainte », il devait porter en lui l'errance et la réfléchir pour les autres ; pour la faire vivre en imagination, il devait parfois se donner en spectacle. Il accomplit à merveille le dédoublement du voyageur entre « instance » qui maîtrise la plume et le sens, et « présence » qui agit et subit le destin de marcheur. De toute évidence, il est de

d'Archéologie Orientale du Caire », 16), 1976. L'artiste Reuwich d'Utrecht, autre mémoire du voyage, a mis son talent de dessinateur à contribution et enregistre la configuration des ports, dessine les costumes, reproduit les écritures : le récit de Breydenbach paraîtra avec ses illustrations.

73.– Cf. l'analyse de F. Tinguely largement consacrée à Fabri, « Janus en Terre sainte : la figure du pèlerin curieux à la Renaissance », dans *Homo viator, Revue des Sciences Humaines*, 245 (1997) p. 51-65.

ceux qui ont contribué à la création du voyageur comme personnage littéraire.

Si ce que nous savons du statut social de notre auteur est vite résumé, ce qu'il donne à lire de son tempérament, de sa vie spirituelle ou intellectuelle paraît inépuisable. Félix parle volontiers de ses tâtonnements méthodologiques. A l'issue de son premier voyage, il a échoué dans son essai de représentation descriptive des Lieux saints, trahi par sa mémoire. De retour, il a lu quantité de pèlerinages, de descriptions, étudié les Livres saints, les commentaires et les gloses disponibles. Le doute l'a envahi. La soif d'exhaustivité, maladie du chercheur, loin de s'apaiser, l'a tourmenté. Il a éprouvé le désir de retourner sur le terrain chercher des « certitudes » : cette fois, les choses vues s'ajouteraient aux connaissances acquises pour les confirmer. Cette inquiétude d'ailleurs ne l'a peut-être jamais quitté, puisque l'insatiable Félix projeta un troisième voyage en Terre sainte, resté sans suite.

La désignation même de son oeuvre par rapport à son contenu lui a posé un problème. Il a du mal à définir l'ouvrage autrement que par ce qu'il n'est pas. L'écrit lui paraît échapper à tout moule générique : qu'est-ce donc que ce livre qui n'est ni de voyage, ni de pèlerinage, ni de traversée ? un « évagatoire », autrement dit un livre « d'errances », qui non seulement reflète les « divagations » de corps et d'esprit de l'auteur, mais doit aussi entraîner dans l'errance son lecteur[74] ; c'est une oeuvre sinon ondoyante, du moins diverse et qui emprunte à plusieurs genres d'écrits : le journal, la somme historique et géographique. Félix parle aussi du processus de création : ses notes auraient éclaté en plusieurs carnets thématiques. Dans sa brève relation de 1480, il signale un autre

74.– Félix Fabri a si bien ressenti la particularité de son oeuvre qu'il a cru devoir user, pour la définir, d'un néologisme, *evagatorium*, un terme (que nous avons rendu maladroitement par le pluriel d'errance) bâti sur *evagatio*, « errance, voyage » et sur le suffixe *-orium*, qui permet de rendre compte du double statut de l'oeuvre : elle est à la fois l'endroit où Frère Félix raconte ses errances et l'instrument qui amène le lecteur lui-même à errer.

opuscule où se trouverait le détail des conflits internes survenus. Il annonce qu'il parlera de Rhodes dans le récit du second voyage. Il y avait matière à plusieurs ouvrages, il l'a senti, et ses traités sont finalement autant de livres.

Lecture, écriture et voyage entretiennent des liens obscurs. Souvent l'auteur glisse d'un fait divers à une anecdote livresque qui paraît le réfléchir : ainsi du cadavre du noyé trouvé sur une plage, qui lui rappelle une histoire de Valère Maxime, ainsi du pèlerin ivre, autre Polémon[75]. Le monde est, pour lui, une autre bibliothèque : « Je n'ai pas eu autant de peine en voyageant d'un lieu à l'autre qu'en allant de livre en livre », écrit-il[76]. Sa première visite à Jérusalem est comparée à une « leçon » préalablement parcourue par l'étudiant qui ensuite la gravera dans son esprit. Et quel acharnement dut être le sien pour combler les lacunes ! En 1483, il se peint en forçat de la plume, hanté jusqu'à l'obsession par la crainte de laisser échapper un détail : « Je n'ai pas négligé d'écrire un seul jour durant le voyage, même lors des tempêtes en mer, même en Terre sainte. Et souvent, j'ai écrit à travers le désert à dos d'âne ou de chameau ; et même la nuit, quand les autres dormaient, je m'asseyais et je notais par écrit ce que j'avais vu. »[77] Fabri renvoie aussi à la « bibliothèque des voyages »[78], dans laquelle on trouvera ce qu'il n'a pas mis (le détail des dépenses, par exemple). Il invite expressément son lecteur à puiser à d'autres sources que la sienne : il cite Johannes Tucher de Nuremberg, voyageur de 1479, auteur d'un récit en allemand, et rend hommage à la justesse de sa description du Saint-Sépulcre. Il signale la description de Venise par Bernard de Breydenbach à la fin du onzième traité, la qualifiant sportivement de « très belle et très fidèle »[79]. Pourtant Fabri n'est pas si muet qu'il le

75.– Cf. *Evagatorium* I, 1, 12 B (histoire de Simonide) et 19 A (histoire de Polémon).
76.– *Evagatorium* I, 1, 1 B.
77.– *Evagatorium* I, 1, 25 B.
78.– Cf. Christine Montalbelli, *Le voyage, le monde et la bibliothèque*, Paris, PUF, 1997.
79.– *Evagatorium*, I, 4, fol. 126 B-127 A (Hassler, T. I, p. 327-328 ; cf. aussi T. III, p. 436).

prétend, et son récit fourmille de détails de route. Si parfois il ne dit pas ce que d'autres disent, souvent il dit ce que les autres ne disent pas. Il s'amuse ainsi du chien « xénophobe » de l'aubergiste Jean, s'émerveille et s'émeut au souvenir de l'éléphant « acrobate » vu à Venise, explique en détail les particularités du dangereux « Troyp », le poisson perforateur de galères... Le microcosme de la vie à bord lui inspire non seulement des réflexions mais des descriptions pittoresques. Ses portraits de pèlerins qui tournent à la caricature mettent à mal l'image traditionnelle du dévot. Même dans ses digressions les plus inattendues, comme celles sur la *difficultas in opere naturae* à bord d'une galère – un problème éludé par la plupart des récits, Fabri parvient à donner une épaisseur temporelle à son voyage par la multiplication de petites scènes quotidiennes liées aux circonstances de la navigation[80].

Félix a la soif d'apprendre du monde, mais plus encore, le désir de communiquer sa science neuve. La lecture de ses traités pourrait même avoir d'après lui des vertus thérapeutiques : « elle apaisera en bien des cas les âmes en quête d'étonnement et les esprits curieux »[81]. L'*Evagatorium*, en entraînant les frères dans l'errance, doit leur faire apprécier le calme monastique.

V. Le voyage à Jérusalem de 1480 : variations sur un thème

Nous évoquions un peu plus haut l'implication humaine, toujours plus grande, dans les récits des pèlerins du XVe siècle. Le premier voyage de Fabri permet d'en faire la démonstration. Cette année 1480, pauvre en pèlerins, est paradoxalement riche en journaux conservés. Outre la brève relation de notre auteur, on possède au moins trois autres récits parallèles, car, dans la galère qui partit le 6 juin de Venise, se trouvaient également un prêtre de Normandie nommé Pierre

80.– Cf. à ce sujet les remarques de N. Chareyron, *Les pèlerins de Jérusalem au Moyen Âge...*, p. 69-70.
81.– *Evagatorium* I, 1, 2 A.

Barbatre, un Anonyme qui se dessine en clerc parisien et un fonctionnaire de cour du duc Sforza de Milan du nom de Santo Brasca. Tous ont laissé trace écrite du voyage et ces récits permettent de combler les lacunes de Fabri dans le domaine de la signalisation spatio-temporelle : scrupuleusement datés, ils offrent des possibilités de contrôle toponymique des lieux d'escales.

On n'a pas manqué de relever, chez ces auteurs, des différences de tempéraments et de sphères d'intérêt. P. Tucoo-Chala évoque des nuances : Pierre Barbatre est « étranger aux choses de la mer » tandis que Santo Brasca s'y attache dans le détail ; le premier a le mérite d'exprimer les choses vues comme pour « un catalogue digne d'un huissier faisant un inventaire », le second fait montre de sa culture humaniste. Quant à l'Anonyme Parisien, il montre un goût pour l'anecdote et le détail pittoresque[82], un peu comme Fabri, mais d'une manière plus sereine.

Les voyageurs ont produit des témoignages de configuration et de représentation littéraires différentes. Avant d'en cerner quelques caractères, examinons rapidement les options discursives des auteurs et la conscience qu'ils ont de leur écrit. Certes, on ne saurait dénier à ces narrations leur part de spontanéité, la substance du « voyage » étant la rencontre immédiate et aléatoire d'un homme avec une réalité neuve, et l'objet du texte, son expression la plus juste possible. Mais en ce temps où le journal manuscrit tend à se démultiplier en imprimé et à rayonner pour atteindre des lecteurs inconnus, l'élaboration même du texte devient objet de réflexion. Les effets de cette mutation sont à considérer : la construction, la thématique, l'architecture des écrits peuvent être éclairées par des réflexions paratextuelles ou métatextuelles des auteurs.

Ainsi, Fabri s'explique au fil du texte sur les raisons qui lui ont fait écarter des développements attendus : les différends

82.– Voir l'introduction au *Voyage de Pierre Barbatre à Jérusalem en 1480*, éd. P. Tucoo-Chala et N. Pinzuti, dans *Annuaire-Bulletin de la Société de l'Histoire de France*, 1972-1973, p. 75 et suivantes.

avec les Vénitiens sont à chercher dans un autre opuscule, les descriptions de Raguse et de Rhodes, réservées pour le second voyage, le pèlerinage à Jérusalem, délibérément omis, absence qui paraît relever d'une double intention esthétique : montrer, par une lacune clairement désignée que la première visite de la Ville sainte n'eut pas plus de consistance qu'un songe mal fixé dans la mémoire, et éviter la redondance avec le gigantesque quatrième traité du voyage de 1483, tout entier consacré à Jérusalem. Le récit s'intègre à un plan d'ensemble ayant une cohérence thématique.

L'Anonyme Parisien, dans son prologue, énonce ce qui a guidé ses choix d'écriture : « J'ay voulu... advertir des lieux, perilz et aultres aventures qui peuvent avenir audict voyage tant pour la grandeur et longue distance du chemin et par mer et par terre, etaz, nations, langaiges et meurs differens que pour le danger des Turcz... mettre et rédiger briefvement par escript, et non par maniere de cosmographie ou aultres descriptions artifficielles, mais simplement, et ainsi que les choses se sont offertes en mon entendement... en rédigeant au soir par escript ce que le jour avois veu digne de recit, en faisant registre des choses dessusdictes, sans rien y adjouter ou obmettre de la verité, ainsi que par sens oculaire pouvons le cognoistre. »[83] Prônant une écriture naturelle, il se voit, non sans justesse, comme une sorte de badaud du pèlerinage, désireux de traduire le monde à son échelle sensible, sans affectation ni pédantisme.

Tel parti pris n'est pas tout à fait celui de Santo Brasca qui dédie son *Viaggio in Terra Santa* au Trésorier de Ludovico il Moro, sans en faire la théorie. Il opte pour la traditionnelle structure chronologique permettant au lecteur de suivre l'itinéraire jour après jour, mais insiste tout de même sur un point : le seul mobile acceptable du *sanctissimo viaggio* est

83.– Anonyme Parisien, *Le voyage de la Saincte Cyté de Hierusalem avec la description des lieux, ports, villes, cités et aultres passaiges fait en l'an mil quatre cens quatre vingtz estant le siege du Grand Turc à Rhodes*, éd. Ch. Schefer et H. Cordier, Paris, Ernest Leroux, 1882, p. 1-2 (prologue).

de « contempler et d'adorer les très-saints mystères avec grande effusion de larmes ». On doit partir à Jérusalem pour le pardon des péchés, « et non dans l'intention de voir du monde et par ambition et orgueil de dire : 'moi j'y ai été, moi j'ai vu', pour être grandi aux yeux des hommes, comme le font peut-être quelques-uns, lesquels dans ce cas reçoivent leur récompense dès à présent (*Math.* VI, 16) »[84]. Le Milanais s'efforce au mieux de refléter cette pieuse motivation à travers les oraisons composées et les attitudes de pèlerins évoquées, sans négliger pour autant de donner un aperçu des hommes et des sites. L'humaniste ne doit pas faire oublier le pèlerin, mais le pèlerin n'occulte pas le voyageur.

Le moins explicite serait Pierre Barbatre qui ne dit rien (du moins dans le manuscrit conservé). Il faut sonder le texte pour se faire une idée : il paraît avoir opté pour l'enregistrement systématique de tout ce qui s'est présenté à lui. Il laisse d'abondantes descriptions, abrégées, semble-t-il, par le copiste. Barbatre lui-même dit s'interrompre faute de place (« on n'a espace d'escripre »). Il dut éprouver la frustration de ne pouvoir tout saisir. Son récit tient du reportage fidèle, en particulier à Rhodes où il enquête sur les péripéties du tout récent siège des Turcs.

Un regard plus attentif sur chacun de ces récits parallèles permet de mettre en lumière les spécificités de l'écriture et de la personnalité de Félix Fabri.

1. Le voyage de Santo Brasca

Le récit de Santo Brasca se présente sous la forme d'un diptyque. Le premier volet traite de l'expérience temporelle et spirituelle de l'auteur. Il s'inscrit dans le moule d'un journal de bord soigneusement daté de Milan à Milan : « Deliberai per

84.– Santo Brasca, *Viaggio in Terra Santa (1480) con l'itinerario di Gabriele Capodilista (1458)*, éd. Anna Laura Momigliano Lepschy, Milan, Longanesi, 1966, p. 128.

consolatione mia et de chi legerà questa mia opera, descrivere *tuto l'itinerario mio de giorno in giorno* ». Le second volet est un ensemble de conseils pratiques destinés aux futurs voyageurs : *La instructione di sopra promissa a ciascuno che desidera fare questo sanctissimo viaggio.* Santo Brasca, dans son pèlerinage proprement dit en italien, parle de son émotion devant les lieux de la Passion où il écrit des poèmes religieux qu'il intègre au récit (p. 65). Il écrit les oraisons qui se chantent le soir sur la galée (p. 53). Il n'en donne pas moins de dix du genre : *Exaudi nos Domine sancte, pater omnipotens, Eterne Deus, et mittere digneris sanctum angelum tuum de celis qui custodiat, foveat, protegat, visitet atque deffendat omnes habitantes in hac galea. Per Christum etc.* Il écrira une oraison pieds nus au Calvaire, une autre qu'il dédie à la Vierge (p. 145-148). A chaque lieu saint, sa prière (p. 71). Son récit est bien ce qu'il doit être, un *divoto peregrinagio* (p. 91), les pèlerins en procession versant des larmes ont l'attitude souhaitable (p. 92).

Mais l'auteur n'exclut pas toute référence profane de l'espace. D'abord c'est un homme cultivé averti en matière d'architecture. La Chartreuse de Pavie, Mantoue, Ferrare et ses belles églises et palais (p. 47) à colonnes de marbre blanc, puis Venise et le palais de la Seigneurie avec ses fresques aux sujets historico-légendaires, les tombeaux des doges sont autant d'escales heureuses pour l'esthète. Il grimpe au Campanile pour le panorama, immortalise une scène pittoresque de la place Saint-Marc, les prouesses d'une Castillane sans bras qui exécute des tâches de couture avec ses pieds (p. 49). Ensuite il évoque la Jaffa biblique, mais sans occulter la Jaffa présente, délabrée ; à Jérusalem, il se promène aussi au coeur des *bazarri* et des *boteghe* où l'on cuisine (p. 69), décrit soigneusement à l'intention du duc les *habiti et costumi* des hommes et des femmes, si différents de ceux de Milan (p. 69), ne laisse rien ignorer des conditions de vie du pèlerin. Ses constantes mentions du sirocco et autres perturbations montrent qu'il a suivi avec attention les aléas de la navigation, à côté du capitaine qui l'avait pris en affection et le traitait « comme un fils ».

Le second volet est une sorte de manuel destiné au futur pèlerin et dans lequel il aborde le plan pratique : le pèlerin est invité à entreprendre le voyage dans un esprit de parfaite humilité et de dévotion. Avant de partir, il doit mettre ses affaires en ordre. A la bourse de patience, il en ajoutera une autre contenant 200 ducats vénitiens pour ses dépenses. Santo Brasca conseille d'éviter les petits passeurs et de prendre la galère en payant d'avance certains frais. Le trousseau nécessaire est donné. Outre un long manteau, il faut embarquer une natte, un coffre, deux tonnelets pour l'eau et le vin. Il suggère quelques nourritures solides à emporter, avec des sirops médicinaux, des pains de sucre. Sur le bateau, choisir une place près de la porte pour avoir de l'air, penser à s'approvisionner lors des escales. Prévoir le pourboire d'arrivée donné aux gens de mer, prévoir un coussin, ne pas s'éloigner du groupe, ne pas discuter de foi avec les indigènes. Le pauvre peut s'arranger à moindres frais avec le capitaine à condition de se nourrir lui-même. Seule monnaie occidentale ayant cours en Orient, celle de Venise[85].

2. Le voyage de Pierre Barbatre

Pour tout ce qui concerne la navigation, le récit de Pierre Barbatre s'organise autour des dates que l'auteur coordonne aux lieux. C'est le mouvement dans le temps qui est rendu. Mais entre le 4 mai, date d'arrivée à Venise et le 6 juin, jour du départ, on trouve peu de dates : c'est alors l'exploration thématique d'un espace nouveau qui domine. Le descriptif se passe aisément du temporel. De même, entre le 28 juillet et le 7 août, période de la visite des Lieux saints de Jérusalem et des

85.– Santo Brasca, *Viaggio in Terra Santa...*, p. 128-133. On trouve une traduction de ces articles dans l'introduction au *Voyage de Pierre Barbatre*, p. 85-86.

environs, l'évocation des lieux élimine la perception d'un ordre du temps.

Pierre Barbatre a un incontestable génie de la description, un talent de géographe, une vocation de chroniqueur : reliques, paysages, hommes. Les fêtes vénitiennes sont hallucinantes de détails sur l'effectif des participants, les couleurs des cortèges, les costumes des figurants. Les mosaïques de Saint-Marc se réfléchissent dans son regard : regard de myope sur les petites pierres peintes assemblées, regard d'ensemble sur les tableaux. C'est sans doute le voyageur ayant l'oeil le plus vif : il mentionne les paysages, donne caractéristiques et usages agricoles observés, s'intéresse à l'architecture de Raguse comme à son histoire, note des parentés architecturales. Ses émotions semblent parfaitement maîtrisées.

Barbatre a un autre mérite : il restitue l'ordre d'un journal daté qui peut répondre aux interrogations laissées par Fabri. Son voyage se coule dans un calendrier précis qui peut associer lieu, heure, moment de la journée, distances. Parti le 6 juin de Venise, Barbatre signale sobrement les huit jours d'arrêt à Corfou d'où la galée, allégée de ses déserteurs, repart pour Modon. Les pèlerins quittent Modon le 6 juillet, débarquent à Candie le 9 pour en repartir le 13. Le 16, ils arrivent à Limassol (Chypre) qu'ils quittent le 19 ; ils arrivent le 20 juillet à Jaffa, mais ne sont autorisés à débarquer que le 24. Le 25, c'est le départ pour Jérusalem où ils resteront du 28 juillet au 7 août, visitant les lieux de la Ville Sainte, Bethléem et le Jourdain. Le 12, ils quittent Ramlèh ; le 17, ils sont aux Salins de Chypre dont ils repartent le 24. Le 30 août, ils enterrent un mort à Baffo. C'est du 11 septembre que Barbatre date son arrivée à Rhodes tout juste délivrée. Le document qu'il laisse sur cette petite tranche d'histoire est précieux : il raconte ce qui s'est passé dans l'île assiégée dans le temps parallèle à sa propre pérégrination. Le 14 septembre, la galée quitte Rhodes, le 21 elle passe à Candie, le 2 octobre à Modon, le 7 à Corfou, le 8 à Raguse, le 11 à Lesine, le 14 à Zadar, le 16 à Parence

(Porec)[86]. Ce calendrier comble le vide laissé par Fabri. Barbatre ne laisse pas l'événement occulter le temps.

3. Le voyage de l'Anonyme Parisien

Pas plus que Pierre Barbatre, l'Anonyme Parisien n'avait l'intention de s'offrir un second voyage à Jérusalem : aussi, a-t-il, comme son compagnon normand, tiré le meilleur parti de ce qu'il voyait. Il souhaite renseigner utilement sans fioritures livresques. Son pèlerinage a des côtés « touristiques » avant la lettre. On l'imagine flânant au Rialto dont il vante les belles boutiques, escaladant les petits ponts vénitiens, lorgnant sur les costumes des indigènes. « Triomphe et richesse » de Venise lui arrachent des cris d'admiration. Et si Fabri déclare que son premier séjour en Terre sainte lui paraît aussi fumeux qu'un songe, tel n'est pas le cas pour ce clerc qui nous livre quantité de détails sur la Jérusalem médiévale d'où l'on exhume, non sans mal, la Jérusalem biblique. Son calendrier, à quelques erreurs minimes près, nous permet de le suivre de Venise à Venise du 7 juin au 21 octobre.

Le Parisien est moins attentif que Pierre Barbatre aux données agricoles et géographiques, il s'intéresse plutôt au clergé grec (écoles et rites, habit et statut matrimonial). Il évoque quelques villes ou édifices, mais souvent par qualification subjective : *beau, belle*, adjectifs auxquels s'oppose généralement *pauvre* ; *esbahis* traduit le sentiment des voyageurs dont la présentation passe par un *nous* collectif dans lequel se fond le locuteur, sauf quand il s'agit de comportements superstitieux : dans ce cas, l'auteur montre la distance attendue de la part d'une personne éclairée (p. 102). L'Anonyme a le goût des détails anecdotiques : cuisinier tombé à l'eau, pèlerin endormi perdant son bonnet emporté par le vent, poissons « gros comme pourceaux ».

86.- Son arrivée à Venise (vers le 22 octobre) paraît toutefois avoir été mouvementée (lacunes du manuscrit).

4. La brève relation de Félix Fabri

Félix Fabri offre un récit en forme circulaire, d'Ulm à Ulm, lieu de départ et lieu d'arrivée. La datation est inexistante, seul l'événement a force de texte : les incidents, accidents, tempêtes sont les piliers formant la structure narrative. L'envahissement des motifs d'ordre humain et la pauvreté du cadre descriptif sont caractéristiques. Le voyage se présente comme élaboré à partir de notes saisies au fil des événements. Il a le charme d'une petite chronique, d'une tranche de vie de quelques mois mouvementés entre le 14 avril et le 16 novembre 1480. La quasi totalité est consacrée à la traversée d'une Méditerranée infestée de Turcs. Mehmed II le Conquérant, qui a étendu sa domination et dont les corsaires sèment la terreur dans les ports, assiège Rhodes. Le récit est un bon témoignage sur ce que fut l'été 1480 des navigateurs, mais Frère Félix a écarté délibérément toutes les notes relatives au pèlerinage et à la description de lieux. Il n'a conservé que les aléas de l'itinéraire terrestre et maritime. Sur la Terre sainte, le récit est muet, mais il est des plus prometteurs en ce qu'il annonce la formation du personnage littéraire et romanesque du voyageur, comme héros de son odyssée et de son livre.

Action, émotion, mise en scène, évocation de personnages dominent. L'événement immédiat et son écho psychologique l'emportent largement sur la préoccupation d'un encadrement de narration par le temps et l'espace. Le texte est peu fourni en descriptions géographiques : là où Pierre Barbatre s'acharne à évoquer avec tant de précision les montagnes de Dalmatie, Félix ne dépeint que des états d'âme. L'enregistrement des lieux est réduit à la notation ponctuelle. L'ellipse est faite sur sa traversée des Alpes, qui sera si bien détaillée pour le voyage de 1483. Les indications données dessinent approximativement la route suivie. A l'aller : Ulm, Memmingen, Innsbruck, Bassano, Castelfranco, Trévise, Mestre, Marghera, Venise, Parenzo (Porec en Istrie), Zadar, Lesina, Kursula (Korcula), Raguse (Dubrovnik), les îles

Gazopoli (île de Sazan, Albanie), Corfou, Methoni (La Modon des Vénitiens, Péloponnèse), Crète (Candie), Chypre (plusieurs ports mentionnés), Jaffa, Ramla, Jérusalem. Au retour, le narrateur enregistre quelques passages : Les Salins et autres ports de Chypre, Rhodes, Candie, Methoni, Corfou, Gazopoli, Lesina, Parenzo, Venise, Trévise, Trente, Nassereith, passage des Alpes, Kempten, Memmingen, Ulm. Des notes relatives au voyage de 1480 ont dû passer dans la partie de 1483.

Ce prélude n'est pourtant pas un récit d'aveugle : Fabri a gardé en mémoire quelques images furtives mais inoubliables de récifs montagneux, de ports fortifiés de Dalmatie, de tourbillons mortels du détroit de Corfou. Il revoit Rhodes, fin août 1480, sous l'éclat brillant de la lune, allumant ses feux à l'approche des pèlerins, Candie regorgeant de tous les biens et vins de la terre, la mer en furie s'enflammant à chaque éclair et paraissant jeter des pierres sur la coque, et ce rayon de feu trouant la nuit, prodige annonciateur de grâce divine. Mais toute référence d'ordre spectaculaire ne semble exister qu'à travers l'émotion suscitée.

Quant à l'absence de marquage temporel, Fabri la ressentira comme une faiblesse et s'en corrigera lors du voyage de 1483 où prévaudra la technique maniaque du « à chaque jour son paragraphe ». Le récit de 1480 suit donc une chronologie plus subjective que relative : peu de dates, quelques durées, quelques notations ponctuelles (nuit de la Saint-Michel, lever du jour), c'est tout. Le récit est subjugué par les incidents, les accidents, la météorologie et se construit à travers l'expérience et l'émotion. D'ailleurs, Fabri n'hésite pas à se mettre en scène comme auteur, ici comme un qui répugne à rappeler un souvenir pénible, là comme un qui ne résiste pas au plaisir de conter une anecdote amusante. Ce n'est pas sans humour qu'il signale les messes de requiem dont on a honoré sa mémoire dans la Souabe où s'était répandu le bruit de sa mort !

Pour reconstituer la vie à bord ou la couleur des sentiments, Frère Félix n'a pas son pareil. Il note moins des faits qu'il n'évoque une atmosphère. On ne s'étonnera plus que le Dominicain ait inspiré des romanciers tant il est présent au coeur de son histoire, tant il montre d'aptitude et de vocation à se raconter. Pathétique, il ne craint pas la redondance pour mieux faire entendre les sanglots de la séparation ; sagace, il esquisse des portraits pittoresques de compagnons. On lui reconnaîtra un sens inné de la scène reconstituée. Plus d'une fois par le discours direct, il estompe toute distance temporelle pour nous faire entrer dans l'immédiateté des points de vue : il fait entendre les recommandations de son cher Maître Ludwig, les informations des frères de Raguse, les avertissements du Gouverneur de Corfou, les perfidies d'un pèlerin timoré, les exhortations d'un autre, plus hardi. Il fait parler des marchands turcs, des corsaires vénitiens. Élucubrations d'un pèlerin ivre ou beau discours grondeur de l'interprète du gouverneur de Candie, Fabri donne la parole à chaque type rencontré et rend à chacun son langage. Par un raffinement d'exotisme, il transcrit même en italien les paroles d'un marin ou quelque mot étranger et obscur entendu à Corfou. Son petit monde de pèlerins est une grande galerie d'esquisses : évêques aux suites fournies, invétérés joueurs, dévotes matrones courageuses au dévouement admirable, méprisées par de jeunes seigneurs orgueilleux mais fragiles, Français violents en perpétuelle rivalité avec les Allemands... Le microcosme de la galère s'élargit avec l'esquisse des Grecs de Corfou qui détestent les Allemands, avec les compatriotes de Modon, les Turcs de Constantinople pleins de sollicitude pour ces pauvres proies à pirates... La diversité humaine se décline au fil des pages et l'homme se révèle toujours plus imprévisible : qu'on en juge seulement par ces soldats du duc d'Autriche, terrorisant la région du Fernpass, mais qui, croisant Fabri, vénèrent en lui le frère pèlerin, lui commandent une messe, paient ses dépenses et l'escortent avec respect. Dans cette ouverture du voyage, la leçon de Félix est d'essence humaine plus que spirituelle.

Cette relation est construite autour du motif conducteur de l'angoisse. Presque tous les épisodes sont appelés par ce sentiment et à la crainte des pèlerins répond celle des insulaires, également notée par Félix. Le lexique de la peur se déploie amplement ; Barbatre, l'Anonyme Parisien et Santo Brasca sont infiniment plus sobres, à cet égard. Certes, il est aisé de relever des imperfections. Certes, à rôder autour des faits mineurs, Félix finit par décevoir l'attente du lecteur de pèlerinages qui se bornerait à ce seul texte ; sa futilité est peut-être un effet de sincérité ou de spontanéité, à moins qu'elle ne soit celui d'un fort potentiel romanesque sagement dérivé en récit. Quoi qu'il en soit, toute la science et la substance du pèlerinage ayant été réservées pour le livre de 1483, Venise, Jérusalem et les Lieux saints sont les grands absents d'un récit dont l'auteur laisse si mal voir ce qu'il a de marche religieuse, un récit qui pourrait être finalement celui de n'importe quel voyageur profane, soldat ou marchand.

Ces quatre voyageurs ont suivi le même parcours de Venise à Venise, mais leur appréhension des données reste liée à leur culture, à leur attente, à leur sensibilité, à l'image qu'ils voulaient donner du monde... un monde-miroir traduit en un livre-portrait.

*
* *

Périodiquement, Fabri a suscité l'intérêt tant sa plume est conviviale et attachante, et, comme l'écrit la romancière Sheri Holman, il « semble trouver un admirateur à chaque génération »[87]. Un échantillon des jugements suscités montre qu'il n'a pas laissé indifférents ceux qui l'ont approché. A. Duval qualifie son *Evagatorium* de « véritable somme des connaissances géographiques et historiques d'un Allemand cultivé du XVe siècle » et de « remarquable document pour l'histoire sociale ». J. Masson rend hommage à la grande culture humaniste de l'auteur et souligne son intérêt comme

87.– *Les naufragés de la Terre sainte*, p. 389.

témoignage sociologique sur l'histoire des mentalités : c'est un « pont jeté entre le Moyen Âge et la Renaissance ». Moins élogieux, d'autres pointent le doigt sur ses défauts : « une fâcheuse tendance au bavardage intarissable sur des points de détail ; un style ampoulé de prédicateur noyant les faits dans d'interminables phrases ; un nationalisme germanique très poussé », écrit l'éditeur du *Voyage de Pierre Barbatre*. Fabri lasse même ses plus dévoués serviteurs, comme Aubrey Stewart qui néglige de traduire l'*Epistola* et le prologue et abrège le texte ici et là, quand les digressions se font trop longues ou trop savantes. Mais on souscrira volontiers au jugement d'Aryeh Graboïs qui voit en lui « la figure la plus originale de cette génération de pèlerins savants », ou à celui de Lia Scheffer pour qui il apparaît comme une anticipation du « touriste moderne » dans sa façon de « tout dire sans restriction sur ses aventures et sur ses opinions », Bernard de Breydenbach incarnant, dans son récit parallèle de la même année, le type du pèlerin médiéval accompli, mais en voie d'extinction[88]. Sans conteste, il y a dans l'*Evagatorium* une modernité qui donne l'impression au lecteur de notre époque que le Frère Félix Fabri ne lui est pas vraiment étranger[89].

88.– A. Duval, dans *Dictionnaire d'Histoire et de Géographie ecclésiastiques*, fasc. 90, col. 328 ; J. Masson, *Voyage en Égypte de Félix Fabri*, p. X ; P. Tucoo-Chala, *Voyage de Pierre Barbatre*, dans *Annuaire-Bulletin de l'École des Chartes*, 1972, p. 88 ; A. Graboïs, *Le pèlerin occidental en Terre sainte au Moyen Âge*, Bruxelles, De Boeck, 1998, p. 50-51 ; L. Scheffer, « A pilgrimage to the Holy Land and Mount Sinai in the 15th Century », dans *Zeitschrift des Deutschen Palästina-Vereins*, 102 (1986) p. 151.
89.– Une bibliographie critique sur le genre du récit de voyage, sur Fabri et son *Evagatorium* paraîtra dans le tome II.

ANNEXES

Calendriers du mois d'avril et du mois de mai 1483

Il nous a paru utile de suivre approximativement l'itinéraire de Fabri d'Ulm à Venise (avril) et de dresser aussi le calendrier du « pèlerinage » vénitien (mai). Pour le trajet d'avril, les distances sont données à titre indicatif, les routes médiévales épousant rarement le tracé des routes actuelles.

A. Calendrier du mois d'avril ; 13-30 avril 1483 (traité I)

J 1 (13 avril)	Veille de départ Ulm.
J 2 (14 avril)	Ulm-Illertissen/Thyssa (23 km). Illertissen-Memmigen (30 km).
J 3 (15 avril)	Memmingen-Kempten (30 km). Kempten-Reutte (54 km).
J 4 (16 avril)	Reutte-Nassereith (38 km) par le Fernpass (Fernstein). Fabri mentionne un bourg, refuge de nuit : Schneckenhusen.
J. 5 (17 avril)	Innsbruck (midi). Nassereith-Innsbruck (50 km). Innsbruck-Matrei-am-Brenner (Wipptal) (20 km).
J 6 (18 avril)	Matrei-Le Brenner (1374 m)-Sterzing (Vipiteno) (32 km).
J 7 (19 avril)	Sterzing-Abbaye de Novacella (25 km).
J 8 (20 avril)	Novacella-Bressanone (Brixen) (4 km). Bressanone-Bolzano (47 km) par route de Kunter de 15 km.
J 9 (21 avril)	Bolzano-Termeno-Trente (52 km ?) Itinéraire confus.
J 10 (22 avril)	Trente-La Valsugana-Borgo Valsugana (35 km).
J 11 (23 avril)	Borgo Valsugana-Feltre (44 km).
J 12 (24 avril)	Feltre-Poste de garde sur le Piave ? (18 km ?).
J 13 (25 avril)	Poste de garde vénitien-Trévise (40 km).
J 14 (26 avril)	Trévise. Vente des chevaux et location de montures.
J 15 (27 avril)	Trévise-Mestre (18 km) ; Marghera-Venise et Grand Canal jusqu'au Rialto et canal secondaire jusqu'à l'auberge *Saint-Georges*.
J 16 (28 avril)	Visite de Venise-Saint-Marc.
J 17 (29 avril)	Église *Zanipòlo* puis visite des galères en partance.
J 18 (30 avril)	Signature du contrat de voyage avec Pierre de Land.

B. Calendrier du mois de mai 1483 à Venise (traité II)

1 mai	Église des saints Apôtres Philippe et Jacques.
2 mai	Basilique *San Marco*.
3 mai	Fête de l'Invention de la Sainte Croix, église de Sainte-Croix, couvent des frères Mineurs. La statue équestre.
4 mai	Église du couvent dominicain Saint-Jean-et-Paul, *San Zanipòlo*, puis couvent de Saint-Dominique.
5 mai	*Sant'Elena*, sur l'île du même nom dédiée à la mère de Constantin.
6 mai	Église de Sainte-Lucie.
7 mai	Église de *San Pietro Martire* de Murano. Fête de la Translation du martyr.
8 mai	*San Marco*. Fête de l'Ascension.
9 mai	Monastère des frères Crucifères. *Santa Maria dei Crociferi* sur laquelle est édifiée l'actuelle *Chiesa dei Gesuiti* au XVIIIe siècle.
10 mai	Sainte-Marie-de-la-Grâce. Puis *Santa-Maria-dei-Miracoli*, mise en chantier à partir de 1480.
11 mai	Église non nommée, qui pourrait être *San Giacomo di Rialto*, puis église *San Pietro di Castello*.
12 mai	Église de *San Zaccaria*, derrière le palais des Doges.
13 mai	Saint-André, île-monastère de Chartreux.
14 mai	Monastère bénédictin de Saint-Georges (en face de Saint-Marc).
15 mai	Saint-Marc. Octave de l'Ascension. Le Trésor.
16 mai	Mort de l'aubergiste. Église *San Rocco*.
17 mai	Visite au monastère Saint-Jean de moines blancs.
18 mai	Dimanche de Pentecôte. Église *San Bartolomeo*. Procession des *Scuole* à l'église *Spirito Santo*.
19 mai	*Santa-Maria-della-Misericordia* et autres églises non nommées.
20 mai	*Santa-Maria-Formosa*.
21 mai	*Sant'Antonio*.
22 mai	Église des Apôtres.
23 mai	Église de Saint-Jérémie, couvent Sainte-Marie-des-Vierges et autres chapelles.
24 mai	Église de Saint-Dominique, Sainte-Anne, Sainte-Marie-de-la-Vigne.
25 mai	Église de la Sainte-Trinité.
26 mai	Église de *San Stefano*.
27 mai	Église de Saint-Cartien.
28 mai	Sainte-Marie-du-Carmel, *I Carmini*.
29 mai	Fête du *Corpus Christi*. Procession à Saint-Marc.
30 mai	Église de Saint-Daniel.
31 mai	Messes préparatoires au voyage dans diverses églises.

C. Itinéraire du voyage de 1480

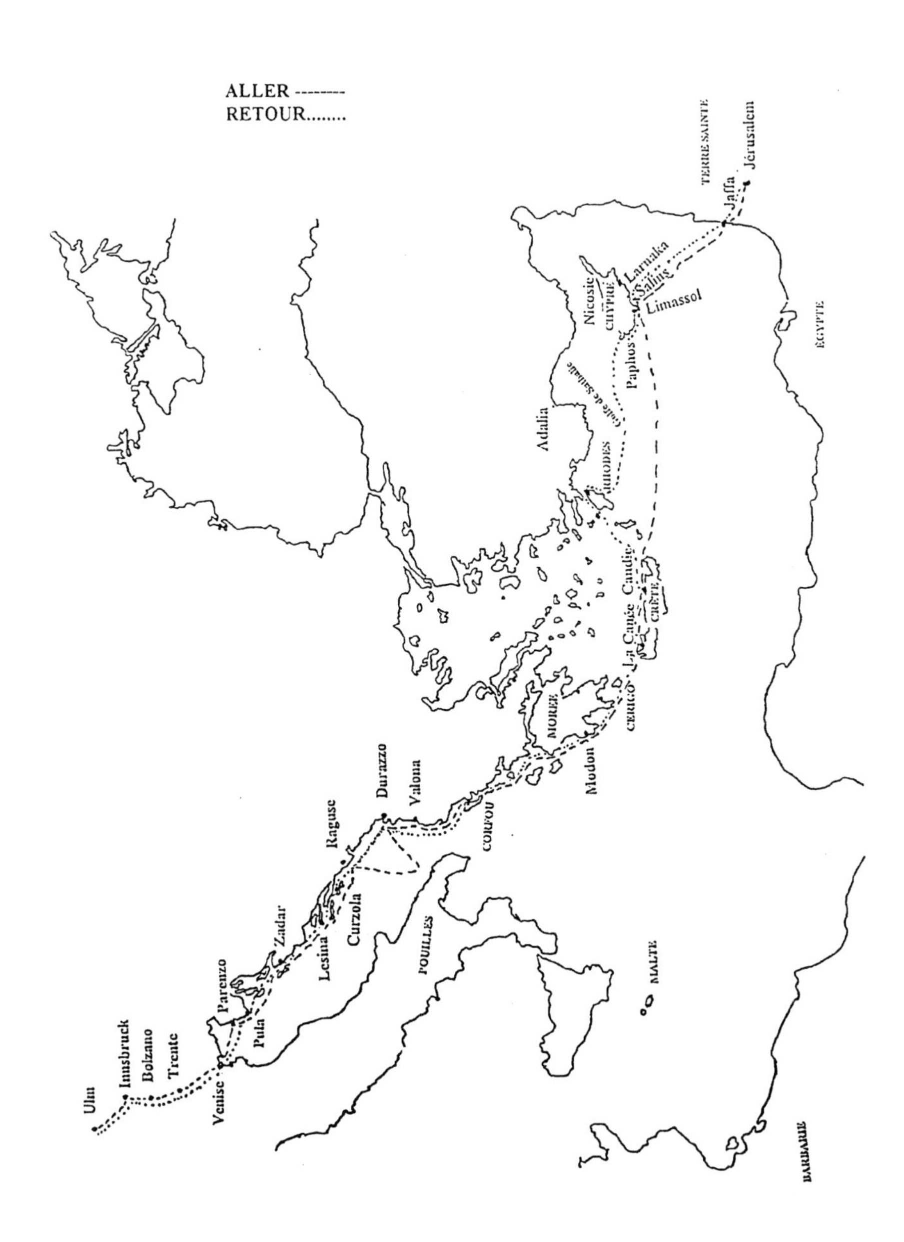

REMARQUES SUR LE TEXTE LATIN ET LA TRADUCTION

Une traduction complète du récit de pèlerinage de Frère Félix Fabri, même pour une équipe rassemblant diverses bonnes volontés, semble une entreprise « herculéenne » pour reprendre l'adjectif dont Hassler qualifie son travail d'édition (trois volumes contenant quelque 1600 pages !). Les nombreuses années de labeur que va sans doute supposer à elle seule la traduction de l'oeuvre nous ont donc fait renoncer au projet d'en donner une nouvelle édition critique, même si celle-ci mériterait à coup sûr d'être mise en chantier. Mais nous n'avons pas voulu non plus priver l'oeuvre de son texte original : sa présence nous apparaissait d'autant plus nécessaire que l'édition d'Hassler est très rare, même dans les bonnes bibliothèques. Nous avons donc repris le texte latin donné par Hassler en 1843[90]. Nous avons simplement segmenté davantage le texte en paragraphes, adapté la ponctuation, corrigé les coquilles (assez nombreuses, il est vrai), supprimé ici et là des additions de l'éditeur qui nous ont paru superflues et proposé parfois l'une ou l'autre conjecture, lorsque le

90.– *Fratris Felicis Evagatorium in Terrae Sanctae, Arabiae et Egypti Peregrinationem*, éd. Conrad D. Hassler, Stuttgart (« Bibliothek des Literarischen Vereins », 2), 1843, T. I, p. 1-147 pour les deux premiers traités. Lorsque Fabri cite des sources sans donner de références, il arrive à Hassler de renvoyer, entre parenthèses, au tome, à la page ou au folio des éditions courantes de son époque (dont il ne dresse malheureusement pas la liste). Nous avons maintenu ces indications dans le texte latin dans la mesure où elles rendent compte des efforts de Hassler pour identifier les sources de Fabri, mais nous les avons bien entendu exclues de la traduction.

passage nous semblait manifestement corrompu[91]. En vertu d'un principe qui se répand de plus en plus dans le domaine du latin médiéval, nous n'avons pas normalisé l'orthographe du Dominicain[92], sauf lorsque celle-ci risquait d'égarer le lecteur. À l'exception des différences de ponctuation et de découpage, toutes les modifications, aussi minimes soient-elles, sont mentionnées dans des notes accompagnant le texte latin[93]. Le travail d'Hassler est loin d'être sans reproche, mais sans celui-ci, Fabri serait sans doute encore un inconnu ; c'est pourquoi nous avons voulu en quelque sorte rendre hommage à son monumental travail en reprenant et en traduisant aussi son « avertissement au lecteur ».

La traduction est le résultat d'un travail collectif. Cinq traducteurs ont participé à l'élaboration de ce premier volume. Deux d'entre eux ont travaillé dans le cadre de leur Maîtrise à l'Université Paul Valéry : Kartigueyane Canabady-Rochelle, qui a traduit l'avertissement d'Hassler, l'*Epistola*, les préparatifs du second voyage, ainsi que le trajet d'Ulm à Venise[94], et Monia Allaya, qui s'est chargée de toute la partie du deuxième traité concernant la mer et les galères[95]. Jacques Dumarest a traduit la brève relation du premier voyage de 1483 et Michel Tarayre le prologue, la dissertation sur la valeur de la Terre sainte et de son pèlerinage et le récit des préparatifs du premier

91.– Nous avons toujours dans ce cas vérifié sur microfilm le texte du manuscrit original.

92.– On lira à ce sujet les conseils éclairés de Pascale Bourgain, « Sur l'édition des textes littéraires latins médiévaux », dans *Bibliothèque de l'École des Chartes*, 150 (1992) p. 5-49.

93.– Dans ces notes, *F.* renvoie aux leçons du manuscrit de Félix Fabri et *ed.* à l'édition de Hassler.

94.– Autrement dit les chapitres du premier traité intitulés : *Modus quomodo F.F.F. se disposuit ad secundam Evagationem* et *Incipit Secundum Evagationem F.F.F. ad Terram Sanctam in Jerusalem* ; cf. son travail, *Introduction, texte, traduction, notes et commentaire de l'*Evagatorium *de Frère Félix Fabri, premier traité*, Mémoire de Maîtrise de Lettres Modernes sous la dir. de N. Chareyron et J. Meyers, Univ. de Montpellier III, 1998.

95.– Chap. *Sequuntur quaedam neccessaria pro intellectu maritimae Evagationis* ; cf. son travail *Texte latin original et traduction française de l'*Evagatorium, *second traité*, Mémoire de Maîtrise de Lettres Modernes sous la dir. de N. Chareyron et J. Meyers, Univ. de Montpellier III, 1998.

voyage[96]. Jean Meyers, enfin, s'est chargé du pèlerinage du mois de mai à Venise (première partie du deuxième traité).

Il est difficile d'harmoniser autant de plumes différentes ; c'est pourtant ce que nous avons tenté de faire en révisant et en mettant au point les différentes traductions afin qu'elles se fondent toutes plus ou moins en une même voix, que nous avons voulue la plus fidèle possible à celle de Frère Félix. Les traducteurs ne retrouveront donc pas toujours leur bien. Nous avons délibérément refusé d'embellir l'original : nous avons par exemple respecté scrupuleusement l'emploi, quelque peu monotone, du passé dans le récit, en n'usant que de manière exceptionnelle du présent de narration, et nous n'avons pas non plus cherché à masquer les nombreuses répétitions de mots. Les passages, tout aussi nombreux, où la plume de Fabri se fait plus soignée, plus vive et plus colorée, n'en ressortiront que mieux, car Fabri a un authentique talent de conteur, quand il s'en donne la peine. Son latin bien évidemment n'est pas le latin cicéronien qu'aurait souhaité son éditeur, qui se montre injustement sévère pour la langue de Fabri : Hassler réagit en philologue habitué aux normes classiques, alors que Frère Félix utilise la langue latine de son temps, une langue nourrie aux sources classiques bien sûr, mais aussi ouverte aux sources chrétiennes, bibliques – et à travers ces dernières, aux innovations de la langue parlée tardive, aux sources médiolatines enfin. Il n'est rien dans la latinité de l'*Evagatorium* qui ne soit plus ou moins répandu dans le latin médiéval[97]. Si l'on veut juger le latin de Félix Fabri, il ne faut le comparer ni au latin classique, ni même au latin chrétien, il faut, selon la méthode prônée par Christine

96.– Donc le *prooemium,* la *Commendatio Terrae sanctae*, et l'*Incipit Evagatorium F.F.F. Lectoris in Ulma.*
97.– Le lecteur qui n'y serait pas habitué pourra s'en convaincre en se reportant aux deux volumes déjà parus de la monumentale grammaire du latin médiéval de Peter Stotz, *Handbuch zur lateinischen Sprache des Mittelalters*, Bd. 3. *Lautlehre* ; Bd. 4. *Formenlehre, Syntax und Stilistik*, München, Beck, 1996 et 1998 (*Handbuch der Altertumswissenschaft* : Abt. 2 ; Teil 5).

Mohrmann, se demander si son latin est un « instrument autonome et libre » de sa pensée[98]. Or nul ne pourra nier que Fabri maîtrise parfaitement l'expression de sa pensée et la peinture de son univers.

Même si notre entreprise de traduction nous semblait déjà « herculéenne », nous n'avons pas voulu laisser le récit de Fabri sans aucun commentaire, comme chez son éditeur ou chez les traducteurs qui nous ont précédés[99]. Nous avons donc annoté notre traduction, mais cette annotation ne prétend nullement apporter fût-ce l'ébauche d'un commentaire exhaustif, savant ou érudit. Les notes sont de simples repères, permettant de comparer, quand le texte s'y prête, les propos de Fabri avec ceux d'autres voyageurs et d'identifier le plus grand nombre de lieux, de personnes, de citations et d'allusions[100].

*
* *

Il ne nous reste plus à présent qu'à remercier tous ceux qui nous ont aidés dans notre travail, à commencer par chacun des traducteurs. Parmi eux, notre collègue Michel Tarayre mérite une mention spéciale pour avoir apporté une aide

98.– Cf. Chr. Mohrmann, « Le dualisme de la latinité médiévale », dans *Revue des Études Latines*, 29 (1951) p. 330-348 (p. 344 pour la citation) : « Si l'on veut appliquer une norme pour juger les qualités linguistiques et stylistiques des textes latins médiévaux, celle-ci ne devra pas être...la norme du latin classique, ni celle du latin des chrétiens, mais on devra se demander si le latin est devenu un instrument autonome et libre de la pensée médiévale. »

99.– L'édition de Hassler ne comporte en effet aucune note et la traduction d'A. Stewart n'annote qu'exceptionnellement le texte, tout comme celle de Wiegandt-Krauss. Cette dernière comprend toutefois à la fin du vol. 2 (p. 1065-1083) un intéressant « Quellen-Register », dans lequel H. Wiegandt a dressé un index, non pas des passages cités, mais de tous les ouvrages auxquels Fabri renvoie en mentionnant l'auteur et le titre, et identifié, quand c'était possible, les incunables que le Dominicain pouvait avoir utilisés.

100.– Nous n'avons pas toujours pu recourir aux traductions ou aux éditions les plus récentes, ou les meilleures, et nous nous sommes donc parfois contentés de citer celles que nous avions sous la main ou qui étaient dans les bibliothèques que nous fréquentons le plus souvent.

considérable dans la révision d'ensemble des traductions et la correction des épreuves[101]. Nos remerciements vont aussi à Jean-Baptiste Stil, marin expérimenté, qui a bien voulu relire tout ce qui concernait la mer et la navigation et dont les avis nous ont été précieux, et à Veronika von Büren, chercheur à l'*Institut de Recherche et d'Histoire des textes* à Paris, qui a identifié pour nous plusieurs sources de Fabri. Enfin, sans l'aide d'Andrée Meyers qui a assuré en grande partie la confection matérielle de ce volume, le premier tome des *Errances de Frère Félix* serait sans doute encore aujourd'hui à l'état de brouillon informe. Que tous trouvent ici l'expression de notre profonde reconnaissance.

Nicole Chareyron - Jean Meyers
Montpellier, mars 2000

101.– Jacques Dumarest, avant notre révision, avait fait relire sa traduction de la relation du Ier voyage par Denis Denjean, professeur émérite au lycée Champollion. Il va de soi que nous nous associons à Jacques Dumarest pour remercier son collègue de sa relecture.

FÉLIX FABRI

Evagatorium Fratris Felicis in Terrae sanctae, Arabiae et Egypti peregrinationem

Les errances de Frère Félix, pèlerin en Terre sainte, en Arabie et en Égypte

TEXTE LATIN ET TRADUCTION

PRAEMONENDA AD LECTOREM.

Accipis hic, benevole lector, volumen primum operis amplissimi, quod ipsius auctoris manu scriptum atque in aedibus bibliothecae nostrae asservatum ante hos tres annos reperi. Cujus quidem operis quae saeculo XVI prodiit epitome vernaculo sermone sub finem saeculi XV ab auctore conscripta, quamvis sit tenuis admodum et succincta itineris illius descriptio, cum ab ipso Robinsonio, Americano, qui inter omnes, quos ab Hieronymi aetate ad nostra usque tempora locorum sanctorum investigatores novimus, facile nuper princeps extitit, multis iisque meritis laudibus saepe sit nominata ; opus integrum quanti momenti sit et ipse judicabis et ego disputatione tertio volumini praemittenda uberius exponam. Nolo tamen id nunc silentio praetermittere, Felicem nostrum, dum Hierosolymis versaretur, nimis nonunquam monachorum nugis atque commentis a veritate deductum fuisse, quamvis in urbis sanctae quoque et illius regionis descriptione plurima eaque optimae frugis plenissima doceat, quibus ipsius Robinsonii observationes et augeri et emendari possint. Sed multo majoris illa sunt aestimanda, quae, quum suis oculis vidisset, de reliquae Palaestinae atque deserti Arabiae regionibus, deque urbium Cahirae, Alexandriae, Venetiarum et aliorum tunc temporis locorum conditione auctor tradidit sequentibus voluminibus in lucem edenda. Quam ob rem hoc jam sufficiat addere, opus ab ipso auctore duobus voluminibus descriptum societatis litterariae jussu in tres partes divisum esse, ita tamen, ut non sublata pristina indole ordo foliorum et paginarum codicis interpositis numeris atque litteris (ut **12 A**, **44 B** etc.) exprimatur, et qui tertio volumini

Avertissement au lecteur

Voici, lecteur bienveillant, le premier volume d'un travail considérable que j'ai retrouvé il y a trois ans : il a été écrit de la main de l'auteur lui-même et conservé dans une partie de notre bibliothèque. De cette œuvre qui a paru au XVe siècle, un résumé en langue vernaculaire a été rédigé par l'auteur à la fin du XVe siècle. Bien qu'il ne fût qu'une description très brève et succincte du voyage de l'auteur, il a été souvent cité avec éloge pour ses nombreux mérites par l'Américain Robinson lui-même, qui, parmi tous les explorateurs des Lieux saints que nous connaissons depuis l'époque de saint Jérôme jusqu'à nos jours, vient de s'élever facilement au premier rang[1]. De quand date l'œuvre intégrale, tu pourras en juger toi-même à partir de la discussion détaillée que j'exposerai plus tard dans le troisième volume. Toutefois, je ne peux maintenant passer sous silence que notre Félix, pendant qu'il était à Jérusalem, s'est laissé quelquefois emporter par trop de sornettes et de chimères de moines ; mais dans la description de la Ville sainte et de sa région, il nous apprend beaucoup de choses de la plus grande utilité, qui permettent d'augmenter et de corriger les observations de Robinson lui-même. Mais il faut accorder plus de prix encore aux informations qu'il a données et publiées dans les volumes suivants, à partir de ce qu'il a vu, au sujet des régions du reste de la Palestine et du désert arabe, au sujet de l'aspect à cette époque des villes du Caire, d'Alexandrie, de Venise et d'autres villes. Aussi qu'il suffise d'ajouter encore que ce travail rédigé en deux volumes par l'auteur lui-même a été divisé en trois parties à la demande de la maison d'édition. Mais pour ne pas faire disparaître l'ancienne disposition, l'ordre des feuillets et des pages du manuscrit est mentionné

addentur indices, ad hunc numerorum et litterarum ordinem, non ad nostrae editionis paginas referri debeant. Sed in reliquis etiam minime archetypi colorem immutandum esse existimavi, ut veram fideliterque expressam haberes libri imaginem. Latino quidem sermone scripsit auctor, sed fere isto, qui epistolis obscurorum virorum ludibrio fuit, nec usui vocabulorum nec linguae legibus rectaeque scribendi rationi satis congruo. Nihil ego mutavi. Litteras majusculas et minusculas in scribendis nominibus propriis praesertim ita permiscuit, ut nec in errore ipse sibi constaret ; sermonis discrimina minime curavit : expressit, ubi omittere debebat, omisit, ubi exprimenda erant. Omnia retinui, nisi quae ita comparata erant, ut lector videretur non posse in errorem non induci. His levem medicinam adhibui ; caetera intacta reliqui ; quare id oro rogoque, ut ne, quae ipsius libri indoles fuerit, sive meae negligentiae sive typographi errori tribuas. Quae difficiliora erant lectu, sive quae perraro quidem addenda videdantur, uncinis variae formae inclusa addito nonnunquam interrogationis signo explicanda putavi. Sed haec hactenus. Tu vero, benevole lector, fac, ut Fratris nostri Felicis Fabri et meum hoc opus felix, faustum fortunatumque sit, ne quem in edenda hac itineris descriptione pessimo quidem calamo scripta collocaverim, taedeat me herculei laboris.

Ulmae tertio ante Calendas Martias.

Editor.

par des chiffres et des lettres interposés (comme **12 A, 44 B** etc.) et l'index ajouté dans le troisième volume renvoie à cette division en chiffres et lettres, non aux pages de notre édition. Pour le reste, j'ai estimé que l'aspect de l'original devait être modifié aussi peu que possible pour que le livre que tu auras en soit la reproduction consciencieuse et fidèle. Certes l'auteur a écrit en latin, mais presque avec ce latin qui rend grotesques les lettres des hommes obscurs ; je ne le crois guère conforme ni à l'emploi du vocabulaire, ni aux règles de la langue, ni à la bonne manière d'écrire. Moi je n'ai rien changé. Il a interverti les lettres majuscules et minuscules, surtout dans l'écriture des noms propres, à tel point que son système erroné est lui-même incohérent. Il s'est très peu préoccupé des confusions de son discours : il exprime ce qu'il devait omettre et omet ce qu'il devait exprimer. J'ai tout maintenu sauf ce qui se présentait sous une forme telle que le lecteur ne pouvait qu'être induit en erreur. J'ai apporté dans ce cas-là des corrections légères et j'ai laissé le reste intact ; c'est pourquoi je te prie et te demande de n'attribuer ni à ma négligence ni à des erreurs typographiques ce qui relève du caractère du livre lui-même. Ce qui était trop difficile à lire ou ce qui semblait, très rarement il est vrai, devoir être ajouté, j'ai pensé qu'il fallait l'éclairer par des explications placées entre des crochets de forme variée, parfois en ajoutant un point d'interrogation. Mais en voilà assez pour l'instant. Quant à toi, lecteur bienveillant, fais en sorte que mon œuvre et celle de notre Frère Félix Fabri soient de bon augure, prospères et heureuses, pour que je n'aie pas à regretter le travail herculéen que j'ai accompli en éditant cette description de voyage écrite avec une bien mauvaise plume.

À Ulm, trois jours avant les calendes de Mars[2].

L'éditeur.

EPISTOLA

F. F. F.

FRATER FELIX FABRI

Ordinis praedicatorum, ad Fratres Conventus Ulmensis ejusdem ordinis

De peregrinatione Terrae Sanctae et Iherusalem et sanctorum montium Syon et Synai.

Religiosis ac devotis ac in Christo sibi delectis fratribus Conventus Ulmensis, ordinis Praedicatorum, Frater Felix Fabri, ejusdem ordinis et Conventus, vester confrater, salutem in Domino sempiternam.

Petitioni vestrae, charissimi fratres, satisfacere pro posse conatus sum, qua me a vobis recedentem versus Orientem ad partes transmarinos seriosius propulsastis, exigentes, ut loca transmarina, praecipue tamen terrae sanctae loca, diligentius et accuratius considerarem, et conscriberem, ad vosque, si Deus me reduceret, fideliter referrem.

In peregrinatione ergo existens singula loca, ad quae me contigit divertere, intente perspexi, situmque ac dispositionem scripto mandavi, tam terrae sanctae, quam aliarum terrarum, marium, fluminum, et locorum Syriae, Palestinae, Deserti, Arabiae, Madian, maris mortui, maris magni, maris rubri, ac Insularum ejus, et terrarum circumjacentium Graeciae, Macedoniae, Atticae, Achajae, Albaniae, Asiae minoris et majoris, Turciae, Illyrici,

LETTRE

DE F.F.F.,

FRÈRE FÉLIX FABRI,

de l'Ordre des Dominicains aux frères du même Ordre, de la communauté d'Ulm

Au sujet du pèlerinage en Terre sainte, à Jérusalem, aux monts sacrés Sion et Sinaï

Aux frères de l'Ordre des Dominicains de la communauté d'Ulm, pieux, dévoués et retirés pour eux-mêmes dans le Christ, Frère Félix Fabri du même Ordre et de la même communauté, votre confrère, souhaite le salut éternel dans le Seigneur.

Très chers frères, je me suis efforcé de satisfaire dans la mesure du possible à votre requête : vous m'avez poussé avec beaucoup de fermeté à m'éloigner de vous et à partir en direction de l'Orient vers les régions d'outre-mer et vous vouliez que j'examine très attentivement et très soigneusement ces contrées, mais surtout la région de la Terre sainte, que j'en fasse une description et que je vous la rapporte fidèlement, si Dieu me ramenait.

Pendant mon pèlerinage, j'ai donc observé avec attention chacune des régions qu'il m'a été donné de visiter et j'ai couché par écrit la situation et la disposition, tant de la Terre sainte que des autres pays, mers, fleuves, et régions de Syrie, de Palestine, du désert, de l'Arabie, du Madian[3], de la Mer Morte, de la Mer Méditerranée, de la Mer Rouge, ainsi que de ses îles, et des terres voisines de Grèce, de Macédoine, d'Attique, d'Achaïe, d'Albanie, d'Asie Mineure et Majeure, de Turquie,

Dalmatiae, Pannoniae et Histriae, Italiae etiam et loca Germaniae siva Theutoniae, et breviter, omnia quae in tribus principalibus partibus mundi vidi, in Europa, in Asia, et in Africa, notavi et conscripsi. Siquidem has tres mundi principales partes attingit haec peregrinatio, ut in processu secundae partis patebit. In super ea, quae mihi et aliis comperegrinis acciderunt prospera et adversa, amara et dulcia, ex proposito et a casu, et quaedam indifferentia, et aliqua singularia, intuitu vestrarum charitatum annotavi, et adeo ad particularia determinate descendi, ut narrandi modum excesserim, ipsamque narrationem intricatam quodammodo reddiderim. Contigit enim mihi sicut multum affectuosis frequenter accidere solet, qui dum ordinate, et de re, cui afficiuntur, aliquid dicere aut proponere debent, mox affectus rationem praeveniens orationem ipsam interruptionibus aut impedit, aut penitus confundit.

Qua in re **(B)** affectus magis pensatur, gratius acceptatur, liberalius remuneratur, et si quid forte inordinate actum fuerit, aut minus ornate propositum, affectui non effectui ascribitur, quod et mihi, utpote summe affectionato, tam ad vestras charitates, quam ad materiam traditam, oro fieri.

Ut ergo clarius et latius possem vobis hanc, quam petivistis, descriptionem tradere, peracta prima peregrinatione in Conventu consistens, laboriose evagatus sum, peneque per omnes Canonicae et Chatolicae Scripturae libros legendo textus et glossas, peregrinalia etiam militum nova et vetera perlegi, et descriptiones terrae sanctae antiquas et modernas perspexi, de quibus omnibus tuli, quidquid deserviebat proposito meo, ex qua collectura grande volumen comportavi. Pro certo autem dico, quod non tantum laborem

d'Illyrie, de Dalmatie, de Pannonie[4], d'Istrie, d'Italie aussi, et des régions de Germanie ou Teutonie ; j'ai noté brièvement et décrit tout ce que j'ai vu dans les trois parties principales du monde, en Europe, en Asie et en Afrique, où mon voyage m'a en effet conduit, comme on le verra dans le développement de la deuxième partie. Dans la première, j'ai noté à votre charitable intention tout ce qui nous est arrivé, à moi et à mes compagnons de pèlerinage : les événements heureux et malheureux, les désagréments et les satisfactions, provoqués et fortuits, ainsi que certains faits insignifiants et d'autres extraordinaires. J'ai même été jusqu'à entrer dans le détail de choses personnelles au point d'outrepasser les limites d'une narration et de rendre quelque peu embrouillé le récit lui-même. Il m'est en effet arrivé ce qui arrive souvent aux personnes particulièrement émotives : quand elles doivent dire ou exposer quelque chose clairement et sur un sujet qui les touche, très vite leur sentiment dépasse leur raison et vient par des digressions entraver ou brouiller complètement leur discours.

Dans ce cas **(B)**, on apprécie mieux l'émotion, on l'accepte avec plus de grâce, on la récompense plus généreusement, et si par hasard quelque passage apparaît désordonné ou exposé avec moins d'élégance, on l'attribue à l'émotion plutôt qu'à la recherche d'un effet littéraire : je prie qu'il en soit ainsi pour moi aussi, moi qui ai été des plus émus, tant par rapport à vos charitables personnes que par rapport au sujet de mon récit.

Donc, pour pouvoir rendre plus claire et plus riche la description que vous m'avez demandée, je me suis perdu dans le travail pendant la période que j'ai passée au couvent après mon premier voyage ; j'ai parcouru presque tous les livres de l'Écriture canonique et catholique, textes et gloses, j'ai lu en entier les récits de pèlerinage anciens et récents, même ceux des chevaliers[5], et j'ai examiné attentivement les descriptions antiques et modernes de la Terre sainte ; j'ai tiré de tous ces livres tout ce qui était utile à mon projet et de cette collection,

habui de loco ad locum peregrinando, quantum habui de libro ad librum discurrendo, quaerendo[1], legendo, et scribendo, scripta corrigendo et concordando. Sed quia post haec omnia in multis dubius remansi et incertus, quia multa legeram et pauca videram, ideo, ut certiores vos redderem, et audentius scribere possem, Iterato mare transivi ad civitatem sanctam Jerusalem, ibique in locis sanctis multis diebus degi ; post quos magnum desertum intravi, et per Arabiam ad montem Synai, et inde in Aegyptum descendi per oram maris rubri : Accipiens in omnibus his locis certitudinem, conferens ea, quae prius legeram et collegeram ad ipsa loca, et concordantias sanctarum scripturarum cum locis, et loca cum scripturis quantum potui, investigavi et signavi. Inter haec nonnumquam de locis sanctis etiam, in quibus non fui, exactam diligentiam feci, ut earum dispositionem conscriberem, sed non nisi illo addito : ibi non fui, sed auditu aut lectione didici.

De extremis mundi finibus, etsi mentionem faciam, non tamen describam. Si quis autem legere cupit de his, legat Narratorium Fratris Odorici, Ordinis minoris, qui Orientem pervagatus mira sub testimonio jurandi dicit se vidisse. Legat et Diodori antiquas historias. Perscrutetur etiam et videat novas mundi mappas, et inveniet regiones Orientis adeo longe a nobis distantes, quod secundum modernos Geometras et Mathematicos ibi habitantes sunt respectu nostri Antipodes, quod tamen antiqui, ut Aristoteles, et Ptolomaeus, et Augustinus invenire non poterant. Hodie tamen in humanis sunt homines fide digni, qui in insula Zinpanga, illius regionis parte, dicunt se fuisse, et alios polos et stellas affirmant se vidisse, et silvas piperis, et nemora

---

[1] quae rendo *ed.*

j'ai réalisé un gros volume. Je certifie que je n'ai pas eu autant de peine en voyageant d'un lieu à l'autre qu'en allant de livre en livre, en cherchant, en lisant, ainsi qu'en écrivant, en corrigeant et en harmonisant mes écrits. Mais parce qu'après tout cela, je suis resté indécis et indéterminé sur bien des points, parce que j'avais lu beaucoup de choses et que j'en avais vu peu, j'ai voulu mieux vous instruire et pouvoir écrire avec plus d'assurance. J'ai traversé la mer une seconde fois pour retourner à la Ville sainte de Jérusalem et là, dans ces Lieux saints, j'ai passé plusieurs jours ; après quoi, je suis rentré dans le grand désert, et par l'Arabie, je suis allé au mont Sinaï, puis de là, je suis descendu en Égypte en longeant la Mer Rouge : tous ces lieux m'ont rendu sûr de moi, et rassemblant les informations que j'avais lues et que j'avais ensuite recueillies sur les lieux mêmes, j'ai recherché et noté du mieux que je pouvais la conformité des Écritures saintes avec les lieux et celle des lieux avec les Écritures. Cependant, pour les Lieux saints dans lesquels je ne suis pas allé, j'ai quelquefois mis un soin scrupuleux à décrire leur disposition, mais jamais sans ajouter ceci : je n'ai pas été là, toutefois mes informations viennent de ce que j'ai entendu ou lu.

Au sujet des limites du monde, bien que j'en fasse mention, je ne les décrirai pourtant pas. Mais si quelqu'un désire lire à ce propos, qu'il lise le récit du Frère Odoric[6], de l'Ordre Mineur, qui a voyagé en Orient et déclare sous la foi du serment avoir vu des merveilles. Qu'il lise aussi les histoires antiques de Diodore[7]. Qu'il scrute également et voie les nouvelles cartes du monde, et qu'il découvre les régions de l'Orient si éloignées de nous que, d'après les géomètres et les mathématiciens modernes, les habitants de ces régions sont, par rapport à nous, aux antipodes, ce que même les Anciens, comme Aristote, Ptolémée et Augustin, ne pouvaient découvrir. Mais aujourd'hui, dans nos sociétés civilisées, il y a des hommes dignes de confiance qui racontent qu'ils sont allés dans l'île de Ceylan, située dans cette région et affirment qu'ils ont vu d'autres cieux et d'autres étoiles et des forêts de

caryophyllorum, et hortos spicanardi, et campos Zinziberis, et agros Cinamomi, et regiones lignorum Sethim, et virgulta aromatum diversorum, et caetera multa asserunt se vidisse oculis, et manibus contrectasse. Illi legantur et interrogentur, et curiosis satisfacient.

De terra sancta, in qua noster polus cernitur, quae solo mediterraneo mari a nostris terris secernitur, locutio mea est, de qua et scripsi. Insuper conscripsi diligenter pericula, quae in mari magno in utraque peregrinatione sustinui, et angustias, quas per desertum perpessus sum, et tribulationes diversas, quibus affectus fui una cum aliis sociis meis peregrinis inter Turcos, Sarracenos, Arabes, et falsos orientales christianos, ut vestrae Charitati magis placere incipiat monastica quies, claustri stabilitas, regularis disciplina et obedientiae labor, discursus et evagatio vilescat.

Testis enim mihi Deus est, quod si scivissem, me ex hac peregrinatione ad tantam evagationem mentis et corporis implicandum fuisse, nequaquam eam, quantumcunque sanctam, aggressus fuissem, **(2 A)** quia, proh dolor, nimis a studio utiliori alienatus et distractus factus sum. Idcirco decrevi, hunc librum non Peregrinatorium, nec Itinerarium, nec Viagium, nec alio quovis nomine intitulare, sed **EVAGATORIUM** Fratris Felicis juste dici, nominari, et esse statui. Ex quo titulo, materia confusa et diversa libri, et compositionis indispositio et distractio patesceret.

Accipite ergo, mei desideratissimi, hunc vobis promissum fratris vestri Felicis Evagatorium, et pro solatio duntaxat in eo legite. Nec enim charitatibus vestris libellum hunc offero, tamquam in omnibus authenticam scripturam continentem, examinatam, probatam, auctoritatibus roboratam, aut rationibus firmatam, ut in eo vigilanti studio legendum sit tamquam in scripturis illuminativis. Sed vobis

poivriers, des bois de girofliers, des jardins de nards, des plaines de gingembres, des champs de canneliers, des régions de bois de sittim[8] et des broussailles de toutes sortes d'aromates ; ils affirment qu'ils ont vu de leurs yeux de nombreuses autres plantes et qu'ils les ont touchées de leurs mains. Qu'on les lise et qu'on les interroge. Qu'ils satisfassent les curieux.

La Terre sainte d'où l'on voit notre ciel et qui est séparée de notre continent par la seule Mer Méditerranée est l'objet de mon propos, et c'est surtout sur elle que j'ai écrit. Mais j'ai aussi noté scrupuleusement les dangers que j'ai courus sur la Méditerranée pendant l'un et l'autre voyage, les difficultés que j'ai endurées à travers le désert et les mésaventures variées que j'ai connues avec mes compagnons de pèlerinage parmi les Turcs, les Sarrasins, les Arabes et les faux chrétiens d'Orient : je voulais que votre charitable communauté se mette à apprécier davantage le calme monastique, la stabilité du cloître, la discipline de la règle, le devoir de l'obéissance et à déprécier le voyage et la pérégrination.

En effet, Dieu m'est témoin que si j'avais su que ce voyage devait me plonger dans une si grande errance de l'esprit et du corps, je ne l'aurais jamais entrepris, tout saint qu'il fût, **(2 A)** car, oh ! tourment, j'ai été trop éloigné et distrait de travaux plus utiles. C'est pourquoi je me suis convaincu que cet ouvrage ne pouvait s'appeler ni pèlerinage, ni voyage, ni traversée ou que sais-je encore ?, mais qu'il méritait d'être connu et désigné sous le titre de *Errances de Frère Félix* et que c'était bien ce qu'il était. Ainsi, le titre montrerait clairement la matière hétéroclite et variée du livre et le désordre et le manque d'unité de sa composition.

Recevez donc, mes très chers frères, ces *Errances* que vous avait promises votre Frère Félix et ne les ouvrez que pour vous distraire. En effet, je ne présente pas à vos charitables personnes ce recueil comme s'il contenait partout une écriture scrupuleuse, éprouvée, appuyée par les autorités ou assurée par la raison : dans ce cas, il faudrait s'y plonger avec une

eum tribuo, ut tempore remissionis fructuosioris studii et vacantiarum diebus pro vitando otio et recreatione sumenda, cum hilari jucunditate eum, si vacat, legatis. Spero autem, quod inutilis non erit hujus Evagatorii lectio, cum etiam res prorsus fabulosas et fictiones poeticas ad profectum salutis vestrae sciatis retorquere. Scio enim vestrum tam ordinatum affectum, ut non solum res grandes et gesta sancta sint vobis virtutum materia, sed etiam res parvae et exiguae, et facta puerilia sint vobis aedificatoria. Ideo audentius inter magna et vera, sancta et seriosa, nonnumquam inserui puerilia, apocrypha, et facetica, cum intentione tamen numquam falsa, aut mendacia, aut irrationabilia, aut sacrae scripturae contraria, vel bonis moribus non convenientia. Quin imo non mediocrem intellectum sacrae scripturae, et multarum ambiguitatum dabit hujus evagatorii lectio, et animum admirantem, et mentem curiosam in multis quietabit.

Porro distantias locorum et longitudinem viarum, et numerum milliarium per terras et maria nolui ubique ponere, propter magnas diversitates, quas reperi de hoc in libellis militum, et propter incertitudinem illius mensurationis, et propter inaequalitatem milliarium. Nam per mare non potest haberi certitudo de numero milliarium, nisi essent semper aequales venti, quia cum uno vento potest navis per aliquem locum in tribus diebus attingere, ad quem cum alio vento non possum in tribus septimanis pervenire, sicut ratio dictat.

Nec de quantitate expensarum quicquam[1] posui, quia etiam non aequaliter omnibus temporibus cadit, nec thelanea et curtusiae **(B)** Ganfragia, Gundagia, et Pedagia semper sunt aequalia, sed nunc plus, nunc minus exigunt, et patroni quandoque multum, quandoque minus, pro naulo recipiunt.

---

1 quiequam *ed.*

application soigneuse comme dans les Écritures éclairées par Dieu. Mais je vous le laisse pour que vous le lisiez dans la joie et la bonne humeur, si vous en avez le loisir, quand vous vous reposerez d'une étude plus fructueuse, et pendant les jours de relâche pour éviter l'oisiveté et pour vous délasser. Et j'espère que la lecture de ces *Errances* ne sera pas inutile, puisque vous savez aussi détourner des histoires complètement fabuleuses et des fictions poétiques au profit de votre salut. En effet, je sais vos sentiments si bien ordonnés que non seulement les grandes choses et les faits sacrés sont pour vous des sujets de vertu, mais encore que les petites choses sans importance et les futilités sont pour vous matière à édification. C'est pourquoi, à côté de ce qui est grand, vrai, sacré et sérieux, je n'ai pas craint d'introduire quelquefois des choses frivoles, apocryphes et plaisantes, mais jamais intentionnellement des choses fausses, des mensonges ou des choses déraisonnables, contraires aux Écritures saintes ou inconvenantes par rapport aux bonnes mœurs. Au contraire, la lecture de ces *Errances* aidera beaucoup à comprendre l'Écriture sainte, elle répondra à bien de questions et apaisera en bien des cas les âmes en quête d'étonnement et les esprits curieux.

Par ailleurs, je n'ai pas voulu établir partout les distances entre les lieux ni la longueur des routes, ni le nombre de milles à travers les mers tant à cause des écarts importants que j'ai découverts à ce sujet dans les recueils militaires, que de l'incertitude de ces mesures et de l'inégalité du nombre de milles. Car en mer, on ne pourrait avoir de certitude quant au nombre de milles que si les vents étaient toujours de la même force : avec tel vent, un navire peut en trois jours atteindre un lieu, auquel avec tel autre vent, je ne pourrais parvenir qu'en trois semaines, comme le bon sens l'enseigne.

Je n'ai pas du tout parlé du montant des dépenses parce qu'il n'est pas le même à tout moment et que les impôts, les taxes **(B)**, les frais de transport, de voyages et les péages ne sont pas toujours fixes, mais augmentent ou diminuent. Les patrons[9] réclament pour les traversées en mer tantôt plus, tantôt

Tantum autem de expensis recipiendum mihi constat, quod bursa plena et manus larga magnam deservit pacem in peregrinatione illa. Multi etiam in suis libellulis peregrinalibus nituntur determinatas directiones dare de diaetis, de expensis, de regimine in mari, de conversatione cum Sarracenis, de provisione per desertum, et de hujusmodi, quae tamen omnia incerta sunt, et singulis momentis mutantur. Ideo etiam transeo de istis, et remitto legere volentes ad alia peregrinalia.

Substantialia et necessaria illius sacrae peregrinationis vobis in hoc Evagatorio late et clare aperui, et ad oculum ostendi. Non solum autem vobis, mihi utique charissimi, sed etiam quibusdam aliis, mihi minus notis communicavi, qui accepto meo processu sibi ad suas personas ex eo libellulos confecerunt, quod tamen mihi non displicet, sed plurimum placet, quia hoc, quod sine fictione didici, sine invidia communico. Eodem modo mihi placet, ut hoc meum Evagatorium communicetis aliis nostri ordinis fratribus ; praecipue autem fratribus mihi singularissime dilectis Conventus Basiliensis[1], inter quos a puero educatus, et in religione et sacris literis instructus sum. Demum autem dispositione Praelatorum et Superiorum nostrorum, vobis in confratrem sum datus, et conventui vestro appodiatus. Communicetis etiam rogo Venerabilibus et Religiosis Dominis et Patribus meis in insigni Monasterio Elchingen, sub generoso Patre et Domino, Domino Paulo Kast, Abbate dignissimo degentibus, Ordinis S. Benedicti. Dominis etiam ejusdem ordinis in Wiblingen, et in Blabüren vicinis nostris. Religiosis etiam Dominis et Patribus Cartusiensibus in Bono-Lapide, et in Buchsheim, et in Horto Christi. Idem communicari posco et devotis viris Dominis Canonicis Regularibus vestris Concivibus in monasterio Wengen. Sed et religiosis et reverendis confratribus nostris Minoribus Ulmae, vobiscum commorantibus, quaeso communicetur, ut

[1] Basileensis *ed.*

moins. Mais il est évident que j'ai dû consentir à une infinité de dépenses, car une bourse pleine et une main généreuse procurent une grande tranquillité dans ce genre de voyage. Beaucoup s'efforcent aussi de donner des indications précises dans leurs recueils de voyage sur les étapes, les dépenses, la direction à prendre en mer, les relations avec les Sarrasins, l'approvisionnement dans le désert et sur toutes sortes de choses de ce genre qui toutes sont pourtant imprévisibles et changent à chaque instant. Aussi, je passe sur ces problèmes et je renvoie ceux que cela intéresse aux autres récits de voyage.

J'ai exposé en long et en large et vous ai fait voir les besoins et les nécessités d'un tel voyage sacré dans ces *Errances*. Je vous ai fait part de mes connaissances, à vous, mes si chers frères, mais aussi à quelques autres, moins bien connus de moi, qui, avec mon accord, se sont fait pour leur propre personne des petits recueils à partir du mien : loin d'en être mécontent, je m'en réjouis parce que je transmets de manière désintéressée ce que j'ai appris de façon sûre. Je serais également heureux que vous communiquiez mes *Errances* aux autres frères de notre Ordre, spécialement à mes frères bien aimés de la communauté de Bâle, parmi lesquels j'ai été élevé depuis mon enfance et instruit dans la religion et les saintes Écritures, avant de devenir, selon les voeux de nos prélats et de nos supérieurs, votre confrère et d'être confié à votre communauté. Je vous demande aussi de les communiquer à mes vénérables et religieux seigneurs et pères qui vivent dans l'insigne monastère d'Elchingen, sous l'autorité du généreux père et supérieur, le seigneur Paul Kast, abbé très honorable de l'Ordre de Saint-Benoît ; au supérieur aussi du même Ordre à Wiblingen et à nos voisins de Blaubeuren, aux religieux supérieurs et abbés chartreux, à Güterstein, à Buchsheim et au Jardin du Christ[10]. Je souhaite aussi que mon livre soit communiqué aux hommes dévôts, aux supérieurs et aux chanoines réguliers, vos concitoyens du monastère de Wengen. Et bien entendu, je demande qu'il soit communiqué à nos religieux et révérends confrères Mineurs d'Ulm, qui vivent avec

et juvenes eorum legendo Evagatorium in stabilitate firmentur, et ex descriptione sanctorum locorum scripturam sacram lucidius intelligant, et in devotione et contemplatione magis proficiant. Non enim nisi ad profectum suum poterunt tam maturi et religiosi viri hoc evagatorio uti, et si reprehendibile aliquid in eo repererint, pie condonabunt et indulgabunt. Pro quo humiliter supplico Reverentias eorum.

Porro si libellus iste ad manus venerit illorum, de quibus habetur Distinct. XXXVII. Sacerdotes, qui omissis Dei evangeliis et Prophetis comoedias legunt, et amatoria Bucolicorum versuum verba canunt, et Virgilium tenent, et **(3 A)** Carmina poetica student, et in pompa rhetoricorum verborum gaudent, scio, me non posse eorum detrectationes, derisiones, et subsannationes evadere. Qui omnia Scripta, etiam Canonica et Sancta, Rhetoricis floribus non redimita, aut locutionem Tullianam non redolentia dilacerant, et auctores eorum derident. Talibus Evagatorium nostrum fastidiosum erit, quia curiosa amant, Sacram Scripturam vilipendunt, Jerusalem non diligunt, et maxime si Felicem spernunt, quem garrulum et indoctum proclamabunt. Sed licet, inquit Hieronymus, excetra[1] sibilet, victorque Sinon incendia jactet[2], numquam meum Christo juvante silebit eloquium, etiamsi praecisa lingua balbutiet ; quae adhaereat opto faucibus meis, si non meminero tui, o Jerusalem. Legant, qui volunt ; qui nolunt, apices eventilent. Ego destinato operi imponam manum, et scyllaeos canes obturata aure transibo.

Vos autem, fratres mei charissimi, Evagatorium accipientes primum eximio Sacrae Theologiae Professori, Magistro Ludwico Fuchs, Priori nostro praedigno, examinandum, corrigendumque praesentate. Quamvis enim ipsum vile opusculum non magnopere aut necessario veniat

---

[1] excetra *scripsimus ex HIER., Liber Ezrae, Praef.* : exedra *F. ed.*

[2] victorque Sinon incendia jactet *scripsimus cum F. (cf. HIER., Liber Ezrae, Praef.)* : et victor qui si incendia non jactet *ed.*

vous, afin que leurs jeunes frères, en lisant ces *Errances*, soient encouragés à rester dans leur monastère, qu'ils comprennent plus clairement l'Écriture sainte à partir de la description des Lieux saints et qu'ils progressent dans la dévotion et la contemplation. Car la lecture de ces *Errances* ne pourra qu'être profitable à des hommes aussi mûrs et religieux ; et s'ils trouvent quelque chose de répréhensible, ils me le pardonneront avec piété et indulgence. J'en fais l'humble requête auprès de leurs supérieurs.

Enfin si ce livre tombe dans les mains de ceux dont il est question dans les *Distinctiones XXXVII Sacerdotes*[11] – ceux qui lisent les comédies en négligeant les Évangiles et les prophètes de Dieu, qui chantent les paroles d'amour des vers bucoliques, qui estiment Virgile, **(3 A)** qui étudient les oeuvres poétiques et apprécient la pompe de l'écriture rhétorique, je sais que je ne pourrai éviter leurs reproches, leurs railleries et leurs moqueries. Ils déchirent tous les écrits canoniques et sacrés qui ne sont pas ornés de fioritures rhétoriques et qui ne sentent pas la langue de Cicéron, et ils se moquent aussi de leurs auteurs. Pour ce genre de lecteurs, nos *Errances* seront pénibles, puisqu'ils aiment les futilités, méprisent les Écritures sacrées, n'estiment pas Jérusalem, et surtout s'ils dédaignent Félix qu'ils proclameront bavard et ignorant. Mais, comme dit Jérôme[12], « le serpent peut bien siffler et Sinon vainqueur semer partout l'incendie[13], jamais, avec l'aide du Christ, mon éloquence ne gardera le silence ; même coupée, ma langue balbutiera. » Qu'elle reste collée à ma gorge, si je ne me souviens pas de toi, ô Jérusalem ![14] Que ceux qui le veulent me lisent et que ceux qui ne le veulent pas agitent leurs pointes. Moi je mettrai la dernière main au travail que je me suis fixé et je traverserai les chiens de Scylla en me bouchant les oreilles[15].

Quant à vous, mes très chers frères, en recevant ces *Errances*, donnez-les d'abord à examiner et à corriger à l'excellent professeur de théologie sacrée, Maître Ludwig Fuchs, notre très digne prieur. Même si ce modeste ouvrage ne se trouve pas devoir être grandement ou forcément corrigé

corrigendum, quasi periculo alicui esse possit : Absque tamen suae Rever. Paternitatis nutu et consensu in publicum prodeat nolo. Et in hoc non modo suae venerandae Paternitati detulisse, sed et ipsi opusculo videar consuluisse. Scio equidem et certus sum, quod ipsum Evagatorium, dum ex cella tanti Doctoris egredi videbitur, auctoritatis et splendoris plurimum accipiet atque valoris. Etiam pro eo habendo laborabunt, qui ante suae Paternitatis inspectionem de luto non levassent. Sic ergo, fratres amantissimi, per omnia quaeso facite, et in vicem laborum meorum Deum misericordem pro me deprecamini, et Reverendo nostro Magistro et Priori, praeceptori meo observantissimo, me recommendate. Valete in aevo felici.

Datum anno MCCCCLXXXIIII. post reversionem meam secundam a locis sanctis Jerusalem, et montibus Sion et Synai.

F. F. F. terrae sanctae peregrinus ordinis Praedicatorum conventus Ulmensis. V. c. confrater.

EVAGATORIUM hoc DUAS principales continet partes, secundum cursum duarum peregrinationum, quae sunt PEREGRINATIO HIEROSOLYMITANA, et PEREGRINATIO SYNAIANA sive CATHERINIANA. Et faciunt istae duae partes duo volumina, et continent hae duae partes has sequentes materias in generali, totque habent tractatus, quot menses ; et tot capita quot dies. Et ita prima pars hujus VI. tractatus. Et secunda totidem. Processus incipit folio 25 A.

PROOEMIUM.
DIVISIO TOTIUS EVAGATORII.

(B) PRIMA pars continet prooemium, quod complectitur peregrinationis sanctae terrae, et ipsius terrae promissionis laudem, et deinde primam evagationem F. F. F. et

comme s'il pouvait être dangereux pour quelqu'un, je ne veux cependant pas qu'il paraisse sans l'accord et le consentement de notre révérend père. Je veux ainsi qu'on voie que je m'en suis remis à notre vénérable père et que je l'ai consulté aussi pour l'ouvrage lui-même. Car je sais et je suis certain que ces *Errances* elles-mêmes, en semblant sortir de la cellule d'un si grand docteur, recevront une aura d'autorité, d'éclat et de valeur. Ainsi, même ceux qui les auraient traînées dans la boue avant l'examen de Son Excellence, s'efforceront-ils de les avoir. Faites donc ainsi, mes très chers frères, je vous le demande par-dessus tout : pour mes travaux, réclamez à mon intention la miséricorde de Dieu et recommandez-moi auprès de notre révérend maître et prieur, mon si scrupuleux professeur. Portez-vous bien, bonheur et longue vie.

En l'an 1484, après mon deuxième retour des Lieux saints de Jérusalem et des monts Sion et Sinaï.

Frère Félix Fabri, pèlerin de la Terre sainte, de l'Ordre des frères Prêcheurs de la communauté d'Ulm, votre cher confrère.

Ces *Errances* contiennent deux parties principales selon le cours de deux voyages, l'un à Jérusalem et l'autre au mont Sinaï ou au monastère Sainte-Catherine. Ces deux parties forment deux volumes et traitent des matières dont on trouvera la table générale ci-dessous ; l'ensemble comporte autant de traités que de mois et autant de chapitres que de jours. Ainsi, la première partie compte six traités, et la seconde tout autant. Début folio 25 A. **(B)**

PRÉFACE
PLAN COMPLET DES *ERRANCES*

La première partie contient l'introduction comprenant l'éloge du pèlerinage en Terre sainte et de cette terre promise, puis la première errance de F.F.F. et son retour. Ensuite, elle

reversionem. De post vero continet secundam evagationem usque ad Jerosolymam, cum descriptione omnium sanctorum locorum terrae sanctae, in quibus F. F. F. evagatorii compositor fuit, ut processus demonstrat.

SECUNDA pars continet evagationem a Jerusalem per Palaestinam et per desertum Arabiae ad montem Sinai in terra Madian, et recessum a monte Horeb ad Oram maris rubri in Aegyptum, et reversionem per mare, cum descriptionibus insularum Graeciae, et terrarum usque Venetias, et descriptionem Venetiarum ac alpium Alemanniae et Sueviae. Et ultimo ponitur descriptio civitatis Ulmensis et conventus nostri, cum diversis annexis.

Primae partis primus tractatus continet prooemium, commendationem terrae sanctae, et primam F. F. F. profectionem trans mare, et inchoationem secundae profectionis usque ad mensem Majum. Secundus tractatus continet peregrinationem mensis Maji, cum descriptione maris, et politiae Galearum.

Tertius tractatus continet navigationem peregrinorum per mensem Junium.

Quartus tractatus continet perventionem peregrinorum in terram sanctam, et visitationem locorum sanctorum in Jerusalem et Judaea per mensem Julium, et remeationem militum in suam regionem.

Quintus tractatus continet acta peregrinorum remanentium in Jerusalem per mensem Augustum.

Et sextus tractatus continet latam descriptionem civitatis[1] Sanctae Jerusalem, ejusque statum ab initio usque ad haec nostra tempora.

Secundae vero partis primus tractatus, qui est septimus totius Evagatorii, continet recessum peregrinorum a Jerusalem in Palaestinam, et descriptionem Arabiae et Arabum, et multum laborem peregrinorum per desertum, et

---

[1] civitatis *F* : *om. ed.*

contient la seconde errance jusqu'à Jérusalem avec la description de tous les lieux sacrés de la Terre sainte, dans lesquels F.F.F, l'auteur de ces *Errances*, s'est rendu, comme la progression du livre le démontre.

La seconde partie contient le voyage à travers la Palestine et le désert d'Arabie de Jérusalem au mont Sinaï, le retour du mont Horeb le long de la Mer Rouge jusqu'en Égypte, le retour par la mer avec les descriptions des îles grecques et des terres jusqu'à Venise, la description de Venise et celle des Alpes alémaniques et suisses. Et enfin, on y trouve la description de la ville d'Ulm et de notre monastère avec diverses annexes.

Le premier traité de la première partie comprend l'introduction, la recommandation de la Terre sainte, le premier départ de F.F.F à travers la mer et le commencement du second voyage jusqu'au mois de mai.

Le deuxième traité contient le pèlerinage du mois de mai avec la description de la mer et l'organisation des galères.

Le troisième traité expose la navigation des pèlerins pendant le mois de juin.

Le quatrième traité relate l'arrivée des pèlerins en Terre sainte et la visite des Lieux saints à Jérusalem et en Judée pendant le mois de juillet et le retour des chevaliers dans leur région.

Le cinquième traité comprend les événements du séjour des pèlerins à Jérusalem pendant le mois d'août.

Enfin, le sixième traité donne une large description de la Cité sainte de Jérusalem et de sa situation, des origines jusqu'à notre époque.

Le premier traité de la seconde partie, qui est le septième de ces *Errances*, contient le départ des pèlerins de Jérusalem pour la Palestine, la description de l'Arabie et des Arabes, les peines nombreuses qu'éprouvèrent les pèlerins à traverser le désert, la description des monts Horeb et Sinaï et du tombeau de Sainte-Catherine et ce que firent les pèlerins pendant le mois de septembre.

descriptionem montis Oreb et Sinai, et sepulchri St. Catharinae, et acta peregrinorum per mensem septembrem.

Octavus tractatus continet perventionem peregrinorum in Aegyptum, et descriptionem ortus Balsami, Chayri, Nili, Alexandriae, et Aegypti, et casus peregrinorum per mensem octobrem.

Nonus tractatus continet recessum peregrinorum de Aegypto per mare, et descriptionem insularum aliquarum, et maritimarum regionum, et casus peregrinorum per mensem novembrem.

Decimus tractatus continet navigationem peregrinorum per mare, de descriptionem multarum regionum, et acta per mensem decembrem.

Undecimus tractatus continet adventum peregrinorum Venetias, et descriptionem latam Venetiarum, et peregrinorum repatriationem in mense Januario.

Duodecimus et ultimus tractatus continet descriptionem Theutoniae et Sueviae, et civitatis Ulmensis, et multa de regibus et principibus Alemanniae, et populis eorum, et de politia civitatis Ulmensis, et de civibus ejus. Sed quia hic tractatus longus est, et proprium facit librum, Evagatorio non adjunxi.

Le huitième traité est consacré à l'arrivée des pèlerins en Égypte et décrit l'origine du baumier, le Caire, le Nil, Alexandrie et l'Égypte, et les péripéties du pèlerinage au cours du mois d'octobre.

Le neuvième traité contient le départ d'Égypte des pèlerins par mer, la description de quelques îles et des régions maritimes et les péripéties du pèlerinage pendant le mois de novembre.

Le dixième traité contient la navigation des pèlerins à travers la mer, la description de nombreuses régions et ce qu'ils firent pendant le mois de décembre.

Le onzième traité est consacré à l'arrivée des pèlerins à Venise, à une large description de cette ville et au rapatriement des pèlerins au mois de janvier.

Le douzième et dernier traité contient la description de la Teutonie, de la Souabe, de la ville d'Ulm et de nombreuses informations sur les rois et les princes d'Alémanie, sur leurs peuples, le gouvernement de la ville d'Ulm et ses concitoyens. Mais parce que ce traité est long, et qu'il constitue un livre à part, je ne l'ai pas joint aux *Errances*.

INCIPIT PARS PRIMA,
SCILICET PROOEMIUM IN EVAGATORIUM F. F. F.
De commendatione terrae sanctae et peregrinationis

EVAGARI incipiam post greges sodalium tuarum. Egredere et abi post vestigia gregum, et pasce hoedos tuos juxta tabernacula pastorum. Ita habetur paucis interpositis, canticorum 1. Capitulo. Verba optimo congruunt ad commendationem sacrae peregrinationis Jerosolymitanae, quae ad Dei laudem suscepta noscitur esse actus nobilissimae virtutis, quam sancti LATRIAM nominant.

Porro ad perfectum virtutis actum exiguntur sex conditiones, quae in verbis propositis continentur. Scilicet propositum boni operis ; Desiderium ordinatum opus inchoandi ; Libertas vel facultas agendi ; Aggressus operationis ; Modus debitus faciendi ; Consummatio et perfectio actus virtuosi. Haec sex concurrunt ad virtuosam peregrinationem, et continentur in praemissis verbis.

I) Enim peregrinus terrae sanctae debet habere, et oportet ut habeat, propositum peregrinandi, ut dicere possit : Christo, propter quem concepi tale propositum, incipiam evagari.
II) Debet habere ordinatum desiderium peregrinationem inchoandi, ad quod infert : Post greges sodalium tuarum.
III) Habere peregrinum oportet libertatem et facultatem peregrinandi, **(4 A)** ut sibi dicatur : Egredere.

COMMENCEMENT DE LA PREMIÈRE PARTIE, OU PROLOGUE AUX *ERRANCES* DE F.F.F.

Ce qui fait la valeur de la Terre sainte et de son pèlerinage

J'entreprendrai mon voyage « sur les traces des troupeaux de tes camarades. Sors de chez toi, pars sur les traces des troupeaux et fais paître tes chevreaux près des tentes des bergers. » Ainsi dit à peu près le Cantique des Cantiques au chapitre I[16]. Ces paroles conviennent tout à fait pour justifier un saint pèlerinage à Jérusalem qui, s'il est entrepris, pour la gloire de Dieu, est, on le sait, un acte de la plus haute vertu, que les saints nomment latrie.

Allons plus loin. Cet acte vertueux ne peut être accompli qu'aux six conditions contenues dans les paroles citées : l'intention de faire une action pieuse ; le désir bien ordonné de l'entreprendre ; la liberté ou la faculté d'agir ; la mise en oeuvre du projet ; la façon convenable de l'accomplir ; la réalisation et l'achèvement de cet acte vertueux. Ces six conditions sont la base d'un pèlerinage vertueux et sont contenues dans les paroles mentionnées au début.

I) Le pèlerin pour la Terre sainte doit avoir en effet, et c'est absolument nécessaire, l'intention d'accomplir le pèlerinage, pour qu'il puisse dire : « c'est pour le Christ, qui m'a fait concevoir un tel projet, que j'entreprendrai mon voyage ».

II) Il doit avoir le désir bien ordonné d'entreprendre le pèlerinage, ce à quoi fait allusion : « à la suite des troupeaux de tes camarades ».

III) Il faut que le pèlerin ait la liberté et la faculté de faire le pèlerinage, **(4 A)** pour qu'on puisse lui dire : « Sors ».

IV) Debet peregrinus aggredi ipsam peregrinationem, cum sibi dicitur : et abi.
V) Habere debet modum debitum exequendi peregrinationem, ut peregrinetur : post vestigia gregum.
VI) Perficiat et consummet ipsam peregrinationem, ut diligenter impleat hoc, quod ei imperatur, cum dicitur : Et pasce hoedos tuos juxta tabernacula pastorum. Quod autem virtuosa peregrinatio ab his sex dependeat, patet discurrendo per singula.

Quantum igitur ad primum, manifestum est, quod desiderium quidem videndi civitatem sanctam Jerusalem et alia loca sanctae terrae promissionis, commune est quasi omnibus Christi fidelibus. Et audenter dico, quod ille non est fidelis Christianus, qui hoc desiderio non est affectus, ex verbis S. Hieronymi in quadam epistola de vita et obitu Paulae, ubi dicit : « Cujus[1] gentis homines ad sancta loca non veniunt ? » Quasi dicat, Nullius.

Non autem propositum peregrinandi est commune. Omnes optant, se in Jerusalem fuisse, et loca sancta vidisse. Sed pauci proponunt hoc velle facere, quia patriae dulcedinem et cellulae quietem, et amicorum vel fratrum solatia magis diligunt, a quibus elongari nolunt. Desiderium ergo videndi Jerusalem nihil facit ad peregrinationem, sed dum quis habet cum desiderio propositum firmum, ut dicere possit : Ecce, Domine Jesu, patriam desero, cellam aut domum relinquo, quietem propter te sperno, fratres et amicos postpono, imo et meipsum abnego, et animam meam odio, crucemque peregrinationis tollo, et sic evagari incipiam.

Quantum ad secundum notandum est, quod vitiose quis evagari potest, si ipsa evagatio etiam ad loca sancta, non fiat

[1] cujus *scripsimus cum F. (ut uid.) ex HIER., Epist. 108, 3* : ejus *ed.*

IV) Le pèlerin doit entreprendre ce même pèlerinage, puisqu'il lui est dit : « et pars ».
V) Il doit accomplir le pèlerinage jusqu'au bout d'une façon convenable, pour le faire « sur les traces des troupeaux ».
VI) Il faut qu'il accomplisse ce pèlerinage et le conduise à son terme, pour satisfaire avec soin à l'ordre qui lui est donné, lorsqu'il est dit : « et fais paître tes chevreaux près des tentes des bergers ». Qu'un pèlerinage vertueux dépende de ces six conditions, cela apparaît clairement si on les examine une à une.

En ce qui concerne la première, il est évident que le désir au moins de voir la Cité sainte de Jérusalem et les autres Lieux saints de la Terre promise est commun à presque tous les fidèles du Christ. Et je ne crains pas de dire que celui qui n'est pas possédé par ce désir n'est pas un fidèle du Christ, comme le montrent les paroles de saint Jérôme dans une lettre sur la vie et la mort de Paule, où il dit : « Quelle est la nation dont les habitants ne viennent pas aux Lieux saints ? »[17] Il aurait aussi bien pu dire : « aucune ».

Mais l'intention d'accomplir le pèlerinage n'est pas commune. Tous voudraient être allés à Jérusalem et avoir vu les Lieux saints, peu affirment vouloir le faire, parce que les hommes aiment la douceur de leur patrie, le calme de leur cellule et la présence réconfortante de leurs amis ou de leurs frères, dont ils ne veulent pas s'éloigner. Ce n'est donc pas le désir de voir Jérusalem qui fait entreprendre un pèlerinage. On doit avoir, en même temps que ce désir, une ferme intention, de sorte qu'on puisse dire : « Voilà, Seigneur Jésus, j'abandonne ma patrie, je quitte ma cellule ou ma maison ; pour Toi, je dédaigne le repos, je mets au second plan mes frères et mes amis, plus encore, je me renie moi-même et je prends en haine mon âme, je me charge de la croix du pèlerinage ; et voilà comment j'entreprendrai mon voyage. »[18]

En ce qui concerne la deuxième condition, il faut noter que quelqu'un peut accomplir un pèlerinage en pécheur si son pèlerinage, même à destination des Lieux saints, ne découle

ex ordinato affectu ; Sicut cujusdam, de quo dicitur Esa. 57 v. 17 : Abiit vagus in via cordis sui. Quicumque enim peregrinari vult, ut ex hoc in hoc, et ex hoc in aliud evagetur, ordinem non habet, et virtute caret. Evagatio enim simpliciter sonat vitium, et ideo, qui peregrinatur, ut evagetur, vitiosus est ; non autem qui evagatur, ut peregrinetur. Plures namque reperiuntur, etiam in quiete regularis vitae degentes, qui minus desiderarent peregrinationem, si non haberent annexam evagationem. Non sic agit virtuosus peregrinus, sed laborem peregrinandi subit, ut incipiat evagari non simpliciter, ut vagabundus, in incertum, sed evagari incipit post greges sodalium ejus, propter quod ad peregrinandum motus est. Felix certe ejusmodi peregrini evagatio. Talis enim dignam percipit peregrinationem puerorum Dei, quae tibi omnium charior est **(B)** terra, Sapi. 12 v. 7.

Scimus quod sodalis dicitur socius sessionis. Sodales ergo Christi sunt socii sessionis ejus. Quod optime convenit apostolis, qui cum Christo sponso consederunt in cathedra doctrinae, Matth. V v. 1. Et cum sedisset, accesserunt ad eum discipuli ejus. Consederunt etiam in mensa caelestis alimoniae, Luc 22 v. 14. Vespere autem facto discubuit, et XII apostoli cum eo. Consedebunt etiam in tribunali extremi judicii, Matth. 19, 18. Cum sederit filius hominis in sede majestatis suae, sedebitis et vos judices etc. Et in sessione quietis aeternae consedebunt, Luc 22 v. 29, 30. Ego dispono vobis, sicut disposuit mihi pater meus regnum, ut edatis et bibatis super mensam meam, in regno meo. Tunc etiam ipsis sedentibus transiens ministrabit illis, Luc XII v. 37. Sicut ergo apostoli sunt sodales Christi, ita sunt pastores nostri, qui nobis promissi sunt. Jer. 3 v. 15. Dabo vobis, inquit,

pas d'un sentiment bien ordonné ; il en sera comme de celui dont Esaïe dit (57, 17) : « il est allé, errant, suivant le chemin de son coeur ». Quiconque, en effet, veut effectuer un pèlerinage pour aller ici et là, et çà et là, n'a pas de règle et manque de rigueur. Car l'errance est tout bonnement un péché et celui qui fait un pèlerinage pour errer est un pécheur, mais non celui qui erre pour faire un pèlerinage. Il s'en trouve donc beaucoup, même parmi ceux qui vivent dans le calme de la règle, qui seraient moins tentés par le pèlerinage s'ils ne trouvaient qu'une errance s'y attache. Le pèlerin vertueux n'agit pas ainsi : au contraire, il assume la peine du pèlerinage et ne se met pas simplement à errer à l'aventure comme un vagabond, mais il entreprend d'errer sur les traces des troupeaux de ses camarades, motif de son pèlerinage. A coup sûr, l'errance d'un tel pèlerin est bienheureuse : celui-là sait avec certitude que son pèlerinage est digne des enfants de Dieu, de « cette terre qui t'est chère entre toutes » **(B)** (*Sagesse* 12, 7).

Nous savons qu'on appelle compagnon celui qui est assis à nos côtés. Les compagnons du Christ sont donc ceux qui siègent à ses côtés, et cela s'applique parfaitement aux Apôtres, qui s'assirent sur la chaire de la connaissance avec l'époux, le Christ (*Matthieu* 5, 1) : « et comme il s'était assis, ses disciples s'approchèrent de lui. » Ils s'assirent même à la table de la nourriture céleste (*Luc* 22, 14) : « et quand le soir fut venu, il se mit à table, et les douze Apôtres avec lui ». Ils siègeront même au tribunal du jugement dernier (*Matthieu* 19, 18)[19] : « quand le Fils de l'homme siègera sur son trône de majesté, vous siégerez, et vous jugerez etc... », et ils s'assiéront sur le siège du repos éternel (*Luc* 22, 29-30) : « Et moi je dispose pour vous du Royaume, comme mon Père en a disposé pour moi : ainsi vous mangerez et boirez à ma table dans mon royaume ». Alors il passera aussi et servira ceux-là mêmes qui sont assis avec lui (*Luc* 12, 37). De même donc que les Apôtres sont les compagnons du Christ, ils sont aussi pour nous les bergers qui nous ont été promis (*Jérémie* 3, 15) : « Je vous

pastores juxta cor meum, qui pascent vos scientia et doctrina. Ubi glossa intelligit apostolos et apostolicos viros, quorum unus et praecipuus fuit ille, cui ter dictum fuit Joh. ult : *pasce oves meas*. Greges vero sodalium Christi et pastorum nostrorum sunt turmae fidelium, qui per apostolos ad pascua fidei et sacramentorum sunt ducti, ut pascerentur exemplis, doctrinis, et corporalibus nutrimentis.

Dicat ergo verus et virtuosus peregrinus : Evagari incipiam post greges sodalium Christi, qui indignum judico, me inter greges apostolorum incedere, sciens me ovem morbidam, ideo saltim liceat mihi post gregem sodalium ejus pergere. Tali enim humili sui recognitione redditur desiderium peregrinandi ordinatum, cum quis morbos suos cognoscit, nec sanis et sanctis se comparat, sed humiliter post greges sodalium Christi ambulare desiderat.

Quantum ad tertium, quod necessaria sit peregrinandi facultas, notandum quod licet quis habeat praefata duo, scilicet propositum peregrinandi, et humile desiderium inchoandi, si deest facultas peregrinandi non poterit peregrinus fieri. Quo quaeso ibit ligatus ? Quo ambulabit captivus ? Necesse est ergo, ut desiderandi evagari post greges sodalium Christi dicatur ab eo, cui subest, egredere. In quo verbo datur licentia et facultas peregrinandi. Multi enim fervidi, religiosi et devoti utriusque sexus conjugati desiderium ardens habent videre clarissimam civitatem Ierusalem ; sed interim quod non dicitur tali : Egredere, cogitur manere. Multis enim rationabiliter et utiliter non indulgetur egressio, etiam ad loca sancta, ad vitandam talium distractionem. Unde Hieronymus in epistola Bonus homo,

donnerai, dit-il, des pasteurs selon mon coeur, qui vous paîtront avec un savoir-faire plein d'attention » ; et là, la glose comprend les Apôtres et les successeurs des Apôtres[20], dont le premier et le plus grand fut celui à qui il a été dit trois fois (*Jean*, dernier chapitre) : « pais mes brebis »[21]. Et les troupeaux des compagnons du Christ et de nos pasteurs sont les foules des fidèles qui ont été conduits par les Apôtres aux pâturages de la foi et des sacrements pour y être nourris d'exemples, de connaissances et des aliments nécessaires au corps.

Que le pèlerin véritable et vertueux dise : « J'entreprendrai mon voyage en suivant les troupeaux des compagnons du Christ, moi qui me juge indigne de marcher parmi les troupeaux des Apôtres et sais que je suis une faible brebis ; qu'il me soit au moins pour cela permis de voyager derrière les troupeaux de ses compagnons ». A celui qui reconnaît ainsi son humilité est donné en retour le désir bien ordonné de partir en pèlerinage, puisque celui qui connaît ses maladies ne se met pas au rang de ceux qui sont sains et saints, mais désire humblement marcher derrière les troupeaux des compagnons du Christ.

Pour le troisième point, la nécessité d'avoir la faculté de partir en pèlerinage, il faut noter que même si quelqu'un remplit les deux premières conditions – l'intention d'accomplir le pèlerinage et l'humble désir de l'entreprendre, il ne pourra devenir pèlerin s'il lui manque la faculté de partir en pèlerinage. Où donc ira celui qui est attaché ? Vers où marchera le captif ? Il est donc indispensable que celui qui désire voyager derrière les troupeaux des compagnons du Christ entende de la part d'un supérieur : « sors ». Dans ce terme sont données à la fois la permission et la possibilité de partir en pèlerinage. En effet, beaucoup d'époux fervents, religieux et dévots des deux sexes ont un désir ardent de voir la très célèbre cité de Jérusalem ; mais tant qu'il ne leur est pas dit : « sors », ils sont forcés de rester. D'ailleurs, c'est avec raison et à propos que le droit de partir, même à destination

Si, inquit, crucis et resurrectionis loca non essent in urbe celeberrima, in qua curia, in qua aula militum, in qua scorta, mimi, scurrae, et omnia sunt, quae solent esse in coeteris urbibus ; vel si monachorum turbis solummodo frequentaretur, expetendum revera hujusmodi cunctis[1] esset habitaculum. Nunc vero summae stultitiae est[2] dimittere patriam, inter majores populos peregre vivere, melius quam[3] eras victurus in patria. De toto urbe Jerosolymam concurritur, plena est civitas universi generis hominum, et tanta utriusque sexus constipatio, ut non sit quies, nec devotio aut recollectio. Haec Hieronymus [Tom. 1 Fol. 103, A] Verum iam aliam habet civitas sancta faciem. Ibi nunc nec rex, nec miles, imo nec scorta, nec mimi, et quantum ad hoc, securior, sanctior, et devotior est peregrinari modo, quam tempore b. Hieronymi, nec sunt ibi impedimenta singularium devotionum, licet multae sint miseriae. De quibus patebit in sequentibus. **(5 A)**

Porro, si absque licentia quis iter arripiat, nec audit : Egredere, iam egressio talis non esset peregrinatio, sed periculosa damnosaque evagatio, nec iret post greges sodalium Christi, sed post institutum diaboli, sicut enim Salomon 3 Reg. 2 v. 36 sqq. praecepit Semei, ut sibi aedificaret domum in Jerusalem, et non egrederetur huc atque illuc. Quacumque autem die contrarium fecerit, et trans torrentem Cedron transierit, scire se interficiendum. Quod et sibi contigit, dum egressus sine facultate fuit. Sic verus Salomon Christus, et Papa Christi vicarius, praecepit cuilibet fideli Catholico manere in Ierusalem, hoc est, in terminis christianorum, quacumque autem die egressus fuerit aliquis, sine licentia papae, trans torrentem maris magni, scire se interficiendum excommunicatione papali. Est enim

---

[1] *post* cunctis *add.* [monachis] *ed. ex HIER., Epist. 58, 4*

[2] *post* est *add.* [renuntiare saeculo] *ed. ex HIER., Epist. 58, 4*

[3] quam *scripsimus ex HIER., Epist. 58, 4* : quum *ed.*

des Lieux saints, n'est pas accordé à beaucoup, pour éviter qu'ils ne se dissipent dans de tels lieux. A ce propos, Jérôme dit dans sa lettre *Bonus homo*[22] :« si les lieux de la mise en croix et de la résurrection n'étaient pas dans cette ville surpeuplée, qui renferme un prétoire, une caserne, des prostituées, des mimes et des bouffons et tout ce qui est d'ordinaire dans les autres villes, ou si on n'y rencontrait que des foules de moines, tous devraient vraiment gagner une telle demeure. Mais de nos jours, ce serait vraiment une sottise sans nom que d'abandonner sa patrie pour aller à l'étranger vivre au milieu de peuples trop grands, mieux que tu ne l'aurais fait dans ta patrie. On accourt de toutes les villes à Jérusalem, la cité est remplie d'hommes de toutes les races et si grande est la foule d'individus des deux sexes qu'il n'y a là ni repos ni dévotion ni recueillement. » Voilà l'opinion de Jérôme. Cependant la Cité sainte a désormais un autre visage. Il n'y a plus maintenant ni roi, ni soldat, encore moins de prostituées ou de mimes, et il est donc plus sûr, plus saint et plus pieux de faire le pèlerinage aujourd'hui qu'à l'époque de saint Jérôme ; il n'y a plus là-bas d'obstacle à la dévotion de chacun, même si les difficultés y restent nombreuses, comme on le verra clairement plus loin. **(5 A)**

En outre, si quelqu'un prenait la route sans permission, et sans s'entendre dire : « sors », son voyage ne serait pas un pèlerinage, mais une errance dangereuse et condamnable, et il ne suivrait pas les troupeaux des compagnons du Christ, mais le dessein du diable ; c'est ainsi que Salomon (3 Rois 2, 36sqq.)[23] prescrivit à Shimeï de se construire une maison à Jérusalem et de ne pas en sortir pour aller çà et là. Si, à n'importe quel moment, il passait outre et franchissait le torrent de Cédron, il savait qu'il devait mourir. Et c'est ce qui lui arriva quand il sortit sans autorisation[24]. Ainsi le Christ, vrai Salomon, et le pape, vicaire du Christ, ont prescrit à chaque fidèle catholique de rester à Jérusalem, c'est-à-dire dans les limites de la chrétienté, et si, n'importe quel jour, quelqu'un sort sans autorisation du pape pour franchir le torrent de la grande mer,

prohibitum sub magnis censuris, quod nullus absque Papae licentia vadat in terram sanctam. Et hanc censuram et excommunicationem vidit Dominus Anthonius in libro poenitentiariae summi poenitentiarii. Ut dicit in Tractatu de Excommunicationibus C. 32. Quare autem super hoc sit lata sententia excommunicationis, vide post ea, pag. 82. Ideo nullus Cardinalis et nullus Legatus intromittit se de danda licentia, sed petentes aut ad Papam, ut aut ad summum Poenitentiarium remittuntur. Prout mihi ipsi contigit. Nam a duobus Legatis a latere in Alemanniam missis licentiam petii, qui dixerunt, neminem habere facultatem, nisi summum papae poenitentiarium, ex singulari commissione domini Papae. Ideo magister generalis ordinis nostri nulli fratri licentiam Jerosolymam[1] tribuit, nisi praesupposita papae licentia, vel habita vel habenda ; prout patet in liberis Testimonialibus meis de hac peregrinatione.

Quantum ad quartum, quod sequitur, iam dictum, scilicet aggressio actualis ipsius peregrinationis. Quod innuitur, cum dicitur : Abi. Saepe namque contigit, quod quis omnia praetacta habet, scilicet propositum, ordinatum affectum, licentiam, et tamen non progreditur ad peregrinandum. Qui considerat operis arduitatem, et pericula marina, et viarum discrimina, et gravitatem expensarum, et idcirco[2] abire negligit. Tales sunt similes illis, qui cum plurimum audaces sunt, et magna praesumunt, sed in agressione desistunt, victi timiditate. De illis Aristoteles 3. Ethicorum, quod quidam sunt praevolantes ante bellum. Talem ego vidi, qui cum magnis sollicitudinibus obtinuit licentiam, et congregavit expensas, et fecit sibi fieri vestes peregrinales. Sed dum tempus aggrediendi advenit, formidulosus resiliit, vitae

---

[1] *post* Jerosolymam *add.* (visitandi) *ed.*
[2] ideireo *ed.*

il sait qu'il doit mourir sous le coup d'une excommunication papale[25]. Il est en effet interdit, sous peine de sévères condamnations[26], de se rendre en Terre sainte sans autorisation du pape. Maître Antonin[27] a traité de cette censure et de cette excommunication dans son *Liber poenitentiariae summi poenitentiarii*. Il parle de cela dans son *Traité des excommunications* au chapitre 32. Pour savoir pourquoi il y a sur ce point une excommunication *lata sententia*[28], voyez plus loin p. 82[29]. Aussi aucun cardinal, aucun légat ne se mêle de donner une autorisation, mais ils renvoient les demandeurs soit au pape, soit au grand Pénitencier[30]. C'est ce que je fus conduit à faire. En effet, je demandai l'autorisation à deux légats, envoyés du Saint-Siège en Allemagne, et ils me dirent que personne ne pouvait la donner, excepté le grand Pénitencier du pape, sur délégation spéciale de Sa Sainteté le pape. Pour cette raison, le maître général de notre Ordre[31] n'accorde à aucun frère de permission pour Jérusalem, sauf si la permission du pape est présumée, déjà obtenue ou en voie de l'être, comme cela apparaît dans les certificats qui m'ont été délivrés à l'occasion de mon pèlerinage.

En ce qui concerne le quatrième point, on a déjà dit ce qui suit, à savoir le fait d'entreprendre véritablement le pèlerinage lui-même. C'est ce que l'on signifie quand on dit : « Pars ». Il arrive souvent en effet que certains possèdent tout ce que l'on vient d'énumérer, l'intention, le désir bien ordonné, la permission et que pourtant ils ne se mettent pas en chemin pour le pèlerinage. Ils considèrent la difficulté de l'entreprise, les périls de la mer, les dangers de la route, la lourdeur des dépenses, et pour tout cela ne se décident pas à partir. Les gens de ce genre sont semblables à ceux qui sont des plus audacieux, et se croient capables de grandes choses, mais renoncent à les entreprendre, vaincus par leur manque d'assurance. Aristote dit d'eux (*Éthique* 3) que certains volent au-devant de la guerre[32]. J'ai moi-même vu un tel homme, qui obtint l'autorisation au prix de grandes sollicitations, réunit le nécessaire pour les dépenses et se fit confectionner les habits

enervationem et bursae suae evacuationem timens.

Vidi etiam quosdam, qui usque ad mare venerunt, sed dum fretum cernerunt, et ejus pericula auditu perciperent, redierunt. Et, quod amplius est, vidi quosdam, quasi usque ad medium maris deductos, qui fatigati maris incommodis redierunt. Hi egressi quidem erant, sed non viriliter aggressi, ideo non abierunt. Ideo dicitur : Egredere, et abi.

Quantum ad quintum, de modo debito peregrinandi servando, et qua via pergat, ostenditur, cum subinfertur : Post vestigia gregum. Supple : egredere, et abi. Multo enim minus reperiet peregrinus in terra sancta, quam intendat. Intendit enim evagari post greges sodalium Christi. Sed non poterat. Utinam cum pace et quiete post vestigia gregum sineretur incedere. Iam enim, heu ! **(B)** non possumus sequi sodales Christi, pastores nostros, nec inter greges eorum incedere, sed cum grandi difficultate et cum timida evagatione vestigia gregum quaerere et sequi necesse est. Apostolica namque fides et vita de terra sancta pene defecit, greges etiam, qui apostolos Christi sodales et nostros pastores in magno numero sequi solebant ad pascua, iam dispersi sunt per orbem, et a Ierusalem migraverunt ; quod deplangit Jer. c. X v. 21 dicens : Omnis grex eorum dispersus est. Et Esai. 17. 2 : Derelictae civitates gregibus erunt. Olim enim erant civitates, villae, et etiam nemora terrae sanctae, repleta gregibus, ibi videbantur agni multi per innocentiam, oves per patientiam, boves per maturitatem, aselli per simplicitatem, elephantes per castitatem, cervi per cursum fervoris, vaccae per Praelatorum sollicitudinem post vitulos mugientes, et lac copiose ministrantes. O quam delectabile tunc erat in peregrinatione evagari, egredi, et abire, quando non post

de pèlerin, mais, quand fut venu le moment de partir, il renonça en tremblant, redoutant d'y épuiser sa vie et d'y vider sa bourse.

J'en ai même vu d'autres qui vinrent jusqu'à la mer, mais qui, quand ils virent les flots et se rendirent compte, en les entendant, de leurs dangers, firent demi-tour. Et, pire encore, j'en ai vu certains, amenés presque en pleine mer, qui firent demi-tour épuisés par le mal de mer. Certes, ils étaient sortis, mais faute d'avoir pris la route pleins de courage, ils ne sont pas partis. Voilà pourquoi on dit : « Sors, et pars ».

Venons-en au cinquième point, concernant la façon convenable de faire le pèlerinage. La route à suivre est indiquée par les mots : « sur les traces des troupeaux », sous-entendu : « Sors et pars ». En effet, le pèlerin en trouvera en Terre sainte beaucoup moins qu'il ne voudrait. Il veut en effet voyager sur les traces des compagnons du Christ. Mais c'est impossible. Ah ! s'il était possible de marcher en paix, sans encombres, sur les traces des troupeaux ! Hélas ! nous ne pouvons plus **(B)** suivre les compagnons du Christ, nos pasteurs, ni marcher parmi leurs troupeaux, mais il nous faut chercher et suivre à grand-peine et dans une errance incertaine les traces des troupeaux ! Car la foi et la vie apostoliques ont presque totalement disparu de la Terre sainte ; même les troupeaux, qui avaient l'habitude de suivre en grand nombre vers le pâturage les Apôtres, compagnons du Christ et nos pasteurs, sont maintenant dispersés sur la surface de la terre et ont fui loin de Jérusalem ; Jérémie le déplore en disant (10, 21) : « tout leur troupeau est dispersé. »[33] Pourtant Esaïe dit (17, 2) : « les cités seront laissées aux troupeaux. »[34] Et de fait, la Terre sainte avait autrefois des cités, des domaines et même des forêts remplis de troupeaux. On y trouvait de nombreux agneaux innocents, des moutons patients[35], des boeufs pleins de force, de tout simples ânons[36], de chastes éléphants[37], des cerfs à la course remplie d'ardeur, des vaches mugissant pour appeler leurs veaux et donnant du lait en abondance sous la garde des chefs de troupeaux. Oh ! comme

vestigia gregum, sed post voces pastorum, ipsi greges et peregrini in gregibus ad pascua sanctorum locorum ducebantur. Tunc enim S. Petrus, princeps pastorum, greges dominicos pavit coelesti sapientia, quando nec caro nec sanguis sibi revelavit, sed pater coelestis infudit ; De quo Matth. 16 v. 17. S. Paulus eos pavit vitam angelicam inducendo. Ideo dicit : nostra conversatio in coelis est. Phil. 3 v. 20. S. Andreas eos pavit, crucis mysterium aperiendo, et ejus gloriam ostendendo. Unde dicit cuidam : O si velis nosse mysterium crucis, operietur tibi via salutis. S. Jacobus Major oves dominicas pavit, secreta salutaria eis manifestando. S. Johannes eos pavit, dulcedinem inculcando, S. Thomas fidei verae alimenta ministrando, S. Jacobus minor, sanctitatis exempla dando, S. Philippus, coelestibus desideriis eas impinguando, et eas his contentari docuit, dicens : Domine, ostende nobis patrem, et sufficit nobis. Joh. 14. 8. S. Bartholomaeus assidue orare docuit, et ita verum pabulum quaerere. S. Matthaeus poenitentiae cibo saginavit Christianos. S. Simeon ad obedientiae praesepe greges Christi ligavit. S. Thaddaeus, ad jugem confessionem divinae laudis eas induxit. S. Matthias ad humilitatem eas instruxit. S. Lucas, bos laboriosus, ad laborandum animavit Christi oves. S. Marcus, leo terribilis, timorem Domini inculcavit. S. Barnabas sua sollicitudine multos ad salutis pascua induxit.

Unde factum est ut longe post apostolos sanctos tota Syria, Terra sancta, Galilaea, Palaestina, Mesopotamia, Aegyptus, vastissima Arabiae solitudo, Thebais **(6 A)** omnia sanctis hominibus fuerint plena. De longinquis etiam mundi partibus ad hanc terram sanctam homines sancti et devoti confluebant, nec reputabant se alibi posse proficere, et Deo

il était alors agréable d'errer en pèlerinage, de sortir et de partir, à cette époque où ce n'était pas sur les traces des troupeaux, mais guidés par la voix des pasteurs, que les troupeaux eux-mêmes et les pèlerins en troupeaux étaient conduits aux pâturages des Lieux saints. Alors en effet saint Pierre, chef des pasteurs, faisait paître aux troupeaux du Seigneur la sagesse céleste, que « ni la chair ni le sang ne lui révélèrent, mais que le Père céleste répandit en lui » (voir *Matthieu* 16, 17). Saint Paul les fit paître en leur faisant découvrir la vie des anges. Aussi dit-il : « notre séjour est dans les cieux » (*Phil.* 3, 20). Saint André les fit paître en leur découvrant le mystère de la croix et en leur montrant sa gloire. Ainsi dit-il à l'un d'eux : « Ô, si tu voulais connaître le mystère de la croix, la voie du salut s'ouvrirait pour toi »[38]. Saint Jacques le Majeur[39] fit paître les brebis du Seigneur en leur découvrant les secrets du Salut. Saint Jean les fit paître en leur inculquant la douceur[40], saint Thomas en leur présentant les aliments de la vraie foi[41], saint Jacques le Mineur[42] en leur donnant l'exemple de la sainteté, saint Philippe[43] en les engraissant du désir des cieux et en leur apprenant à s'en contenter ; il disait : « Seigneur, montre-nous le Père, et cela nous suffit » (*Jean* 14, 8). Saint Barthélemy[44] leur apprit à prier avec assiduité et à rechercher ainsi la vraie nourriture. Saint Matthieu engraissa les chrétiens de la nourriture de pénitence[45]. Saint Siméon[46] enferma les troupeaux du Christ dans l'étable de l'obéissance. Saint Thaddée[47] les conduisit sous le joug à confesser la louange divine. Saint Matthieu leur apprit l'humilité[48]. Saint Luc, boeuf travailleur[49], excita les brebis du Christ au travail. Saint Marc, lion terrible, leur inculqua la crainte de Dieu. Saint Barnabé[50] en guida beaucoup par son soin attentif vers les pâturages du Salut.

Voilà pourquoi, longtemps après les saints Apôtres, toute la Syrie, la Terre sainte, la Galilée, la Palestine, la Mésopotamie, l'Égypte, le très vaste désert d'Arabie, la Thébaïde[51], **(6 A)** furent entièrement remplies de saints hommes. Des points les plus éloignés du monde affluaient vers cette Terre sainte des

propinquiores fieri, nisi in his locis sanctis morarentur. Et illi, quibus non suppetebat facultas hoc faciendi, reddebantur pusillanimes, quasi Deo alibi non possent accepta servitia exhibere. Contra quod tamen S. Hieronymus ad Paulinum scribens sic inquit : Nolo Dei omnipotentiam angusto fine concludere, et arctare parvo terrae loco, quasi solum in terra sancta possit inveniri gratia. Nam de Hierosolymis et de Britannia aequaliter patet aula coelestis. Anthonius enim, et cuncta Aegypti, et Mesopotamiae, Ponti et Cappadociae et Armeniae examina monachorum non videre Hierosolymam, et patet illis absque hac urbe paradysi janua. Beatus Hilarion, cum palaestinus esset, et in Palaestina viveret, uno tantum die Hierusalem vidit, ut nec contemnere sancta loca, propter viciniam, nec rursum Deum loco concludere videretur. Nec quidquam, frater charissime, fidei tuae deesse putes, quia Hierosolymam non vidisti, nec nos, qui ibi fuimus, meliores aestimes ; sed sive hic, sive alibi aequalem te pro operibus tuis apud Deum habere mercedem. Haec Hieronymus, uti supra (Tom. 1 Fol. 102 c. D).

Ex quibus liquet, quod tantus fuit concursus fidelium devotorum ad Ierusalem, et terram sanctam, quod necesse erat Zelum et fervorem reprimere aliorum, ne omnes locis suis derelictis illac confluerent. Unde Hieronymus, a Ierusalem Romam veniens, eamque etiam repletam monasteriis reperiens, dixit, ut in epistola ad Principiam habetur : Gaudeo Romam factam Ierosolymam ; crebra virginum monasteria, monachorum innumerabilis multitudo (Tom. 1 Fol. 220 C.). Sed quid nunc dicere possumus ? Certe nihil aliud[1] : heu ! quam, quod terra sancta et civitas sancta Ierusalem iam repleta est vitiosissimis hominibus, qui non gregatim ut greges incedunt, sed sine ordine, sine lege,

[1] aluid *ed.*

hommes saints et dévots, qui pensaient qu'ils ne pouvaient ni aller ailleurs ni être plus près de Dieu qu'en restant dans ces Lieux saints. Et ceux à qui n'était pas donnée la faculté de le faire étaient jugés pusillanimes, comme s'ils ne pouvaient manifester ailleurs la servitude qu'ils avaient acceptée pour Dieu. Jérôme, dans une lettre à Paulinus[52], s'élève pourtant contre cette idée quand il dit : « Je ne veux pas enfermer la toute puissance de Dieu dans une limite étroite ni la restreindre à une petite surface de terre, comme si on ne pouvait trouver la grâce qu'en Terre sainte. On accède de la même façon au Royaume des cieux depuis Jérusalem ou depuis la Bretagne[53]. Antoine et tous les troupeaux des moines d'Égypte, de Mésopotamie, du Pont, de Cappadoce et d'Arménie n'ont jamais vu Jérusalem, mais les portes du paradis leur sont ouvertes loin de cette ville. Saint Hilarion[54], bien qu'il fût Palestinien et vécût en Palestine, ne vit Jérusalem qu'un seul jour, pour ne donner l'impression ni de mépriser les Lieux saints, tout proches, ni à l'inverse d'enfermer Dieu en cet endroit. Ne pense pas, très cher frère, que quelque chose manque à ta foi parce que tu n'as pas vu Jérusalem et ne nous juge pas meilleurs, nous qui y sommes allés : ici ou là-bas, Dieu t'accorde la même grâce pour tes oeuvres. » Voilà l'opinion de Jérôme cité plus haut.

Tout cela explique qu'il y eut à Jérusalem et en Terre sainte un tel afflux de fidèles dévots qu'il était nécessaire de contenir le zèle et la ferveur des autres, afin que tous ne quittassent pas leurs pays pour affluer en ce lieu. Voilà pourquoi Jérôme, revenant de Jérusalem à Rome et trouvant cette ville elle aussi remplie de monastères, a dit, comme l'atteste sa lettre à Principia[55] : « Je me réjouis de voir que Rome est devenue Jérusalem, les couvents de religieuses sont bondés et la foule des moines est innombrable. » Mais que pouvons-nous dire maintenant ? Certes, rien d'autre, hélas ! que ceci : la Terre sainte et la sainte Cité de Jérusalem sont désormais remplies des plus grands pécheurs, qui ne marchent pas groupés comme des troupeaux, mais courent en tous sens

sine politico regimine dispersim, ut nocivae bestiae, discurrunt[1], et greges dissipant. Contra quos vocat Deus gladium, Zachar. 13. 7 : Framea, suscitare adversus eos qui dispergunt gregem meum. Ibi enim discurrit leo rugiens, per superbiam quaerens Christi ovem lacerare. Ibi equus effrenis, furore plenus, et mulus intemperatae luxuriae. Currunt ibi innumerabiles vulpes, haeretici dolosi, lupi crudeles et rapaces, ibi saltat hoedus dissolutus, et vacca lasciviens, Sirena deceptione plena, capra ambitiosa, canis rabidus, pulex importunus. Terram illam, vineam quondam Domini Sabaoth, exterminavit caper de silva, Soldanus, abnegatus christianus, et singularis ferus, crudelis et maledictus Machometus depastus est vineam, vineam illam electam. Et borealis terribilis bellua, turcus, cum suo viperino genimine, longe lateque palmites verae vitis pullulantes conculcare, eradicare, et annihilare non cessat, devastans fines fidelium. Evangelium et crucem de terra omni tollere penitus conatur, sicut Soldanus ea abstulit de civitate sancta, et de toto regno Jerosolymitano. **(B)**

Non ergo remansit[2] in terra sancta, nec gregum obscura vestigia in memoria, vel signa quaedam praeteritorum, vel imitatio vitae sanctorum.

Cum enim peregrinatio dicitur : Egredere, et abi post vestigia gregum, jubentur imitari sanctorum exempla, humilitatem, disciplinam et devotionem, fidem, et caetera. Quae si non imitatus fuerit, sed post pravitatem cordis sui evagatus fuerit, verus peregrinus non erit, quia post vestigia gregum non incedit.

Quantum ad sextum et ultimum, in quo notatur consummatio actus in eo quod dicitur : Et pasce hoedos tuos juxta tabernaculum pastorum. In hac clausula notantur duo. Primum qualitas sanctorum locorum, et quaedam proprietas

---

1 discurunt *ed.*

2 re mansit *ed.*

sans ordre, sans loi, vont ça et là en groupes inorganisés, comme des bêtes nuisibles, et dispersent les troupeaux. C'est contre cela que Dieu fait appel à son glaive (*Zacharie* 13, 7) : « Épée, réveille-toi contre ceux qui dispersent mon troupeau. »[56] Là en effet court en tous sens le lion rugissant, cherchant dans son orgueil à déchirer ceux qui appartiennent au Christ, là court le cheval sans frein, plein de fureur, et le mulet à la fougue débordante. Là courent de fourbes hérétiques, d'innombrables renards, des loups cruels et ravisseurs. Là dansent le bouc dépravé et la vache lascive, la sirène toute remplie de tromperie, la chèvre prétentieuse, le chien enragé et la puce importune[57]. Cette terre, autrefois vigne du Seigneur des armées célestes, le Sultan, bouc sorti de la forêt, l'a dévastée. Un chrétien renégat, un animal solitaire, le cruel et maudit Mahomet a détruit cette vigne, cette vigne choisie. Et une terrible bête venue du Nord, le Turc, avec son engeance de vipère, ne cesse de piétiner, de déraciner et de détruire de fond en comble les sarments de la vraie vigne, dévastant les terres des fidèles. Il s'efforce d'arracher complètement de la terre entière l'Évangile et la croix, comme le Sultan les a arrachés de la Cité sainte et de tout le royaume de Jérusalem[58].

(B) Il ne reste donc en Terre sainte aucune trace, fût-elle obscure, en souvenir des troupeaux, ni signes du passé ni imitation de la vie des saints.

Lorsqu'on définit le pèlerinage en disant : « Sors et pars sur les traces des troupeaux », on ordonne d'imiter l'exemple des saints, leur humilité, leur obéissance et leur dévotion, leur foi, etc. Celui qui ne les imitera pas mais se mettra en route selon une mauvaise disposition de son coeur, ne sera pas un vrai pèlerin, parce qu'il ne marche pas sur les traces des troupeaux.

Venons-en à la sixième et dernière condition, qui fait référence à l'accomplissement de l'acte par les mots : « Et fais paître tes chevreaux près des tentes des bergers ». Dans cette conclusion, on fait référence à deux choses : premièrement à la

eorum. Secundum, quid peregrinus agere debeat, dum ad illa loca pervenerit.

Quoad 1. considerandum, quod loca sancta, prophetica et evangelica, aliquo singulari et famoso exercitio et miraculo dedicata, vel aliquo actu solennizata, vel a sanctis inhabitata, dicuntur tabernacula pastorum, etiam si nullum ibi sit tabernaculum. Patet hoc ex Genes. C. 28 v. 17 de Jacobo, considerante se in quodam loco sancto sub die[1], in quo loco non infuit domicilium ; et tamen dixit : Hic non est aliud, nisi Domus Dei. Patet etiam ex locis in deserto magno, quae dicuntur tabernacula ejus in terra salsuginis. Quamvis autem loca sancta absque superaedificatis aedificiis, et sine murorum ambitu, possint dici tabernacula, tamen sancti, tam veteris quam novi testamenti, super ea erexerunt murata habitacula in testimonium sanctitatis locorum. Sic legitur fecisse Abraham, qui aedificavit altare Domino, in loco, in quo apparuit Deus, Genes. XII 7. Sic etiam fecit Isaac, Gen. 26, 25. Et Jacob C. 31. v. 1. 3. 7. Sic fecit et Josua, Jos. C. 8 v. 30, 31. Et Gedeon, Judic. 6 v. 24. Et Manoa, Jud. 13 v. 19. David etiam in loco, in quo angelus evaginato gladio apparuit, templum aedificari[2] praecepit 2 Reg. ult. v. 25. Sic etiam cupiebat facere B. Petrus apostolus, in loco, ubi vidit Dominum Jesum transfigurandum in gloria, et Moysen, et Eliam in majestate cum eo. Unde dixit : Domine, si vis, faciamus hic tria tabernacula[3], tibi unum, Moysi unum, et Eliae unum, Matth. XVII, 4. Eadem ergo ratione devotio fidelium aedificavit in locis sanctis Incarnationis, nativitatis, passionis, resurrectionis, ascensionis, et Spiritus Sancti missionis, et B. Mariae Virginis assumptionis ecclesias et capellas, et dicunt, hic tabernacula pastorum. Et quia terra sancta fuit in valde multis locis miraculis prodigiisque solemnizata, ideo in ea fuerunt valde multa tabernacula, i. e.

---

[1] dio *ed.*

[2] aedifiicari *ed.*

[3] tabernabula *ed.*

nature des Lieux saints et pour ainsi dire à leur caractère spécifique, deuxièmement à ce que doit faire le pèlerin lorsqu'il est parvenu en ces lieux.

Pour ce qui est du premier point, il faut comprendre qu'on appelle tentes des bergers les Lieux saints prophétiques et évangéliques, rendus sacrés par quelque pratique singulière et fameuse et par le miracle, solennisés pour quelque autre raison, ou habités par des saints, même s'il n'y a là aucune tente. Cela découle de la *Genèse* 28, 17[59], où Jacob, se trouvant dans un Lieu saint en plein air, lieu dans lequel il n'y avait aucun abri, dit pourtant : « Il n'y a ici rien d'autre que la maison de Dieu ». Cela découle aussi des lieux dans le grand désert qu'on appelle tentes de Dieu sur la terre de sel[60]. Des Lieux saints, sur lesquels on n'a construit aucun édifice et que l'on n'a entourés d'aucun mur, peuvent donc être appelés tentes, mais les saints, tant ceux de l'Ancien Testament que du Nouveau, ont érigé sur cette terre des demeures avec des murs en témoignage de la sainteté de ces lieux. C'est ainsi, lit-on, que fit Abraham, qui éleva un autel au Seigneur à l'endroit où Dieu lui apparut (*Genèse* 12, 7). Ainsi fit aussi Isaac (*Genèse* 26, 25). Et Jacob (chap. 31, 1.3.7). Josué fit de même (*Josué* 8, 30-31) ainsi que Gédéon (*Juges* 6, 24) et Manoah (*Juges* 13, 19). David lui-même ordonna de construire un autel à l'endroit où un ange lui était apparu tenant une épée nue (II *Rois*, dernier chap. v. 25). Saint Pierre désirait faire de même à l'endroit où il vit le Seigneur Jésus transfiguré dans la gloire, et avec lui Moïse et Élie en majesté. Il dit en effet : « Seigneur, si tu veux, faisons ici trois tentes, une pour toi, une pour Moïse et une pour Élie » (*Matthieu* 17, 4). C'est pour la même raison que la dévotion des fidèles a construit des églises et des chapelles dans les Lieux saints de l'Incarnation, de la Nativité, de la Passion, de la Résurrection, de l'Ascension, de l'envoi du saint Esprit et de l'Assomption de la Bienheureuse Vierge Marie et qu'on dit : « voici les tentes des bergers ». Et parce que la Terre sainte fut, en de très nombreux endroits, solennisée par des prodiges et des miracles, on y érigea de très nombreuses tentes, c'est-à-dire

templa ecclesiae, oracula, et capellae. **(7 A)** Sed, pro dolor ! accidit tabernaculis illis, sicut pastoribus et gregibus. Sicut enim jam, ut dictum est, non possumus sequi pastores et greges, sed tantum post gregum vestigia iubemur abire : sic etiam non possumus invenire tabernacula pastorum, nisi in miserandis ruinis. Utinam et illas invenire et cernere liceret ! Sunt enim templa, ecclesiae, capellae, quae fuerant locis sanctis superaedificatae, pene dissipatae, ut dicere possimus illud Jerm. IV v. 20 : Tabernacula nostra vastata sunt. Aliquae ecclesiae solemniores sunt Christo dicatae, quae sunt ablatae, et maledicto Machometo datae ; Paucae sunt Christo servatae ; Major tamen pars sunt penitus destructae, et in multis locis, in quibus scimus stetisse magnas et collegiatas ecclesias, nec ruinae iam deprehenduntur.

Sic ergo loca[1] sancta dicuntur pastorum tabernacula, sive habeant superaedificata aedificia, sive non.

Quoad II. quid scilicet agendum sit peregrino in locis sanctis dicitur : Et pasce hoedos tuos juxta tabernacula pastorum. Scimus ex sententia Pastoris Christi S. Salvatoris, Matth. C. XXV v. 32, 33, quod justi comparantur ovibus, impii vero hoedis. Defectus ergo nostri et vitia quibus mali vel impii sumus, et peccatores constituimur, sunt hoedi nostri. Hos hoedos jubemur pascere juxta loca sancta ; non quidem, ut nutriantur vitia, quia sic in foetidos hircos crescerent hoedi, quia ex hoedis bene nutritis hirci crescunt. Sed sic, ut hoedi in oves et agnos transmutentur. Quod tunc fit, quando peregrinus in locis sanctis suos defectus recognoscit et emendat, seque a vitiis et malis consuetudinibus avertit. Qui enim vadit in Ierusalem, et defectus non emendat, peccata et eorum occasiones non vitat, in vanum prorsus laborat, et hoedos inducit, et foetidos hircos reducit. Unde Hieronymus ad Paulinum : Non

---

1 loco *ed.*

des temples, des églises, des oratoires et des chapelles. **(7 A)** Mais, oh ! douleur, il est arrivé à ces tentes ce qui est arrivé aux bergers et à leurs troupeaux : comme cela a été dit, nous ne pouvons plus suivre les bergers et leurs troupeaux, mais il nous est seulement prescrit d'aller sur les traces des troupeaux ; de même nous ne pouvons plus trouver les tentes des bergers, sauf sous la forme de pitoyables ruines. Et si encore il était possible de les trouver et de les regarder ! car les temples, les églises et les chapelles construits sur les Lieux saints ont été presque totalement détruits, et nous pouvons dire, comme dans *Jérémie*, 4, 20 : « Nos tentes ont été dévastées »[61]. Quelques églises très solennelles, dédiées au Christ, ont été prises et livrées au maudit Mahomet ; peu ont été conservées au Christ ; la plus grande partie a été presque totalement détruite, et en de nombreux endroits où se dressaient, nous le savons, de grandes collégiales, on ne trouve plus que des ruines.

Voilà donc pourquoi on appelle les Lieux saints tentes des bergers, que des édifices y aient été construits ou non.

En ce qui concerne le second point, ce que le pèlerin doit faire dans les Lieux saints est indiqué par les mots : « Et fais paître tes chevreaux près des tentes des bergers ». Nous savons grâce à une parole du Christ, le saint Sauveur (*Matthieu* 25, 32-33[62]), que les justes sont comparés aux brebis et les impies aux chevreaux. Car nos défauts et nos vices, qui nous rendent mauvais et impies et nous obligent à nous reconnaître pécheurs, sont nos chevreaux. On nous ordonne de faire paître ces chevreaux près des Lieux saints, non bien sûr pour nourrir nos vices, car les chevreaux grossiraient pour devenir des boucs hideux, puisque des chevreaux bien nourris grandissent pour devenir des boucs, mais de telle sorte que les chevreaux se transforment en brebis et en agneaux. Et cela peut se produire quand le pèlerin, dans les Lieux saints, reconnaît ses défauts et les corrige, et se détourne de ses vices et de ses mauvaises habitudes. Car celui qui va à Jérusalem sans y corriger ses défauts, sans fuir les péchés et les occasions de les commettre, dépense sa peine en pure perte : il part avec des

Hierosolymae fuisse, sed Hierosolymis bene vixisse, laudandum est. Crucis enim et resurrectionis loca his prosunt, qui portant crucem suam sub Christo, et cum Christo resurgunt cottidie, et qui dignos se exhibent tanto habitaculo. Haec ille. (Tom. 1. Fol. 102. C. D.)

Pascat ergo peregrinus hoedos suos juxta tabernacula, ut verificetur illud Jer. VI 3 : Ad Ierusalem venient pastores et greges eorum, et pascet unus quisque eos, qui sub manu sua sunt, i. e. defectus, qui in ejus potestate consistunt. Nam in his locis debet fieri peccator precator, et precator poenitens, et poenitens justus, justus sanctus, sanctus sanctior. Haec autem grandi conatu et multo labore indigent, quem pauci peregrini aggrediuntur : Imo grave est, suadere alicui hanc peregrinationem, quia paucissimi emendantur. Unde Socrates philosophus, a quodam interrogatus ; Quare secundum ejus doctrinam peregrinari in alienam terram prodesset ? Ait : Ideo peregrinationes tibi non prosunt, cum Te Tecum circumferas ; premit enim te eadem causa[1], quae expulit. Quid terrarum novitas mutare potest ? Quid cognitio urbium et locorum ? interritum reddit ista jactatio. Quaeris, quare te fuga ista non adjuvet ? Tecum fugis, onus cum deponendum est, ipse deponeris. Haec ille Socrates gentilis de gentilium hominum peregrinationibus fugitivis sensit.

Secus autem est de christianorum conantium ex charitate ad meliora peregrinatione ad loca sacra, coelesti virtute infusa, et indulgentiis dotata, et multipliciter sanctificata.

Legitur in Chronicis, quod B. Cletus, Petri successor, construxerit Romae B. Petro ecclesiam, et omnibus fidelibus scripsit, invitans eos ad visitationem[2] sepulchri S. Petri, dicens : Quod hujusmodi peregrinatio praevalet jejunio duorum annorum, et sub gravi anathemate

---

[1] caussa *ed.*

[2] visitatitationem *ed.*

chevreaux et ramène des boucs répugnants. D'où ce qu'écrit Jérôme à Paulinus[63] : « Ce n'est pas d'être allé à Jérusalem qui est louable, mais d'y avoir vécu dans le bien. Car l'endroit de la croix et celui de la résurrection sont bénéfiques à ceux qui portent leur croix à la suite du Christ, qui ressuscitent chaque jour avec le Christ et se montrent dignes d'une telle demeure ». Voilà son opinion.

Que le pèlerin fasse donc paître ses chevreaux près des tentes, pour que s'accomplisse la parole de Jérémie (6, 3)[64] : « les bergers et leurs troupeaux viendront à Jérusalem », et chacun fera paître ceux qu'il conduit, c'est-à-dire les défauts qui lui sont propres. Car dans ces lieux le pécheur doit devenir suppliant, le suppliant pénitent, le pénitent juste, le juste saint et le saint plus saint encore. Cela nécessite un grand effort et un énorme travail, que peu de pèlerins parviennent à accomplir. D'ailleurs, c'est une lourde responsabilité que de persuader quelqu'un d'entreprendre ce pèlerinage, car très peu s'y amendent. Ainsi le philosophe Socrate, répondit à quelqu'un qui lui demandait quelle pouvait être, selon sa doctrine, l'utilité des voyages à l'étranger : « Les voyages ne te sont d'aucune utilité pour la simple raison que tu fais en ta compagnie le tour de toi-même : tu restes accablé par ce qui t'a fait partir. Que peuvent changer des terres nouvelles ? la connaissance des villes et des lieux ? cette agitation rend intrépide. Tu demandes pourquoi ta fuite ne t'aide pas ? Tu fuis avec toi-même, lorsqu'il faut déposer ton fardeau, c'est toi que tu déposes. »[65] Voilà ce que pense le païen Socrate de la fuite que les païens cherchent en voyageant.

Mais il en va autrement quand les chrétiens qui veulent s'améliorer par la charité font un pèlerinage vers les Lieux saints, remplis de la vertu divine, dotés d'indulgences[66] et sanctifiés de tant de façons.

On lit dans les *Chroniques*[67] que saint Clet[68], successeur de Pierre, construisit à Rome une église dédiée à saint Pierre et qu'il écrivit à tous les fidèles, les invitant à visiter le tombeau de saint Pierre en disant : « Un pèlerinage de cette sorte vaut plus

excommunicationis dissuadentes et impedientes hujusmodi peregrinationem <prohibens>. Si peregrinatio ad sanctorum apostolorum limina tantum valet, quantum valeat peregrinatio ad limina Christi, et ad ejus suaeque matris sepulchra pensare faciliter potest fidelis. Et si dissuadentes romanam visitationem sic excommunicantur, qualiter anathemizentur retrahentes a visitatione Hierosolymitana ? Videant, qui inter hoc agunt ; Cum illae duae civitates, Ierosolyma et Roma, tantum distent in dignitate, et sanctitate, quantum Christus super apostolos[1].

[1] *post* apostolos *add.* (est) *ed.*

qu'un jeûne de deux ans », et il <punissait> du grave anathème[69] de l'excommunication ceux qui dissuadaient ou empêchaient d'entreprendre un tel pèlerinage. Si un pèlerinage vers les demeures des saints Apôtres vaut tant, un fidèle peut aisément peser combien vaut un pèlerinage vers les demeures du Christ et vers son tombeau et celui de sa mère[70]. Et si ceux qui dissuadent d'entreprendre le pèlerinage à Rome sont excommuniés, quel anathème frappera ceux qui écartent de la visite à Jérusalem ? Que ceux qui agissent ainsi le comprennent bien, car ces deux cités, Jérusalem et Rome, sont aussi éloignées en dignité et en sainteté que le Christ est au-dessus des Apôtres.

Commendatio terrae sanctae et Peregrinationis eius praeconizatio.

MULTIPLEX vox sacrae Scripturae terram sanctam nobis declamat, eam esse commendabilem prae omnibus mundi terris, nominans eam terram sanctam, a Deo benedictam ; a Deo singulariter creatam et fundatam ; a Deo respectam ; optimam ; valde bonam ; egregiam ; desiderabilem ; Deo chariorem omnibus ; electam ; excelsam, et hujusmodi multa, **(B)** quibus eam sacra scriptura commendat. Ut Deuteron. C. 8. et 11. laudatur, Et merito.

Est enim terra illa sanctitate foecundissima, exemplis virtutum fortissima, nobilitate dignissima, situ sanissima, aere temperatissima, gleba subtilissima, comparatione ad alias terras altissima, montibus excelsa, ab bellandum munitissima, significationibus et figuris aptissima, bonis hujus vitae sufficientissima, propter eam olim inhabitantes dignissima, propter facta in ea mirabilissima, propter sanctos in ea natos spectabilissima, et propter mysteria undiquaque ex ea fulgentia clarissima, cultu divino praecipua, templis et ecclesiis singularissima, medietate sua virtuosissima, aerumnosis et vitiosis durissima, virtuosis et sanctis clementissima, legibus et praeceptis ordinatissima, ad contemplandum quietissima, ad operandum convenientissima, ad studendum congruentissima, religiosis devotissima, ad influxum divinae gratiae dispositissima, Iudaeis dilectissima, paganis acceptissima, christianis desiderabilis et propriissima. Ideo dicitur lacte et melle manare, vino et oleo fluere, frumento, hordeo et omnibus fructibus abundare. Quapropter pro hac terra certant

Valeur de la Terre sainte et justification de son pélerinage

La voix aux multiples intonations de l'Écriture sacrée nous chante la Terre sainte, chante qu'elle est recommandable par-dessus toutes les autres terres du monde. Elle l'appelle Terre sainte, bénie par Dieu, créée et établie spécialement par Dieu qui veille sur elle, excellente, extrêmement bonne, remarquable, désirable, chère à Dieu entre toutes, choisie, noble, et la sainte Écriture lui donne beaucoup d'autres qualificatifs semblables **(B)**, par lesquels elle la met en valeur. Ainsi le *Deutéronome* (chap. 8 et 11), par exemple, la loue justement.

Cette terre est en effet très riche par sa sainteté, très forte par les exemples de vertu qu'elle donne, très digne par sa noblesse. Son emplacement est très sain, son climat très tempéré, sa terre d'une extrême finesse, elle est très supérieure aux autres terres auxquelles on pourrait la comparer. Elle a des montagnes élevées et elle est très bien protégée contre les attaques. Elle est très propice aux manifestations et aux signes, très bien pourvue en biens de cette vie, très digne par ses anciens habitants, très admirable pour ce qui s'y est passé, très remarquable pour les saints qui y sont nés, et très illustre du fait des mystères qui se manifestent avec éclat dans tous ses lieux, privilégiée en ce qui concerne le culte divin, unique pour ses temples et ses églises, très vertueuse par sa mesure, très dure pour ceux qui sont pleins d'agitation et de vices, très clémente pour les vertueux et les saints, très bien organisée par ses lois et ses préceptes, très calme pour la contemplation, très convenable pour le travail, très propice à l'étude, très accueillante aux religieux, très bien disposée pour recevoir la grâce divine, très chère aux Juifs, très agréable aux païens, désirable pour les chrétiens dont elle est vraiment le bien propre. Aussi dit-on qu'elle ruisselle de lait et de miel, que sur elle coulent le vin et l'huile, qu'elle porte en abondance le blé,

universae gentes et omnes gestiunt totis conatibus et viribus eam possidere. Nec est gens sub caelo, quae non credat et confideatur eam solam sanctam esse et divinam. Unde ob id peregrinantur ad eam Saraceni, Turci, Arabes, Barbari, Iudaei, Christiani tam orientales quam occidentales[1], haeretici, schismatici, et de totius mundi angulis procedunt ad videndam terram illam.

Resultat autem tam immensa terrae hujus dignitas ex eo quod Deus omnipotens, in cujus manu sunt omnes fines terrae, videtur quodammodo eam singulariter dilexisse, ex qua dilectione ejus singularis sanctitas oritur.

Singularis autem Dei dilectio ad terram illam patet ex multis.

Primo, cum Deus hominem voluit creare ad imaginem et similitudinem suam, singulariter ex limo hujus terrae formavit corpus Ade in agro Damasceno juxta Hebron, ut dicit Magister 2 Sententiarum ex verbis Johann. Damma. Et omnes Hebraei et catholici Doctores.

Secundo. Huic terrae Deus primo providit et incolis et habitatoribus. Nam cum Adam creatus esset in agro praedicto, statim translatus fuit in paradysum, sed eo peccante repositus fuit de paradyso cum Eva uxore sua ad agrum ubi creatus fuerat, ut terra illa primos incolas haberet.

Tertio. Electos et sanctos de aliis terris in hanc venire jussit, ut patet de Abraham Gen. XII v. 1. Et de filiis Israel. Exodi per totum. Quos cum terribilibus signis induxit in terram istam.

Quarto. Speciales leges filiis Israel praedicit, quomodo in hac terra vivere deberent, ne eam contaminarent et polluerent.

[1] occidentalas *ed.*

l'orge et tous les autres fruits[71]. C'est pourquoi tous les peuples luttent pour cette terre, tous mettent tous leurs efforts et toutes leurs forces à la posséder, et il n'est pas de peuple sous le soleil qui ne croie et ne confesse qu'elle seule est sainte et divine. Il en découle que font pèlerinage vers elle Sarrasins, Turcs, Arabes[72], Barbares, Juifs, chrétiens aussi bien orientaux qu'occidentaux[73], hérétiques, schismatiques[74] et qu'on vient de tous les points du monde pour voir cette terre.

L'infinie dignité de cette terre résulte du fait que Dieu Tout-Puissant, dans les mains duquel sont tous les pays de la terre, semble d'une certaine façon l'avoir aimée particulièrement, et que de son amour naît une sainteté particulière.

Et l'amour particulier de Dieu pour cette terre apparaît de multiples façons.

D'abord, quand Dieu voulut créer l'homme à son image et à sa ressemblance[75], Il façonna de manière remarquable le corps d'Adam avec de la boue issue de cette terre dans le pays de Damas, près d'Hébron[76], comme le dit explicitement Maître Jean Damascène[77] (*Sentences* 2), ainsi que tous les docteurs juifs et chrétiens.

Deuxièmement, c'est cette terre que Dieu a peuplée en premier d'indigènes et d'habitants. En effet, alors qu'Adam avait été créé dans le pays mentionné plus haut, il fut aussitôt transporté au Paradis, mais après son péché, avec sa femme Ève, il fut ramené du Paradis au pays où il avait été créé, et c'est ainsi que cette terre eut ses premiers habitants.

Troisièmement, Il ordonna aux élus et aux saints de venir des autres terres vers celle-ci, comme cela apparaît à propos d'Abraham (*Genèse* 12, 1)[78]. Il en va de même pour les Fils d'Israël (voir la totalité du livre de l'*Exode*), qu'Il conduisit dans cette terre en accomplissant des signes terribles.

Quatrièmement, Il édicta des lois spéciales aux Fils d'Israël, leur disant comment ils devaient vivre sur cette terre, pour ne pas la souiller ni la profaner.

Quinto. Malos et gentem peccatrinum quemquam[1] diutius in ea morari sustinuit, sed mox completis iniquitatibus ignominiose ejecit, Quod legenti scripturas notum est, usque ad moderna tempora, Nec putet quis gentem illam, quae nunc eam possidet, diu mansuram, quia et ipsi Sarraceni desperate **(8 A)** suam exspectant expulsionem.

Sexto. In hac terra ante incarnationem solum templum habere voluit, et in eo solum sacrificia acceptare. Nec erat templum aut sacrificium in mundo sibi placens, nisi in hac terra factum.

Septimo. Familiarius se Deus habuit ad hujus terrae habitatores, quam ad quoscumque alios, ibique frequentius angelos apparere permisit.

Octavo. In illa terra miracula, signa et prodigia fecit toto orbe stupenda, magis quam in quacumque parte mundi.

Nono. In hac Deus prophetas, patriarchas, sacerdotes et reges per se ipsum posuit et ordinavit.

Decimo. In hac terra voluit incarnari, matrem sibi dignissimam condere, ex virgine nasci, circumcidi, baptizari, conversari, discipulos eligere, praedicare, miracula facere, sacramenta instituere, pati, crucifigi et mori, sepeliri, resurgere, hinc in coelum ascendere, hic spiritum Sanctum apostolis mittere, ut ab hinc totus mundus sciret suam salutem effluxisse.

Undecimo. Curiam et Consistorium suum ac tribunal in hac sibi dilecta terra collocavit, ibique judicio disceptabit in fine mundi cum omnibus filiis hominum.

Duodecimo. Deus terram illam singularissime illustravit, ita quod omnia quae in ea sunt sint alicujus magni mysterii significativa, quod non est in aliis terris. Tota enim terra illa est doctrinalis. Nam situs ejus, civitates, villae, castra, domus, montes, colles, campi, valles, maria, flumina,

[1] cemquam *ed.*

Cinquièmement, Il supporta qu'y demeurent assez longtemps méchants et pécheurs de toute race, mais ils firent vite preuve d'iniquité et Dieu les chassa ignominieusement. Le lecteur des Écritures le sait bien, et cela dure encore aux temps modernes. Mais que personne ne pense que la race qui la possède actuellement y restera longtemps, parce que les Sarrasins eux-mêmes attendent dans le désespoir **(8 A)** d'être chassés.

Sixièmement, Dieu voulut, avant l'Incarnation, avoir sur cette terre son seul temple et n'accepter de sacrifices que dans celui-ci. Et il n'y avait dans le monde aucun temple, aucun sacrifice qui Lui plût, sinon sur cette terre.

Septièmement, Dieu se montra familier avec les habitants de cette terre, et Il permit aux anges d'y apparaître plus fréquemment que partout ailleurs.

Huitièmement, Il accomplit sur cette terre bien plus de miracles, de signes et de prodiges qui stupéfièrent le monde entier que dans n'importe quelle autre partie de la planète.

Neuvièmement, Dieu lui-même a installé et placé sur cette terre des prophètes, des patriarches, des prêtres et des rois[79].

Dixièmement, c'est sur cette terre qu'Il a voulu s'incarner, choisir une mère tout à fait digne de Lui, naître d'une vierge, être circoncis et baptisé, vivre, élire ses disciples, prêcher, faire des miracles, instituer les sacrements, souffrir sa passion, être crucifié et mourir, être enseveli, ressusciter et, de là, monter au ciel, y envoyer l'Esprit saint aux Apôtres, pour que le monde entier sache que son salut s'était répandu à partir d'elle.

Onzièmement, Il installa sur cette terre bien-aimée sa curie, son consistoire et son tribunal[80] et, de là, Il jugera à la fin du monde tous les fils des hommes[81].

Douzièmement, Dieu illustra de façon tout à fait remarquable cette terre. Tout ce qui est en elle est signe de quelque grand mystère, ce qui ne se trouve sur aucune autre terre. Toute cette terre est en effet porteuse d'enseignements. Car sa situation, ses cités, ses villages, ses places fortes, ses demeures, ses montagnes, ses collines, ses plaines, ses vallées,

fontes, cisternae, aquae, siccitates, arida, petrae, lapides, aspera et plana, deserta et culta, viae et invia, horti, arbores, nomina locorum, omnia sunt mysteriis plena, et divina quaedam in se continent sacramenta, quae vel sunt de mysteriis divinis, vel de moribus humanis.

Ex his duodecim signis patet quod Deus prae omnibus mundi terris hanc singulariter dilexit, Ex quibus merito perpenditur quanta loca illa sanctissima exundant haud dubio laude et gloria, quanta virtute et dignitate praestant, quanta proinde devotione[1], si via ad ea nobis esset aptior, jure meritoque essent tum honoranda, tum visitanda. Quanto colenda affectu, quae et ipsa mater Domini Maria, virgo perpetua, ejus post ascensionem, dictarum rerum ob memoriam non tam incoluit multo post tempore, quam ardentissimis desideriorum insigniis honorabiliora nobis effecit.

Ita et reliquae mulieres sanctae loca ipsa saepenumero devotissime exosculantes, atque hunc in modum plerique alii utriusque sexus homines fecere. Inter quos beatissimus fulget Hieronymus, eorundem locorum cultor et inhabitator praecipuus, qui in diversorio Mariae ad praesepe Domini in bethlehemitico tuguriolo latitare atque commorari romanis praetulit deliciis. Ita devotissima Paula et Eustochium cum multis virginibus, et venerabilis Marcella, ex Roma literis iam dictarum advocata. Sic et Melania, mulier urbica, cum multa familia Romam deseruit, Jerosolymam petiit, ibique monasterium construxit, Deo cum quiquaginta virginibus serviens. Haec, ut Jeronymus in epistola ad Paulam consolatoria super dormitione Blessilae dicit quod una hora virum et duos liberos amisit, mox cum omni quam habebat possessione iam hyeme navigavit, nolens opportunum[2] navigationis tempus exspectare. [Tom. 1 Fol. 160 D] Sed et

---

[1] devotiona *ed.*

[2] oportunum *ed.*

ses mers, ses fleuves, ses sources, ses citernes, ses eaux, ses lieux secs, ses lieux arides, ses rocs, ses pierres, ses reliefs et ses plaines, ses déserts et ses espaces cultivés, ses routes et ses lieux inaccessibles, ses jardins, ses arbres, le nom des lieux, tout est rempli de mystères, et cache quelque signe divin à propos des mystères divins ou de la vie des hommes.

Il ressort de ces douze signes[82] que Dieu a aimé cette terre plus que toute autre au monde. On comprend vraiment, à partir de tout cela, combien ces lieux très saints débordent sans nul doute de louange et de gloire, combien ils l'emportent en vertu et en dignité, avec quelle dévotion ils devraient donc mériter justement d'être honorés, visités, si la route vers eux nous était plus accessible, avec quelle passion on devrait révérer ces lieux. Il est vrai que Marie elle-même, la propre mère du Seigneur, vierge éternelle, n'y habita pas longtemps après son ascension, à cause du souvenir des événements que je viens de rappeler, mais elle nous a encore mieux poussés à les honorer en manifestant très ardemment ses regrets[83].

D'autres saintes femmes firent de même en couvrant souvent ces lieux de baisers avec la plus grande dévotion, comme le firent la plupart des êtres humains des deux sexes, parmi lesquels se distingue Jérôme, qui les révéra et les habita : car il préféra aux délices romaines une vie cachée à côté de l'étable du Seigneur dans une cabane de Bethléem où s'était reposée Marie. Son exemple fut suivi par les très dévotes Paule et Eustochium[84], en compagnie de nombreuses jeunes filles, et par la vénérable Marcelle[85], appelée de Rome par les lettres des précédentes. De la même manière, Mélanie[86], femme de Rome, quitta cette ville avec sa nombreuse famille, se rendit à Jérusalem et y fonda un monastère où elle servit Dieu en compagnie de cinquante jeunes filles. Jérôme dit d'elle, dans sa lettre à Paule pour la consoler de la mort de Blesilla, qu'elle a perdu en une heure son mari et deux enfants, prit la mer en plein hiver avec tout ce qu'elle avait, refusant d'attendre une époque favorable à la navigation[87]. Jérôme raconte encore, dans l'épitaphe de Fabiola adressée à Oceanus[88], que Fabiola

Fabiolam[1], ingentibus derelictis opibus, narrat Hieronymus in epitaphio Fabiolae ad Oceanum [Tom. 1 Fol. 197. sqq.] venisse in terram sanctam, ibi moraturam. Sic et sanctae foeminae ad loca sancta transmigrantes Rusticum ad se vocavere, ut habet Hieronymus in epistola ad Rusticum [Tom. 1 Fol. 219]. Sed et Susanna, nobilis virgo, de Roma Bethlehem adiit. Cujus tamen peregrinatio in malum cessit, ut Hieronymus in epistola objurgatoria ad eandem asserit [Tom. 4 Fol. 139. sqq.]. Insuper B. Hieronymus multis scribit epistolas invitatorias ad loca sancta. Sicut ad Apronium (Tom. 2 Fol. 130.), et Theodoram sanctam foeminam ; ad Abigaum coecum (Tom. 1 Fol. 203.). Et Desiderium in epistola vocat (Tom. 3 Fol. 198.). Et Marcellam per epistolam, tamquam per Paulam et Eustochium missam, a Roma vocat ad loca sancta, collaudans ultra modum terram sanctam, et civitatem Jerusalem (Tom. 1 Fol. 123.). Captum Johannem juvenem a Persis, de Perside cum miraculose Jeronymus in Jerusalem transvexit, ut habet Cyrillus. Et quamvis tempore B. Hieronymi oriens imquietissimus esset propter barbarorum incursus, nullatenus tamen fugit, sed amore locorum sanctorum mansit. Unde in Epitaphio Fabiolae dicit : Nos in oriente iam tenuit fixa sedes[2], et inveteratum locorum sanctorum desiderium, non obstantibus calamitatibus (Tom. 1 Fol. 200 D.). Et cum vice **(B)** quandam venisset Romam, celerrime rediit Hierosolymam, vocans Romam Babylonem, et Asellam precatur, dicens : Ora ut de Babylone regrediar Jerosolymam, et veniat Esdras, et reducat me in patriam. Haec in epistola ad Asellam[3] (Tom. 2 Fol. 364 C.). Sic Ruffinus, etiam italicus vir nobilis, gloriam et divitias contemsit, et in Jerusalem pauper, pauperem Christum imitans, ibi vitam in multa virtute finivit. De his habetur in speculo historiali lib. 18 c. 89. Sed et

---

[1] Fabiola *ed.*

[2] sedes *scripsimus ex HIER., Epist. 77, 8* : fides *ed. F ut uid. (an fortasse* sedes*?)*

[3] Asallam *ed.*

abandonna son immense fortune et vint demeurer en Terre sainte. De même, les saintes femmes qui parcouraient les Lieux saints firent venir Rusticus, comme le mentionne Jérôme dans sa lettre à Rusticus[89]. Suzanne, jeune fille de la noblesse, alla elle aussi de Rome à Bethléem, mais son pèlerinage tourna mal, comme le mentionne Jérôme dans la lettre de reproches qu'il lui a adressée[90]. En outre, Jérôme écrivit de nombreuses lettres pour inviter à venir vers les Lieux saints, comme à Apronius[91] , à sainte Théodora[92], à l'aveugle Abigaus[93], et il invite Desiderius dans une lettre[94], et Marcelle par lettre aussi (même si elle fut envoyée par l'intermédiaire de Paule et d'Eustochium[95]), à venir de Rome vers les Lieux saints, louant au-delà de toute mesure la Terre sainte et la ville de Jérusalem. Jérôme transporta miraculeusement de Perse à Jérusalem le jeune Jean, qui avait été fait prisonnier par les Perses, comme le rapporte Cyrille[96]. Et bien qu'à l'époque de saint Jérôme l'Orient fût très troublé à cause des attaques des barbares, il ne désira nullement s'enfuir, mais resta par amour des Lieux saints. D'où ce qu'il dit dans l'épitaphe de Fabiola : « Ce qui nous retint en Orient, c'est la résidence que nous y avions déjà fixée, ainsi que notre vieil attachement aux Lieux saints », et les malheurs ne pouvaient s'y opposer [97]. Et un jour où **(B)** il était venu à Rome, il eut hâte de retourner à Jérusalem, appelant Rome Babylone[98], et il suppliait Asella en ces termes : « Prie pour que je revienne de Babylone à Jérusalem, et qu'un Esdras[99] vienne pour me ramener dans ma patrie »[100]. Voir cela dans la lettre à Asella. De même, Rufus, un noble d'Italie pourtant, méprisa gloire et richesses pour finir sa vie à Jérusalem dans une grande vertu, pauvre imitant la pauvreté du Christ. On trouve cela dans le *Speculum historiale*, livre 18, chap. 89[101]. Origène, lui aussi, abandonna sa patrie pour se rendre aux Lieux saints, en Palestine, en Judée et en Syrie, comme l'indique Jérôme dans son *De viris illustribus*[102].

Nous pourrions ajouter des exemples plus étonnants encore sur ce sujet : Hélène[103], la sainte impératrice, traversa la mer pour aller à Jérusalem par amour de la croix et des Lieux

Origenes derelicta patria loca sancta adiit in Palaestinam, Judaeam, et Syriam, ut Jeronymus habet de viris illustribus (Tom. 1 Fol. 285.).

De hoc possemus aliquid altius adducere. Nam Helena, sancta Imperatrix, Jerosolymam ob amorem crucis locorumque sanctorum mare transivit. Sic etiam Eudochia, uxor Theodosii imperatoris, universis deliciis resignavit et vitam caelibem circa loca sancta in hac terra finivit. Similiter fecit Pelagia, speciosissima femina, et lasciva, et meretrix Antiochena, quae occulte vanitatibus post se relictis in monte Oliveti concludi se in arctissima cellula fecit, et ibi in poenitentia devotissima vitam finivit. Legimus etiam quod Wilhelmus, ecclesiae persecutor et tyrannus, per sanctum Bernhardum conversus, missus fuit ab Eugenio papa et a B. Bernhardo Jerosolymam, et ad suscipiendam ibi poenitentiam a Patriarcha. Qui jussa complens tantam gratiam in locis sanctis promeruit, ut maximis postea clareret miraculis, et vitam arctissimam duceret monachalem. Ita clarissimi quique alii ex omni christianismo viri, qui pro sua eximia fide et devotione quantumlibet distarent, minus se habere christianae religionis ab olim putavere, nisi illa loca sanctissima suis perspexissent oculis, osculisque attigissent, atque illic Christum Dominum adorassent, ubi steterunt pedes ejus, et in quibus evangelium primum de patibulo coruscavit, fidesque nostra sumsit exordium. Devota ergo visitatio illorum sanctissimorum locorum ad emendatioris vitae propositum concipiendum, hauriendamque suorum compunctionem criminum multum confert pio et fideli peregrino ; ita, ut meo quidem judicio atque plurimorum mecum consentientium censura, nullus pene sit vel perrarus, qui non melior inde regrediatur quam ante fuerat ingressus. Neque ob id hoc in loco gentili concesserim poetae, dicenti : Coelum, non animum mutat qui trans mare currit.

saints et Eudoxie[104] elle aussi, l'épouse de l'empereur Théodose, renonça à tous les plaisirs et finit sa vie, célibataire, sur cette terre, à côté des Lieux saints. Pélagie[105] fit de même : cette femme d'une très grande beauté, cette femme lascive, qui était courtisane à Antioche, laissa derrière elle en secret les vanités du monde et se fit enfermer dans une toute petite cellule sur le mont des Oliviers, où elle termina sa vie en pénitence dans la plus grande dévotion. Nous lisons aussi que Guillaume[106], qui persécuta et tyrannisa l'Église, converti par saint Bernard[107], fut envoyé par le pape Eugène et par saint Bernard à Jérusalem pour y recevoir du patriarche sa pénitence ; il accomplit ce que ce dernier lui avait imposé et gagna dans les Lieux saints une si grande grâce qu'il brilla ensuite par les plus grands miracles et mena une vie de moine des plus austères. De même, tous les autres héros les plus célèbres du christianisme, qui étaient très supérieurs par leur foi et leur dévotion remarquables, ont depuis toujours pensé qu'ils avaient moins de piété chrétienne, s'ils n'avaient pas vu ces Lieux saints de leurs propres yeux, s'ils ne les avaient pas touchés en les embrassant et n'y avaient pas adoré le Seigneur, les places où il posa ses pieds, les lieux où l'évangile brilla d'abord du haut de la croix et où notre foi connut son début. Une visite dévote à ces lieux très saints aide donc beaucoup le pèlerin pieux et plein de foi à concevoir le dessein d'une vie plus pure et à nourrir la componction de ses fautes. Ainsi, à mon avis – et la plupart partagent avec moi ce jugement, il ne peut guère y avoir personne, ou alors très rarement, qui n'en revienne meilleur qu'il n'était parti. Pour cela, je n'aurais pas été d'accord sur ce point avec le poète païen qui disait : « A traverser la mer, on change de pays, non pas d'âme. »[108]

Soit ! ce lieu a ses curieux en la personne de ceux qui, poussés par l'esprit de vanité, continuent d'y venir seulement pour visiter les lieux, sans retirer aucun fruit d'un si grand effort et d'une telle dépense, si ce n'est qu'à la manière des explorateurs envoyés par Moïse dans les temps anciens, ils ne cessent de critiquer la Terre sainte[109]. Mais ce ne sera pas le cas

Esto ! in curiosis id locum habeat, qui vanitatis ducti spiritu scrutandorum locorum causa eo pergunt, nullum referentes fructum ex tanto labore et sumtu, nisi quod veterum more exploratorum, quos Moyses miserat, terrae santae detrahere non cessant. At non sit in his qui devotionis venerationisque gratia illo proficiscuntur. Quis enim christicola has ingressus terras sanctissimas non mox solveretur in lacrymas ? Quis compunctionis non pie ferret indicia, etiamsi adamantino esset pectore ? Quis, inquam, ex his locis, si tamen credat Deo et evangelio, non magnam sibi hauriat devotionem ? Quis ibi melioris vitae sibi non imbibat voluntatem, vitaeque veteris poeniteat, ubi tot et tanta ad haec sub oculis habet incitamenta, ubi haud dubium divinia gratia efficacius prae caeteris locis in animas agit devotorum, si obex non ponatur. Sed de his iam satis est.

Explicit prologus et commendatio terrae Sanctae,
et peregrinationis F. F. F.
(9 A) Sequitur Particula primi Tractatus, qui continet cursum primae Evagationis F. F. F. in terram sanctam.

de ceux qui viennent en ces lieux poussés par la dévotion et la vénération. Quel fidèle du Christ, en effet, venant dans ces terres très saintes, ne fondrait aussitôt en larmes ? qui ne manifesterait une pieuse componction, même s'il avait un coeur d'acier ? qui, dis-je, pour peu qu'il croie en Dieu et en l'Évangile, ne retirerait de ces lieux une grande dévotion ? qui ne serait pénétré ici de la volonté de vivre mieux, et ne se repentirait de sa vie passée en ayant sous les yeux tant de puissantes incitations à le faire, en ce lieu où sans nul doute la grâce divine agit plus efficacement sur les âmes des dévots que partout ailleurs, si l'on ne s'oppose pas à elle ? Mais en voilà assez sur ce sujet.

Ici finissent le prologue sur la valeur de la Terre sainte et la justification du pèlerinage du Frère Félix Fabri.
(9 A) Suit un petit passage du premier Traité qui contient le récit de la première errance du Frère Félix Fabri en Terre sainte.

INCIPIT EVAGATORIUM F. F. F.
Lectoris in Ulma, ordinis fratrum Praedicatorum in terrae sanctae peregrinationem.

EVAGARI et discurrere per mundum, quamvis sit contra Monachi et Religiosi rationem, quia Monachus religiosus, quasi manens religatus dicitur[1] ; tamen evagari cum licentia et obedientia suorum superiorum per mundum, per terram et mare, ad loca ubi intellectus illuminatur, affectus inflammatur, vita in melius emendatur, meritum augmentatur, et experientia rerum utilium acquiritur, nemo est qui sentiat talem evagationem religioso non convenire, maxime tamen si religiosus talis sit in officiis, quae congruenter expedire nequit, nisi multarum rerum[2] experientia sit edoctus : sicut est officium praedicationis, quod utique virum intelligentem scripturas, expertum et imperterritum, requirit.

Cum ergo ego, F. F. F. ordinis praedicatorum, per superiores meos ad praedicationis officium exercendum sim missus, et per patres nostrae provinciae, more ordinis, praedicator generalis constitutus, ex eo tempore quo praedicare inchoavi Jesum Christum, natum de virgine, passum et mortuum in cruce, concepi desiderium et propositum videndi loca illa sanctissima nativitatis, vitae mortisque Jesu Domini nostri Salvatoris. Et quamquam ad scientiam praedicatori necessariam satis conferant documenta evangelica et apostolica, quae sanctorum studiosa lucubratione exornantur in dies, **(B)** ac per divini verbi

---

[1] religatu sdicitur *ed.*
[2] rerum *ed.*

COMMENCEMENT DES *ERRANCES* DE F.F.F., **lecteur à Ulm, de l'Ordre des frères Prêcheurs, pèlerin en Terre sainte**

Errer à travers le monde et le parcourir est contraire à la règle d'un moine et d'un religieux, parce qu'un moine est dit religieux dans la mesure où il reste pour ainsi dire relié[110] ; mais si l'on erre à travers le monde, avec la permission et sous l'autorité de ses supérieurs, par terre et par mer, vers des lieux où l'esprit est illuminé, le sentiment enflammé, la vie améliorée, le mérite augmenté et l'expérience des choses utiles acquise, il n'est personne pour juger qu'une telle errance ne convient pas à un religieux, surtout si ce religieux a des fonctions telles qu'il lui est impossible de les remplir de façon convenable sans avoir été instruit par des expériences nombreuses. Il en va ainsi de l'office de prédicateur, qui requiert absolument un homme qui comprenne les Écritures, qui ait fait ses preuves et soit inébranlable.

Or donc, moi, Frère Félix Fabri, de l'Ordre des Prêcheurs, j'ai reçu de mes supérieurs la mission d'exercer l'office de prédicateur et j'ai été institué par les pères de notre province[111], selon la coutume de l'Ordre, prêcheur général ; ainsi, dès l'époque où j'ai commencé à prêcher Jésus Christ, né de la Vierge, qui souffrit sa Passion et mourut sur la croix, j'ai conçu le désir et forgé le projet de voir ces lieux très saints de la nativité, de la vie et de la mort du Seigneur Jésus, notre Sauveur. Certes la science nécessaire pour prêcher peut parfaitement s'acquérir dans les écrits évangéliques et apostoliques, que le travail assidu des saints enrichit de jour en jour **(B)** et qu'on explique quotidiennement au cours de la

declamationes cottidiana explanatione elucidantur : Non parum tamen ad eam ipsam conducit dictorum peragratio et sub oculis conspectio locorum, in quibus quamquam per exemplum facta, dicta, aut passa dietim aut legimus aut audivimus.

Quam autem multum conferat inspectio illorum locorum sanctorum ad sacrae[1] scripturae intellectum, testatur B. Hieronymus in prologo 1. Paralipomenon, ubi sic dicit : Sicut graecorum historias magis intelligunt qui Athenas viderint, et tertium Virgilii librum, qui a Troade per Leuchatem et Acroceraunia ad Siciliam, et inde ad ostia Tyberis navigaverint, ita sacram scripturam lucidius intuebitur qui Iudaeam oculis contemplatus est et antiquarum urbium memorias locorumque cognoverit. Unde et nobis curae fuit cum eruditissimis hebraeorum hunc laborem subire, ut circumiremus[2] provinciam quam universae ecclesiae Christi sonant. Haec ille (Tom. 3. praefat. altera ad Domnion, Fol. 20. C.).

Si ergo S. Jeronymus, vir illuminatissimus, ingeniosissimus, voluit sancta loca circuire, ut sacras scripturas melius posset intelligere, quid mirum si ego et mei similes, quibus et ingeniolum rude, intellectus obtusus, conemur per eundem modum aliquantulam sacrarum scripturarum intelligentiam acquirere, praesertim cum etiam nunc ad oculum cernamus, quod puri laici, quibus nulla scripturarum sacrarum consuetudo, postquam peregrinando ad loca sancta migraverint, indeque redierint, disputant de evangelio et prophetis, loquuntur de rebus theologicis, et nonnumquam in quibusdam difficultatibus, sacram scripturam concernentibus, doctos et litteratos vincunt et instruunt, quia nullus catholicus ab his locis sanctis redit, nisi melius instructus. Cum ergo indocti seculares theologi a

---

[1] sacra *ed.*

[2] circummiremus *ed.*

proclamation de la parole divine, mais on n'en est pas moins conduit à cette même science par le pèlerinage vers les lieux dont j'ai parlé, par la présence sous ses propres yeux de ces lieux, même si nous avons lu ou appris pour notre édification ce qui s'y est passé, ce qui s'y est dit, ce qui y a été souffert chaque jour.

D'ailleurs, la contemplation des Lieux saints apporte beaucoup à la compréhension de la sainte Écriture, comme saint Jérôme l'atteste dans le prologue des premiers *Paralipomènes*[112] où il dit ceci : « De même que ceux qui ont vu Athènes comprennent mieux l'histoire des Grecs, et que ceux qui ont navigué de la Troade[113] à la Sicile en passant par le promontoire de Leucate et par celui d'Acroceraunium[114], pour gagner ensuite l'embouchure du Tibre, comprennent mieux le troisième livre de Virgile[115], ainsi celui qui a contemplé de ses yeux la Judée et connu les souvenirs que renferment les villes et les lieux antiques portera-t-il un regard plus pénétrant sur la sainte Écriture. De là découle notre souci à nous aussi de prendre la peine de faire en compagnie des plus érudits des Hébreux le tour de cette province que célèbrent toutes les églises du Christ. » Voilà son opinion[116].

Si donc saint Jérôme, un homme des plus éclairés, des plus intelligents, a voulu parcourir les Lieux saints pour pouvoir mieux comprendre les saintes Écritures, qu'y a-t-il alors d'étonnant si moi et mes semblables, avec notre esprit faible et grossier, avec notre intelligence obtuse, nous nous efforçons d'acquérir par le même moyen un peu d'intelligence des Écritures ? d'autant plus que maintenant nous constatons aussi que de simples laïcs, sans aucune pratique des saintes Écritures, de retour de leur pèlerinage aux Lieux saints, disputent sur l'Évangile et les prophètes, débattent de points de théologie et, parfois, de certaines difficultés touchant à la sainte Écriture et surpassent et instruisent savants et lettrés, car aucun catholique ne revient des Lieux saints sans en être plus instruit. Puisque donc des laïcs ignorants reviennent théologiens des Lieux

sanctis locis redeunt, nullum dubium est quin clerici et aliquantulum docti non mediocriter informati redibunt.

Ob hanc ergo causam, et plures alias, quae factae sunt in praefata terrae sanctae commendatione, et quasdam alias, quas enumerare necesse non est, firmavi faciem meam, ut irem in Jerusalem, sicut de Domino Jesu dicitur Luc. 9. v. 51. et quantum Religioso licet voto, me ad hoc constrinxi. Deum autem testor quod pro illa peregrinatione multis annis tanto desiderio aestuavi, ut pene nihil aliud vigilanti aut dormienti occurreret cogitandum. Et pro certo possum dicere quod ultra mille noctis et quietis horas insomnes duxi, his cogitationibus insistens.

Porro, grave mihi erat petere licentiam ad tam inconsuetam et longam evagationem, et videbatur mihi quasi impossibile impetrare. Sed et ubi tantas expensas acciperem nec quidquam suspicari poteram. Inquietus tamen eram, et multorum quaesivi consilia, sed remanendi non inveni remedia. Tandem autem contuli me ad Illustrem Principem, comitem Eberhardum de Wurtenberg, seniorem, qui pridem in his sanctis locis fuerat, et in dominico sepulchro, quod est in Ierusalem, sacramentis militaribus constrictus militiae insignia ibi accepit, petens **(10 A)** suae Magnificentiae consilia de concepta peregrinatione perficienda[1] ; pavidus enim fui, et vitae meae timebam, mare etiam, quod numquam prius videram, et multa audieram de eo aliaque illius peregrinationis pericula, de quibus multa ante legeram, horrebam. Ideo pro consiliis, plus quam necesse fuit, huc illucque discurrebam.

Generosus autem Comes, me audito, familiari affatu respondit : Tres, inquit, sunt humani actus, quos nullus debet suadere aut dissuadere unico. Unus est contrahere matrimonium. Alter est inire bellum. Tertius est visitare sanctum sepulchrum. Hi, inquam, tres actus sunt quidem

---

[1] parficienda *ed.*

saints, nul doute que les clercs un petit peu instruits en reviendront avec une bonne formation.

Pour cette raison donc, et pour plusieurs autres qui ont été exposées dans l'introduction sur la valeur de la Terre sainte, et pour certaines autres encore qu'il est inutile d'énumérer, « j'ai durci ma face pour aller à Jérusalem », comme le dit Luc à propos du Seigneur Jésus (9, 51)[117] et je me suis attaché à mon projet autant que le permettait mon voeu de religieux. J'en prends Dieu à témoin : j'ai manifesté pendant de nombreuses années un tel désir d'accomplir ce pèlerinage que je ne pensais presque à rien d'autre, que je fusse éveillé ou endormi. Et je peux assurer que j'ai passé sans dormir plus de mille heures de repos et de nuit, assailli par ces pensées.

De plus, il m'était difficile de demander l'autorisation d'effectuer une errance si peu habituelle et si longue, et il me semblait presque impossible de l'obtenir. Je n'avais même aucune idée du moment où je pourrais supporter pareilles dépenses. J'étais cependant agité, et je sollicitai de nombreux avis, mais je ne trouvai pas les remèdes pour rester. Je me rendis enfin auprès de l'Illustre Prince, le Comte Eberhard de Wurtemberg[118], l'aîné, qui était allé quelque temps auparavant dans les Lieux saints, et qui, après avoir accompli les rites propres aux chevaliers, fut adoubé sur le tombeau du Seigneur, qui est à Jérusalem. Je demandai **(10 A)** l'avis de sa Magnificence sur la façon d'accomplir le pèlerinage que j'envisageais : j'étais en effet effrayé, je craignais pour ma vie, j'étais épouvanté par la mer, que je n'avais encore jamais vue et dont j'avais tant entendu parler, ainsi que par d'autres dangers liés au pèlerinage et à propos desquels j'avais lu auparavant tant de choses. Voilà pourquoi je courais çà et là pour chercher des conseils, plus qu'il n'était nécessaire.

Le noble comte m'écouta et me répondit en termes amicaux : « Il y a trois actes dans la vie d'un homme à propos desquels nul ne doit jamais donner de conseils favorables ou défavorables. Le premier est de contracter le mariage, le second de partir à la guerre et le troisième de visiter le saint

boni, sed faciliter possunt malum finem sortiri. Quod dum fit, consulens tamquam reus mali eventus venit inculpandus. Addit tam prudens Comes, illam de qua quaerebam peregrinationem fore virtuosam, sanctam, laudabilem ac praeutilem illis duntaxat, qui divinae intuitu laudis eam assumerent, sed nimis fore periculosam illis qui levitate ducti, aut curiositate, aut seculi pompam, aut quandam vilem ac transitoriam vanitatem finem ejus praestituerint. Haec ergo generosi principis verba non modicum desiderium meum augmentabant.

Alium quendam nobilem senem militem, qui etiam in sancto sepulchro militiam ante plures annos acceperat, adii, inquirens quid mihi consuleret in hac re ? Qui ex magno cordis affectu in haec verba prorupit : Ecce, frater, scias pro certo, si tanto non essem gravatus senio, nemo posset me abiterata peregrinatione agenda retrahere. Nusquam enim tantam Dei gratiam expertus sum, sicut circa loca redemptionis[1] nostrae. Videbatur enim mihi quotiens me ad orationem contuli, coelum aperiri, et quasdam divinas mihi alias insuetas dulcedines et consolationes infundi.

Post haec abii ad quoddam monasterium monialium, et postulavi a Priorissa habere colloquium cum una sorore virgine, vulgatae devotionis et singularis, ut plures opinantur, sanctitatis, cum qua antea saepe pro mea aedificatione colloquium habui, vultum tamen ipsius nunquam vidi. Huic virgini propositum meum exposui. Quae quadam insolita hilaritate perfusa respondit : Cito, cito, iter conceptum perficite et nequaquam ultra manete, et Dominus sit comes itineris vestri. Haec virginis verba ita accepi ac si de caelo sonuissent, et mox inchoavi me ad evagandum disponere. Morabatur autem tunc temporis Romae, in conventu nostro super Minervam, quidam frater provinciae

---

[1] redemtionis *ed.*

Sépulcre. Je le dis, il est sûr que ces trois actes sont bons, mais ils peuvent facilement mal finir. Et lorsque cela arrive, le conseiller en vient à être inculpé comme coupable de cette issue malheureuse. » Le comte si sage ajouta que le pèlerinage sur lequel je l'interrogeais serait vertueux, saint, louable et extrêmement utile pour ceux qui l'accompliraient en vue de louer Dieu, mais qu'il serait par trop dangereux pour ceux qui, conduits par la frivolité ou la curiosité, sacrifieraient son but au faux prestige du monde ou à quelque vanité vile et passagère. Du coup, les paroles de ce noble prince n'avivaient pas peu mon désir.

Je me rendis auprès d'un autre vieux chevalier, qui avait aussi été adoubé dans le Saint-Sépulcre plusieurs années auparavant, et je lui demandai conseil en cette affaire. Dans un grand élan du coeur, il lança ces paroles : « Eh bien ! mon frère, sache en vérité que, si je n'étais pas accablé par mon grand âge, personne ne pourrait m'empêcher de refaire ce pèlerinage. Je n'ai en effet jamais éprouvé la grâce divine comme auprès des lieux de notre rédemption. Il me semblait en effet que, chaque fois que je me consacrais à la prière, le ciel s'ouvrait et répandait des douceurs divines et des consolations précieuses, que je n'avais jamais connues ailleurs. »

Après cela, j'allai dans un monastère de religieuses, et je demandai à l'abbesse l'autorisation de parler avec une des soeurs, vierge consacrée, dont on connaissait partout la dévotion et qui était, selon l'avis de nombreuses personnes, d'une sainteté singulière. J'avais déjà auparavant parlé souvent avec elle pour mon édification, sans jamais voir pourtant son visage. J'exposai mon projet à cette vierge et elle me répondit, remplie d'une joie insolite : « Vite ! vite ! faites le voyage que vous avez projeté, ne traînez pas davantage, et que le Seigneur soit votre compagnon de route. » J'accueillis les paroles de cette vierge comme si elles avaient retenti du haut du ciel et je commençai sans tarder les préparatifs de mon errance. A cette époque-là demeurait à Rome, dans notre couvent de Sopra

nostrae, mihi notus et familiaris, cui scripsi intentum meum, petens ut mihi Licentiam a Sanctissimo Domino Papa, Sixto IV. impetraret et a reverendissimo nostri ordinis Generali Magistro Patre Leonhardo de Mansuetis de Perusio, sine quorum primordiali licentia nemo de provincia licentiasset me. Frater autem ille, ut bonus amicus, non segniter egit, sed quantocius quae petieram impetravit, et litteram testimonialem magistri generalis ordinis mihi misit, in qua omnibus praecepit ne quis eo inferior me praesumeret impedire in hac peregrinatione.

Hac litera habita accessi **(B)** cum ea ad nostrae provinciae reverendum Patrem Provincialem, et ad venerabilem Sacrae theologiae magistrum, Ludwicum Fuchs, Priorem Ulmensum, eisque licentiam Domini papae et magistri Ordinis ostendi, petens ut et ipsi benevolum consensum praeberent. Qui mea intensa voluntate considerata non tantum consensum[1] praebuerunt, sed et adjutoria et promotiones addiderunt ; et ita factum est quod in paucis diebus in omnibus quae mihi erant necessaria pro tanto itinere fui optime provisus, et iam ad discessum paratus.

Quod ut audivit vir nobilis et miles strenuus, Dominus Hypolithus vel Apollinaris, vel Pupillus de Lapide, pro tunc Praefectus superioris Bavariae, in Gundelfingen oppido residens, accersiri me fecit, et filium suum, Domicellum Georium de Lapide, quem Hierosolymam pro adipiscenda militia mittere decreverat, mihi commendavit, promittens refusionem et contributionem in expensis, et recognitionem in futuris beneficiis, si in comitem itineris mei filium ejus recipere non recusarem.

Libens autem consensi viro illi et Domicello Georio diem statui certum, quo ipse me in oppido Memmingen inveniret, et in loco illo et die statuto vellemus profectionem inchoare. Istis sic compositis Ulmam redii.

---

[1] consensnm *ed.*

Minerva[119], un frère de notre province que je connaissais intimement. Je lui écrivis ce que j'avais l'intention de faire et lui demandai de m'obtenir l'autorisation du très saint Seigneur le pape Sixte IV[120] et du très révérend maître général de notre Ordre, le Père Léonard de Mansuetis de Pérouse : sans leur permission préalable, personne de la province ne m'aurait donné l'autorisation. Ce frère, en bon ami, ne traîna pas : il obtint au plus vite ce que j'avais demandé et m'envoya comme certificat une lettre du maître général de notre Ordre dans laquelle il interdisait à tous ses inférieurs de tenter de m'empêcher d'accomplir ce pèlerinage.

Quand j'eus reçu cette lettre **(B)**, j'allai avec elle chez le révérend père provincial de notre province et chez le vénérable maître de théologie sacrée Ludwig Fuchs, prieur d'Ulm. Je leur montrai l'autorisation de Sa Sainteté le pape et du maître de l'Ordre et leur demandai de me donner eux-mêmes, dans leur bienveillance, leur accord. Ils virent combien mon désir était sincère et non seulement ils me donnèrent leur accord, mais ils y ajoutèrent aussi des aides et des recommandations. Et c'est ainsi qu'en peu de jours, je fus pourvu au mieux de tout ce qui m'était nécessaire pour un si long voyage et bientôt prêt à partir.

Quand il l'apprit, Sire Hyppolite ou Apollinaire ou Pupille von Stein[121], homme noble et brave chevalier, à ce moment-là Préfet de Haute Bavière, résidant à Gundelfingen, me fit venir et me confia son fils, le seigneur[122] Georg von Stein, qu'il avait décidé d'envoyer à Jérusalem pour y recevoir l'adoubement ; il promit de me dédommager, de contribuer aux dépenses et de me faire bénéficier par la suite de sa gratitude, si je ne refusais pas d'accepter son fils comme compagnon de voyage.

Je donnai volontiers mon accord à cet homme et je fixai au seigneur Georg un jour pour me retrouver à Memmingen : c'est donc là et au jour dit que nous voulions commencer notre voyage. Après avoir ainsi pris ces dispositions, je revins à Ulm.

COMPENDIOSA DESCRIPTIO
primae evagationis in terram sanctam.

F. F. F.

SOLEMNITATE PASCHALI A° DOMINI MCCCCLLXXX, die IX. mensis aprilis, quae fuit dominica in octavis Paschae, qua cantatur : Quasi modo etc., in qua etiam celebratur ecclesiae fratrum praedicatorum in Ulma annua dedicatio, die eodem post prandium ex more ambonem ascendi, et populo, qui tam propter sermonem, quam propter indulgentias, in magna multidudine aderat, praedicavi. Finito sermone ante generalem confessionem solitam fieri a populo peregrinationem meam iam jam inchoandum esse cunctis indicavi, hortans, et obsecrans eos Deum precibus pulsare pro salubri mea reductione, et nunc in praesentiarum cantum dominicae resurrectionis, quem vulgus cantare solet, cum carmine marinae peregrinationis mecum in jubilo decantare. Quo dicto alta voce incepi : *Christ ist erstanden u.* Finito illo versu rursum intonavi : *In Gottes Namen fahren wir seiner Gnaden u.* Omnis autem populus cantans prosequebatur a me inchoata magnis et jucundis vocibus, et repetitis vicibus. Nec defuerunt ibi lacrimae **(11 A)** et singultus pro cantu eructantes. Multi enim utriusque sexus sollicitabantur et turbabantur timentes, sicut et ego ipso timui, meam in tantis periculis extinctionem. Finito cantu et impenso eis beneficio absolutionis generalis, Deo eos commendavi, et signo crucis muniens valefeci et descendi.

BRÈVE RELATION
de la première errance en Terre sainte
de Frère Félix Fabri

Lors des célébrations pascales de l'an de grâce 1480, le 9 avril, dimanche de l'octave de Pâques où l'on chante *Quasi modo* etc. et où l'on célèbre aussi à Ulm chaque année la dédicace de l'église des frères Prêcheurs, ce jour-là donc, je montai en chaire, comme de coutume, après le déjeuner et je m'adressai aux fidèles qui étaient venus fort nombreux tant pour le sermon que pour les indulgences. Mon sermon achevé, avant la profession de foi générale que les fidèles ont coutume de faire, j'annonçai à tous que j'allais bientôt commencer mon pèlerinage, en les exhortant et en les conjurant de poursuivre Dieu de leurs prières pour que je revienne sain et sauf et, pour l'instant, de chanter avec moi dans la joie le chant de la résurrection du Seigneur que le peuple a l'habitude de chanter, ainsi que le Cantique du Pèlerinage en mer. Cela dit, je commençai d'une voix forte à chanter *Christ ist erstanden* etc. Ce verset terminé, j'entonnai ensuite *In Gottes Namen fahren wir seiner Gnaden* etc. Toute l'assistance, à forte et belle voix, accompagnait en chantant les cantiques que j'avais commencés et les reprenait à plusieurs reprises. Ne manquèrent ni les larmes **(11 A)** ni les sanglots, qui jaillissaient à la place du chant. Beaucoup de personnes des deux sexes étaient chagrinées et bouleversées à la crainte, que je partageais moi aussi, de me voir disparaître en de tels périls. Quand, le chant terminé, ils eurent reçu l'absolution générale, je les recommandai à Dieu et, les fortifiant du signe de la croix, je leur dis adieu et quittai la chaire.

Die autem decima quarta aprilis, mane, benedictione itinerantium accepta, deosculatis et complexis fratribus ascendimus equos, reverendus Magister Ludwicus et ego, cum famulo civitatis Ulmensis, et venimus in Memmingen, ibique juxta condictum inveni Dominum Pupillum (Apollinarem) de Lapide cum Georio filio suo, et cum multis armigeris.

Et statim altera die, mane, aptavimus nos ad recessum, et nobilis juvenis valefecit patri et omnibus famulis suis, equumque ascendit, non absque moerore et metu. Sed et ego in amplexus observantissimi et dilectissimi patris mei rui, licentiam ab eo petens et paternam benedictionem, non sine gravi tristitia et dolore. Testes erant exuberantes lacrymae et singultus utriusque. Nec mirum. Divisio enim violenta filii a patre, amici veri ab amico sincero, naturae molesta est. Ultima autem dulcissimi patris mei monita inter amplexus et singultus sonabant, ut sui memor in locis sanctis essem, et statum meum de mari, si nuncius occurreret, scriptis renunciarem, et citius redire satagerem. Et ita moerens a me recessit, Ulmam cum famulo revertens ad filios suos, confratres meos.

Post recessum patris gravis et quasi intolerabilis tentatio me apprehendit, nam delectabilis fervor, quo haetenus aestuaveram, videndi Jerusalem et loca sancta, penitus in me exstinctus est, et taeduit me itineris, et ipsa peregrinatio, quae dulcis mihi et virtuosa visa fuerat, nunc gravis, amara, otiosa, inanis, et vitiosa videbatur. Et fremui in me ipso, quod ipsam aggressus fui, et omnes, qui mihi eam dissuaserant, iam optimos fautores et veros amicos judicavi ; qui vero me induxerant, inimicos vitae meae censui esse. Et plusquam placuit mihi videre Sueviam, quam terram Chanaan ; et Ulma melius sapuit mihi, quam Jerosolyma, et

Le 14 avril au matin, après avoir reçu la bénédiction des voyageurs, embrassé et étreint mes frères, nous montâmes à cheval, le révérend Maître Ludwig et moi, avec un serviteur de la ville d'Ulm et nous allâmes à Memmingen, où, comme convenu, je trouvai le seigneur Pupille (Apollinaire) von Stein, accompagné de son fils Georg et de beaucoup d'hommes en armes.

Le lendemain matin, nous nous apprêtâmes à partir. Le noble jeune homme prit congé de son père et de tous ses serviteurs et monta à cheval, non sans tristesse ni crainte. Moi aussi je me jetai dans les bras de mon très pieux et très affectionné père, lui demandant sa permission et sa bénédiction paternelle, non sans une tristesse et un chagrin profonds, comme en témoignait l'abondance des pleurs et des sanglots de chacun de nous deux. Rien d'étonnant à cela : la séparation brutale d'un fils et d'un père ou de deux amis vrais et sincères est naturellement douloureuse. Les dernières recommandations de mon très cher père se faisaient entendre au milieu des embrassements et des sanglots : « que je me souvienne de lui dans les Lieux saints, que je donne de mes nouvelles pendant la traversée en mer, si un messager s'offrait à moi, que je m'arrange pour revenir très vite. » C'est dans un tel chagrin qu'il me quitta, revenant à Ulm avec son serviteur auprès de ses fils, mes frères.

Après le départ de mon père, une tentation pénible et presque insupportable me saisit, car le désir fervent et délicieux, dont j'avais jusqu'alors brûlé, de voir Jérusalem et les Lieux saints s'éteignit jusqu'au tréfonds de moi-même. Je pris en dégoût le voyage, et le pèlerinage même, qui m'était apparu source de charme et de vertu, m'apparaissait maintenant pénible, amer, oiseux, inutile et source de péchés. Et je frémis en moi-même de l'avoir entrepris ; je considérai désormais tous ceux qui avaient tenté de m'en dissuader comme d'excellents conseillers et de véritables amis et je me mis dans l'idée que ceux qui m'y avaient poussé étaient des ennemis mortels. J'aurais voulu voir la Souabe plutôt que la terre de Chanaan,

timor maris augmentatus est in me, et tantas displicentias accepi contra istam peregrinationem, quod si non verecundatus fuissem, post Magistrum Ludwicum festinassem, et cum eo Ulmam reingressus fuissem, et hoc pro tunc summum gaudium mihi fuisset.

Ista autem maledicta tentatio per totam viam in me mansit, eratque mihi **(B)** molestissima, quia omnem delectationem, et gaudium, et affectum, quibus laborans perseverat et conservatur in opere, mihi abstulit, meque taediosum et pigrum reddidit ad considerandum loca terrarum et marium, et conscribendum, et si quid scripsi, vim mihi intuli, qua taedium interdum vici improbo labore.

Igitur Dominus Georius, una cum famulo quem sibi de patris familia elegerat, et ego simul profecti sumus de Memmingen, et infra paucas horas incepit ipse me et ego eum agnoscere, et fuit bona proportio inter nos et conditiones nostras, quod est valde solatiosum peregrinantibus per illam viam. Nam si quis habet socium suae conditionis non proportionatum, vae, vae sibi in ista peregrinatione.

Sic ergo cum gaudio alpes penetravimus, usque ad Insprugg, et consequenter cum festinatione equitavimus, ut Venetias citius veniremus. Porro, unum contigit nobis in montanis, quod volo recitare. Cum venissemus usque ad villam, quae dicitur ad Scalam, et ibi a vera et regia via erravimus. Debuissemus enim montem ascendisse, et per ipsum castrum, quod in alto est situm, equitasse. Quod non fecimus, sed montem cum castro ad sinistram dimisimus, et per aulonem descendimus[1], via satis trita et longa. Et cum iam extra montana de alto prospiceremus in planum, vidimus ante nos oppidum satis magnum, de quo mirati sumus, quia ‹ non ›[2] audivimus de aliquo oppido, ad quod venturi essemus illo die. Cum autem ad oppidum venissemus, deprehendimus, esse Bassunam, et intelleximus nos a via

---

[1] desceudimus *ed.*

[2] non *coniecimus* : *om. ed. uerbum in F non legitur*

Ulm aurait eu plus d'attraits pour moi que Jérusalem ; mon appréhension de la mer augmenta et je conçus tant d'aversion pour ce pèlerinage que, si je n'avais pas eu honte, je me serais hâté de suivre Maître Ludwig, je serais rentré avec lui à Ulm et c'eût été pour moi alors le comble du bonheur.

Cette maudite tentation ne me quitta pas pendant tout le trajet, elle m'était **(B)** extrêmement pénible parce qu'elle m'ôta tout agrément, toute joie, toute passion, sentiments qui permettent à l'homme dans l'épreuve de persévérer et de se tenir à sa tâche. Elle me rendit passif et paresseux pour observer et décrire les lieux terrestres et maritimes ; si j'ai pris quelques notes, c'est en me faisant violence et en domptant de temps à autre ma passivité par un travail opiniâtre[123].

Nous partîmes donc en même temps de Memmingen, le seigneur Georg et moi, accompagnés d'un serviteur qu'il s'était choisi parmi ceux de son père. En peu d'heures nous fîmes connaissance et une bonne entente régna entre nous et nos caractères respectifs, ce qui est un grand soulagement pour les pèlerins qui font ce voyage. Car pour qui a un compagnon ne s'accordant pas à son caractère, malheur, ah oui ! malheur à lui dans un tel pèlerinage !

Ainsi donc nous entrâmes joyeusement dans les Alpes jusqu'à Innsbruck et ensuite nous pressâmes nos chevaux pour arriver plus vite à Venise[124]. En chemin, il nous arriva dans les montagnes une aventure que j'ai envie de raconter. Parvenus en un bourg appelé « À l'Échelle », nous nous trompâmes là-bas sur la vraie route, la Route Royale[125]. Nous aurions dû en effet gravir une montagne et traverser à cheval une citadelle située en haut. Au lieu de quoi, nous laissâmes la montagne et la citadelle à gauche et nous descendîmes par le lit d'un torrent, sur un chemin assez long et fréquenté. Ayant quitté la montagne, comme nous regardions d'une hauteur vers la plaine, nous vîmes devant nous une ville assez grande et nous en fûmes surpris car nous n'avions entendu parler d'aucune ville que nous devions atteindre ce jour-là. Et une fois que nous y fûmes arrivés, nous comprîmes que c'était Bassano et

declinasse, in ipso autem per noctem mansimus, et de vino rubeo, quod ibi praecipuum crescit, ad nutum bibimus. Taedio tamen multo affecti fuimus, quia nemo erat in hospitio, qui theutonicum nobiscum sciret loqui, et nos italicum ignoravimus, et per signa omnia postulavimus.

Altera die equitavimus in Castel Franck, et inde per Tarvisum, ibique venditis equis nostris in mulis Masters venimus, et inde in Margerum. In Margero vero terrae valefecimus, et descendimus ad mare in barcam, in qua usque Venetias ad fonticum Almannorum navigavimus.

In ipso autem Fontico interrogavimus de hospitio militum et peregrinorum. Et ducti sumus per quendam theutonicum ad S. Georium, et est hospitium magnum et honestum. Et invenimus ibi multos nobiles de diversis mundi regionibus, qui eodem voto, quo et nos adstricti intendebant mare transire, et sanctissimum domini Jesu sepulchrum visitare. Erant etiam in aliis hospitiis multi peregrini sacerdotes et religiosi, et seculares, nobiles et ignobiles, de Germania, de Gallia etiam et Francia quam plures erant, praecipue tamen duo episcopi, Dominus Gebennensis, et Dominus Senomanensis, cum copiosa comitativa et familia ibi exspectabant navis recessum, et quaedam etiam **(12 A)** mulieres, vetulae, devotae matronae divites, numero VI. ibi erant nobiscum, transfretare ad loca sancta cupientes. Miratus fui audaciam illarum vetularum, quae se ipsas prae senio ferre vix poterant, et tamen fragilitatis propriae oblitae, amore illius sanctae terrae in consortium militum juvenum se ingerebant, et laborem fortium virorum subibant.

Hoc quidem superbi nobiles aegre ferentes cogitabant navem, in qua transducendae essent illae matronae, non velle ascendere, indignum aestimantes, in vetularum consortio ad militiam suscipiendam pergere. Et ad hoc conabantur superbi illi omnes nos inducere, ne navem illam conduceremus, in

nous nous rendîmes compte que nous nous étions écartés de notre route. Nous y passâmes toutefois la nuit et nous bûmes à discrétion du vin rouge, principale ressource du pays. Cependant nous fûmes fort chagrinés qu'il n'y eût personne à l'auberge pour parler allemand avec nous : nous ignorions l'italien et nous demandâmes tout par signes.

Le lendemain, nous partîmes à cheval pour Castelfranco, puis de là pour Trévise ; nous y vendîmes nos chevaux et partîmes avec des mules pour Mestre, et de là pour Marghera. A Marghera, nous dîmes adieu à la terre ferme et descendîmes vers la mer pour prendre une barque qui nous conduisit jusqu'à Venise, au Fondouk des Allemands[126].

Au Fondouk même, nous nous informâmes de l'hébergement des chevaliers et des pèlerins. Un Allemand nous conduisit à *Saint-Georges*, grande et belle auberge[127]. Nous y trouvâmes beaucoup de nobles de diverses régions du monde qui, liés par le même voeu que nous, avaient l'intention de traverser la mer et de rendre visite au très saint sépulcre de notre Seigneur Jésus. Il y avait aussi, dans d'autres hôtelleries, beaucoup de pèlerins prêtres et religieux, des laïcs en plus grand nombre encore, nobles et non nobles, d'Allemagne, de Gaule aussi et de France, et notamment deux évêques, Monseigneur de Genève et Monseigneur du Mans, accompagnés par force gens et serviteurs, qui attendaient là le départ d'un bateau[128]. Quelques femmes aussi **(12 A)**, assez âgées, mères de famille dévotes et riches, au nombre de six, étaient là avec nous, désireuses d'aller par mer aux Lieux saints. J'admirai le courage de ces femmes âgées ; leur vieillesse les rendait à peine capables de se déplacer et pourtant, oubliant leur faiblesse, elles partageaient par amour de la Terre sainte le sort de jeunes chevaliers et supportaient les fatigues d'hommes courageux.

Quelques nobles orgueilleux supportaient mal cette situation : ils avaient l'intention de refuser de monter sur le bateau où ces femmes devaient embarquer, jugeant indigne de faire en compagnie de vieilles femmes un voyage pour

quam vetulae venturae erant. Sed alii milites prudentiores et conscientiosi contradicebant superbis illis, et gaudebant de poenitentia illarum matronarum, sperantes, quod propter devotionem earum navigatio nostra salubrior fieret. Unde propter illam causam orta fuit inter nobiles illos implacabilis inimicitia, et duravit quousque Deus illos superbos de medio tulit. Manserunt autem devotae matronae illae nobiscum, cum per mare intrando et exeundo.

Porro Dominus Augustinus Conterinus, quod idem est, quam Comes Rheni, nobilis venetus peregrinos transducere intendebat, cum quo omnes convenimus de pretio et de naulo, et suam galeam conduximus, et Stantias, ac cumbas, i. e. loca personalia ab eo accepimus, per galeam, et recessum celerem optavimus ; multos enim dies exspectavimus praeparationem galeae. Sed cum iam omnia parata essent, et nihil, nisi recessus optatus instaret, advenit quaedam navis, quae tristia nova adduxit : Quomodo scilicet imperator turcorum, Machumetus magnus, insulam Rhodum obsideret classe magna per mare, et armato exercitu equitum et peditum per terram, et totum mare Aegaeum, Carpaticum, et Maleum infestum haberet, et possibile non esset, hoc anno transducere peregrinos in terram sanctam. Quantam autem tristitiam peregrini de his novis rumoribus acceperint, non facile enarraverim, et quantae turbationes inde emerserint inter peregrinos, et divisiones, et litigia, taedet me scribere. Omnia tamen in quodam alio libello conscripsi, quae contigerunt nobis adversa Venetiis, et quomodo Francigenae fuerint a nobis divisi, cum tamen essent de galea nostra.

Porro nos peregrini de Germania convenimus, et ad Praetorem Senatus Venetorum ascendimus, petentes Dominos, quatenus dignarentur nostram galeam salvo conductu tueri, ne a turcis capi contingeret, et nos cum ea.

recevoir l'adoubement. Et tous ces hommes orgueilleux s'efforçaient de nous persuader de ne pas louer le bateau sur lequel les vieilles femmes devaient monter. Mais d'autres chevaliers, plus sages et respectueux, s'opposaient à ces orgueilleux et se réjouissaient de la pénitence de ces dames, espérant que leur dévotion rendrait notre traversée plus sûre. Cette affaire provoqua entre ces nobles une implacable inimitié, qui dura jusqu'à ce que Dieu eût écarté de notre groupe ces orgueilleux. Ainsi ces dévotes femmes restèrent-elles avec nous, de l'embarquement au débarquement.

Sur ce, le noble seigneur vénitien Augustino Contarini[129], dont le titre équivaut à celui d'un rhingrave, avait l'intention de faire traverser les pèlerins ; nous convînmes avec lui du prix et du nolis et nous louâmes sa galère. Il nous attribua sur la galère « stances » et « combes », c'est-à-dire des emplacements personnels[130], et nous souhaitâmes partir promptement, car nous avions attendu des jours et des jours la préparation de la galère. Mais, tandis que désormais tout était prêt et qu'il ne restait plus qu'à hisser les voiles comme on l'espérait, arriva un navire porteur de tristes nouvelles : l'empereur des Turcs, Mehemmed le Grand[131], qui assiégeait l'île de Rhodes par mer avec une grande flotte et par terre avec une armée de cavaliers et de fantassins, rendait dangereuse toute la mer, l'Égée, la mer de Carpathos et celle du cap Malée : il n'était donc pas possible de mener cette année-là des pèlerins en Terre sainte. La profonde tristesse qui s'empara des pèlerins à ces informations inattendues serait bien difficile à décrire, et les bouleversements qu'elles provoquèrent chez les pèlerins, les divisions, les conflits me seraient pénibles à raconter. J'ai tout noté dans un autre opuscule, nos différends avec les Vénitiens et comment les Français se séparèrent de nous alors que pourtant ils étaient de notre galère[132].

Enfin, nous nous rassemblâmes, nous pèlerins d'Allemagne, et nous rendîmes chez le Préteur du Sénat des Vénitiens pour demander aux seigneurs s'ils voulaient bien protéger notre galère par un sauf-conduit pour qu'elle ne fût

Ad quod responsum fuit nobis, quod galea esset quidem libera, et per turcos posset transire sine ejus captione, propter confoederationem turcorum cum venetis ; sed de libertate peregrinorum in galea nollent nos **(B)** certificare, nec transitum maris pro illo anno consulere. Si autem omnino non placeret nobis manere, possemus navigare usque in Corcyram insulam, in qua Capitaneus maris cum classe armata Venetorum erat, et quidquid ille nobis consuleret, possemus secure facere, quia omnia facta turcorum sciret. Hoc cum nobis placuisset, dederunt[1] nobis litteras ad praefatum Capitaneum et abire permiserunt, licentiantes patronum, ut nos educeret, cui prius prohibuerant, ne nos quoquam duceret.

Sic ergo omnes, tam peregrini quam alii, galeam ingressi sumus, et erat numerus peregrinantium centum et decem, omnium vero hominum in galea simul intrantium CCCXXX. Levatis ergo anchoris et velis expansis in nomine Domini navigare incepimus, sequentes ventum, qui satis prosper erat, ita quod in duabus horis ab omni terrae aspectu ejecti in altum fuimus. Non tamen diu duravit ventus prosper, et tertio die ad Parentiam, civitatem Histriae, quae est una natio Dalmatiae, applicuimus. Ibi homines terruerunt nos, dicentes nobis terribilia de Turcis ; quapropter per aliquot dies ibi mansimus, quia dixerant nobis, quod cum pace in Corcyram insulam non possemus venire, pro eo, quod turci usque in mare Adriaticum se diffudissent, et omne, quod occurreret, captivarent et spoliarent.

Hoc tamen non obstante a portu illo recessimus, et tarda navigatione post aliquot dies Jadram[2] civitatem Dalmatiae applicuimus. Audito autem, quod pestis in ea regnaret, avertimus nos citius a civitate illa, et lenta navigatione ac taediosa processimus, et Lesinam civitatem venimus, ubi, dum in portum intrare vellemus, venit ventus bonus, cui vela

---

[1] dederunt *F* : *om. ed.*

[2] *post* Jadram *add* [Jaderam, vulgo Zaram] *ed.*

pas prise par les Turcs, et nous avec elle. On nous répondit que la galère était tout à fait libre et qu'elle pouvait passer parmi les Turcs sans être capturée, grâce au traité entre Turcs et Vénitiens[133], toutefois, on ne voulait pas nous donner de garantie sur la liberté des pèlerins de la galère **(B)** et on nous déconseillait de faire la traversée cette année-là. Mais si nous étions absolument décidés à ne pas rester là, nous pouvions naviguer jusqu'à l'île de Corcyre[134] où se tenait leur Amiral avec la flotte armée vénitienne et tout ce qu'il nous conseillerait, nous pourrions le faire en toute sécurité, vu qu'il connaissait tous les faits et gestes des Turcs. C'est ce que nous décidâmes de faire. Ils nous donnèrent une lettre pour cet Amiral et nous laissèrent partir, donnant permission de nous emmener au patron à qui ils avaient interdit auparavant de nous mener nulle part.

Ainsi donc nous montâmes tous, pèlerins et autres, à bord de la galère ; le nombre des pèlerins était de cent dix[135], mais le nombre total des passagers sur la galère de trois cent trente. Les ancres levées et les voiles déployées, nous commençâmes à naviguer au nom du Seigneur en suivant le vent, qui était assez favorable : ainsi, en deux heures fûmes-nous transportés en haute mer, hors de toute vue de la terre. Mais ce vent favorable ne dura pas longtemps et ce n'est que le troisième jour que nous abordâmes à Parenzo[136], ville d'Istrie, une des régions de la Dalmatie[137]. Là les gens nous firent grand peur par leurs récits terribles sur les Turcs. C'est pourquoi nous y restâmes quelques jours, car ils nous avaient dit que nous ne pourrions pas aller en paix à l'île de Corcyre, vu que les Turcs s'étaient répandus jusque dans la mer Adriatique et qu'ils capturaient et pillaient tout ce qu'ils rencontraient.

Malgré cela, nous quittâmes le port et, par une lente navigation, nous abordâmes quelques jours plus tard la ville de Dalmatie, Jadra[138]. Apprenant que la peste y sévissait, nous nous détournâmes vite de cette ville[139], continuant notre lente et pénible navigation pour arriver à la ville de Lésina[140]. Là, tandis que nous voulions entrer dans le port, survint un vent

commisimus, et dimittentes Lesinam fortiterprocessimus per aliquot horas. Post hoc surrexit ventus nobis penitus inutilis, et facto euripo incidimus in quaedam solitaria et asperrima loca Croatiae, et coacti fuimus, portum desertum petere, et vela remittere inter alta montana scopulosa.

Ad fugiendum autem taedium descendimus in scaphis ad terram. Et ecce, defunctus unus, quem mare ejecerat, jacuit ibi in sabulo, foetens putredine. Galeotae autem, sicut sunt superstitiosi, territi ad mortui inventionem praedicere mala futura nobis coeperunt, et longius a corpore illo nos abduxerunt, nec erat, qui misereretur mortuo et sepulturam praestaret, et forte, si quis eum sepelivisset ipsum corpus mortuum bona futura pronuntiasset. Sicut legimus de Simonide philosopho Poeta, ut narrat Valerius Maximus L. 1. C. VII. exempl. 8, qui mare navigans, et litus petens, invenit mortuum corpus inhumatum, et statim misericordia motus sepelivit, et dum corpus evolveret, mittendum in fossam, vocem emisit defunctus, prohibens suum benefactorem, ne crastina die cum aliis, cum quibus venerat, navigaret. Sicque aliis recedentibus ille mansit. Non multis autem elapsis horis navis procellis ac fluctibus obruta periit, et omnes in ea existentes.

Porro venti illi inutiles magis ac magis augmentati sunt, et tribus diebus ac noctibus in illis rupibus mansimus et quotiens egressi fuimus, totiens vi ventorum reinjecti fuimus, cum maxima molestia omnium. Veruntamen illa molestia fuit nostra salus. Nam dum triduo post bono vento afflante de illo loco mare altum peteremus, occurrit nobis una galea praedalis venetiana, et dum juxta nos venisset, interrogaverunt nos gubernatores, an aliquid passi fuissemus in via maris pridie vel nudius tertius ? Quibus cum diceremus, nihil, nisi ventos contrarios, qui nos iactassent in montana, dixerunt, benedicti sint venti illi, qui vos ad loca occulta jactaverunt. Si enim in

favorable : nous remîmes à la voile et, laissant Lésina, nous naviguâmes hardiment pendant quelques heures[141]. Ensuite se leva un vent tout à fait mauvais pour nous, la galère fit canal[142] et nous tombâmes en des endroits de Croatie isolés et très rocailleux. Nous fûmes contraints de gagner un mouillage désert et de carguer les voiles entre de hautes falaises.

Pour fuir l'ennui, nous allâmes en barque vers la terre. Et là nous trouvons, gisant sur le sable, puant de putréfaction, un cadavre que la mer avait rejeté. Les matelots, superstitieux comme ils sont, terrifiés par la découverte du mort, se mirent à dire que c'était de mauvais augure pour nous et nous emmenèrent fort loin du cadavre. Personne n'eut pitié du mort ni ne lui accorda de sépulture ; peut-être que si on avait enterré le cadavre, c'eût été de bon augure, comme on le lit à propos du philosophe et poète Simonide dans le récit de Valère Maxime (livre 1, chapitre 7, exemple 8) : naviguant en mer et atteignant la côte, il trouva un cadavre sans sépulture ; pris de pitié, il l'ensevelit aussitôt et tandis qu'il le retournait pour le jeter dans la fosse, le mort fit entendre sa voix pour engager son bienfaiteur à ne pas reprendre la mer le lendemain en compagnie de ceux avec qui il était venu. C'est ainsi que les autres repartirent et que lui resta. Quelques heures plus tard le bateau, avec tous ceux qui s'y trouvaient, périt englouti par les flots déchaînés[143].

Sur ce, les vents contraires augmentèrent de plus en plus et nous restâmes trois jours et trois nuits au milieu de ces rochers. A chaque tentative de sortie, la violence des vents nous rejeta au grand dam de chacun. Ce désagrément fut néanmoins ce qui nous sauva. Car, tandis qu'après ces trois jours, un vent favorable nous menait en haute mer, une galère de corsaires vénitiens vint à notre rencontre, nous accosta et les pilotes nous demandèrent si nous avions subi quelque ennui sur notre route la veille ou l'avant-veille. Nous leur disons que non, rien que des vents contraires qui nous ont jetés vers des falaises. « Qu'ils soient bénis, disent-ils, ces vents qui vous ont poussés dans des endroits cachés ! Si vous aviez été hier en pleine mer, vous

latitudine maris pridie fuissetis, in classem armatam turcicam incidissetis, quae pergit contra Apuliam, ut ibi praedas a christianis sumat. Hoc audito **(13 A)** Deum laudavimus, qui nos eripuit de manibus turcorum hac vice.

Processimus autem et post aliquot dies ad Kursulam in Illyrium venimus, et portum Kursulae civitatis ingressi mane missam ibi audivimus. Est autem Kursula civitas in Illyrico sita, et alio nomine vocatur Prepo in alto, supra montem petrosum sita vel locata, parva quidem sed populosa, sub dominio Venetorum, et muris ac turribus bene munita, et est ibi Episcopatus.

Porro timor magnus invasit omnes inhabitatores ejus, praecaventes, ne forte Turci, quos per mare vagari ad praedam viderunt cottidie, etiam eos invaderent, et mirabantur de nobis, quod navigare per mare praesumeremus in tanto periculo. Et prudentes regressum nobis consulebant. Sed ad haec minime intendimus. Navem autem ingressi sumus, emptis[1] in civitate vino, et panibus, et aliis necessariis. Dum vero antemonem sursum traherent, ex cujusdam galeotae negligentia deorsum ruit, et quendam alium galeotam percutiens exstinxit. Huic periculoso casui prope astitit Dominus Senomanensis episcopus, et ego ad latus ejus, cum multis aliis, et parum distabat quod omnes fuissemus oppressi et exstincti. Juvenem autem exstinctum, involutum linteo, sacculum cum lapidibus ad pedes ejus appenderunt, sicque eum in mare miserunt.

Nos vero veloci cursu a Kursula rejecti circa medium noctis ad Epidaurum, quae vulgato nomine Ragusium dicitur, venimus, et portum Ragusinum ingressi anchoras ejecimus, et nave stabilita usque ad ortum solis dormivimus. Postea urbem ingressi sumus, sed hospitia non invenimus sicut in partibus nostris. Idcirco ego cum Domino meo Georio de Lapide et quibusdam aliis nobilibus transivimus ad conventum fratrum praedicatorum, petentes, ut pro pecuniis

[1] emtis *ed.*

seriez tombés sur une armada turque qui va attaquer l'Apulie pour faire du butin sur les chrétiens. » A cette nouvelle **(13 A)**, nous rendîmes grâce à Dieu, qui cette fois-ci nous avait arrachés des mains des Turcs.

Nous continuâmes donc et, quelques jours après, nous arrivâmes à Curzola en Illyrie[144]. Nous entrâmes au port de Curzola le matin et nous y entendîmes la messe. Curzola est une ville d'Illyrie qu'on appelle aussi du nom de *Prepo in alto* ; sise au sommet d'une montagne rocailleuse, la ville est petite mais bien peuplée, sous la domination des Vénitiens, bien protégée de murailles et de tours, et siège d'un évêché.

Tous les habitants étaient alors pris de panique : ils craignaient eux aussi une attaque des Turcs, qu'ils voyaient tous les jours sillonner la mer pour du butin, et ils étaient fort étonnés que nous ayons le dessein de naviguer dans des circonstances si périlleuses. Ils nous conseillaient prudemment de faire demi-tour. Mais ce n'était pas du tout notre intention. Nous revînmes au bateau après avoir acheté en ville vin, pain et autres denrées nécessaires. Pendant qu'on relevait le mât d'artimon, un matelot par négligence le fit retomber et le mât frappa et tua un autre matelot. Monseigneur l'évêque du Mans se trouvait tout près de l'endroit où eut lieu l'accident, j'étais à côté de lui, avec beaucoup d'autres, et il s'en fallut de peu que nous ne fussions tous écrasés et tués. Quant au marin décédé, on l'enveloppa d'un linceul, on accrocha à ses pieds un sac empli de pierres et on le jeta à la mer.

Partis de Curzola à vive allure, nous arrivâmes vers le milieu de la nuit à Épidaure, ville connue couramment sous le nom de Raguse[145]. Nous entrâmes au port, jetâmes les ancres et, le bateau amarré, dormîmes jusqu'au lever du soleil. Nous entrâmes ensuite dans la ville, mais nous n'y trouvâmes pas d'auberge comme chez nous. C'est ainsi qu'avec le seigneur Georg von Stein et quelques autres nobles nous poussâmes jusqu'au couvent des frères Prêcheurs, leur demandant de nous donner contre argent quelque chose à manger. Ils nous

nobis darent aliquid ad manducandum. Et apportaverunt nobis cibaria bona, et vinum optimum Schlavonicum, et laute nos procuraverunt.

Porro Prior loci venit, ducens duos fratres secum, fratrem scilicet Franciscum de Catoro, et fratrem Dominicum, quos mihi commendavit, eosque mihi in socios itineris mei assignavit, volebant et ipsi nobiscum Jerosolymam proficisci. De que ego plurimum fui laetificatus, quia hactenus sine fratre ordinis nostri fueram, et eorum societas fuit mihi super aurum desiderabilis. Refectis ergo nobis et viso conventu per civitatem ivimus, eam contemplantes. Sic et alii peregrini fecerunt. Vidimus autem munitiones mirabiles illius civitatis, turres, et profundissima fossata, in quibus effodiendis actu multi laborabant, et mirabamur. Et interrogavimus, an et ipsi turcam timerent ; num[1] sint tributarii ejus? Responderunt : utique timemus, et nos contra eum munimus ; quia si hodie amicus est, cras forte erit inimicus. Arguebant autem nos, tamquam imprudentes essemus, quod illo periculoso tempore ausi essemus per mare vagari, quum nec ipsi audebant in mari **(B)** apparere, suadebant autem nobis ibi manere, quousque meliora nova audirentur. De ista civitate et aliis locis dicam in reversione secundae meae peregrinationis.

Cum vero sero factum esset, intravimus omnes galeam, et eadem nocte recessimus a portu ragusino cum bono ventu, et multam viam ea nocte fecimus. Sed facto die validus surrexit ventus et nobis inutilis, qui extra verum maris tramitem nos ejecit contra Apuliam, quam ante nos vidimus ; in eamque incidissemus, si naucleri nostri arte navem non retinuissent. Post longam autem navigationem pervenimus ad insulas Gazapoleos, et ventum non habuimus, nec transivimus, nisi quantum galeotarum pigro tractu remis movebamur paulatim.

---

[1] cum *ed.*

offrirent un bon repas, un excellent vin de Slavonie et nous traitèrent magnifiquement.

Vint alors le prieur de l'endroit, amenant avec lui deux frères, Frère François de Catoro et Frère Dominique, qu'il me confia et m'adjoignit comme compagnons de voyage : ils voulaient eux aussi partir avec nous pour Jérusalem. Cela me causa une grande joie car je n'avais eu jusqu'alors aucun frère de notre Ordre avec moi, et leur compagnie m'était plus chère que de l'or. Nous nous restaurâmes, visitâmes le couvent et fîmes un tour pour voir la ville. Ce que firent aussi les autres pèlerins. Nous vîmes les magnifiques fortifications de cette ville, ses tours, ses fossés si profonds, que beaucoup d'hommes s'échinaient à creuser : nous étions dans l'admiration. Nous leur demandâmes s'ils craignaient eux aussi le Turc, s'ils lui payaient tribut. Ils répondirent : « Nous le craignons en tout état de cause et nous nous prémunissons contre lui. Car s'il est ami aujourd'hui, il sera peut-être ennemi demain. » Ils essayaient de nous convaincre de notre imprudence d'oser aller en mer dans cette conjoncture dangereuse alors qu'eux-mêmes n'osaient pas s'y montrer **(B)**, et cherchaient à nous persuader de rester sur place jusqu'à ce que les nouvelles soient meilleures. Je parlerai de cette ville et des autres lieux au retour de mon second pèlerinage[146].

Comme il se faisait tard, nous rentrâmes tous à la galère, nous quittâmes la nuit même le port de Raguse avec un bon vent et nous fîmes une longue traite cette nuit-là. Mais au jour, un fort vent défavorable se leva qui nous fit dévier de notre route et nous porta vers l'Apulie, que nous avions aperçue auparavant[147]. Et nous y aurions été poussés si le savoir-faire de nos pilotes n'avait pas retenu le bateau. Après une longue navigation, nous arrivâmes aux îles Gazopoli[148], le vent tomba et nous n'avançâmes plus que du lent mouvement que les coups de rame des marins imprimaient au navire.

Nous arrivâmes en un lieu où se tient, sur la montagne, une ville qui domine la mer, bien entourée de murs, mais totalement désolée par le souffle d'un dragon, comme on le

Venimus autem ad locum quendam, ubi stat civitas supra mare, in monte, bene murata, sed totaliter desolata per draconis cujusdam flatum, ut postea dicetur, et consequenter inter montana taediosa navigatione transeuntes ad districtum quendam venimus, ubi galea fixa super aquas stabat, nec remis huc aut illuc moveri poterat ; sed, ut dixi, sicut palus stabat, quasi parata in profundum mergi, quia subtus eam erat vorago Abyssalis, vel terrae hiatus, qui sorbebat ibi magnam maris partem, et aquae in abyssum ibi illabebantur. Ideo stabant ibi superiores aquae, descensum in abyssum exspectantes, et quando mare in illa parte non habet multas aquas, tunc aqua rotatur, et ea, quae superius natant, descensum minantur. Et de facto naves ibi absorberentur, si gubernatores arte non obstiterint.

In illo ergo loco stetimus, et galeotae multis clamoribus et laboribus conabantur galeam a faucibus istis removere, sed in vanum laborabant. Quod videntes hi, qui erant in civitate Corcyrae, quia Corcyram insulam et civitatem prae oculis habuimus, descenderunt ad nos de Corcyra, alias Corfun, cum duabus parvis galeis, et funes ad nostram galeam alligantes, connectentes eas ad puppes suas, et remis suas galeas trahentes cum magna violentia galeam nostram de faucibus abyssi extrahebant, ne absorberet nos profundum, et erepti adscendimus ad Corcyram insulam, et post solis occubitum portum civitatis ingressi sumus, qui stabat plenus navibus praedalibus, quia, ut dixerant nobis domini Veneti, Capitaneus maris cum classe armata ibi erat in custodia maris. Dormivimus ergo usque mane.

Mane autem facto egressi sumus in barcis ad civitatem, et eam repletam hominibus invenimus, et multi turci ibi inter christianos deambulabant. Missa audita domunculam quandam in suburbio conduximus nos peregrini de Suevia et Bavaria, et ibi coximus, comedimus, bibimus, et dormivimus. Erat autem domuncula parva et lignea, de antiquis et aridissimis lignis. Unde contigit, quod propter excessivum ignem, quem coquendo accendimus, ipsa

dira plus tard. Par la suite, naviguant péniblement à travers des récifs, nous arrivâmes à un détroit, où la galère se tenait immobile sur les eaux, sans que les rames puissent la faire bouger d'un côté ou de l'autre. Elle était, ainsi que je l'ai dit, immobile comme un piquet, comme prête à sombrer dans les profondeurs, car il y avait en-dessous d'elle un gouffre abyssal, une ouverture de la terre qui absorbait une grande partie de la mer, et les eaux tombaient là dans l'abîme. C'est pourquoi les eaux en surface étaient immobiles, elles attendaient de descendre dans l'abîme et, quand la mer n'a pas beaucoup d'eau à cet endroit, l'eau se met à tourner et tout ce qui nage à la surface est menacé de sombrer. Et de fait, les bateaux seraient engloutis si l'art des pilotes n'y faisait obstacle.

Nous étions donc immobilisés en ce lieu, les marins à grands cris et grand-peine s'efforçaient de sortir la galère de ce détroit, mais ils peinaient en vain. Les habitants de Corcyre, qui s'en aperçurent (nous avions l'île et la cité de Corcyre devant les yeux), descendirent à nous de Corcyre, ou Corfou, avec deux petites galères, attachèrent des amarres à notre galère, les fixèrent à leurs poupes et, ramant sur leurs galères de toutes leurs forces, ils tirèrent notre bateau des gorges de l'abîme, pour que les profondeurs ne nous engloutissent pas. Arrachés au danger, nous montâmes à l'île de Corcyre et nous entrâmes dans le port après le coucher du soleil. Ce port était plein de navires de guerre car, comme nous l'avaient dit les seigneurs vénitiens, l'Amiral était là avec son armada pour surveiller la mer. Nous y dormîmes donc jusqu'au matin.

Le lendemain matin, nous allâmes en barque à la ville, que nous trouvâmes remplie de gens : beaucoup de Turcs s'y promenaient au milieu des chrétiens ! Après avoir entendu la messe, nous louâmes dans un faubourg une petite maison, nous autres pèlerins de Souabe et de Bavière. C'est là que nous avons fait la cuisine, que nous avons mangé, bu et dormi. La maison était minuscule et de bois, en bois vieux et sec. A cause d'un feu excessif que nous avions allumé pour cuisiner, la maison se mit vraiment à brûler deux fois ; mais nous

domuncula bina vice realiter ardere coepit, semper tamen ignem sopivimus, ita quod clamor nullus fuit factus. **(14 A)** In secunda tamen vice vicini tectum ardere videntes cum ejulatu et clamore accurrerunt, nos vero cum scalis tectum ascendimus, et materiam flammis detraximus.

In hoc casu non in modico eramus periculo, quia, si ignis invaluisset, omnia concremata fuissent, et ipsi graeci Corcyrenses domus suas cum detrimento vitae nostrae vindicassent : sunt quippe Alemannis multum infesti, et faciliter contra eos insurgunt. Igitur, cum manducassemus, litteram, quam Venetorum Senatus nobis tradiderat ad Capitaneum maris[1], eidem cum reverentia praesentavimus, petentes ejus consilium et auxilium in causa nostrae peregrinationis. Qui literam legens consuluit nobis, ut cum galea nostra Venetias reverteremus. Hoc autem cum grave nobis esse perpendisset, cum quadam indignatione dixit : Quae insipientia est in vobis, quod tanto discrimini, corporis et animae, vitae et substantiae, vos vultis exponere? Ecce iam mare repletum est crudelissimis turcis, quorum manus nullatenus poteritis evadere. Revertimini Venetias, aut in aliquo maris portu manete, donec meliores rumores audiantur. Si autem vos omnino vultis in orientem nunc profiscisci, provideatis vobis de navigio, galeam istam, in qua venistis, ego non dimittam, quia S. Marci est.

Hoc cum audissemus, turbati multum a viro recessimus, tempus deliberandi petentes. Interea verbis capitanei confractae sunt mentes multorum, praesertim illorum episcoporum, qui cum omni familia sua decreverunt remeare Venetias. Aliqui etiam de militibus nostris formidulosi erant, et ad retrocedendum parati ; aliqui vero fortes et imperterriti erant, cum quibus et ego steti, et timorosos, quantum potui, animavi et confortavi, praedicando eis et allegando ex sacris scripturis, quae poterant in spem divini auxilii eos erigere.

---

1 *post* maris *add.* (tulimus) *et* tradiderat, ad Capitaneum *interp. ed.*

éteignîmes chaque fois l'incendie, si bien que personne ne cria au feu. **(14 A)** La seconde fois pourtant, les voisins, voyant le toit en feu, accoururent en poussant force cris et lamentations, mais nous montâmes sur le toit avec des échelles et privâmes les flammes d'aliment.

En cette affaire, le péril où nous étions n'était pas petit : si le feu s'était développé, tout aurait été brûlé et les Grecs de Corcyre auraient vengé leurs maisons aux dépens de notre vie, car ils détestent fort les Allemands et n'hésitent pas à les maltraiter. Après avoir mangé, nous présentâmes poliment à l'Amiral la lettre que nous avait confiée pour lui le Sénat de Venise, en lui demandant conseil et secours en faveur de notre pèlerinage. L'Amiral lut notre lettre et nous conseilla de nous en retourner à Venise avec notre galère. Quand il se fut bien rendu compte que ce retour nous pesait, il déclara avec une certaine indignation : « Quelle folie est la vôtre pour vouloir mettre en si grand danger votre corps et votre âme, votre vie et vos biens ? Allons ! la mer regorge de Turcs on ne peut plus cruels, et vous n'aurez aucune chance d'échapper à leurs mains. Retournez à Venise, restez dans n'importe quel port jusqu'à ce que les nouvelles soient meilleures. Si vous voulez absolument aller maintenant au Levant, procurez-vous vous-mêmes un navire, je ne laisserai pas partir la galère dans laquelle vous êtes venus, car elle appartient à Saint-Marc. »

Ces paroles nous troublèrent beaucoup et nous prîmes congé de l'Amiral en demandant le temps de réfléchir. Ses propos avaient bouleversé beaucoup de pèlerins, notamment les évêques, qui décidèrent de retourner à Venise avec tous leurs gens. Même certains de nos chevaliers avaient peur et s'apprêtaient à rebrousser chemin[149]. D'autres pourtant restaient courageux et impavides : je me mis avec eux et, autant que je pus, je redonnai courage et confiance aux timorés, en les prêchant et en leur alléguant des passages des saintes Écritures qui pouvaient leur rendre espoir en un secours divin.

Il arriva un jour en mon absence que les seigneurs chevaliers de notre groupe parlaient ensemble de notre

Contigit autem die quadam, me absente, quod domini milites societatis meae colloquebantur de nostra periculosa peregrinatione, et aliqui eam consulebant, aliqui vero dissuadebant formidulosi. Inter quos unus dixit : Non oportet ad verba et hortamenta, quae dicit Frater Felix attendere. Quid sibi de morte aut de vita? Ipse est frater de observantia, et non habet divitias, nec amicos, nec honores nec alia quae in mundo sunt, sicut nos habemus. Facilius est sibi, compendiose gladio turcorum mortem subire, quam in suo monasterio multis mortibus senescere. Et multa alia dixit, ut posset dominos avertere ne me audirent.

Quae omnia fuerunt mihi relata. Postea eundem militem vice versa confortavi, ita quod non potuit persuaderi ad redeundum. Retinuit autem nos capitaneus VIII. diebus in Corcyra et omni die terribiliora nobis proposuit, sed nos theutonici omnes absolute concordavimus, nolle redire, sed in nomine Domini Jerosolymam pergere. Videns autem **(B)** Capitaneus nos obstinatos in nostro proposito se amplius non intromisit de nostra peregrinatione, et ita disposuimus nos ad recessum, introferentes in galeam ea quae emeramus.

Et cum omnes navigare volentes essent iam in galea, et cum gaudio colloquium haberemus, juxta malum supra stantes, unus de prudentioribus petivit silentium fieri. Quo facto dixit : Ecce domini et fratres mei peregrini, rem grandem, difficilem, et arduam aggredimur, peregrinando per mare. Et dico vobis pro certo, quod humanitus loquendo stulte facimus tanto periculo nos exponendo, contra domini capitanei maris et omnium aliorum consilium et persuasiones. Idcirco domini episcopi et confratres nostri nobiliores, potentiores, digniores, et forte prudentiores resignaverunt, et ad propria redire contendunt, sequentes consilia ; nos vero in contrarium conamur. Ut ergo conatus noster non sit stulta et vitiosa audacia, necesse erit, ut vitam nostram in galea reformemus, et crebrius fortissimum Dominum et sanctos ejus invocemus pro coelesti auxilio, ut cuneos inimicorum Christi et classes eorum penetrare valeamus.

dangereux pèlerinage ; certains étaient pour, d'autres, craintifs, conseillaient d'y renoncer. L'un d'eux déclara : « Il ne faut pas prêter l'oreille aux paroles et aux exhortations de Frère Félix. Qu'a-t-il à faire de mourir ou de vivre ? Il est frère d'observance, il n'a richesses ni amis ni honneurs ni rien de ce qu'il y a au monde, à la différence de nous. Il est plus facile pour lui d'affronter une mort instantanée sous l'épée des Turcs que de souffrir maintes morts en vieillissant dans son monastère. » Et il en dit encore beaucoup pour tenter d'empêcher les seigneurs de m'écouter.

Tout cela m'a été rapporté. J'ai ensuite à mon tour raffermi ce même chevalier si bien qu'il ne put être persuadé de faire demi-tour. L'Amiral nous retint huit jours à Corcyre et chaque jour nous faisait un tableau plus effrayant de la situation. Mais nous, les Teutons, nous étions tous complètement d'accord, nous refusions de rentrer et voulions continuer au nom du Seigneur jusqu'à Jérusalem. L'Amiral, nous voyant **(B)** obstinés dans notre projet, cessa de s'opposer à notre pèlerinage et nous nous apprêtâmes à partir, en chargeant dans la galère ce que nous avions acheté.

Alors que tous ceux qui étaient décidés à prendre la mer se trouvaient déjà à bord et que nous devisions joyeusement en nous tenant sur le pont à côté du mât, un des plus sages demanda le silence. Le calme établi, il déclara : « Voici, messeigneurs et mes frères pèlerins, que nous nous lançons dans une action grandiose, difficile, ardue avec ce pèlerinage par mer. Je vous l'affirme, humainement parlant, nous sommes fous de nous exposer à un tel danger contre les avis et les conseils pressants de l'Amiral et de tous les autres. C'est pourquoi nosseigneurs les évêques et nos frères nobles, plus puissants, plus élevés en dignité, et d'aventure plus sages, ont renoncé et commencent à rentrer chez eux, conformément aux conseils qu'on leur a donnés ; et nous, nous tentons le parti contraire. Pour que notre tentative ne soit pas une audace folle et pécheresse, il faudra absolument que nous réformions notre vie à bord, que nous invoquions plus souvent le Seigneur

His dictis communi sententia decrevimus, ut nullus amplius ludus cum taxillis, aut cum chartis in galea fieret, nec litigia, juramenta et blasphemiae[1], et quod clerici et sacerdotes ad consueta officia singulis diebus litanias adderent. In praedictis enim, ante illam ordinationem, multae exorbitationes fiebant ; nam continuo mane, vespere, et meridie ludebant, praecipue episcopus Gebenensis cum suis, et cum hoc pessime jurabant, et quotidie contendebant, Franci enim et nostri theutonici erant in continuo certamine. Unde quidam de famulis domini Gebenensis percussit quendam devotum sacerdotem de nostris, et incidit in excommunicationem. Sunt enim Franci homines superbi et passionatissimi ; ideo divina dispositione actum esse credo, ut separarentur a nobis, et galea sic repurgaretur. Vix enim cum eis venissemus in Ierusalem sine sanguinis effusione et aliquorum occisione.

Mansimus autem per unam noctem in Corcyra, dormientes in navi. Porro eadem nocte valde perterriti fuimus. Nam cum iam tenebrae essent in sero, et adhuc in colloquio juxta malum staremus, deprehendimus unam alienam barcam galeae nostrae adhaerere, in qua erant turci, exploratores, et cupientes audire colloquia nostra. Statim autem ad lapides cucurrimus, post fugientes jactantes. Barca vero prolapsa in mari altum repente petiit, et evasit.

Mane autem facto insonuerunt tubicines nostri buccinis[2], sive trumpetae, insinuantes recessum instare, et soluta galea cum laetitia et cantu portui dorsum vertimus. Et stabant peregrini remanentes, nosque deridebant, dicentes : nos esse homines desperatos, et *Waghels*. Commune enim verbum fuit in Corcyra, quod antequam Metonam veniremus, capti essemus. Sic ergo nos ab aspectu Corcyrae sublati sumus, et cum gaudio et timore **(15 A)** processimus.

---

[1] *post* blasphemiae *add.* (perpetrarentur) *ed.*
[2] baccinis *ed.*

Tout-Puissant et ses saints pour que du ciel ils nous aident et que nous ayons la force de nous enfoncer parmi les bataillons et les vaisseaux des ennemis du Christ. »

Après ces paroles, on décida d'un commun accord qu'on ne jouerait plus sur la galère ni aux dés, ni aux cartes, qu'il n'y aurait plus dispute, ni jurement, ni blasphème, que clercs et prêtres ajouteraient chaque jour des litanies aux offices habituels. En la matière en effet, il y avait eu beaucoup d'écarts avant cette mise au point : sans arrêt, matin, midi et soir, on jouait, surtout l'évêque de Genève et ses gens, et avec cela on jurait horriblement et on se disputait tous les jours, car les Français et nos Teutons étaient en continuelle rivalité. Ainsi il arriva qu'un des serviteurs de Monseigneur de Genève frappa un de nos pieux prêtres et encourut une excommunication. C'est que les Français sont orgueilleux et très emportés ; aussi c'est par une divine inspiration, à mon avis, qu'ils furent séparés de nous et que la galère fut ainsi purifiée. On n'aurait guère pu en effet arriver avec eux à Jérusalem sans que le sang ne coulât et que quelques-uns ne fussent tués[150].

Nous restâmes donc une nuit à Corcyre, en dormant à bord. Nous eûmes d'ailleurs une grande frayeur cette nuit-là. La nuit était déjà noire et nous étions encore à deviser près du mât quand nous trouvons, amarrée à notre galère, une embarcation étrangère où se trouvaient des Turcs, des espions qui voulaient écouter nos conversations. Nous nous précipitâmes aussitôt sur des pierres pour les lancer sur les espions en fuite. L'embarcation glissa sur les flots, gagna soudain le large, et s'éclipsa.

Au matin, nos sonneurs ou trompettes firent résonner leurs instruments, annonçant l'imminence du départ, et, les amarres larguées, nous tournâmes le dos au port dans la liesse et les chants. Les pèlerins qui restaient, debout sur le quai, se moquaient de nous, en disant que nous étions des hommes perdus, des *Waghels*[151]. C'était le terme courant à Corcyre pour dire qu'avant d'arriver à Méthone, nous serions capturés. Ainsi

Porro illi XL peregrini, qui remanserant Corcyri, conducta navi reversi sunt Venetias, quo cum venissent, pro certo divulgabant, nos esse captos per turcos. Sic etiam dicebant in caeteris civitatibus Italiae, Galliae, et Germaniae. Hoc autem facientes volebant suam timiditatem palliare cum diffortuniis nostris. Unde in nonnullis locis fuerunt mihi celebratae missae de Requiem per Sueviam. Ipsam enim Sueviam et Bavariam mendaciis illis repleverunt.

Interea prospero cursu Metonam venimus, nec vidimus in mari vel parvam naviculam, de quo et Metonenses mirabantur. Omnes enim maritimi timore magno erant perculsi. Cum magno autem serio suadebant nobis theutonici, qui domum ibi habent, ne ulterius progredi perseveremus, et dicebant nobis multa terribilia. Nos vero sicut prius ita et nunc nullo terrore retracti ad iter nostrum perficiendum processimus ; et Deo duce cum pace et sine perterrente Cretam venimus, portumque Candiae cum gaudio ingressi sumus.

Ad nostrum autem ingressum accurrit quasi tota civitas, videre nos, quia erat monstruosum, imo miraculosum, jam Christianam Galeam Turcorum saevitiam evadere, quos videbant cottidie in armatis triremibus pro praeda per mare discurrere. Intravimus autem ad quendam Theutonicum, qui licet esset Patronus turpitudinis tamen ad nostrum ingressum mundavit aedem, et scorta removit. Non erat aliud hospitium ibi pro peregrinis. Porro juxta domum illam erat alia domus, hospitium Turcorum mercatorum, et actu erant in ea multi Turci Constantinopolitani mercatores divites qui, ut nobis referebatur, dicebant : homines isti, si ulterius processerint, perditi sunt. Quidam etiam de Turcis ad nos in domum venerunt, avisantes nos ne rebus sic stantibus mare

fûmes-nous soustraits à la vue de Corcyre et avançâmes-nous dans la joie et la crainte. **(15 A)**

Les quarante pèlerins qui étaient restés à Corcyre louèrent un bateau pour retourner à Venise. Arrivés là-bas, ils répandaient comme certaine l'information que nous avions été pris par les Turcs. C'est ce qu'ils disaient aussi dans toutes les autres villes d'Italie, de Gaule et de Germanie. En agissant ainsi, ils voulaient que nos infortunes masquent leur couardise. C'est pourquoi des messes de requiem furent célébrées pour moi en différents lieux de Souabe. Car ils avaient rempli de leurs mensonges la Souabe et la Bavière.

Entre-temps nous arrivâmes par une heureuse traversée à Méthone, sans avoir vu en mer le moindre bateau, ce qui surprenait même les habitants de Méthone[152]. Car tous les gens de mer étaient frappés d'une crainte profonde. Les Teutons qui habitaient là-bas nous conseillaient très sérieusement de ne pas continuer notre navigation et nous racontaient maintes histoires effrayantes. Quant à nous, comme auparavant, sans qu'aucune panique ne nous retienne, nous prîmes une fois de plus la mer pour continuer notre route ; et sous la conduite de Dieu, en paix et sans personne pour nous effrayer, nous arrivâmes en Crète et entrâmes avec joie dans le port de Candie[153].

A notre entrée, presque toute la ville se précipita pour nous voir, parce qu'il était inimaginable, miraculeux même qu'une galère chrétienne échappât à la cruauté des Turcs qu'ils voyaient tous les jours dans des trirèmes armées sillonner la mer pour du butin. Nous descendîmes chez un Teuton, qui, tout patron d'une maison de débauche qu'il était, nettoya néanmoins sa demeure à notre arrivée et en écarta les prostituées. Il n'y avait pas d'autre auberge pour les pèlerins. Mais à côté de cette maison, il y en avait une autre qui était celle des marchands turcs, et de fait il s'y trouvait beaucoup de riches marchands turcs de Constantinople qui, à ce qu'on nous rapportait, disaient : « Ces hommes sont perdus s'ils continuent à avancer. » Certains Turcs vinrent même chez nous nous

intraremus, quia capi nos esset consequens. Insuper dux Candiae et sui consiliarii, volentes nobis misericordiam praestare, miserunt ad nos Oratorem, qui pulcherrima oratione Latina commendabat nostram peregrinationem et plurimis rationibus dissuadebat ulteriorem profectionem, ostendens jam et majus periculum quam hucusque, quia inter Cretam et Cyprum mediaret Rhodus insula, quae erat obsidione Turcorum vallata, nec possemus evadere, quin in hoc medio occurrerent[1] nobis Turcorum piratae.

Mansimus autem ibi per quinque dies, et omni die pejora nova accepimus. Quibus tamen non obstantibus Galeam ingressi sumus, et ad profectionem nos disposuimus. Cum timore autem navigare incepimus timentes ne forte ventus veniret, et raptam Galeam in exercitum et obsidionem Turcorum nos projiceret. Quam cito autem extra portum in altum venimus[2] ; ecce aspiravit ventus fortissimus et optatus, et longe a Cycladum insulis, quarum Rhodus prima est, nos **(B)** ejecit.

Et ferebamur impulsu prosperorum ventorum, qui continue succrescebant, et mare fremebat, et fluctus intumescebant, adeo quod tempestas valida facta fuit. Et omnia superiora navis aquis erant perfusa. Haec autem tempestas erat saluberrima nobis tum quia repente impellebat nos ad portus intentos, tum etiam quia reddidit nos ab invasione Turcorum securos. Quia impossibile erat nostram navem capi in tam rapidissimo cursu existentem. Ex tunc ergo deposuimus omnem apparatum bellicum, bombardas, cuspides, lanceas, scuta et clypeos, balistas et arcus, lapides et jacula, quibus in Corzyra Galeam nostram munivimus[3] contra Turcorum incursum, quia vidimus nos inimicos crucis Christi evasisse.

---

1 occurrent *ed.*
2 venimns *ed.*
3 mnnivimus *ed.*

conseiller de ne pas prendre la mer dans une telle conjoncture car logiquement nous serions capturés. En outre, le duc de Candie et ses conseillers, désireux de nous montrer de la compassion, nous envoyèrent un porte-parole qui exalta notre pèlerinage dans un très beau discours en latin et nous dissuada avec force arguments de le continuer plus avant : le danger, s'efforçait-il de nous montrer, était désormais plus grand que jusque-là, parce qu'au milieu du trajet, entre la Crète et Chypre, se tenait l'île de Rhodes, que les Turcs assiégeaient, et nous ne pourrions passer entre les deux sans rencontrer des pirates turcs.

Nous restâmes à Candie cinq jours et chaque jour les nouvelles étaient pires. Mais elles ne nous arrêtèrent pas : nous montâmes sur la galère et nous nous disposâmes à partir. Nous commençâmes à naviguer en craignant que le vent ne se lève tout à coup et n'emporte notre galère sur l'armée des Turcs et leurs travaux de siège. Nous fîmes au plus vite pour sortir du port et gagner le large, et c'est alors qu'un vent très fort et favorable se mit à souffler et à nous pousser loin des îles des Cyclades, dont Rhodes est la première. **(B)**

Nous étions poussés par des vents favorables qui augmentaient continuellement, la mer frémissait, les flots commençaient à se gonfler, si bien qu'une forte tempête éclata. Toutes les parties supérieures du bateau furent inondées. Cette tempête nous était des plus propices parce qu'elle nous poussait rapidement vers les ports désirés et aussi parce qu'elle nous garantissait de toute attaque turque : impossible de capturer notre bateau quand il avançait aussi rapidement. Dès lors nous déposâmes tous les instruments de guerre, bombardes, épieux, lances, écus et rondaches, balistes et arcs, pierres et javelots, dont nous avions à Corcyre équipé notre galère contre les attaques des Turcs, car nous savions que nous avions échappé aux ennemis de la croix du Christ.

Le deuxième jour, nous arrivâmes à Chypre et abordâmes au port de Limassol, car un vent contraire nous avait forcés à relâcher. Comme ce vent s'apaisait, nous fîmes voile vers le

Interea die secunda venimus Cyprum et ad portum Limovicensem applicuimus, quia ventus contrarius nos coegit petere portum. Illo vento quiescente ad portum Cimonicensem[1] navigavimus mansuri ibi per aliquot dies, quia dominus Patronus fratrem habuit cum Regina Cypri Nichosiae, cum quo tractatum habuit, cujus finem expectare nos oportuit. Expedito negotio solvimus triremem et cum magno desiderio proximum portum, in quem venturi eramus, desideravimus citius attingere. Nullum enim portum nisi terrae sanctae amplius habuimus.

Tandem vento nos impellente tertia die terram sanctam vidimus, et prae Jubilo : Te Deum laudamus, altisonis vocibus decantavimus, et proram contra portum Joppen, quam Japha vulgares nominant, direximus, et ante scopulus Andromedae, anchoris ejectis, navem stabilivimus. Statim autem Dominus Patronus emisit servum unum ad hoc dispositum, ut curreret in Jerusalem, et Patri Gardiano montis Syon nunciaret adventum nostrum, ut veniens cum Dominis et asinariis ducerent nos in Jerusalem.

Et mansimus sic in Galea expectantes conductores nostros VII. diebus ; post quos in barceis educti sumus ad terram, et intrusi in vetustissima habitacula testudinata et ruinosa et foetida, in quibus una duntaxat nocte mansimus : et post hoc ad asinos nobis adductos transivimus, sedentes super eos, et ita a mari cum Sarracenis recessimus et in civitatem Rama venimus ; in qua per aliquot dies commorantes inde Jerosolymam ingressi sumus ; non in hospitale, sed in quandam domum in Mello locatam ducti fuimus ; ibique comedimus et dormivimus etc.

Mansimus autem in terra sancta non plus quam IX. diebus, in quibus circuivimus omnia loca sancta communia, cum maxima festinantia, et die ac nocte in labore peregrinandi eramus occupati ; et vix dabatur nobis tempus paululum quiescendi.

---

[1] Cimonicensem *scripsimus* : Nimonicensem *F ed.*

port de Larnaka[154] pour y rester quelques jours, vu que le patron avait un frère à Nicosie auprès de la reine de Chypre[155] et il avait avec ce dernier une affaire à traiter dont il nous fallut attendre l'issue[156]. Cette question réglée, nous fîmes appareiller notre trirème avec le plus vif désir d'atteindre rapidement le prochain port où il nous fallait accoster. Car c'était le dernier avant la Terre sainte.

Enfin, grâce au vent qui nous poussait, nous aperçûmes la Terre sainte le troisième jour, et, de joie, nous nous mîmes à chanter à pleine voix *Te Deum laudamus*, et nous dirigeâmes notre proue vers le port de Joppé, que les natifs appellent Jaffa[157].

Après avoir jeté l'ancre devant les récifs d'Andromède[158], nous immobilisâmes le navire. Le patron dépêcha aussitôt un serviteur chargé de courir à Jérusalem et d'annoncer notre arrivée au père gardien du Mont Sion afin qu'il vienne avec des frères et des âniers pour nous mener à Jérusalem.

Nous restâmes sept jours dans la galère à attendre nos guides[159]. Après quoi, nous montâmes sur des barques et fûmes conduits à terre, et on nous logea dans de très vieilles bicoques voûtées, en ruine et puantes, où nous ne restâmes qu'une seule nuit[160]. Puis nous montâmes sur les ânes qu'on avait fait venir pour nous et nous quittâmes ainsi la mer en compagnie de Sarrasins pour arriver à la ville de Rama[161]. Après nous y être arrêtés quelques jours, nous entrâmes à Jérusalem, où l'on ne nous mena pas à l'Hôpital des pèlerins, mais dans une maison située dans le Millo[162], où nous avons mangé et dormi etc.

Nous ne restâmes pas plus de neuf jours en Terre sainte[163]. Pendant cette période, nous visitâmes tous les Lieux saints classiques avec la plus grande hâte, et nous consacrions jour et nuit nos efforts au pèlerinage. A peine avions-nous un tout petit peu de temps pour nous reposer.

Après avoir visité les Lieux saints à la va-vite, et lorsque mon seigneur Georg von Stein et d'autres nobles eurent été adoubés en l'église du Saint-Sépulcre, on nous conduisit hors

Visitatis autem sancti locis perfunctorie et domino meo Georio de Lapide, cum aliis nobilibus insigniis militiae in dominico sepulchro adornatis eduxerunt nos extra civitatem sanctam, per viam, qua veneramus ad mare, ubi nostra Galea stabat. **(16 A)**

Porro nemo mansit de Peregrinis in Jerusalem nisi duo Anglici volentes transire ad Sanctam Katharinam, cum quibus libenter mansissem, si Theutonicum aut latinam linguam novissent, et quia cum eis loqui non potui[1], non erat mihi societas apta vel proportionata : verumtamen his non obstantibus cum eis in Jerusalem mansissem, et patientiam de linguā carentia habuissem, si non firmo proposito concepissem iterum redeundi in Jerusalem. Ab ea namque hora, qua tempus nostrum aderat recedendi a civitate sancta, proposui, juravi et statui me quantocyus reversurum, et illam sanctam peregrinationem tanquam praeambulum futurae habui. Sicut studens lectionem aliquam memoriae commendare intendens, primo perfunctorie lectionem praevidet et postea repetit mature et tractim tempus accipiens sufficiens imprimendi ; sic et in proposito feci, et nullo modo contentus fui de visis, nec ea, quae videram, memoriae commendaveram, sed servavi futurae peregrinationi.

Igitur cum ad mare venissemus, eramus pene omnes infirmi laboribus, caloribus, vigiliis et penuriis extenuati, et ita infirmi reducti fuimus in Galeam, et facta fuit Galea tanquam Hospitale repletum miseris et infirmis hominibus.

Post multos dies revenimus in Cyprum in felici navigatione reducti in portum qui dicitur : Salina ; et ibi debiliores peregrinos in villam quandam prope induximus, saniores vero peregrini cum Domino Patrono conductis equis in Nychosiam profecti sunt, quae est civitas[2] metropolitana Cypriae, et sedes regni, VI. Theutonicis miliaribus distans a mari. Est autem de antiquo more, quod milites sancti

---

[1] potuis *ed.*
[2] civitus *ed.*

de la Cité sainte et on nous ramena à la mer, où se trouvait notre galère, par le chemin que nous avions pris à l'aller. **(16 A)**

Aucun pèlerin ne resta à Jérusalem, sauf deux Anglais qui voulaient aller à Sainte-Catherine[164]. J'aurais bien aimé rester avec eux, s'ils avaient su parler allemand ou latin, mais comme je ne pouvais converser avec eux, leur compagnie ne m'aurait guère arrangé ni convenu. Néanmoins, malgré ces difficultés, je serais resté avec eux à Jérusalem et j'aurais supporté l'absence de langue commune si je n'avais pris la ferme décision de retourner une seconde fois à Jérusalem. Car dès l'instant où était venu pour nous l'heure de quitter la Ville sainte, je formai le projet, je pris la décision, je fis le serment de revenir au plus vite et je considérai ce saint pèlerinage comme une introduction à mon pèlerinage futur. L'étudiant qui veut apprendre par coeur une leçon la parcourt d'abord à la va-vite, puis la relit tout de suite et lentement en prenant le temps suffisant pour la graver dans son esprit. C'est ainsi que je conçus mon projet : je n'étais nullement satisfait de mes visites, je n'avais pas fixé dans ma mémoire ce que j'avais vu, mais je le réservai pour mon futur pèlerinage.

Revenus au bord de la mer, nous étions presque tous affaiblis par les fatigues, les chaleurs, les veilles et les privations ; c'est dans cet état de faiblesse que nous fûmes ramenés à la galère, laquelle prit l'allure d'un hôpital rempli d'hommes faibles et misérables.

Après plusieurs jours d'heureuse navigation, nous fûmes de retour à Chypre, au port appelé *Les Salins*[165] ; là, nous installâmes les pèlerins malades dans une maison proche, et les pèlerins en bonne santé partirent en compagnie du patron pour Nicosie avec des chevaux de louage. Nicosie est la métropole de Chypre et le siège de la royauté, distante de la mer de six milles teutoniques[166]. Un usage ancien veut que les chevaliers du Saint-Sépulcre se présentent au roi de Chypre et scellent un pacte avec lui : il les appelle ses alliés, inscrit leur nom dans un livre et leur donne comme symbole de la

sepulchri praesentant se regi Cypri et quoddam pactum cum eo ineunt : qui etiam eos socios suos vocat, et libro nomina eorum intitulat dans eis argenteum gladiolum in vagina cingulo circumligatum, et in fine gladioli pendet argenteus flosculus, violae speciem praeferens, in signum foederatae societatis. Ea ergo de causa dominus meus Georius de Lapide, cui ego semper adhaesi, cum aliis nobilibus Nichosiam urbem intravimus, et per tres dies ibi fuimus. Sed quia jam regnum Cypri caret rege, ideo nobiles a Domina Regina petierunt recipi in societatem Regum Cypri. Quae eos in Caenaculum grande vocavit, et ante se locatis jura illius societatis per Interpretem eis proposuit, quae sunt : ut regnum Cypri in ejus necessitate defensare conentur, cum sit medium inter Sarracenos, Turcos et Tartaros. Qui manu fide data reginae, tradidit eis gladiolos et abire permisit. Post haec in equis reversi sumus ad mare.

Porro in via transivimus ad radices cujusdam altissimi montis, in cujus supercilio Capella est, in qua dixerunt nobis crucem dextri latronis esse locatam, et mirabiliter suspensam, quam libenter vidissem. Sed tempus non habui, ideo etiam hoc ad secundam peregrinationem meam suspendi.

Cumque ad mare in Galeam venissemus, reperimus duos peregrinos defunctos, unus erat Sacerdos ordinis Minorum, vir fortis et doctus, alter erat sartor **(B)** Biccardus, vir probus et bonus. Aliqui vero erant in agonia mortis. Sed et nos, qui de Nichosia venimus in lectulos decidimus aegritudinis magnae : et adeo multiplicati fuerunt infirmi, quod servitores non erant, qui necessaria cupita infirmis ministrarent. Videntes autem antiquae vetulae matronae necessitatem nostram, motae super nos misericordia nobis servierunt ; non enim erat aliqua inter eas infirma. In quo facto confudit Deus in robore illarum vetularum fortitudinem illorum militum, qui Venetiis eas spernebant, cum eisque navigare refugiebant. Discurrebant autem per Galeam de uno infirmo ad alterum et suis spretoribus derisoribus in lectulis prostratis serviebant.

confédération une petite épée d'argent dans un fourreau, avec son baudrier et à l'extrémité de laquelle pend une petite fleur d'argent ressemblant à une violette. C'est pour cette raison que le seigneur Georg von Stein, que je ne lâchai à aucun moment, entra avec moi et d'autres nobles dans la ville de Nicosie, où nous restâmes trois jours. Comme le royaume de Chypre désormais n'a plus de roi, les nobles demandèrent à Sa Majesté la Reine de les recevoir dans l'Ordre des rois de Chypre. Elle les convoqua dans la grande salle, les plaça devant elle et leur exposa par interprète les règles de l'Ordre, à savoir défendre au besoin le royaume de Chypre, étant donné qu'il est au milieu des Sarrasins, des Turcs et des Tartares. Ils donnèrent leur parole à la Reine en levant la main et elle leur remit les petites épées et leur donna congé[167]. Nous remontâmes ensuite à cheval pour regagner la mer.

En chemin, nous passâmes au pied d'une très haute montagne au sommet de laquelle il y a une chapelle où se trouve, nous dit-on, la croix du larron de droite[168], miraculeusement suspendue. J'aurais bien aimé la voir mais je n'en eus pas le temps ; c'est pourquoi j'ai réservé cette visite aussi pour mon second pèlerinage.

Quand nous fûmes de retour sur la galère, nous trouvâmes deux pèlerins défunts : l'un était un prêtre de l'Ordre des Mineurs, homme courageux et savant, l'autre était un tailleur **(B)** de Picardie, homme honnête et bon. D'autres pèlerins étaient à l'agonie. Nous-mêmes, qui arrivions de Nicosie, nous tombâmes dans nos couchettes fort malades. Si les malades s'étaient tant multipliés, c'est qu'il n'y avait point de serviteurs pour leur apporter le nécessaire voulu. Voyant dans quelle nécessité nous nous trouvions, les vieilles dames dont j'ai parlé plus haut furent prises de pitié à notre endroit et se mirent à notre service : aucune d'entre elles en effet n'était malade. Dieu, à travers la force de ces vieilles femmes, couvrait ainsi de confusion la vaillance des chevaliers qui à Venise les méprisaient et refusaient de naviguer avec elles. Elles couraient en tous sens sur la galère d'un malade à un autre et se mettaient

Praeter infirmitates autem et miserias praefatas renovatus est in nobis Turcorum timor, et jam magis timere incepimus quam prius. Interea gubernatores solverunt Galeam, et mare petentes ventorum adjutorium nullum habuimus ; sed inutiliter ad litus Cypri volutabamur. Idcirco iterum ad Cyprum applicuimus in portum[1] sterilem Limonam. In quo cum inpatientia ventos secundos exspectavimus.

Post duos dies portum illum egressi sumus ad mare. Sed ecce ventus inutilis venit, nosque in fretum tulit longius a terra et ab itinere nostro, et multis diebus sic inutiliter vagabamur, et incepimus egere in navi, et defectum omnium necessariorum pati.

Interea quidam miles miserabili fine diem clausit extremum ; quem illigato linteo, et lapidibus gravatum, cum planctu marinis fluctibus exposuimus. Die tertia post haec quidam alius miles, alienatus a sensibus cum multis[2] clamoribus et doloribus exspiravit. Hunc ad terram in barcca duximus sepeliendum, quia prope ad litus Cypri juxta Paphum eramus. Pessimam inter haec navigationem habuimus, et defectum aquae, panis et aliorum patiebamur.

Ejecti autem sumus per inutilem ventum a conspectu Cypri, et tribus diebus ac noctibus nullam terram vidimus ; et post hoc iterum ad latus Cypri delati sumus ad portum Paphum, de quo fit mentio Actor. 13. Et in illo portu necessaria emimus, et citius ab eo recessimus, et inutiliter sine profectu ad latus Cypri ferebamur.

Ad haec diffortunia accessit aliud valde triste. Nam eadem nocte gubernatoribus occupatis circa vela et Galeae instrumenta, ecce ex improviso de supremo mali una trochlea decidit, et optimum gubernatorem tangens extinxit, ad cujus

[1] portam *ed.*

[2] cumamultis *ed.*

au service de leurs méprisants persifleurs gisant sur leurs couchettes.

Outre ces maladies et ces misères, la peur des Turcs se réveilla en nous, et nous commençâmes à les craindre plus qu'auparavant. Cependant les pilotes levèrent l'ancre, mais nous ne reçûmes en gagnant le large aucun secours des vents. Vainement nous tournions en rond à proximité de la côte de Chypre. C'est pourquoi nous abordâmes de nouveau à Chypre, au port désert de Limona[169]. Nous y attendîmes impatiemment des vents favorables.

Nous reprîmes la mer après deux jours d'attente dans ce port. Un vent mauvais se leva, qui nous emporta sur les flots très loin de la terre et de notre itinéraire ; nous errâmes ainsi vainement pendant bien des jours et nous commencions à ressentir la disette sur le bateau et à souffrir du manque de tout le nécessaire.

Entre-temps, un chevalier connut une fin pitoyable ; on l'enveloppa dans un linceul qu'on lesta de pierres et on le jeta en pleurant dans les flots de la mer. Deux jours après un autre chevalier, ayant perdu le sens, expira dans de grands cris et de grandes douleurs. Nous l'emmenâmes à terre en barque pour l'ensevelir car nous étions à proximité du rivage de Chypre, près de Paphos. Nous naviguions avec cela dans les pires conditions, et nous souffrions du manque d'eau, de pain et des autres denrées nécessaires.

Un mauvais vent nous emmena hors de la vue de Chypre et pendant trois jours et trois nuits nous ne vîmes aucune terre. Ensuite nous fûmes de nouveau repoussés sur la côte chypriote, vers le port de Paphos[170], dont il est fait mention dans les *Actes*, 13[171]. Nous achetâmes dans ce port les aliments nécessaires et en repartîmes très vite, mais vainement : nous étions repoussés sans succès sur la côte chypriote.

A ces difficultés s'ajouta un événement fort triste. La même nuit, tandis que les pilotes manoeuvraient les voiles et les agrès de la galère, une poulie, dégringolant soudain du sommet du mât, atteignit et tua le meilleur des pilotes, qui

nutum universi marinarii Galestreli et Galeotae movebantur. Magnus ultra modum planctus factus est in Galea de morte illius viri : nec erat sibi similis in Galea, qui succederet in locum ejus.

Multis autem diebus taediosam fecimus navigationem, et Cretensem portum optavimus attingere, et longius a Rhodo recedere, sed parum profecimus. Interea die quadam vidimus a longe super mare contra nos Galeam praedalem properantem, et vehementer timuimus, aestimantes **(17 A)** Turcos venire : sed dum proximior fieret, cognovimus esse Galeam Venetianam, et depositis[1] armis, quae produci jusserat Patronus pro defensione contra Turcos, praestolabamur praesentiam illius Galeae ad audiendum rumores novos. Quae cum praesto esset, intelleximus Turcum a Rhodo cum exercitibus suis confusum et victum recessise. Ad haec nova gaudio ineffabili repleti sumus, et rostrum Galeae ab itinere coepto[2] avertimus, et ad Rhodum insulam nos convertimus. Ad quam tamen propter ventorum inutilium impedimenta in multis diebus non venimus. Imo in terminos Turcorum projecti sumus, et aulonem quendam navigavimus in quo ab utraque parte terram et montana Turciae habuimus.

Innovatus est inter haec timor noster, et timebamus, quod Turci nos videntes forte in nos saevirent, propter confusionem, quam in Rhodo acceperant, vindicandam. Nullum etiam ventum habuimus et taediosissima navigatione inter Turcorum montana processimus, pigro remorum tractu. Tandem advenit ventus, qui nos[3] liberavit, Galeamque repente ad Insulam Rhodum impulit, longe tamen a Colossensium civitate, ad latus montanorum processimus.

Ad locum autem quendam venimus, in quo de pede montis fons vivus emanat, ad quem ejecta barca Galeoti[4]

1 depositis *ed.*

2 caepto *ed.*

3 quinos *ed.*

4 Gelêoti *ed.*

faisait marcher au doigt et à l'oeil tous les marins, galiotes et matelots. On pleura sans mesure la mort de cet homme sur la galère ; il n'avait pas son pareil sur la galère, nul n'aurait pu le remplacer[172].

Pendant des jours et des jours nous naviguâmes péniblement, souhaitant atteindre un port crétois et nous éloigner de Rhodes, mais nous n'obtînmes guère de résultat. Un jour nous aperçûmes de loin sur la mer un bateau de guerre fondant sur nous, nous eûmes grand peur, pensant **(17 A)** que c'étaient des Turcs. Mais tandis qu'il s'approchait, nous reconnûmes une galère vénitienne, nous déposâmes les armes que le patron nous avait fait sortir pour nous défendre contre les Turcs et nous attendîmes d'être en contact avec cette galère pour apprendre des nouvelles. Quand elle fut à notre portée, nous apprîmes que le Turc et ses armées avaient été battus à Rhodes et s'étaient retirés vaincus. Ces nouvelles nous emplirent d'une joie indicible, nous détournâmes la proue de la galère de son itinéraire premier et nous mîmes le cap sur l'île de Rhodes[173]. Cependant après plusieurs jours les vents contraires nous empêchaient toujours d'y parvenir. Bien plus, nous fûmes poussés vers les frontières des Turcs et naviguâmes sur un bras de mer, où nous avions de part et d'autre la terre et les montagnes de Turquie.

Ces circonstances renouvelèrent notre peur, nous craignions que les Turcs, nous apercevant par hasard, ne se déchaînassent contre nous pour venger la défaite qu'ils avaient essuyée à Rhodes. Nous n'avions pas de vent et avancions très péniblement, entre les montagnes turques, sous la lente poussée des rames. Un vent se leva enfin, qui nous délivra, et poussa tout d'un coup la galère vers l'île de Rhodes, mais nous nous approchâmes d'une côte montagneuse, fort loin de la ville du Colosse.

Nous arrivâmes à un endroit où une source d'eau vive jaillit au pied d'une montagne ; les matelots mirent à la mer une barque, chargée de barils, et rapportèrent de l'eau fraîche à la galère. Quand ils remontèrent à bord, chacun se précipita de

cum barillis[1] navigantes recentem aquam ad Galeam tulerunt. Quibus Galeam intrantibus accurrerunt omnes de suis mansiunculis et cumbis cum scutellis, crateribus, ciathis, vialis flasconibus, vitris et boccalibus ad mendicandum aquam a Galeotis et Barcaleris. Et fuit tanta compressio pro aqua, quantam nunquam vidi pro vino aut pro pane. Libenter autem et hilariter aquam diviserunt singulis.

Ex aquae ergo recentis gustu refocillati sumus, et quodammodo reviximus, sicut herbae et virgulta, Solis ardoribus adusta et humiliata, pluvia et roris perfusione revirescunt. Tota enim Galea ad aquae gustum exhilarata fuit, et qui prius vix poterant spirare, jam incipiebant cantare. Nam laetitiam, quam vinum bonum temperate sumptum causat, hanc aqua post longam sitim infert.

Quantas tribulationes et defectus sustinuerimus a portu Joppensi terrae sanctae, usque huc, dicere non sufficio. Nam in illis miseriarum nostrarum diebus miratus saepe fui, quod homo est adeo delicatus in terra existens, quod sollicitatur quasi per totum annum ad jejunium quadragesimae et de abstinentia in pane et aqua in Paresceve perficiendo. O si in his diebus habuissemus pro semel tantum in die, non dico cibos quadragesimales in abundantia, sed victum parascevalem in pondere et mensura, libentissime jejunassemus. In Parasceve enim ministratur jejunantibus panis albus recens et bonus, et aqua clara, frigida, dulcis et sapida, quam si habuissemus felices nos fuisse judicassemus. Ibi enim non erat amplius aqua nisi putrida et faetidissima, et si aliquis Galeota habuit aquam nondum foetentem, emebant eam peregrini, **(B)** majori pretio quam vinum, non obstante etiam, quod erat calida, et albida, non omnino clara. Et quod his magis mirabile est apud non expertum, et miserabile apud expertos, in tanta eramus miseria, et defectione, quod aquae putridae et foetidae erant pretiosae, et magna erat cura domino Patrono et omnium

---

[1] brillis *ed.*

sa « stance », de sa « combe » avec des écuelles, des coupes, des tasses, des gourdes de voyage, des verres et des bocaux pour mendier de l'eau auprès des matelots et des canotiers. Il y eut pour l'eau une bousculade telle que je n'en ai jamais vu pour du vin ou pour du pain. Les marins distribuèrent de l'eau à chacun bien volontiers et dans la bonne humeur.

Goûter de l'eau fraîche nous réconforta et nous fit en quelque sorte revivre, de même que des herbes et de jeunes pousses brûlées et flétries par la chaleur du soleil reverdissent sous la pluie et sous un bain de rosée. Toute la galère retrouva le rire en goûtant de l'eau, et ceux qui auparavant pouvaient à peine respirer commençaient déjà à chanter. Car la joie que produit le bon vin à dose modérée, l'eau la procure aussi quand on a eu longtemps soif.

Les tribulations, les privations que nous avions endurées depuis le port de Joppé en Terre sainte jusqu'alors, je ne saurais les énumérer. Pendant les jours de nos souffrances, j'ai découvert avec surprise à quel point l'homme fait le délicat sur cette terre : il est gêné pendant presque toute une année à l'idée d'accomplir le jeûne du carême et de n'avoir que du pain et de l'eau le Vendredi saint. Ah ! si nous avions eu en ces jours-là une seule fois seulement par jour, je ne dis pas le régime de carême en abondance, mais la simple ration du Vendredi saint, avec quel plaisir nous eussions jeûné ! Car le Vendredi saint, on donne à ceux qui jeûnent du bon pain blanc frais et de l'eau claire, fraîche, douce et agréable : si nous en avions eu, nous nous serions estimés bien heureux ! Mais nous n'avions plus d'eau que croupie et puante, et si un marin avait de l'eau qui ne puait pas encore, les pèlerins la lui achetaient **(B)** plus cher que du vin, bien qu'elle fût chaude, blanchâtre et pas du tout claire. Et ce qui est plus étonnant encore pour qui n'en a pas fait l'expérience, et pitoyable pour qui l'a faite, nous étions dans un tel état de misère et de privation que les eaux croupies et puantes étaient précieuses, et le patron et tous les pilotes avaient grand souci qu'elles ne nous manquent point. C'est pourquoi le patron avait interdit à l'économe de donner à boire

gubernatorum, ne et illae aquae nobis deficerent. Idcirco prohibuit Dominus Patronus, ne Cellerarius ulterius potum aquae hujusmodi bestiis ministraret, quae in stabulo stabant mactandae, sed reservaretur hominibus, quos siti mori crudelius esset quam bestias. Sic ergo stabant oves, caprae, muli et porcelli per aliquot dies sine adaquatione in ariditate et siti. In his diebus vidi saepe, quod mane bestiae ipsae lambebant ligna et asseres, rorem, qui noctibus ea madidaverat, inde sugentes.

Et quanquam in aquis essemus infinitis, tamen maris aquae nec bestiis nec hominibus sunt potabiles. Potius moritur homo aut bestia potu illius amarissimae aquae, quam refocilletur. Defectus aquae omnes maris miserias excedit. Sileo de marcidis panibus et vermiculosis paximatibus, et muscidis carnibus, et abominabilibus[1] cocturis, de quibus tamen omnibus contenti fuissemus, si aquam sanam habuissemus ad mensuram, et si non pro sanis, saltem pro nostris miseris infirmis. Saepissime tantam sitim passus ego fui, et tantum aquae frigidae desiderium habui, quod cogitavi, quando contingeret[2] me Ulmam reverti, statim ascendere vellem in Blaubüren et ibi ad lacum de profundo emanentem sedere ad satisfaciendum appetitui meo. Vini defectus non erat in Galea, sed abundans et praecipuum reperiebatur faciliter. Sed nihil sine aquae admixtione nobis sapiebat propter sui fortitudinem et tepiditatem, et tantum de illo.

Igitur de loco, ubi aquam hauseramus, repente per bonum ventum projecti sumus, ad portum Colossensem ante Rhodiorum civitatem. Erat autem nox, circa horam nonam ante mediam noctem et Lunae splendentis clare beneficio, quo navigaremus, vidimus. Cumque portum intrare conaremur, et nostri marinarii vela cum labore clamoroso, ut fieri solet, verterent, incenderunt in turribus lumina, et per

[1] abonimabilibus *ed.*
[2] contingenet *ed.*

aux bêtes qui attendaient d'être tuées dans la cale, et ordonné qu'elle fût réservée aux hommes pour lesquels mourir de soif aurait été plus cruel que pour les bêtes. C'est ainsi que moutons, chèvres, mules et pourceaux restaient pendant des jours dans la sécheresse et la soif sans recevoir d'eau. Ces jours-là, j'ai souvent observé que, le matin, les bêtes léchaient les bois et les madriers, pour en sucer la rosée qui les avait humidifiés pendant la nuit.

Nous étions pourtant au milieu d'eaux infinies, mais les eaux de la mer ne peuvent être bues ni par les bêtes ni par les hommes. Ces eaux très amères, bien loin de réconforter, donnent la mort à l'homme ou à l'animal qui les boit. La privation d'eau est la pire de toutes les souffrances que donne la mer. Je ne dis rien des pains pourris, des biscuits mangés aux vers, des viandes couvertes de mousse, de la cuisine abominable, dont nous aurions tous fait notre bonheur si nous avions eu de l'eau pure à suffisance, sinon pour les gens en bonne santé, du moins pour nos malheureux malades. J'ai si souvent souffert une si grande soif et ressenti un si grand besoin d'eau fraîche que je m'imaginais que, lorsque j'aurais la chance de revenir à Ulm, je chercherais à monter aussitôt à Blaubüren, à m'asseoir près du lac aux eaux profondes et à y étancher ma soif. Il ne manquait pas de vin sur la galère, on en trouvait facilement en abondance et du très bon. Mais, non coupé d'eau, il n'était vraiment pas bon, car il était trop fort et tiède. Mais en voilà assez à ce sujet ![174]

De l'endroit donc où nous avions fait provision d'eau, nous fûmes tout à coup poussés par un bon vent jusqu'au port du Colosse devant la ville de Rhodes. C'était la nuit, vers la neuvième heure, avant minuit et grâce à l'éclat brillant de la lune, nous voyions où nous menaient nos voiles. Tandis que nous essayions d'entrer dans le port et que nos marins carguaient les voiles, comme d'habitude, à grands efforts et à grands cris, les habitants allumèrent des feux sur les tours et menèrent grand tumulte en courant en tous sens sur les murailles : ils pensaient que nous étions leurs ennemis les

muros discurrentes tumultum magnum habuerunt, putantes nos esse adversarios Turcas et incensa una bombarda magna sonitu ingenti nos terruerunt. Quo terrore percussi lumina plurima accendimus et nos, et superioribus Galeae[1] stabamus, precantes, ne nos laederent, quia cruce Christi signati essemus, et amici Crucifixi, cujus inimicos paulo ante in[2] hoc loco prostratos esse nos minime lateret. Hoc cum custodes audivissent, Machinas paratas ad jaciendum contra nos averterunt, et arcus detentos remiserunt. Concurrerunt autem undique de civitate super murum cum faculis ardentibus videre hospites Christianos cupientes. Nullam enim navem Christianam adhuc **(18 A)** viderant, ex quo Turcorum classem a se fugaverant.

Porro speculator de turri interrogavit, qui essemus et unde essemus ? Cui unus de Galeotis minus provide respondit. Venetiani, inquit, sumus, et Galea est S. Marci propria. Dominus autem Patronus jussit pugnis tundi os Galeotae illius ; et alium praecepit clamare sic : Galea ista venit de Joppen, et inexistentes eam sunt milites peregrini de Ierusalem et navigare cupimus in Italiam. Timebat enim dominus Patronus, quod non gratus hospes esset, pro eo quod erat Venetianus, quibus Rhodiani non multum afficiebantur, propter confoederationem cum Turcis. Audito enim turribus quod essemus peregrini salutaverunt nos pacifice, et ante portum stabilire navem permiserunt, nequaquam autem portum intrare, ne forte dolosa simulatione deciperentur. Navi ergo locata in cumbas nostras descendimus, et dormivimus usque mane.

Mane antequam surgeremus, navigaverunt aliqui de Dominis Rhodiensibus ad nos perscrutantes Galeam et peregrinos videntes, cum quibus in civitatem navigavimus per Cadavera Turcorum interfectorum, quibus adhuc littus plenum erat, quos mare ejecerat. Et ingressi civitatem eam

[1] *post* galeae *add.* (partibus) *ed.*
[2] ni *ed.*

Turcs et s'efforçaient de nous terroriser en mettant à feu une grosse bombarde avec un bruit immense. Frappés de panique, nous allumons nous aussi de très nombreux feux, nous nous tenons sur les parties supérieures de la galère et les supplions de ne nous faire aucun mal : nous sommes marqués du signe de la croix du Christ, nous sommes des amis du Crucifié, dont les ennemis, nous le savons bien, ont été terrassés ici même peu de temps auparavant. Quand les gardes nous eurent entendus, ils détournèrent leurs engins tout prêts à nous tirer dessus, ils détendirent et posèrent leurs arcs. Et les citadins d'accourir sur la muraille de tous côtés avec des torches enflammées pour voir leurs hôtes chrétiens. Ils n'avaient encore vu jusqu'alors aucun bateau chrétien **(18 A)** depuis qu'ils avaient chassé la flotte turque de chez eux.

D'une tour, une sentinelle nous demanda alors qui nous étions et d'où nous venions. Un des marins de la galère répondit sans réfléchir : « Nous sommes vénitiens, la galère appartient à Saint-Marc ». Le patron lui fit rouer la figure de coups de poing et ordonna à un autre matelot de crier ceci : « Cette galère vient de Joppé, ses passagers sont des soldats pèlerins de Jérusalem, et nous avons le désir de nous rendre en Italie ». Le patron craignait en effet de ne pas être bien accueilli en tant que vénitien, car les Rhodiens n'aimaient pas les Vénitiens à cause de leur traité avec les Turcs. Quand ils eurent appris sur les tours que nous étions des pèlerins, ils nous saluèrent pacifiquement et nous permirent de mouiller devant le port, mais non pas d'entrer dans le port, par crainte d'être victimes d'une ruse. Le bateau immobilisé, nous descendîmes à nos « combes » et dormîmes jusqu'au matin[175].

Le matin, avant notre lever, quelques seigneurs rhodiens s'approchèrent pour examiner la galère et les pèlerins. Nous allâmes en ville avec eux, en naviguant au milieu des cadavres de Turcs que la mer avait rejetés et dont la côte était encore couverte. En entrant dans la ville, nous la trouvons misérablement détruite, pleine de boulets de pierre de grande et moyenne dimensions, que les Turcs avaient lancés avec leurs

miserabiliter destructam invenimus, et plenam spericis[1] lapidibus magnis et mediocribus, quos Turci machinis injecerant, quae dicuntur fuisse octo millia et unus per vicos et plateas et domos dispersi ; et ruinas miserabiles murorum et turrium, et multa alia de quibus in reversione[2] secundae Evagationis dicam. Mansimus autem quatuor diebus in Rhodo et consumpsimus multam pecuniam, quia omnia erant in carissimo foro facta ex quo Turci Insulam devastaverant et spoliaverant. Ego ipse emi pro domino meo Georio duas gallinas pro I. Ducato, quia erat debilis, sicut et ego ; laboravi enim tunc dysenteria, et de vita mea pene desperavi.

Interea tempus advenit, quo recedere deberemus, et ingressi sunt nobiscum in Galeam aliqui de dominis Johannitis, et quidam qui multis annis in Turcia capti fuerant, et missi in exercitu contra Rhodum, qui in obsidione confugerunt ad civitatem. Quidam etiam Iudaei, qui in obsidione fortiter egerunt, nobiscum transfretaverunt. Inter illos vero qui de captivitate Turcorum evaserunt, erat nobilis quidam de Austria, quem dominus meus ad se recepit, et in Alemaniam reduxit, quem miserrimum reperimus.

Fuit autem Galea nostra propter illorum ingressum facta arta et inquieta[3], et navigantes per ventos inutiles per diversa loca sumus deportati, et multum defectum sustinuimus antequam portum Cretensem apprehendimus. Quo tandem adepto Cretam ingressi sumus, et aliquibus diebus ibi mansimus, post quos sero quodam Galeam ingressi sumus, ut in nocte recederemus, introferentes ea quae emimus.

Mane facto et Galea soluta a tonsillis, cum eam ad ventum importunius verterent, temo, sive gubernaculum impegit in scopulos, et sub aqua rupit, et modicum distabat, quod navis cum rostro prorae in petras de littore prominentes impegisset, et tota Galea rupta et dissipata fuisset, **(B)** et nos

---

[1] *post* spericis *add.* [Sphaericis] *ed.*

[2] inreversione *ed.*

[3] iuquieta *ed.*

engins. Il y en avait, dit-on, huit mille un dispersés à travers les rues, les places, les maisons. Les lamentables ruines des murailles, des tours, beaucoup d'autres détails, j'en parlerai en racontant le retour de mon second voyage[176]. Nous restâmes quatre jours à Rhodes et nous y dépensâmes beaucoup d'argent parce que tout était devenu très cher depuis que les Turcs avaient ravagé et pillé l'île. J'achetai pour mon seigneur Georg deux poules pour un ducat ; il était très affaibli, et moi aussi, car je souffrais alors de dysenterie, et j'ai bien cru que j'allais mourir.

Puis le moment arriva où il fallut partir. Des seigneurs de l'Ordre de Saint-Jean montèrent avec nous sur la galère ; certains avaient été de nombreuses années prisonniers en Turquie et, enrôlés dans l'armée contre Rhodes, s'étaient, pendant le siège, réfugiés dans la ville. Des Juifs aussi, qui s'étaient comportés avec courage pendant le siège, firent la traversée avec nous. Parmi les anciens captifs qui s'étaient échappés de chez les Turcs, il y avait un noble autrichien que mon seigneur prit avec lui et ramena en Allemagne : nous l'avions trouvé en très misérable état.

Leur arrivée nous mit à l'étroit et causa de l'agitation sur la galère[177]. Les vents contraires nous menèrent en divers endroits et nous manquâmes de beaucoup de choses avant d'atteindre le port de Crète[178]. Nous le trouvâmes enfin, nous entrâmes en Crète et y restâmes quelques jours, après lesquels nous regagnâmes un soir le bateau pour y passer la nuit et y apporter ce que nous avions acheté.

Le lendemain matin, les amarres larguées, les hommes manoeuvrèrent à contretemps face au vent et le timon, c'est-à-dire le gouvernail, heurta des rochers et se brisa sous l'eau. Il s'en fallut de peu que le bateau ne heurtât de la proue les récifs du rivage qui faisaient saillie, que toute la galère ne fût brisée et détruite **(B)** et qu'on n'y laissât la vie. Un grand cri s'éleva dans le ciel et les gens de la ville voisine se précipitèrent à notre secours.

perissemus. Quapropter clamor magnus in altum attollitur et accurrentes populi de civitate periculo nostro succurrere cupientes.

Et quia temo jam ruptum erat, navigare non poteramus, sed Galeam reinduximus in portum ad locum ubi prius steterat. Quidam autem vir aquarius dispositis rebus ad refectionem gubernaculi se parabat, hoc modo nobis videntibus. Exuit se vestibus, usque ad femoralia, et acceptis clavis, malleo et forcipe infecit se mari, et ferebatur in profundum ad rupturam temonis, et sic sub aqua fabricavit clavos extrahens, alios incutiens. Et post longam moram, cum omnia refecisset, prodiit de profundo, et ad nos ascendit scandens sursum per latus Galeae. Haec quidem vidimus, sed quo modo artifex ille sub aqua spiraverit, et quomodo malleo percutere potuerit, et tam diu manere in aquis salsis penitus ignoro. Sed hoc scio, quod ingenium humanum igne et aquis dominatur, sicut humana ratio astris. Porro reformato temone, cum jam recedere non putaremus, surrexit ventus nobis contrarius, ita quod Galea non poterat nec extra portum educi, et regressi sumus in civitatem ad loca unde exivimus, et comedimus et bibimus.

Est enim optimus et pinguissimus maris portus omnibus mundi bonis abundans : praecipue tamen ibi est vinum Creticum, quod nos nominamus malphaticum, in toto mundo notum, et omnia sunt ibi in bono foro. Ideo grave non fuit nobis ibi manere, sed optabile.

Ideo circa vesperas revocati fuimus in Galeam et alii citius[1], alii tardius redierunt. Ego vero eram de primis in ea, et steti in castello Galeae ad respiciendum, an aliqui alieni praeter illos, qui in Cypro et in Rhodo ad nos ingressi fuerant, intrarent : et intraverunt duo Graeci Episcopi cum multis aliis.

Ea autem, quae alias ibi vidi, protinus non conscriberem, si maturitate omnimoda hoc Evagatorium ornatum habere

[1] citus *ed.*

Comme le timon était cassé, nous ne pouvions prendre la mer et nous ramenâmes la galère au port à l'endroit où elle se trouvait auparavant. Un homme de mer, avec qui accord fut pris, s'apprêtait à réparer le gouvernail, ce qu'il fit sous nos yeux de la manière suivante. Il se dévêtit, ne gardant que ses chausses, prit des clous, un marteau, des tenailles et se jeta à la mer ; il descendit dans les profondeurs jusqu'au point de rupture du timon, et c'est ainsi qu'il travailla sous l'eau, arrachant des clous, en plantant d'autres. Un long moment après, quand il eut tout remis en ordre, il émergea des profondeurs et monta vers nous en escaladant le flanc de la galère. Nous en avons été témoins, mais comment cet ouvrier a respiré sous l'eau, comment il a pu frapper du marteau et rester si longtemps dans les eaux salées, je l'ignore complètement. Ce que je sais, c'est que la nature humaine est soumise au feu et à l'eau, comme la raison humaine aux astres. Enfin, le timon fut réparé. Nous ne pensions plus faire demi-tour désormais, mais un vent contraire se leva, si bien que la galère ne pouvait même pas sortir du port. Nous retournâmes donc en ville aux logis d'où nous venions, pour manger et boire.

C'est un port de mer des meilleurs et des plus riches, qui regorge de tous les biens du monde. Toutefois la spécialité en est le vin crétois que nous appelons *malvoisie*, connu dans le monde entier. Tout là-bas est à bon marché. Cette escale ne nous fut donc pas pénible, mais fort agréable.

Le soir nous rentrâmes à la galère, les uns plus tôt, les autres plus tard. Pour ma part, j'y étais rentré dans les premiers, je me tenais sur le château de poupe pour observer s'il venait d'autres étrangers en plus de ceux qui étaient montés à Chypre et à Rhodes. Deux évêques grecs entrèrent justement, avec plusieurs autres personnes.

Ces scènes parmi d'autres dont j'ai été témoin là-bas, je n'aurais pas à les raconter tout du long si je voulais faire de ces *Errances* un récit en tout point compassé ; mais comme je l'ai promis dans la lettre à mes frères, j'ai souvent mêlé au sérieux l'agréable et le plaisant. Je me tenais donc à l'arrière et

vellem ; sed ut promisi fratribus meis in epistola, seriosis saepe jocunda et ludicra addidi. Interea me sic stante et ingredientes considerante, vidi plures de peregrinis vertiginosos supra marginem maris stare, et ad descendum in barccam trepidare. Vinum enim Creticum dulce et delectabile copiose sumptum vertiginem inducit. Erant autem gradus lapidei in litore ad murum civitatis, per quos oportebat ingredi Galeam volentem descendere, et naviculam parvam intrare, in qua ducebatur usque ad Galeam et iterum juxta Galeam exeundo scapham per alios gradus ascendere in Galeam ; quod illo vesperi multis erat adeo difficile, quod oportebat eos portari de gradibus muri in scapham, et de scapha in Galeam, usque ad stantias suas.

Inter alios venit quidam peregrinus servus quorundam dominorum de civitate, portans res dominorum suorum et flascones vini et saccum cum recentibus panibus, et ibat curvatus oneribus et cum hoc gravatus vino. Cumque venisset super gradus, et descendere inciperet ad mare in scapham, repente per praeceps cum omnibus quae portabat lapsus est in maris profundum. Statim autem ad clamorem astantium Barcaleri ad locum immersionis cum scaphis venerunt, et prodientem extraxerunt : panes autem et omnia quae portaverat supernatabant, et ad nihilum deducta et redacta sunt.

Aliquidam peregrinus sacerdos **(19 A)** Dalmata, mihi multum familiaris, etiam nimis de dulci gustaverat, ita quod cum labore in Galeam usque ad malum venit, et ibi stabat, loquens cum alio Dalmata usque ad tenebras. Stabat autem prope foramen carinae, per quod non est descensus nocte, sed tantum die, et dum nox est facta, deponitur scala, ut non inquietentur inferius dormientes in illo latere. Cumque ille bonus peregrinus locutionem suam finivisset, et jam nos inferius omnes in lectis nostris jaceremus colloquentes, volebat in cumbam suam descendere per proximum foramen, et ponens in incerto pedes, importune deorsum lapsus est per foramen in pavimentum carinae, ita quod galea ad suum

j'observais ceux qui entraient : je vis plusieurs pèlerins pris de vertige sur le bord du quai se mettre à trembler au moment de descendre dans la barque. Car le vin de Crète, qui est doux et délicieux, donne le vertige quand on en boit beaucoup. Or il y avait des marches de pierre sur la côte près du mur de la ville, il fallait les descendre quand on voulait rentrer à bord, monter sur un frêle esquif qui conduisait les gens à la galère et ensuite, le long de la galère, sortir du canot et gravir d'autres marches pour monter à bord. Cela était si difficile pour beaucoup ce soir-là qu'il fallait les porter des escaliers du mur sur la barque, et de la barque sur la galère, jusqu'à leur « stance ».

Entre autres vint un pèlerin, serviteur de certains seigneurs de la ville, portant les affaires de ses maîtres, des bouteilles de vin et un sac plein de pains frais. Il marchait courbé sous son chargement, sans compter qu'il était pris de vin. Comme il en était arrivé aux marches et qu'il commençait à descendre vers la mer pour atteindre le canot, il glissa soudain tête la première dans les profondeurs de l'eau avec tout ce qu'il portait. Les témoins poussèrent des cris et des canotiers arrivèrent aussitôt avec leurs barques à l'endroit de la chute pour sortir de l'eau l'homme qui émergeait : les pains et tout ce qu'il portait flottaient à la surface et furent complètement perdus et anéantis.

Un autre pèlerin, prêtre **(19 A)** dalmate, que je fréquentais beaucoup, avait lui aussi abusé du vin doux : c'est à grand-peine qu'il revint sur la galère jusqu'au mât, où il se tint devisant avec un autre dalmate jusqu'en pleine nuit. Il se tenait près de l'écoutille de la cale, où l'on ne descend pas de nuit, mais seulement de jour. La nuit venue, on enlève l'échelle pour que ceux qui dorment en bas dans le flanc du bateau ne soient pas dérangés. Comme ce bon pèlerin avait fini ses discours, et que nous étions déjà tous en bas étendus sur nos lits à converser, il voulut descendre dans sa « combe » par l'écoutille toute proche, et mettant le pied dans le vide, il tomba malencontreusement par l'écoutille sur le plancher de la cale. Cette chute ébranla la galère, car c'était un homme grand et

casum tremuit, quia erat vir magnus et crassus. Nos vero omnes conticuimus, perterriti auscultantes quis cecidisset. Statim autem ille illaesus surrexit, et cum ira incepit lingua balbutiente quaerere, dicens : Ecce scalam sub pedibus habui et per tres gradus descendi et quidam traxit mihi eam de pedibus et cecidi. Cui cum quidam diceret : scalam ante horam fuisse depositam[1] ; respondit : non est ita, quia tribus gradibus jam descenderam, et in tertio gradu me consistente mihi est detracta.

Ad haec verba omnes fuimus resoluti in risum, scientes scalam ante horam fuisse amotam ; ego vero jocundatus magis fui, congaudens socio, quod in tam periculoso et alto casu nihil mali sibi accidit, multum in risum concitatus fui. Cumque audivisset me ridentem infremuit contra me. Ecce, inquit, manifeste cerno, quod tu frater Felix mihi scalam traxisti de pedibus. Certe Galeam non exibis, nisi me vindicavero. Cumque me excusarem, plus indignabatur, et mihi maledicebat, jurans se in crastinum vindictam de me sumere. Sed dormitio sequens omnes vertiginosos et aegrotos, quos vinum Creticum debilitaverat, sanavit : nec in crastinum memoria istorum fuit. Si ille peregrinus absque vino et sobrius istum casum accepisset, forte cervicem aut tibias confregisset. Communiter enim ebrii in casibus periculosis sunt caeteris fortunatiores, sed non prudentiores, dempto Polemo juvene ebriosissimo, de quo legitur in vita Xenocratis Philosophi discipuli Platonis, qui totus ebrius et lascivis vestibus indutus cum per civitatem Athenas madens vino discurreret, et scholas Xenocratis apertas cerneret, intravit, ut disciplinis intendentes derideret. Cumque omnes ad ejus ingressum indignarentur, Xenocrates vultu maturo, omissa re, de qua disserebatur, de modestia et temperantia

loqui cepit. Cujus gravitatem sermonis Polemon audiens, primo detractam de capite coronam florum projecit, postmodum pallium seculare deposuit, et ad ultimum

---

[1] dopositam *ed.*

corpulent. Nous restâmes tous muets, effrayés et cherchant à savoir qui était tombé. Il se releva aussitôt sans une blessure, et se mit à se plaindre avec des balbutiements de colère : « J'avais l'échelle sous le pied et j'en avais déjà descendu trois marches, quand quelqu'un me l'a retirée du pied, et je suis tombé ! ». Quelqu'un lui dit que l'échelle avait été enlevée une heure auparavant. « Non, répondit-il, j'avais déjà descendu trois marches et c'est quand je faisais une pause à la troisième marche qu'on me l'a retirée. »

Ces paroles nous firent tous éclater de rire, car nous savions bien que l'échelle avait été ôtée une heure auparavant. J'étais particulièrement heureux, je me réjouissais avec mon compagnon qu'une chute si dangereuse et de si haut ne lui eût causé aucun mal, et cela me fit beaucoup rire. Quand il m'eut entendu rire, il devint furieux contre moi. « Ah oui, je m'en rends compte, c'est évident, c'est toi, Frère Félix, qui m'as retiré l'échelle de sous les pieds. Crois-moi, tu ne sortiras pas de la galère que je ne me sois vengé. » Comme j'essayais de me disculper, il n'en était que plus indigné, il me lançait des malédictions et jurait qu'il se vengerait de moi le lendemain. Mais le sommeil qui suivit guérit tous les gens malades et pris de vertige, que le vin de Crète avait affaiblis : aucun d'eux ne se souvint plus de rien le lendemain. Si ce pèlerin avait fait cette chute sans avoir absolument rien bu, il se serait peut-être rompu le cou ou les jambes. Dans les chutes dangereuses, les hommes ivres ont généralement plus de chance que les autres, mais non pas plus de sagesse, exception faite pour ce jeune homme très porté sur le vin, Polémon, dont on lit l'histoire dans la vie du philosophe Xénocrate, disciple de Platon. Complètement ivre, vêtu comme un libertin, Polémon allait çà et là, tout imbibé de vin, dans la ville d'Athènes ; voyant l'école de Xénocrate ouverte, il y entra pour se moquer des étudiants. Cette intrusion indignait tout le monde, mais Xénocrate, le visage grave, laissa le sujet que l'on traitait et se mit à parler de la modération et de la tempérance. La gravité de son propos impressionna Polémon : il arracha de sa tête sa couronne de

omnibus voluptatibus spretis ad unius orationis auditum philosophus maximus evasit.

Transacta illa nocte in crepusculo navem solvimus, et extra portum per ventum elati sumus. Sed cum non longe venissemus, occurrit nobis ventus contrarius, et jactabamur in fluctibus sine progressu. Conabantur ergo portum Creticum reintrare ; sed non poterant obsistente vento. Mare autem fervescebat et intumescebat nimis inter nos et Candiam. Porro gubernatores videntes incautum esse, navem tantis oneribus gravatam, aurae fluctibus committere, a latere ventorum studebant terram petere, et magno labore pervenimus ad montana Cretae infra civitatem ad duo militaria, ibique ejectis anchoris navem fiximus in sterili et deserto loco. Sequenti nocte solvimus Galeam, et mare ingressi ventum magnum habuimus, sed inutilem et passi fuimus ingentem tempestatem illa nocte et die sequenti. Alia vero nocte, quae fuit in festo S. Michaelis, concussum est mare adeo horribiliter, sicut unquam vidimus in tota ista navigatione. In hac tempestate multi vota voverunt Domino. Quidam enim, qui hactenus noctem S. Michaelis cum ventris ingluvie peregerunt, voverunt illam vigiliam cum jejunio, quoad viverent, peragere. Aquae enim intemperatae incidentes nos multum perturbabant, et eramus omnes infirmi, et vertiginem ac evomitationem patiebamur propter navis agitationem. Illa tempestate durante factus est ventus ille pro nobis, qui prius erat **(B)** contra nos, et velocissimo cursu multas regiones postergavimus, et prope Metonam venimus, sed in portum intrare non valuimus. Et ne vi ventorum retrorsum pelleremur, portum quemdam desertum inter parietes petrarum intravimus. Et quia vix per miliare Alemanicum a Metona eramus, nos peregrini acceptis sacculis nostris per terram in Metonam ivimus ibique Galeam exspectavimus.

fleurs et la jeta à terre, abandonna son vêtement mondain et, méprisant définitivement tous les plaisirs, il devint un très grand philosophe pour avoir entendu cet unique discours[179].

La nuit se passa et avant l'aube, nous levâmes l'ancre et le vent nous fit sortir du port. Mais nous n'étions pas arrivés bien loin qu'un vent contraire nous vint de face ; nous étions ballottés dans les vagues sans avancer. Les marins essayaient de retourner au port de Crète, mais le vent les en empêchait. La mer bouillonnait et se gonflait à l'excès entre nous et Candie. Les pilotes, se rendant compte qu'il n'aurait pas été prudent de confier aux tourbillons du vent un bateau si surchargé, s'efforçaient d'atteindre la terre en prenant les vents de biais. Nous arrivâmes à grand-peine aux montagnes de Crète à deux milles plus bas que la ville, et nous jetâmes l'ancre et mouillâmes dans un endroit aride et désert.

La nuit suivante, nous levâmes l'ancre et nous reprîmes la mer avec un vent fort mais contraire. Nous essuyâmes une très grosse tempête cette nuit-là et le jour suivant. Une autre nuit, c'était à la Saint-Michel[180], les secousses de la mer furent les plus horribles que j'ai jamais vues pendant tout ce périple. Beaucoup firent des voeux au Seigneur pendant cette tempête. Certains, qui jusqu'à la nuit de la Saint-Michel s'étaient empiffrés, firent voeu de passer cette vigile dans le jeûne pour le reste de leur vie. Les eaux, qui s'abattaient sans répit sur nous, nous démoralisaient complètement, nous étions tous malades, l'agitation du bateau nous donnait le vertige et nous faisait vomir[181]. Pendant cette tempête, le vent, qui était d'abord contre nous, tourna en notre faveur **(B)**, nous laissâmes derrière nous bien des lieux en une course très rapide et nous arrivâmes près de Méthone sans pouvoir entrer dans le port. Pour n'être pas repoussés en arrière par la force des vents, nous entrâmes en un mouillage désert entre des falaises. Et comme nous étions à peine à un mille alémanique de Méthone[182], nous les pèlerins, nous prîmes nos sacs pour aller à Méthone par voie de terre et y attendre la galère.

Deinde a Metona recessimus, et rapido cursu in Corzyram venimus, ubi alii peregrini divisi fuerunt a nobis. At vesperascente die de Corzyra ad insulas Gozapolis delati sumus. Dum autem obscura nos adesset, nec aliqua sidera apparerent, facto euripppo, orta est saevissima tempestas, et horribilis aeris et maris perturbatio. Venti enim validissimi in altum nos levabant, et fulgura coruscabant et tonitrua horrenda intonabant, cum quibus hinc inde formidanda fulmina cadebant : adeo ut in multis locis mare ardere videbatur. Sed et pluvia ita intemperate inundabat, ac si nubes fractae et penitus dissolutae caderent. Insuper procellae importune accurrentes in Galeam cadebant, eamque continue operiebant, et latera Galeae adeo dure percutiebant, ac si de monte aliquo grandes lapides contra asseres currere per praeceps mitterentur.

Saepe de hoc miratus sum in maris tempestatibus existens, quod aqua, cum sit corpus rarum, tenue et molle, tam duram impactionem in corpus oppositum potest facere : facit enim strepitum ad navem currens, ac si molares de saltu accurerent, nec mirum si navem ferream destruerent. Aquae tamen maris sunt magis importunae, sonorosae et magis mirabiles sunt in suis elationibus, quam aliae aquae. Ego habui delectationem magnam in tempestatibus superius sedendo aut stando, et videndo mirabiles successus procellarum et occursus horribiles aquarum.

Tolerabiles sunt tempestates diurnae, sed nocturnae sunt nimis inhumanae, praecipue quando sunt saevae, sicut fuit illa, de qua nunc loquor. Fuit enim saevissima et in intensis tenebris, nec erat lumen, nisi quod coruscationes continuae fulgurum causabant. Et erat tam saevus ventus elevans et dejiciens Galeam, eamque nunc huc nunc illuc inclinans et concutiens, quod nemo in cumba sua[1] poterat jacere, minus sedere, minime stare : sed ad columnas in medio sustentantes superiora aedificia pendere necesse erat ; vel

[1] cumbasua *ed.*

Nous quittâmes ensuite Méthone et parvînmes rapidement à Corcyre, où des pèlerins se séparèrent de nous[183]. Le soir tombant, nous fûmes poussés de Corcyre aux îles Gazopoli. Il faisait nuit noire et on ne voyait aucune étoile, la galère fit alors canal[184] et une terrible tempête se leva avec un effroyable bouleversement de l'air et de la mer. Des vents extrêmement puissants nous projetaient en l'air, des éclairs s'allumaient, d'horribles tonnerres grondaient, d'où s'abattaient des coups de foudre terrifiants : en maints endroits la mer paraissait être en feu. La pluie ruisselait en telle quantité qu'on aurait cru que des nuages brisés et complètement vidés se déversaient. D'en haut les bourrasques s'abattaient violemment sur la galère et la recouvraient continuellement, frappaient ses flancs avec une telle force qu'on aurait cru qu'on envoyait rouler contre les espars de grosses pierres précipitées du haut d'une montagne.

Ce qui m'a souvent étonné dans les tempêtes en mer, c'est que l'eau, qui est une matière peu dense, liquide, sans dureté, puisse produire un impact aussi violent contre un corps opposé : elle fait en effet un fracas en se jetant contre le bateau, comme s'il était bombardé de pierres meulières, qui seraient tout à fait susceptibles de détruire un bateau en fer. Les eaux de la mer sont vraiment plus brutales, plus bruyantes, plus extraordinaires, quand elles se soulèvent, que les autres eaux. J'ai pris grand plaisir pendant les tempêtes à me tenir sur le pont assis ou debout et à voir les extraordinaires approches des bourrasques et les effroyables chocs des eaux.

Les tempêtes sont supportables le jour, mais la nuit elles sont trop cruelles, surtout quand elles ont la violence de celle dont je parle ici. Elle fut en effet des plus violentes et l'obscurité était totale ; il n'y avait pas de lumière à part celle que produisaient les fulgurations continuelles des éclairs. Le vent qui faisait monter et descendre la galère, qui l'inclinait et la secouait tantôt d'un côté tantôt d'un autre était si déchaîné que personne ne pouvait rester étendu sur sa couchette, ni rester assis, encore moins se tenir debout ; il était nécessaire de se retenir aux piliers qui soutiennent, au milieu de la cale, les

flexis poplitibus ante cistas procumbere, brachiis et manibus easdem complectere et sic tenere se, et inter haec non nunquam cistae magnae et graves cum adhaerentibus evertebantur. Nam ita diversos motus et violentos facit Galea, quod omnia, quae stant, evertit et quod dictu mirabile est, sed verissimum, ea quae in parietibus ad uncos pendebant, de uncis solvebantur, et cadebant.

Quamvis autem navis fuerat bitumine undique linita et aliis, quibus aquae ingressus et instillatio prohibetur, **(20 A)** in hac tamen tempestate aqua per insuspectas rimas ingrediebatur undique, ita quod in tota carina non fuit quidquam, quod non esset in aqua, lecti nostri et omnia erant madida, panes biscotae et nostri paximates vel paximacii aqua tacta in nihilum sunt reducta.

In carina inferius fuit terror et miseria ; superius vero labor et angustia. Ventus velum magnum in petias dilaceravit. Ideo antennam submiserunt, et velum aliud, quod nominant papafigo, tempestatibus aptum, appenderunt : sed cum sursum antennam cum complicato velo traxissent, et Galestreli marinarii sub antennam sedentes ligamina solvissent, et velum deorsum caderet, Galeotaeque inferius polistrelum, id est funem, quo inferiores extremitates veli tenentur, in manibus tenerent : ecce ventus repente irruens importune velum implevit, et polistrelum de manibus Galiotorum avulsit, velumque rapuit et ipsum supra mali summitatem et supra kebam in altum evexit : et ita importune in aere volitabat, quod antenna ut arcus inclinabatur : et ipse malus grossus et magnus de multis lignis et arboribus simul junctis factus fragores magnos dabat, ac si jam ruptus fuisset et fractus in medio. In quo maximum expectavimus[1] periculum, quia si in tanta tempestate fractus fuisset, mox involuti aquis submersi cum Galea fuissemus. Sicut enim avis non potest volare sine pennis et alis, sic gravissima

---

[1] expectabimus *ed.*

superstructures ; ou bien encore de fléchir les jarrets, de s'accroupir devant les coffres, de s'y agripper des bras et des mains et de se tenir ainsi, et avec cela, il arrivait parfois à des coffres grands et lourds de se renverser avec ceux qui s'y accrochaient. La galère fait des mouvements si divers et si violents que tout ce qui est à la verticale bascule et, chose inouïe mais absolument authentique, les objets qui étaient suspendus à des crochets se décrochaient et tombaient.

Bien que le navire eût été complètement calfaté de bitume et autres produits qui empêchent la pénétration et l'infiltration de l'eau **(20 A)**, l'eau pénétra de tous côtés pendant cette tempête par des fissures imprévisibles, de sorte qu'il n'y eut rien, dans toute la cale, qui ne fût dans l'eau, que nos lits et toutes nos affaires étaient trempés, que nos pains, nos biscottes et nos galettes ou biscuits, détrempés, furent complètement perdus.

Dans la cale inférieure, c'était la terreur et la misère ; au-dessus, la peine et l'angoisse. Le vent mit en pièces la grand-voile. Les hommes installèrent alors une vergue et y suspendirent une autre voile, adaptée aux tempêtes, qu'ils appellent *papafigo*. Ils tirèrent vers le haut la vergue avec la voile repliée, puis les marins de la galère, placés sous la vergue, défirent les attaches et, alors que la voile tombait vers le bas et que les matelots en-dessous tenaient bien en main l'écoute, c'est-à-dire le cordage avec lequel on retient les extrémités inférieures de la voile, voici qu'un coup de vent soudain gonfla malencontreusement la voile, arracha l'écoute des mains des matelots, emporta la voile elle-même et la projeta dans les airs par-dessus le sommet du mât et par-dessus la hune[185] ; elle battait si fâcheusement aux vents que la vergue se tendait comme un arc ; le mât lui-même, grand et gros et fait de maint arbre et bois assemblés, faisait entendre de grands craquements, comme s'il était déjà cassé et brisé en plein milieu. Nous nous attendions au plus grand péril, car si le mât s'était cassé en une telle tempête, nous aurions été aussitôt entraînés et engloutis avec la galère. Car de même qu'un oiseau

navis non potest procedere sine velis, quae sunt pennae ejus et alae. Ideo quando Poetae loquuntur de equis alatis, non aliud volunt, nisi naves velatas intelligi. Sicut Perseus venit de Graecia in equo alato, et liberavit Andromedam de scopulo Joppe etc.

Dabat ergo malus horribiles multos fragores et antennae similiter ; et tota Galea in omnibus juncturis videbatur dissolvi. In nulla re magis territus fui in tempestatibus, quam in magnis fragoribus navis, qui ita importuni sunt, quod homo aestimat jam navem esse in aliqua parte ruptam. Nec potest se homo continere a clamore emittendo, propter subitum et horridum sonum fragorum. Stetimus ergo in tristi spectaculo, et in lamentabili periculo. Porro velo sic in aere volante, discurrebant Galioti et caeteri marinarii cum tanto clamore et ululatu, ac si jam gladiis essent confodiendi, et par rudentes super antennam scandebant, velum conabantur de sublimi ad se attrahere. Caeteri inferius currebant undique polistrelum capere, et reaccipere quaerebant : alii trochleis aptantes funes et spiras circumducebant.

Peregrini vero et alii ad hos discursus et labores inutiles Deum orabant, et sanctos invocabant. Aliqui suas confessiones faciebant, tanquam jam in procinctu constituti, articulum ultimum mortis expectantes. Aliqui vota magna emittebant ad Romam, ad S. Jacobum, et ad Beatam virginem hinc inde se ituros promittebant, ut hanc mortem evadere possent. Non enim nisi mors praesens timebatur. Cogitavi ad parabolas Anacharsis Philosophi, qui navigantes nec vivis nec mortuis connumerandos esse dixit. Insuper eos non nisi quatuor digitis a morte distare probavit, cum parietes navis in spissitudine habeant quatuor digitos. Interrogatus etiam, quae naves essent tutiores ? respondit : illae, quae in terra extra mare jacent ; in mare nullam asserens esse securitatem, propter multiplicia et repentina pericula. **(B)**

ne peut voler sans plumes ni ailes, ainsi un bateau très lourd ne peut avancer sans les voiles qui sont ses plumes et ses ailes. D'ailleurs, quand les poètes parlent de chevaux ailés, ils ne veulent rien désigner d'autre que des bateaux à voiles. Ainsi Persée vint-il de Grèce sur un cheval ailé et libéra-t-il Andromède sur le rocher de Joppé etc.

Le mât faisait donc entendre de nombreux et affreux craquements et les vergues aussi ; la galère entière donnait l'impression de se disloquer dans toutes ses jointures. Rien ne m'a autant fait peur dans les tempêtes que les grands craquements du bateau qui sont si fâcheux que l'on croit qu'il est déjà brisé quelque part. On ne peut se retenir de pousser des cris en entendant le bruit soudain et effroyable de ces craquements. Nous étions donc dans ce triste spectacle, dans ce lamentable péril. Tandis que la voile volait ainsi dans les airs, les matelots et autres marins couraient de tous côtés en criant et braillant, comme si on allait les transpercer avec des épées, montaient sur la vergue par les haubans, essayaient de ramener à eux la voile du haut des airs. D'autres, en bas, couraient de tous côtés pour saisir l'écoute et cherchaient à la rattraper ; d'autres attachaient des bouts à des poulies et les y enroulaient.

Devant ces va-et-vient et ces fatigues inutiles, les pèlerins et les autres priaient Dieu et invoquaient les saints. Certains se confessaient, attendant l'article ultime de la mort comme s'ils en étaient déjà à l'heure fatidique. D'autres faisaient des voeux solennels, promettaient d'aller d'ici là à Rome, à Saint-Jacques[186], à la Bienheureuse Vierge[187] s'ils échappaient à la mort. Car la présence de la mort était l'unique crainte. Je songeai aux remarques du philosophe Anacharsis[188], selon lequel ceux qui naviguent ne doivent être comptés ni parmi les vivants ni parmi les morts. Il ajoute qu'ils ne sont qu'à une distance de quatre doigts de la mort, puisque quatre doigts, c'est l'épaisseur des parois d'un bateau[189]. Quand on lui demanda quels bateaux étaient les plus sûrs, il répondit : ceux qui sont sur terre, hors de la mer, affirmant qu'il n'y avait

Grassante igitur hac terribili tempestate, ecce subito et ex insperato de coelo adjutorium advenit. Inter fulgura enim et coruscationes aparuit lux quaedam stans supra proram in aere aliquantulum fixa. Deinde paulatim se movit per gyrum Galeae usque ad puppim et ibi evanuit. Fuit autem lux illa radius igneus longitudinem cubitus habens. Hanc lucem cum gubernatores Galeotae et marinarii caeteri vidissent, et peregrini qui superius erant, cessaverunt ab omni labore, et siluerunt ab omni strepitu et clamore, et provoluti ad genua extensis in caelum manibus mediocribus vocibus[1] nihil aliud promebant, quam Sanctus, Sanctus, Sanctus. Porro nos inferius mysterium ignorantes, perterriti de subita quiete et silentio, et de insolita oratione ; aestimavimus eos a laboribus cessasse propter desperationem, et Sanctus clamare propter instantem exspirationem, et stabamus attoniti, finem eventus exspectantes. Et ecce quidam ostium, quod supra foramen commune Galeae, per quod de superioribus in carinam descenditur, removit, et aperuit, et supra scalam stans, clamavit verbis Italicis. O Signior pelegrini non habeate paura que questo note non avereto fortuna : quod tantum sonat : O Domini peregrini nolite timere, quia hac nocte et praesenti tempestate nihil mali patiemur, quia consolationem de caelo habuimus. Post hoc perseverante tempestate, recurrebant Galeotae ad solitos labores, et jam non ullulabant ut prius, sed laetis clamoribus jubilantes laborabant. Non enim laborant nisi cum clamore.

Nemo autem aestimet, quod jam dicta de luce sint ficta aut fabulosa, sed sunt verissima, et ea plus quam ducentorum testium assertione hodie in humanis viventium probare possem. Nequaquam enim abbreviata est manus domini, ut salvare non possit in tribulatione existentes. Sed quis

---

[1] votibus *ed.*

aucune sécurité en mer à cause des dangers multiples et imprévus. **(B)**

Comme cette terrible tempête[190] sévissait, voici qu'arriva soudain un secours inespéré du ciel. Parmi les éclairs et les fulgurations apparut une lumière qui se tint un court instant immobile dans les airs au-dessus de la proue. Ensuite peu à peu elle se déplaça en faisant le tour de la galère jusqu'à la poupe et là elle disparut. Cette lumière était un rayon de feu long d'une coudée. Quand les pilotes, les matelots et les autres marins eurent vu cette lumière, ainsi que les pèlerins qui étaient sur le pont, ils interrompirent tout travail, ils cessèrent tout bruit et tout cri, ils se jetèrent à genoux, levèrent les mains au ciel et ne disaient rien d'autre, à voix basse, que : « Saint, saint, saint ». Nous qui étions en bas et ignorions le mystère, nous étions terrifiés par ce calme et ce silence soudains, par cette prière inaccoutumée. Nous crûmes qu'ils avaient interrompu leurs efforts par désespoir et qu'ils disaient le *Sanctus* parce qu'ils s'apprêtaient à rendre le dernier souffle ; nous étions frappés de stupeur et attendions la suite des événements. Or quelqu'un tout à coup tira la porte qui ferme la principale écoutille de la galère, par laquelle on descend du pont dans la cale, ouvrit et, du haut de l'échelle, s'écria en italien : « *O Signior pelegrini non habeate paura que questo note non avereto fortuna* », ce qui veut dire : « Seigneurs pèlerins, n'ayez crainte, car pour cette nuit et dans la présente tempête, nous ne subirons aucun mal, car nous avons eu un réconfort du ciel. » Ensuite, comme la tempête se poursuivait, les matelots coururent à nouveau à leurs tâches habituelles, mais ils ne braillaient plus comme auparavant, ils travaillaient en poussant des cris de bonheur et de joie (ils ne travaillent en effet qu'en poussant des cris).

Qu'on ne croie pas que ce que je viens de raconter sur cette lumière soit inventé ou légendaire : c'est absolument authentique, et je pourrais le prouver par le témoignage de plus de deux cents personnes aujourd'hui vivantes[191]. D'ailleurs, il n'y a pas lieu de penser que la main du Seigneur

meruerit hanc miraculosam liberationem Deus scit, qui etiam Ethnicis et Idololatris[1] in talibus periculis clamantibus miraculose succurrit. Dum enim impetu maris volvuntur anxia necessitate incassum ad surda loca exclamantes, non tamen omnino salutem desperant ; nam quandoque a maris exaestuante fluctu nave in altum elevata, tanquam Deus quispiam salutem attulit periclitantibus. Haec Diodorus Antiquarum historiarum lib. 4. de navigatione Trogloditarum in sinu Arabico.

Verum etsi[2] propter peccata mea aut alicujus alterius indigni fuimus caeli signo, tamen <animae>[3] aliorum devotissimorum peregrinorum, et potissime honestarum foeminarum, quae in tribulationibus patientes devotissime et lacrymabiliter orabant, dignae divina consolatione erant. Insuper num[4] Deo derelictus sit pauper, qui in clamores et lamenta miserorum et pauperrimorum Galiotorum attenderit, qui in medio tribulationis et procellarum ipsum Deum, virginem Mariam, et Angelos ac Sanctos crebris et altis clamoribus interpellabant ? Aut quis scit, an forte angustiae mulieris impraegnatae, uxoris fratris domini Patroni, quae in Cypro ad nos ingressa fuerat, ad aures divinae pietatis pervenerint ? vel fructus ventris ejus necdum ex utero natus divinam pietatem obtinuerit, et propter salvationem animae **(21 A)** ejus omnes nos salvos transire permiserit ? An ignoramus, quod Deus sit pronior ad miserendum quam ad puniendum ? Si ergo Sodomitas eum irritantes juste ignis consumpsit, quia nullus inter eos reperiebatur bonus, propter quem omnibus parceret, et misericorditer parvulos eorum innocentes pariter cum ipsis occidit, ne imitatores fierent parentalis nequitiae ; quid mirum, si fideles Deum

---

[1] idolotatris *ed.*

[2] esti *ed.*

[3] animae *addidimus* : *om. F ed.*

[4] cum *ed.*

se soit affaiblie, au point de pas pouvoir sauver ceux qui sont dans la tribulation[192]. Mais qui a mérité ce salut miraculeux, Dieu seul le sait, Lui qui accorde son secours miraculeux même aux païens et aux idolâtres quand ils crient en de tels dangers. Quand, roulés dans les flots, ils lancent dans leur détresse de vains appels aux cieux qui restent sourds, ils ne laissent pas d'avoir quelque espérance de salut. Car parfois, quand le bateau est soulevé dans les airs par le bouillonnement des vagues de la mer, c'est bien quelqu'un comme Dieu qui sauve ceux qui sont en danger. C'est ce que raconte Diodore au livre quatre de ses *Antiquités* à propos de la navigation des Troglodytes dans le golfe Arabique[193].

Certes nous ne méritions pas un signe du ciel, à cause de mes péchés ou de ceux de quelque autre voyageur, mais les âmes d'autres pèlerins particulièrement dévots, et tout spécialement des honorables femmes qui enduraient courageusement les tribulations en priant dans la plus grande dévotion et les larmes, étaient dignes de la consolation divine[194]. D'ailleurs, un pauvre pécheur pourrait-il être complètement abandonné de Dieu, puisqu'Il a prêté l'oreille aux cris et aux lamentations des misérables et si pauvres matelots, qui, au milieu de la tribulation et des bourrasques, ne cessaient d'invoquer à grands cris Dieu lui-même, la Vierge Marie, les anges et les saints ? Qui sait si les souffrances d'une femme enceinte, l'épouse du frère du patron[195], qui était montée avec nous à Chypre, ne sont pas parvenues aux oreilles bienveillantes de Dieu ? Peut-être le fruit de ses entrailles, non encore né, a-t-il gagné la bienveillance divine, et, pour le salut de son âme **(21 A)**, nous a-t-il permis à tous de traverser la tempête sains et saufs ? Eh quoi ! ignorons-nous que Dieu est plus enclin à la miséricorde qu'au châtiment ? Bien sûr, le feu a détruit en toute justice les Sodomites qui causaient sa colère, parce qu'il ne s'en trouvait parmi eux aucun de bon, pour lequel Il leur eût tous pardonné, et, dans sa miséricorde, Il a fait périr pareillement avec eux leurs petits enfants innocents, pour qu'ils n'imitent pas la débauche de leurs parents. Mais

glorificantes, et propter eum peregrinantes, eiusque auxilium precantes juste ab aquis salvat omnes ? quia non solummodo quinque tantum, sed forte quinquaginta, quos Abraham primo putavit in Sodomis inveniendos. Gen. 18. p. 24., boni in navi reperibeles erant, propter quos parcere cunctis, etiam criminosis paratus est, et puerum illum in utero[1] matris misericorditer conservare, quem forte scivit fore futurum imitatorem virtutum et legum divinarum.

Igitur in hac tempestate magnam viam fecimus de vero nostro itinere : quia venti contra portus nobis optatos nos impellebant, et duravit illa tota nocte et die sequenti. Porro facto die, et tempestate durante in patientia sic mansimus sine cibo et potu, quia non erat ignis in Galea, et coquina superius plena erat aquis et cum hoc omnes vertiginosi eramus facti, et

abominabamur omnes cibum et potum propter stomachi subversionem. Et siquis etiam aliquid manducasset, durante tempestate, non retinuisset, sed mox vomitando ejecisset. Nihil enim melius in tempestatibus, quam vacuo stomacho manere. Et praeterea omnis panis noster corruptus et inutilis factus fuit, per salsas maris aquas, et ita cogebamur jejunare. Altera die processimus dimittentes Ragusium civitatem ad dextram, et Cursulam ad sinistram, et venimus Laesinam in civitatem : quam ingressi refecti sumus, et a vertigine capitis liberati. Mansimus autem Laesinae tribus diebus, quia maximi venti in mari erant, quos timebamus, quamvis pro nobis fuissent : et etiam mansimus propter dominae praegnantis et gravidae refocillationem, quae valde fuerat in illis tempestatibus infirmata ; mirum est quod non fuit mortua simul cum foetu in tantis terroribus. Deinde de Lesina navigavimus cum bono vento.

Sed nocte jam incipiente confortatus est ventus et nimis invaluit, projecitque nos in eurippos ad loca asperrima,

---

[1] utro *ed.*

quand des fidèles Le glorifient, se rendent en pèlerinage pour Lui, implorent à juste titre son secours contre les eaux, est-il étonnant qu'Il les sauve tous ? Car sur le bateau, comme Abraham l'avait d'abord supposé pour Sodome (*Genèse* 18, 24), on aurait pu en trouver non seulement cinq, mais peut-être cinquante de bons[196], pour lesquels Il était prêt à les épargner tous, même les pécheurs, et à conserver miséricordieusement en vie dans le sein de sa mère cet enfant qu'il savait peut-être devoir être un imitateur futur des vertus et des lois divines.

Dans cette tempête, nous nous écartâmes beaucoup de notre véritable route : les vents nous poussaient loin des ports que nous avions choisis, et cela durant toute la nuit et le jour suivant. Comme le jour était là et que la tempête continuait, nous restâmes à attendre patiemment sans manger ni boire, parce qu'il n'y avait pas de feu sur la galère, que la cuisine, sur le pont, était pleine d'eau, que nous souffrions tous du mal de mer, que nous éprouvions tous, l'estomac retourné, une complète répulsion pour la nourriture et la boisson. Si quelqu'un avait mangé quelque chose pendant la tempête, il ne l'aurait pas gardé mais l'aurait vite rendu en vomissant. En fait, il n'y a rien de mieux pendant les tempêtes que de rester l'estomac vide. En outre, tout notre pain étant gâté et immangeable à cause de l'eau salée, nous étions bien forcés de jeûner. Le deuxième jour, nous continuâmes en laissant la ville de Raguse à droite et Curzola à gauche, et nous arrivâmes à la ville de Lésina[197] ; nous y entrâmes pour refaire nos forces et nous débarrasser du mal de mer. Nous restâmes à Lésina trois jours parce qu'il y avait en mer de très grands vents que nous redoutions, bien qu'ils fussent dans notre sens. Nous restâmes aussi pour la guérison de la dame enceinte que les tempêtes avaient rendue extrêmement malade. Il est extraordinaire qu'elle n'ait pas trouvé la mort, elle et l'enfant qu'elle portait, dans de telles alarmes. Puis nous repartîmes de Lésina avec un bon vent.

Mais au début de la nuit le vent augmenta, devint trop fort et nous jeta dans des courants vers des lieux particulièrement

scopulis et rupibus plena, in quibus non potest fieri nocturna navigatio. Applicuimus autem ad radices cujusdam scopulosi montis et bolide ejecto fundum quaesivimus, ad stabiliendam ibi navem, quia tenebrae subito nos praeoccupaverant, quod non poteramus adire aliquem portum signatum, nec ulterius procedere. Cumque jam prope montem essemus et Galeam vertere conarentur, mox violenter a vento impulsa et fluctibus mota importune girare cepit, et minabatur cum prora in cautes et scopulas montis incidere, et sic Galea dirupta fuisset. In ipsa autem navis gyratione Galioti periculum cognoscentes horribili clamore caelum implebant et discurrebant, seque ad evasionem disponebant. Interea duo Episcopi et nos cum illis inferius eramus, et famuli Episcoporum ad foramen carinae currebant, qui erant superius, ac desperate clamabant : O domini venite sursum, navis rumpenda mergetur. Ad hunc clamorem Episcopi cum suis tumultuose surgentes ascenderunt. Similiter et alii fecerunt, et facta fuit compressio **(B)** magna in scalis et cursus mirabilis omnium ad puppim festinantium, ut in scaphas ejectas saltarent.

Servi et domini Patroni cum gladiis abscissis funibus scapharum in mari eas cadere permiserant, ut periculo submersionis instante ipse cum fratre et uxore fratris et aliis domesticis suis primi evaderent. Verumtamen nemo adhuc in scaphas descenderat, et si unus descendisset, intolerabilis tumultus factus fuisset. Multi enim de alto in scaphas saltassent, laesique fuissent, et alios laesissent, qui eos ad mare projecissent, et in scaphis existentes cum gladiis et cultellis evaginatis aliis ingressum eos prohibuissent : quia in istis angustiis scaphae nimis replentur et merguntur, et pauperes vitae suae consulere quaerentes ante alios festinant, quos nobiles et servi nobilium gladiis necant. Illos etiam, qui se manibus ad navem vel remos suspendunt, ut in scapham

difficiles, pleins d'écueils et de récifs, où l'on ne pouvait pas naviguer de nuit. Nous abordâmes au pied d'un gros rocher, nous lançâmes la sonde pour trouver le fond, afin d'immobiliser le bateau sur place, car les ténèbres nous avaient soudainement envahis, et nous ne pouvions ni atteindre un port donné ni revenir en arrière. Comme nous étions déjà à proximité d'une falaise et que les hommes s'efforçaient de virer de bord, la galère, soudain poussée par un vent violent et emportée par les vagues, se mit à tourner fâcheusement sur elle-même, menaçant de donner de la poupe contre les rochers et les écueils, ce qui l'aurait complètement brisée. Et tandis que le bateau tournait sur lui-même, les matelots, conscients du danger, emplissaient le ciel de cris affreux, couraient de tous côtés et se préparaient à fuir. Les deux évêques et nous avec eux étions en bas ; les serviteurs des évêques, qui étaient sur le pont, se précipitaient vers l'écoutille de la cale et criaient désespérément : « Messeigneurs, montez, le bateau va se fracasser et couler ! » A ces cris, les évêques avec leur suite se levèrent et montèrent en grand désordre. Les autres aussi les imitèrent et une grande bousculade se fit **(B)** dans l'escalier, tout le monde se ruant de façon effarante à la proue pour sauter dans les barques qui avaient été mises à l'eau.

Les serviteurs et les officiers du patron avaient mis les barques à la mer en coupant les amarres à l'épée, afin que, dans ce naufrage imminent, le patron, son frère, l'épouse de son frère et leurs domestiques fussent les premiers à s'échapper. Personne néanmoins n'était encore descendu dans les barques, et si un seul individu l'avait fait, il se serait produit un insupportable désordre. Beaucoup en effet auraient sauté d'en haut dans les barques, se seraient blessés, en auraient blessé d'autres, qui les auraient jetés à la mer, et les passagers des barques auraient empêché les autres d'y entrer en dégainant épées et couteaux. En ces situations de détresse, les barques sont trop remplies et coulent, et les pauvres qui cherchent à garantir leur vie en devançant les autres sont tués par les nobles et les serviteurs des nobles à coups d'épée. Quant à ceux qui

labantur, alii videntes periculum in scaphis existentium gladiis digitos et manus eorum abscindunt, qui cadentes deorsum in mare submerguntur. Audivi horrenda ab his, qui talibus periculis interfuerunt, quale nunc nobis erat in foribus.

Sed Deus etiam hac vice nos liberavit, et tumultus cum pace sedatus fuit, et navis ad scopulos alligata, et vela dimissa et anchorae ejectae. Porro Galeotae illi, quorum negligentia in tantum periculum venimus, graviter fuerunt plagis vapulati, et dure castigati ; sed nos peregrini intercessimus pro eis, misericordiam divinam imitantes, quae nos sine meritis conservavit a morte.

In crastinum processimus, et in sinistra parte Iaderam Dalmatiae civitatem dimisimus, et ventum secuti processimus. Vesperante autem die, durus incepit flare ventus, et sero facto ingravatum est mare valde super nos. Injecti autem euripis incidimus loca asperrima, nec ad litus applicare ausi fuimus, timentes Scillam aut Charybdin incidere. Ad quoddam canale latum venimus et celerrimum ventum in eo habuimus, et tamen in medio canalis navem stabilire tentavimus. Immerso autem bolide invenimus excessivam aquae altitudinem. Ulterius ergo processimus et factae sunt tenebrae occidente sole, nec poteramus sine magno periculo longius navigare. Quaesito ergo cum bolide fundo, invenimus quidem sed disproportionatum ; nihilominus tamen ibi anchoram magnam ejecimus, pro stabilimento Galeae, quae fundum petens non invenit, nec scopulos, nec saxa, nec arenam, quibus mordacem dentem infigere posset, sed currentem Galeam sequebatur arans terram, quod tamen nobis erat molestissimum. Cum ingenti ergo labore retracta anchora et in alio loco ejecta sicut prius sequebatur, sicut aratrum equos. Iterum autem ea levata in tertio loco injecimus quae adhaesit quidem saxo, sed dum

s'agrippent de leurs mains à l'esquif ou aux rames afin de se glisser dans la barque, les passagers de la barque, considérant le danger qui en résulterait pour eux, leur coupent doigts et mains de leurs épées pour qu'ils tombent dans la mer et se noient. J'ai entendu raconter les pires choses par ceux qui s'étaient trouvés dans des dangers comme celui qui nous guettait alors.

Mais Dieu cette fois encore nous délivra, l'accalmie apaisa le désordre et le bateau fut amarré aux rochers, les voiles descendues, les ancres jetées. Les matelots dont la négligence nous avait mis dans un tel danger furent sévèrement battus et durement châtiés. Mais nous, les pèlerins, intercédâmes pour eux, imitant la miséricorde divine qui nous avait préservés de la mort sans que nous le méritions.

Nous fîmes route le lendemain, laissant à gauche[198] la ville dalmate de Jadera, poussés par un vent arrière. Comme le jour tombait, le vent commença à forcir et, le soir venu, la mer s'acharna violemment sur nous. Pris dans des courants, nous tombâmes dans des endroits particulièrement difficiles, et nous n'osâmes pas aborder au rivage par crainte de tomber sur Scylla ou Charybde[199]. Nous arrivâmes à un large canal, dans lequel nous eûmes un vent très rapide, et pourtant nous essayâmes d'immobiliser le bateau au milieu du canal. En immergeant la sonde, nous trouvâmes que la profondeur des eaux était excessive. Nous continuâmes donc plus avant et, au coucher du soleil, la nuit devint noire, nous empêchant d'aller plus loin sans grand danger. Nous cherchâmes le fond avec la sonde, et bien qu'il se révélât excessivement profond, nous jetâmes la grande ancre pour immobiliser le bateau, sans trouver le fond désiré, ni rocher ni pierre ni sable où puisse se planter la dent mordante de l'ancre : la galère continuait à courir et l'ancre suivait en labourant le fond, ce qui était très désagréable pour nous. L'ancre fut ramenée à grand-peine et jetée à un autre endroit : elle continuait à suivre le bateau comme auparavant, comme une charrue suit les chevaux. On la releva encore, on la jeta à un troisième endroit et elle se fixa

staret Galea, et ad rudentem pendens hinc inde moveretur, avulsus est dens anchorae a saxo, et iterum currentem sequebatur Galeam, sed statim reperto alio scopulo haesit. Ibi ergo sic pendentes mansimus[1] per noctem.

Porro nos peregrini ad quietis loca nos recepimus. Sed dominus Patronus cum omnibus gubernatoribus et Galeotis totam noctem insomnem duxerunt, omni momento interitum nostrum et suum expectantes. Nam ventus erat validus, et **(22 A)** movebatur Galea importune valde, quia non erat portus ubi stabamus, quo a vi ventorum protegeremur. Idcirco timebant domini gubernatores, quod anchora a scopulo solveretur, vel quod spirae rumperentur et quicquid horum contigisset, in interitum ivissemus. Eramus etiam in Carnero, qui est periculosissimus maris gulphus, et impetuosissime currit ibi mare, contra portum Anchonensem. Ideo propter instans periculum devenit dominus Patronus, quod statim adepto portu Parentino cum omnibus peregrinis vellet navigare ad insulam S. Nicolai ibique Missas pro gratiarum actione legere et cantare, quod et factum est.

Nam mane soluta Galea multis transcursis civitatibus Dalmatiae, venimus in Histriam ad Parentiam, et altero mane navigavimus cum Patrono, et votum solemniter persolvimus. Mansimus autem Parentiae quinque diebus, et postea una nocte usque in portum venetianum delati sumus. Demum Venetias ingressi ab invicem divisi sumus, unusquisque in patriam suam.

Interea quandam incidi infirmitatem, ex qua non lecto decubui, sed tamen nec ambulare, nec equitare valui, usque ad sanationem. Ideo Dominus meus Georius de Lapide cum aliis nobilibus ad propria remeavit. Ego vero quasi per quindinam Venetiis in cura Medicorum fui. Sanitate recuperata cum quodam mercatore Venetias exivi, et empto

[1] mansimas *ed.*

sur une pierre, mais, tandis que la galère s'immobilisait et, tirant sur son amarre, roulait de part et d'autre, la dent de l'ancre ripa sur la pierre, la galère de nouveau se mit à avancer et l'ancre à la suivre, mais il se trouva aussitôt un autre rocher où l'ancre se fixa. Nous restâmes donc là toute la nuit, amarrés de la sorte.

Nous les pèlerins, nous nous retirâmes pour nous reposer. Mais le seigneur patron et tous les pilotes et matelots passèrent toute la nuit sans dormir, s'attendant à tout moment à notre perte et à la leur. C'est que le vent était fort et **(22 A)** la galère était très fâcheusement ballottée, car l'endroit où nous étions n'était pas un mouillage susceptible de nous protéger de la violence des vents. C'est pourquoi les officiers pilotes avaient peur que l'ancre ne se détache du rocher ou que les câbles ne se rompent et que, dans l'un ou l'autre cas, nous ne soyons réduits à périr. Nous étions de fait à Quarnero[200], qui est le golfe le plus dangereux de la mer et les vagues y déferlent avec une violence extrême contre le port d'Ancône. Aussi, face au danger menaçant, le seigneur patron en vint à faire le voeu que, aussitôt atteint le port de Parenzo, il ferait voile avec tous les pèlerins vers l'île de Saint-Nicolas[201] pour y faire dire et chanter des messes d'action de grâces, ce qui fut fait.

Le matin, les amarres larguées, après avoir côtoyé beaucoup de villes de Dalmatie, nous arrivâmes en Istrie à Parenzo[202], et le lendemain matin, nous fîmes voile avec le patron pour nous acquitter solennellement de son voeu. Nous restâmes cinq jours à Parenzo, après quoi nous fûmes transportés en une seule nuit au port de Venise. Arrivés enfin à Venise, nous nous séparâmes les uns des autres, chacun retournant dans sa patrie[203].

Entre-temps, je tombai malade, sans toutefois garder le lit ; mais je ne pus aller ni à pied ni à cheval avant d'être guéri. C'est pourquoi le seigneur Georg von Stein retourna chez lui avec d'autres nobles. Pour ma part, je fus environ une quinzaine de jours à Venise aux soins des médecins. Une fois guéri, je sortis de Venise avec un marchand. J'achetai un cheval

equo Tervisii cum eodem usque in Tridentum veni. A Tridento vero solus usque in Nazaritum veni.

Quo cum venissem post meridiem, inveni in hospitio quatuor peregrinos terrae sanctae confratres meos de Anglia, et cum gaudio nos invicem salutavimus. Disponebant autem se ad recessum, volentes eodem die transcendere montem, quem nominant Sericium, quos rogavi ut usque in crastinum manerent, ut simul proficisceremur usque Ulmam : eram enim lassus, nec illo die volebam recedere. Ipsi vero rogabant me, ut cum eis equitarem, quod nolui : sed apud eos institi quatenus intuitu societatis nostrae, et contractae amicitiae manerent, illi autem nolebant, dicentes : se audivisse pro certo, quod illo adhuc die magnus exercitus armatorum equitum de curia Ducis Austriae in illam villam et hospitium esset venturus, et illos vellent fugere, quia insecurum est cum armatis morari. Et ita divisi fuimus ad invicem : quia ipsi recesserunt et ego mansi.

Vespere autem facto venerunt multi armigeri ad hospitium nobiles cum famulis, quos Dux Austriae destinavit pro defensione castri Kregen, quod comes Eberhardus de Wirtenberg senior obsederat et evertere conabatur. Et fuit hospitium plenum ferocibus armigeris. Qui audientes me de terra sancta venisse venerabantur ut sacerdotem et religiosum, et ut terrae sanctae et sancti sepulchri militem, et rogabant me, ut mane eis Missam legerem, et cum eis recederem. **(B)** Mane facto Missam celebravi, cum eis gentaculum sumpsi, et recessu solverunt pro me, et in medio exercitus me secum ducebant cum gaudio et solatio.

Cumque venissemus in Campidonam reperi in hospitio coronae praefatos quatuor Anglicos peregrinos vulneratos, percussos et omnibus rebus suis spoliatos, miseros[1] et tristissimos ac confusos. In silva enim prope Campidonam latrones super eos irruerant, et cum gladiis eos de equis suis ejecerant, et cum vim vi repellere conarentur et se defendere

---

[1] miseres *ed.*

à Trévise et continuai avec mon marchand jusqu'à Trente. Mais à partir de Trente, j'allai seul jusqu'à Nassereith.

Une fois arrivé là après midi, je trouvai à l'auberge quatre pèlerins de Terre sainte, des frères anglais de mon Ordre. Nous nous saluâmes avec joie. Ils se disposaient à partir, voulant franchir le jour même la montagne que l'on appelle Fericius[204]. Je leur demandai de rester jusqu'au lendemain pour que nous allions ensemble à Ulm : j'étais fatigué et je ne voulais pas partir ce jour-là. Eux me demandaient de partir à cheval avec eux, ce que je refusai. Je les pressai vivement de m'attendre, en considération de notre commune appartenance et de nos liens d'amitié. Mais ils ne voulaient pas, disant avoir appris de source sûre qu'une grande armée de cavaliers de la cour du duc d'Autriche allait venir dans ce village et cette auberge. Ils voulaient les fuir, parce qu'il n'est pas sûr de cohabiter avec des soldats. C'est ainsi que nous nous séparâmes : ils s'en allèrent et je restai.

Le soir venu, beaucoup d'hommes en armes, des nobles avec leurs serviteurs, arrivèrent à l'auberge. Le duc d'Autriche les avait destinés à défendre le fort de Kregen, que le Comte Eberhard de Wurtenberg l'aîné avait assiégé et voulait détruire. L'auberge se trouva donc pleine de farouches guerriers. Quand ils apprirent que je venais de Terre sainte, ils me vénérèrent en qualité de prêtre et de religieux, et en qualité de soldat de la Terre sainte et du Saint-Sépulcre ; ils me demandèrent de leur dire la messe le lendemain et de repartir avec eux. **(B)** Le lendemain matin, je célébrai la messe et pris le déjeuner avec eux. Au moment de partir, ils payèrent pour moi et m'emmenèrent avec eux au milieu de l'armée avec joie et soulagement.

Une fois que nous fûmes arrivés à Kempten, je retrouvai à l'*Auberge de la Couronne* nos quatre pèlerins anglais, blessés, battus, dépouillés de toutes leurs affaires, malheureux, très affligés et confus. Dans une forêt, près de Kempten, des voleurs les avaient attaqués, jetés à bas de leurs chevaux à coups d'épée, et, tandis qu'eux-mêmes essayaient de répondre à

vellent, gladiis eos vulneraverunt, ligaverunt, traxeruntque ad interiora[1] nemoris a strata publica in quandam crepidinem solitariam, et ibi eos cum multis injuriis spoliaverunt, et sacculos eorum scrutaverunt, et bursas ac peras eorum evacuaverunt, eosque totaliter nudaverunt, curiose quaerentes in vestimentis eorum, si forte pecunias insutas haberent. Tandem autem eis viliora vestimenta restituentes, jurare eos coegerunt, ut in triduo nulli dicerent, quid eis accidisset. Contristatus autem fui super fratres meos valde, sed mihi ipsi congratulabar, quod non cum eis mansi, quia pariter cum eis in manus illorum raptorum incidissem.

In crastinum cum illis armigeris in Memmingen veni, et illo die ibi mansi. Altera die, quae fuit dies S. Othmari, cum quodam sacerdote de Memmingen Ulmam usque perveni. Et ingressus conventum charitative et laetanter fui susceptus : et ita in cellam me recepi ad labores solitos.

Pro certo autem dico, quod haec prima peregrinatio in centuplo gravior et molestior mihi fuit, quam secunda et multo periculosior tam per mare quam per terram. Societas etiam peregrinorum primae Evagationis fuit inquietior, quia erant inter eos multi passionatissimi homines, et fuit cottidianum litigium, et aliqui fures Biccardi, aliqui semper infirmi, et ex omni parte gravior fuit illa prima Evagatio, quam secunda, quamvis ipsa secunda fuerit multa laboriosior, remotior, et dispendiosior ac periculosior : tum majora et magis mortifera pericula expertus sum in prima quam in secunda.

Ex quibus omnibus liquet, quod falsum est hoc vulgare proverbium ; quod dicere inexperti soliti sunt : scilicet quod peregrinatio a Venetiis per mare usque ad terram sanctam sit quoddam solatiosum spatiamentum et[2] pauca aut nulla pericula. O deus meus, quam grave et taediosum spatiamentum ! quam multis miseriis infectum ! Multos

---

1 initeriora *ed.*

2 est *ed.*

la force par la force et de se défendre, les voleurs les avaient blessés, ligotés, tirés à l'intérieur d'un bois, loin de la route publique, dans un coin solitaire, où ils les avaient dépouillés avec une rare brutalité ; ils avaient fouillé leurs sacs, vidé leurs bourses et leurs besaces et les avaient totalement dénudés en cherchant soigneusement s'ils avaient par hasard cousu de l'argent dans leurs vêtements. Enfin, en leur rendant leurs vêtements de moindre valeur, ils leur avaient fait jurer de ne rien dire à personne pendant trois jours de ce qui leur était arrivé. J'eus beaucoup de chagrin pour mes frères, mais je me félicitai de n'être pas resté avec eux, car je serais tombé comme eux aux mains de ces brigands.

Le lendemain, je m'en fus avec les soldats à Memmingen et j'y restai un jour. Le lendemain, jour de la Saint-Othmar[205], je me rendis de Memmingen à Ulm en compagnie d'un prêtre. En entrant dans mon couvent, je fus accueilli avec amour et liesse ; c'est ainsi que je me retrouvai dans ma cellule à mes travaux habituels.

Je garantis que ce premier pèlerinage a été pour moi cent fois plus dur et plus pénible que le deuxième et beaucoup plus dangereux tant sur mer que sur terre. La compagnie des pèlerins de ma première errance a été particulièrement pénible, il y avait parmi eux beaucoup d'hommes extrêmement emportés, il y avait chaque jour une querelle, certains étaient des Picards voleurs, d'autres étaient toujours malades. A tous égards, ce premier voyage fut plus pénible que le deuxième ; le second a été lui-même plus difficile, plus lointain, plus coûteux et plus dangereux, mais j'ai été exposé à des dangers plus grands et plus mortels dans le premier que dans le second.

Tout cela prouve combien fausse est l'idée reçue que répètent volontiers les gens qui n'en ont pas fait l'expérience : le pèlerinage par mer depuis Venise jusqu'à la Terre sainte serait une promenade de santé et il n'y aurait que peu, voire pas de danger. Mon Dieu, quelle rude et fatigante promenade ! empoisonnée par combien de détresses ! J'ai vu succomber dans cette promenade beaucoup de jeunes hommes nobles et

enim robustos juvenes nobiles vidi ego in hoc spatiamento succumbere, qui quodammodo sibi ipsis videbantur fluctibus maris imperare et montium altitudines in statera appendere : qui tandem miseriis fracti et infeliciter humiliati miserabiliter justo dei judicio periere. Det Deus hanc peregrinationem spatiamentum leve dicentium sic tristia sentire, ut discant cum peregrinis terrae sanctae **(23 A)** debitam compassionem habere. Attemptare enim hanc peregrinationem audaciae et fortitudinis est. In plerisque vitiosam temeritatem et curiosam instabilitatem esse nemo dubitat. Pervenire vero ad loca sancta et redire vivum et sanum ad propria speciale donum Dei est.

Finit Evagatio F. F. F. prima ad Terram Sanctam.

robustes, qui d'une certaine façon s'imaginaient commander aux vagues de la mer et peser les hautes montagnes au trébuchet ; finalement, brisés par les détresses, malencontreusement humiliés, ils ont péri misérablement selon le juste jugement de Dieu. Que Dieu fasse qu'il soit donné à ceux qui disent que ce pèlerinage est une petite promenade de sentir ses peines, afin qu'ils apprennent à avoir pour les pèlerins de Terre sainte **(23 A)** la compassion qui leur est due. Il faut de l'audace et du courage pour tenter ce pèlerinage. Personne ne doute que ce ne soit, chez la plupart, témérité pleine de vice et instabilité pleine de curiosité. Mais aller aux Lieux saints et revenir chez soi vivant et en bonne santé est un don spécial de Dieu.

Fin du premier voyage en Terre sainte de F. F. F.

Modus quomodo F. F. F. se disposuit ad secundam evagationem vel peregrinationem Terrae Sanctae, Jerusalem, Syon, et montis Synai

Evagatione mea prima peracta, ut pro parte recitavi, sanus quidem corpore Ulmam veni, et in apparentia laetum jocundumque me exhibui : tristis tamen et inquietus animo et corde fui, propter solicitudinem et curam, quam me habiturum sentiebam pro alia peregrinatione et reditu ad terram sanctam et Jerusalem : sicut proposui in egressu meo de civitate sancta, quod tamen propositum nulli hominum manifestavi. Nequaquam enim contentus fui de peregrinatione prima, quia nimis festina fuit et brevis, et per loca sancta cucurrimus absque intellectu et sine affectu. Non etiam dabatur nobis tempus visitandi quaedam alia loca sancta tam in Jerusalem, quam extra. Nec permissi fuimus nisi semel duntaxat circuire montem oliveti, et loca ejus ; et Bethleem ac Bethaniam non nisi semel, et in tenebris vidimus. Idcirco postquam Ulmam redii, et de sepulchro sanctissimo Domini ac praesepio ejus et de civitate sancta Jerusalem et de montibus per circuitum ejus cogitare cepi, species, formae et habitudines illorum locorum et aliorum fugerunt a me, et apparebat mihi terra sancta et Jerusalem cum locis suis sub quadam caligine tenebrosa, ac si in somnis ea vidissem. Et videbatur mihi quod minus scirem de omnibus locis sanctis, quam ante eorum visitationem ; unde accidit, quod interrogantibus me de locis sanctis nullum

DE LA MANIÈRE DONT F. F. F. SE PRÉPARA AU SECOND VOYAGE

ou pèlerinage en Terre sainte, à Jérusalem, à Sion et au mont Sinaï

Après avoir accompli mon premier voyage – j'en ai rendu compte en partie, je revins à Ulm en bonne santé et je me montrai joyeux et plaisant en apparence. Cependant, j'étais affligé et troublé en mon cœur et en mon âme à cause du souci et de l'inquiétude qu'allaient me causer, je le pressentais, mon deuxième pèlerinage et mon retour en Terre sainte et à Jérusalem : j'en avais conçu le projet lors de mon départ de la Ville sainte, mais je ne le révélai à personne.

En effet, je n'étais pas du tout content de ce premier voyage : il avait été trop rapide et trop bref et nous avions parcouru les Lieux saints sans pouvoir les comprendre ni nous en imprégner. Nous n'avions pas même eu le temps de visiter quelques autres Lieux saints, autant dans Jérusalem qu'à l'extérieur. Nous n'avions été autorisés qu'une seule fois à faire le tour du Mont des Oliviers et de ses environs. De même, nous n'avions vu Bethléem et Béthanie qu'une seule fois, et de nuit. Pour cette raison, après mon retour à Ulm, je me mis à réfléchir au saint Sépulcre du Seigneur et à son enclos, à la Ville sainte de Jérusalem et aux monts qui l'entourent : l'aspect, la configuration et la physionomie de ces lieux et des autres sites que nous avions vus s'estompèrent en moi, et la Terre sainte, Jérusalem et ses Lieux saints se montrèrent dans un nuage ténébreux, comme si je les avais aperçus en songe ; il me semblait que j'en savais moins sur tous les Lieux saints qu'avant de les avoir visités. Du coup, je ne pouvais donner à

verum dare potui responsum, nec certum conscribere Evagatorium.

Vehementer ergo dolui, quod tantas miserias, angustias et labores **(B)** habueram, tantas etiam pecunias expenderam, tantumque temporis perdideram, sine fructu, sine consolatione, sine cognitione. Saepe dum pro mea consolatione me converti ad cogitandum de Jerusalem et locis sanctis, et dubiosa imaginatio mihi occurreret, mihi ipsi cum indignatione respondi : desiste quaeso de illis locis cogitare, putas enim te ibi fuisse. Ex his tunc inardescebat desiderium redeundi ad experiendum veritatem. Sed mox sequebatur in me nova tristitia, ex eo quod redeundi modum videre non poteram, imo impossibilem reputavi reditum.

Sic ergo in fluctuatione steti, et nulli hominum ausus fui loqui de hac re. Verebar de hoc facere mentionem Reverendo Patri Magistro Ludowico Fuchs, licet esset mihi familiarissimus, et secretorum meorum conscius ; cui etiam occulta conscientiae meae sine metu audebam committere : Propositum tamen meum redeundi in Jerusalem non audebam suae Paternitati revelare, ne eum perturbarem, et ne ipse et alii audientes, in me scandalizarentur, judicantes me instabilem et monastica quiete impatientem ; aut forte diabolicis incitamentis vexatum, aut vitio curiositatis infectum, aut levitate motum ; et ita suspensus stabam et in nullo me manifestavi, nisi quod de terra sancta et de Jerusalem interrogatus non loquebar absque suspiriis, et nonnunquam dicebam me ignorare Jerusalem vidisse. Et dum interrogarent me, an desiderium redeundi haberem, respondi simpliciter, quod sic. Interea tanto aestuavi desiderio redeundi, quod nullum studium, nulla mihi placuit scriptura, nisi historiae Bibliae, et aliae facientes mentionem de Jerusalem. Ideo omnia quae ad manum venerunt de istis perlegi : collegi etiam omnia peregrinalia militum, et libellos

ceux qui m'interrogeaient sur les Lieux saints aucune réponse sûre, ni rédiger avec certitude ces *Errances*.

Je souffrais donc violemment, car j'avais eu tant de misères, de difficultés et de peines **(B)** et j'avais aussi dépensé tant d'argent et de temps sans trouver récompense, soulagement ou connaissance. Souvent, alors que pour me consoler je me mettais à penser à Jérusalem et aux Lieux saints, des images douteuses m'assaillaient et je me disais à moi-même avec indignation : « Cesse, je te prie, de penser à Jérusalem et aux Lieux saints, car tu n'as été là-bas qu'en imagination ». Et cela allumait alors en moi un désir brûlant de retourner dans ces contrées pour éprouver la vérité, aussitôt suivi d'une nouvelle tristesse parce que je ne pouvais voir le moyen de repartir ; bien plus, j'en vins à penser que le retour en Terre sainte était impossible.

Ainsi donc, je restai indécis et n'osai parler de la chose à personne. Je craignais d'en faire part au révérend père, Maître Ludwig Fuchs, bien qu'il fût très ami avec moi et confident de mes secrets (à lui, j'osais confier sans crainte les secrets de ma conscience) : cependant, je n'osai révéler à Son Excellence mon dessein de retourner à Jérusalem pour ne pas le troubler et de peur qu'à cette nouvelle, lui et les autres ne se scandalisent à mon sujet, me jugeant instable et incapable de supporter le calme monastique, tourmenté peut-être par des incitations diaboliques, atteint par le vice de la curiosité ou encore mu par la frivolité. Je ne pouvais donc me décider et je restais toujours discret, mais quand on m'interrogeait à propos de la Terre sainte et de Jérusalem, je ne parlais qu'avec des soupirs et quelquefois je disais ne pas savoir si j'avais vu Jérusalem. Et lorsqu'on me demandait si j'avais le désir d'y retourner, je répondais simplement oui. Entre-temps, je brûlai d'une si grande envie d'y retourner qu'aucune étude, qu'aucun écrit ne me plaisait, mis à part les histoires de la Bible et celles qui mentionnent Jérusalem. De plus, je lus entièrement tous les écrits s'y rapportant qui me tombèrent sous la main. Je rassemblai même tous les récits de voyage des chevaliers, les

peregrinorum, et terrae sanctae descriptiones, eaque perlegi, et quanto plus legi, tanto inquietior factus fui, quia imperfectam, superficialem, distractam et confusam fuisse meam peregrinationem ex aliis deprehendi.

Et per annum sic in laboribus legendo et scribendo steti. Anno autem uno cum illa inquietudine transacto venit in nostram provinciam Generalis totius ordinis mei Praedicatorum, scilicet Salvus de Casseta de Pannormo, missus a S. D. Papa Sixto IV. contra Dominum Andream Archiepiscopum Crainensem, qui conabatur nescio quo spiritu motus convocare ad Basileam generale Consilium, et ibidem residebat sub Imperatoris Friderici tertii tutela : ut autem praefatus Magister Ordinis Praedicatorum contra illum Archiepiscopum efficacius agere posset, convocavit ad se ad Conventum Columbariensem famosiores nostrae provinciae Praedicatores, inter quos et ego missus veni ad praedictum Conventum auditurus et pariturus praeceptis. (**24 A**)

Itaque me cum Ordinis Magistro existente inter alia, de quibus cum sua Paternitate conferre habui, dixi suae Reverentiae desiderium meum de reintrando ad terram sanctam et Ierusalem. Qui statim sine magnis precibus me licentiavit et literam testimonialem mihi dedit sub sigillo ordinis, in qua etiam prohibuit, ne quis eo inferior mihi in illa peregrinatione impedimentum quovismodo praestaret.

Obtenta ergo licentia, gaudens Ulmam redii, et literam Magistri occultam tenui, tempus optativum eam manifestandi exspectare volens. Post haec non multis diebus elapsis venit Ulmam Reverendus in Christo Dominus Udalricus Gislinus, Episcopus Adrimitanus et Suffraganeus domini Augustensis, mihi notus et gratiosus, cum quo etiam venit quidam Sacrae Theologiae Doctor, Ordinis minorum, qui Romam adire volebat, et ordinem Episcopalem recipere, quia Dominus Episcopus Frisiensis eum assumpserat in Suffraganeum. Ad hos dominos me contuli, et rogavi dictum Doctorem, quatenus mihi dignaretur a S. D. Papa licentiam impetrare visitandi loca sancta transmarina ; pro quo etiam praedictus

recueils des pèlerins et les descriptions de la Terre sainte, et je les parcourus. Plus j'en lisais, plus j'étais troublé parce que ces autres récits me faisaient comprendre que mon pèlerinage avait été imparfait, superficiel, désordonné et confus.

Je passai ainsi une année dans la souffrance, à lire et à écrire. C'est après une année passée dans cette agitation qu'arriva dans notre province le général de tout l'Ordre des Prêcheurs auquel j'appartiens, Salvus de Casseta de Palerme, envoyé par le Saint-Père, le pape Sixte IV[206], pour combattre Monseigneur André, l'archevêque de Carniole, qui, poussé par je ne sais quel esprit, voulait convoquer un concile général à Bâle, où il résidait sous la tutelle de l'Empereur Frédéric III. Or, pour pouvoir influer plus efficacement sur cet archevêque, le maître de l'Ordre des Prêcheurs convoqua auprès de lui à une réunion à Colmar les plus fameux Prêcheurs de notre province. Ayant été envoyé parmi eux, j'allai donc à ce synode pour écouter et pour obéir aux préceptes qui en ressortiraient.
(24 A)

C'est ainsi, alors que j'étais avec le maître de l'Ordre, qu'au milieu de la conversation que je tins avec Son Excellence, je signalai à Sa Révérence mon désir de retourner en Terre sainte et à Jérusalem. Ce dernier m'y autorisa aussitôt sans se faire beaucoup prier et me donna un certificat avec le sceau de l'Ordre dans lequel il interdit même qu'un de ses subalternes m'empêchât en quoi que ce soit d'entreprendre ce voyage.

Après avoir obtenu ce certificat, je retournai donc à Ulm et je tins la lettre de mon supérieur cachée, voulant attendre le moment propice pour la montrer. Ensuite, quelques jours après, vint le vénérable dans le Christ, Monseigneur Ulrich Gislin, évêque de Rimini et suffragant de Monseigneur d'Augsbourg, que je connaissais et qui m'était favorable. Avec lui vint aussi un docteur en théologie sacrée de l'Ordre Mineur, qui voulait aller à Rome pour recevoir l'ordination épiscopale parce que Monseigneur l'évêque de Frise l'avait pris comme suffragant. Je leur rendis visite et je demandai au docteur si le Saint-Père le pape daignerait m'accorder la permission de

Reverendus Pater Dominus Udalricus Episcopus apud eum pro me institit. Promissit ergo, et promissum tenuit, mihique literam de data licentia misit.

Qua habita adhuc silui et tempus magis optativum exspectavi, sperans quod casus desideratus se offerret, quo me non rogante desiderio meo satisfieret, sicut et factum fuit. Porro illo in tempore erat Ulmae Conradus Locher, vir prudens, Sacri Imperii ibidem ordinarius Balivus, multis nobilibus cognitus, et mihi non parum affectus ; huic ut fideli amico primo cor meum apperui[1] et sibi desiderium meum et licentias revelavi, petens ab eo, si aliquem de nobilibus patriae nosceret, volentem ad Dominicum Sepulchrum in Ierusalem peregrinari, capellano ac servo indigentem, quod me apud talem promoveret, tanquam expertum et utilem pro ista peregrinatione et servilem in spiritualibus et corporalibus. Habens ergo vir praedictus scrutinium inter nobilis et invenit, quod generosus vir Dominus Johannes Truchsas de Waldpurg se disposuit ad transmarinam peregrinationem simul cum quibusdam aliis baronibus et nobilibus. Ad quos ille accessit et fidelissime me promovit, sicut rei probavit eventus.

Nam statim post, et fuit Anno 1483 in die St. Gertrudis Virginis, venit Ulmam praefatus vir nobilis dominus Johannes Truchsas de Waldpurg cum pluribus aliis nobilibus amicis suis ; et statim misso nuncio ad conventum me accersivit. Cumque ad eum in hospitium suum venissem, interrogavit me, tanquam consilium petiturus de regimine debito volentium transfretare mare et peregrinari in Ierusalem. Audivi, inquit, vos fuisse in transmarinis partibus ; consulite quaeso, quae me oporteat facere **(B)**, ut incolumis reverti queam. Intendo, ait, visitare terram sanctam et praeclaram civitatem Ierusalem, et praesepe Domini

[1] apperni *ed.*

visiter les Lieux saints d'outre-mer. Même le révérend père, Monseigneur l'Évêque Ulrich, que je viens de citer, intercéda auprès de lui en ma faveur pour appuyer ma requête. Il promit donc, tint sa promesse et me confirma par lettre que la permission m'était accordée.

Malgré l'obtention de cette autorisation, je gardai le silence et attendis un moment plus propice, espérant que l'opportunité souhaitée de satisfaire à mon désir s'offrirait sans que je formule de demande. Et c'est ce qui se passa. En effet, à ce moment-là, se trouvait à Ulm Conrad Locher, homme avisé, bailli régulier du Saint-Empire dans cette ville, que maints nobles connaissaient et qui m'appréciait beaucoup : il fut le premier à qui j'ouvris mon coeur comme à un ami fidèle et je lui révélai mon désir de partir et mes autorisations, en le priant, s'il connaissait quelque noble compatriote désireux de voyager vers le sépulcre du Seigneur à Jérusalem et ayant besoin d'un aumônier et serviteur, de me recommander auprès de lui comme un guide expérimenté et utile pour ce voyage, qui rendrait bien des services sur le plan spirituel et matériel. Notre homme se mit donc à chercher parmi les nobles et il découvrit que le généreux seigneur Jean Truchsas de Waldburg se disposait à partir outre-mer avec quelques autres nobles et barons. Il les rencontra et me recommanda chaleureusement, comme le prouva la fin de l'histoire.

En effet, aussitôt après, le jour de la sainte vierge Gertrude en l'an 1483, le noble seigneur Jean Truchsas de Waldburg vint à Ulm avec plusieurs de ses nobles amis et aussitôt il envoya un messager pour m'inviter à une réunion. J'allai donc le voir à son auberge et il m'interrogea comme s'il voulait avoir mon avis sur la conduite à tenir par ceux qui veulent traverser la mer et aller à Jérusalem. « J'ai appris, dit-il, que vous aviez été dans les régions d'outre-mer ; éclairez-moi, s'il vous plaît, sur ce que je dois faire **(B)** pour revenir sain et sauf. Je me propose, continua-t-il, de visiter la Terre sainte, la célèbre ville de Jérusalem, l'étable si chère du Seigneur et son très glorieux

dulcissimum, et sepulchrum Domini gloriosissimum : dicite, rogo, difficultates et remedia.

Cui cum ad singula responsa darem, curiosius intuitus me omisit et destitit ab interogationibus inchoatis : et interrogavit me, an adhuc haberem voluntatem redeundi in Ierusalem ? Respondi : nihil esse pro nunc in hoc mundo, cujus desiderium ardentius haberem, quam illorum sanctorum locorum iteratum contuitum. Sic ergo cognita voluntate mea vir nobilis redire me ad conventum fecit certificans me quod secum pariter et sociis suis essem iturus Ierusalem. Conjuraverunt enim in unam societatem generosi viri et domini : Dominus Johannes Wernherus de Cymbern Baro ; Dominus Hainricus de Stoefel Baro ; Dominus Ursus de Rechberg de Hohenrechberg, et ipse praefatus dominus Johannes Truchsas de Waldpurg, quasi pater omnium praedictorum et causa ac motor eorum ad peregrinandum. Statim autem eadem hora postquam in conventum redii, misit praefatus nobilis quendam virum prudentem oratorem cum suis famulis, rogans reverendum Magistrum Priorem ex parte dictorum nobilium Baronum, ut illum fratrem, qui pridem in transmarinis partibus fuerat, quem concorditer in capellanum et animarum suarum curatorem elegerant, licentiare dignaretur, et abire cum eis permitteret. Ob hanc enim causam, ait Dominus Johannes Truchsas, jam cum suis amicis nobilibus ad civitatem hanc venit.

Audiens autem Pater Prior factum multum difficultavit, et tempus deliberandi de responso dando accepit. Quod cernens dominus Johannes Truchsas et timens quod forte oppositum suae intentioni per diutinam deliberationem interveniret, statim die sequenti mane assumsit secum omnes suos amicos nobiles et dominas Comitissas de Kyrchberg, quae secum venerant, et ascendit cum eis in praetorium, ubi jam Magistricivium cum toto consulatu Ulmensi congregati sedebant, petentes audientiam ; qua data instituit apud Dominos consules, ut Priorem Praedicatorum ad hoc cum effectu

sépulcre : dites-moi, je vous le demande, les difficultés et les moyens d'y remédier ».

Alors que je répondais à chacune de ses questions, il me regarda plus attentivement, oublia et abandonna les questions qu'il avait abordées et me demanda si j'avais encore l'envie de retourner à Jérusalem. Je répondis que, pour l'instant, revoir de nouveau ces Lieux saints était la chose que je désirais le plus ardemment au monde. Ainsi donc, dès qu'il apprit mes intentions, le noble seigneur me fit retourner à mon couvent, m'assurant que je partirais avec lui comme ses amis à Jérusalem. Des hommes généreux et nobles avaient en effet formé une association : le seigneur Jean Wernher, baron de Cymber, le seigneur Henri, baron de Stoefel, le seigneur Ursus de Rechberg de Hohenrechberg et le seigneur Jean Truchsas de Waldburg lui-même, dont j'ai parlé plus haut, pour ainsi dire le père de tous ceux que j'ai cités et la cause et le moteur du voyage. Aussitôt, à l'heure même où je rentrai à la communauté, ce noble seigneur envoya avec ses serviteurs un homme, orateur expérimenté, pour demander à notre vénérable père prieur de la part de ce cercle de nobles barons de bien vouloir libérer et laisser partir avec eux ce frère qui avait été il y a quelque temps dans les régions d'outre-mer et qu'ils avaient choisi d'un commun accord comme aumônier pour veiller sur leurs âmes. C'était d'ailleurs pour cette raison que le seigneur Jean Truchsas était venu dans cette ville avec ses nobles amis.

À ces mots, le père supérieur fit bien des difficultés et prit le temps de réfléchir sur la réponse à donner. Voyant cela, le seigneur Jean Truchsas qui craignait que peut-être une longue délibération ne rende l'abbé opposé à son projet, emmena avec lui dès le lendemain matin tous ses nobles amis et Mesdames les comtesses de Kyrchberg qui étaient venues avec lui, et il monta avec eux dans le prétoire où étaient installés les bourgmestres rassemblés avec le consulat entier d'Ulm pour demander audience. On leur accorda cette audience et il insista auprès de Messieurs les consuls pour qu'ils veuillent bien

inducere vellent, quatenus fratrem Felicem, quem ipse et sui socii in capellanum elegerant, pro transmarina peregrinatione sine impedimento dimitteret : praecipue cum eum ad hoc esse voluntarium scirent. Itaque Magistri-civium[1] et quidam de judicibus Conventum ingressi rogabant Patrem, ut intuitu Consulatus nobilibus illis condescenderet. Qui cum diceret, se non habere facultatem me licentiandi in Ierusalem, sed ad S. D. Papam et Generalem Ordinis nostri Magistrum spectaret[2] hoc negotium, statim produxi literas, **(25 A)** tam Papae quam Magistri Ordinis. Quas ut vidit, statim consensit in nomine Domini.

Accessi ergo ad Dominum Johannem Truchsas et secum conveni de die et loco ubi eum et tres alios dominos meos reperirem. Et assignavit mihi diem certum et locum Pontinam[3] oppidum, et sedem Ducis Austriae et his tractatis nobilis cum suis ad propria rediit. Ab hac ergo die barbam nutrivi et cruce rubea tam cappam, quam scapulare decoravi, quam quidem crucem deo dicatae virgines sponsae cruxifixi[4] vestibus meis assuebant, caeteraque insignia illius sacrae peregrinationis, quae mihi competebant, assumpsi. Sunt enim quinque peregrinorum terrae sanctae insignia. Scilicet crux rubea in veste grisea et longa cum cuculla monachali tunicae assuta ; nisi peregrinus talis religionis sit, quod ei non competat ferre habitum griseum. Secundum est pileum nigrum vel griseum etiam cruce rubea supra frontem insignitum. Tertium est barba longa in facie seriosa et pallida propter labores et pericula, ubique enim, etiam ipsi gentiles, peregrinantes barbas et comam nutriunt usque ad reditum, et hoc primo fecisse legitur Osiridem vetustissimum Aegypti regem, Deum aestimatum, qui mundum totum perambulavit. Quartum est saccus in humeris tenuem victum continens cum

[1] Magitri-civium *ed.*
[2] spepsaret *ed.*
[3] *post* Pontinam *add.* (Insprugg) *ed.*
[4] cruxifixi *ed.*

persuader le supérieur des frères Prêcheurs de laisser partir sans problème le Frère Félix que lui-même et ses amis avaient choisi comme aumônier pour un pélerinage outre-mer, d'autant plus qu'ils le savaient volontaire pour ce voyage. C'est pourquoi les bourgmestres et certains juges allèrent au couvent prier le père supérieur d'accéder à la requête de ces nobles par considération pour le Consulat. Alors que le supérieur disait n'avoir pas la faculté de me laisser aller à Jérusalem, mais que cette affaire relevait du Saint-Père le pape et du maître général de notre Ordre, aussitôt je produisis les lettres, **(25 A)** tant celle du pape que celle du maître de l'Ordre. Lorsqu'il les vit, il donna aussitôt son accord au nom du Seigneur.

J'allai donc chez le seigneur Jean Truchsas et avec lui je convins du jour et du lieu où je les retrouverais lui et les autres seigneurs. Il m'indiqua le jour choisi, le lieu, la ville d'Innsbruck, et le palais du duc d'Autriche. Après avoir réglé ces questions, il retourna avec les siens sur ses terres. Donc à partir de ce jour-là, je laissai pousser ma barbe et j'ornai aussi bien ma cape que mon scapulaire d'une croix rouge, croix que des vierges vouées à Dieu, épouses du Crucifié, cousirent à mes vêtements ; et je pris tous les autres insignes du pèlerinage sacré auxquels j'avais droit.

Les pèlerins de la Terre sainte ont en effet cinq marques distinctives : la croix rouge sur la longue veste grise et le capuchon cousu à la tunique monacale ; si le pèlerin n'est pas de l'Ordre des Prêcheurs, le port de l'habit gris ne lui convient pas. La seconde est un bonnet noir ou gris décoré lui aussi de la croix rouge sur le front. La troisième est une longue barbe sur un visage rendu grave et pâle par les peines et les dangers, car partout les pèlerins, même païens, laissent pousser leur barbe et leurs cheveux jusqu'à leur retour. On dit que le premier à avoir fait cela est Osiris, le roi le plus ancien d'Égypte, une divinité estimée qui parcourut le monde entier. La quatrième est un sac sur les épaules avec un peu de nourriture et une gourde, contenant juste ce qu'il faut non pour se faire plaisir, mais pour survivre. La cinquième marque

flascone, non ad delicias, sed ad sustentationem vitae vix sufficiens. Quintum, quod servit in terra sancta, est asinus cum asinario Saraceno, loco baculi. Itaque diem recessus mecum desiderio magno exspectavi et me silenter cum tranquillitate ad iter sacrae peregrinationis aptavi, propter inquietudinem pro me sollicitorum, qui me inquietabant.

qui est utile en Terre sainte est un âne avec un ânier sarrasin plutôt qu'un bâton. C'est ainsi que je fis retraite, attendis le jour fixé avec impatience et que je me préparai au voyage sacré en silence et avec calme à cause de l'inquiétude de ceux qui, en se tourmentant pour moi, ne cessaient de m'inquiéter.

Incipit Secundum Evagatorium F. F. F. ad Terram Sanctam in Jerusalem.

Secunda pars principalis totius operis.

Evagari jam incipiam desiderabili et jucundissima Evagatione, quam quidem Evagationem hoc ordine describere intendo et distinguere in XII tractatus, secundum quod fere XII. mensibus evagatio duravit, et quemlibet tractatum in tot capitula dividere, quot dies veniunt in mense : ita quod quilibet mensis faciat tractatum et quilibet dies capitulum. Incipiam enim a die exitus mei usque ad reditum, et omnia loca quae vidimus de mense in mensem et de die in diem et quae contigerunt nobis singulis mensibus et diebus fideliter significabo[1] : addendo descriptiones locorum tam sanctorum quam aliorum pro facti illius meliori declaratione. Non enim praetermisi **(B)** nec unum diem in itinere existens, quin aliquid scriberem, etiam in mari tempore tempestatum, in terra sancta, et per desertum saepe scripsi[2] sedens in asino, vel in camelo, vel noctibus, quando alii dormiebant, ego sedi et visa in scriptis deduxi.

Igitur cum tempus meum appropinquaret, quo recedere me necesse esset, observavi diem opportunum, in quo sine nota et multorum concursu Ulmam exire possem. Currebant enim noti mei et fautores et inquieti erant de recessu meo, meque plurimum turbabant suis dissuasionibus et curis inanibus et lamenta eorum erant mihi deliramenta, quia ita

---

[1] signicabo *ed.*
[2] scripi *ed.*

Début de la deuxième errance de F.F.F. en Terre sainte à Jérusalem

Seconde partie principale de l'oeuvre entière[207]

Je vais bientôt commencer le récit d'une errance tant désirée et si agréable, une errance que j'entends décrire chronologiquement et diviser en douze traités, selon les douze mois que le voyage a duré. Chaque traité sera divisé en autant de chapitres qu'il y a de jours en un mois. Ainsi chaque mois constitue un traité et chaque jour un chapitre. Je commencerai donc depuis mon départ jusqu'à mon retour, et je décrirai fidèlement tous les lieux que nous avons vus au fil des mois et des jours et ce qui nous est arrivé chaque mois et chaque jour ; j'ajouterai des descriptions tant des Lieux saints que des autres lieux pour mieux faire connaître mon entreprise. En effet, je n'ai pas négligé d'écrire **(B)** un seul jour durant le voyage, même lors des tempêtes en mer, même en Terre sainte. Et souvent, j'ai écrit à travers le désert à dos d'âne ou de chameau ; et même la nuit, quand les autres dormaient, je m'asseyais et je notais par écrit ce que j'avais vu.

Donc, comme le moment où il me faudrait partir approchait, je cherchai le jour opportun qui me permettrait de quitter Ulm discrètement et sans la présence de nombreuses personnes. En effet, mes relations et mes protecteurs accouraient, s'inquiétaient de mon départ et me troublaient grandement en cherchant à me dissuader et en se tracassant inutilement. Leurs lamentations étaient pour moi des extravagances parce que j'étais aussi joyeux et rassuré que si je m'apprêtais à honorer une invitation à un banquet chez mes meilleurs amis.

laetus et imperterritus fui, ac si ad convivium optimorum meorum amicorum invitatus transirem.

Die itaque XIII. Aprilis, quae erat dominica Misericordia domini, Anno 1483 advesperascente die venit nuncius missus ad me a generoso domino Philippo Comite de Kyrchberg, rogans me, quatenus sine dilatione in crastinum ad ipsum Comitem venirem, ad diffiniendum aliquas causas. Eram enim quasi paterfamilias domus, quia omnes de domo mihi confitebantur Comites et Comitissae, et quidquid difficultatis oriebatur, in quibus ego potui utilis esse, denunciabant mihi vel mittebant pro me ; condixi ergo servo, quod in crastino secum pergere vellem.

Quarta decima die, quae est Tiburtii et Valeriani, lecta Missa et sumpto cibo, congregatis ad me omnibus fratribus dixi eis, me jam velle ex toto recedere : et benedictionem itinerantium a reverendo Patre Magistro Ludowico petii. Qui duxit me ad chorum, ad quem totus Conventus comitabatur me, et prostratus in medio Chori coram venerabili Sacramento altaris accepi benedictionem cum ingenti Patris Prioris et omnium fratrum fletu. Ego vero accepta benedictione prae singultu et fletu verbis fratribus valedicere non potui, sed ipsae lacrimae et vultus moerens et singultus loquebantur. Singulis ergo fratribus amplexatis et deosculatis me eorum orationibus commendavi. Vix autem persuadere poteram ut reverendus Magister Ludowicus domi in pace maneret. Volebat enim salvum conductum mihi praestare, usque in Memmingen, sicut prius fecerat, sed ego omnino recusavi **(26 A)**, ne in nostra separatione nova tristitia et turbatio ambos afficeret. Quamvis enim laeto animo et jocundissima mente ad illam peregrinationem pergerem, in separatione tamen a tam fidelissimo Patre et charissimis meis fratribus moestis et tristibus lacrimas copiosas fundere me necesse erat. Colligatis itaque sacculis meis, quos mecum ducere volebam, et equo quem emeram impositis, desuper sedi, cum servo Comitis recessurus.

Le treizième jour d'avril de l'année 1483, dimanche du *Misericordia Domini*[208], alors que le soir tombait, un messager envoyé auprès de moi par le généreux seigneur Philippe, comte de Kyrchberg, arriva et me somma d'aller voir le comte sans délai, dès le lendemain, pour régler quelques problèmes. En effet, j'étais pour ainsi dire le maître de maison parce que tous les comtes et comtesses de la demeure se confessaient auprès de moi et dès que quelque difficulté surgissait là où je pouvais être utile, ils m'en faisaient part ou m'envoyaient quelqu'un : je notifiai donc au serviteur que j'acceptais de le suivre le lendemain.

Le quatorzième jour, jour de la Saint-Tiburce et de la Saint-Valérien, après avoir lu la messe et pris le repas, je dis à tous les frères rassemblés autour de moi que désormais j'étais décidé à partir, et je sollicitai la bénédiction des voyageurs auprès du révérend père, Maître Ludwig. Ce dernier me conduisit vers le choeur, où la communauté entière m'accompagna, et prostré au milieu du choeur devant le vénérable Sacrement de l'autel, je reçus sa bénédiction : le père prieur et tous les frères pleurèrent à chaudes larmes. Quant à moi, après avoir reçu cette bénédiction, je ne pus dire adieu à mes frères en raison de mes sanglots et de mes pleurs, mais mes larmes, mon visage affligé et mes sanglots parlaient pour moi. Donc, après avoir donné l'accolade à chacun des frères et les avoir embrassés avec effusion, je me recommandai à leurs prières. J'eus bien du mal à persuader Maître Ludwig de rester tranquillement chez lui. En effet, il voulait m'accompagner pour veiller sur moi jusqu'à Memmingen, comme il l'avait fait la première fois, mais je refusai catégoriquement **(26 A)** qu'une nouvelle tristesse et un nouveau trouble nous affectent tous les deux lors de notre séparation. Car même si j'aspirais avec joie et avec un immense plaisir à ce voyage, comment aurais-je pu ne pas verser d'abondantes larmes en me séparant d'un père si fidèle et de frères si chers, que je laissais dans l'affliction et la tristesse ? C'est pourquoi, après avoir rassemblé les sacs que je voulais emporter avec moi et après les avoir

Porro, me in equo sedente, omnes fratres circumstantes obnixe petierunt ut loca sancta diligenter notarem, et conscriberem[1] ad eosdemque deferrem, ut et ipsi, etsi non corpore, mente tamen possent circa loca sancta recreari : quod et fratribus promisi.

Et cum hoc servus Comitis et ego Conventum exivimus, et clam quasi occulte de civitate equitavimus, per portam gregis pontis transeuntes flumen Danubii. A casu autem concordantia accidit prioris peregrinationis et illius quo ad diem. Primam enim pereginationem et die sanctorum Tiburtii et Valeriani inchoavi. Eodem autem die et hora, duobus annis revolutis, ad secundam Evagationem profectus sum. Equitantes autem servus Comitis et ego ocius ad villam Dissen venimus, et supra illam in castrum, in quo Dominus Comes residebat, ascendimus.

Causa autem propter quam me vocavit erat ista. Sub castro in villa, quae dicitur Jedensheim vel Iheidemsheim, erat quaedam virgo alienata a sensibus, quam multi dicebant esse obsessam a daemone : hanc videndam et examinandam mihi exhibuit, ut judicarem quid esset cum ea agendum : si adjuranda esset, vel non ; hoc autem fuit meum judicium, quod destructa esset in capite, et ideo potius medicorum quam theologorum curae esset committenda. Hoc sic terminato, dixi domino Comiti meam profectionem jam inceptam, et petivi eum ut mihi servum adjungeret, qui usque ad Alpium radices me conduceret, quia usque ad id spatium est nonnunquam satis insecurum et timebam ibi equitare solus. Assumpto ergo famulo mihi adjuncto eodem die a Thyssa recessimus usque in Memmingen, et ibi pernoctavimus.

Quinta decima die festine a Memmingen usque in

---

[1] couscriberem *ed.*

placés sur le cheval que j'avais acheté, je l'enfourchai pour m'éloigner avec le serviteur du comte.

Alors que j'étais à cheval, tous les frères m'entourèrent et me prièrent avec insistance de faire un relevé scrupuleux des Lieux saints visités, de les décrire et de leur rapporter ces notes et descriptions pour qu'ils puissent eux aussi se ressourcer autour des Lieux saints, en esprit, même s'ils n'y étaient pas en personne. Et c'est ce que je leur promis.

Sur ce, le serviteur du comte et moi sortîmes du couvent et chevauchâmes hors de la ville discrètement, presque en secret. Nous traversâmes le Danube par la porte du « pont du troupeau ». Le hasard fit que ce voyage concorda jour pour jour avec le premier. En effet, j'entrepris le premier voyage le jour de la Saint-Tiburce et de la Saint-Valérien et c'est le même jour et à la même heure, deux ans plus tard, que je me mis en route pour le second voyage. Chevauchant donc, nous arrivâmes rapidement, le serviteur du comte et moi, au bourg d'Illertissen, et nous montâmes au château qui le domine, là où résidait Monseigneur le comte.

La raison pour laquelle il m'avait appelé était la suivante : en dessous du château, dans le bourg qu'on appelle Jedensheim ou bien Iheidemsheim, il y avait une jeune fille ayant perdu la raison, que beaucoup de gens disaient possédée du démon ; il me la donna à voir et à examiner pour que je puisse juger de la façon dont il fallait agir avec elle, si elle devait être exorcisée ou non. Voici quel fut mon jugement : elle avait perdu la tête et, pour cette raison, elle devait être soignée plus par des médecins que par des théologiens. Ma tâche accomplie, je dis à Monseigneur le comte que mon voyage était déjà entamé et je lui demandai de m'attacher son serviteur pour qu'il m'accompagnât jusqu'au pied des Alpes : jusqu'à cette région, la route est parfois assez dangereuse et je craignais d'y chevaucher seul. Il me confia donc son serviteur et ensemble nous allâmes le même jour d'Illertissen à Memmingen, où nous passâmes la nuit.

Campidonam equitavimus, et ibi simul manducavimus ; post prandium licentiavi famulum a me, jubens eum redire ad dominum suum. Ego vero ad radices montium veni cum magna festinatione. Timui enim quod Domini mei ante adventum meum de Pontina[1] recederent, et veni usque in villam Ruti, quae est sita super Licum fluvium, quem vulgares Lech nominant, ibique pernoctavi. **(B)**

Sexta decima die mane solus de Ruti exivi et in Rhaeticas alpes subii : ibi enim est ingressus in Rhaeticas alpes et praeceps ascensus tempore pluvioso pessimus et profundus luto. Malam viam valde habui, quia praecedenti die pluerat, et in nocte postea cecidit nix super lutum, nec potui videre paludes et foramina profunda. Et ita equus, quem manu sursum duxi, omni passu in profundum mergebatur usque ad ventrem, et ego similiter usque super genua. In foveis vero profundius mergebamur. Tandem autem per clausuram Rhaeticarum alpium, quae dicitur Ehrenstein, ingressus veni usque ad ascensum montis Fericii, quem cum ascendissem et ex alia parte descendissem, vidi mihi adhuc superesse multum de die ; et pertransivi villam Nazarith, et iterum ad montana valde alta ascendi, et perveni in villam Schneckenhusen, ibique pernoctare decrevi. Porro in ipso hospitio sedebant socii[2] minerarii de argentifodinis, qui ludebant, bibebant, et voluptatibus deserviebant, quorum suspecta erat mihi societas, et cautus fui in conversatione cum eis. Posuit autem hospes me ad unam parvam singularem cameram, cujus ostium diligenter seravi[3], et ita dormivi.

Decima septima die mane cum singuli surgerent, factus est tumultus magnus in domo, pro eo quod duo vectores curruum conquerebantur peras suas cum pecuniis repositis perdidisse. Ipsis enim dormientibus socii illi minerarii fures

[1] *post* Pontina *add.* (Insprugg) *ed.*
[2] focii *ed.*
[3] servavi *ed.*

Le quinzième jour, nous chevauchâmes rapidement de Memmingen à Kempten, où nous mangeâmes ensemble. Après le repas, je me séparai du serviteur et lui ordonnai de retourner auprès de son maître. Quant à moi, j'allai en toute hâte jusqu'au pied des montagnes. Je craignais en effet que mes seigneurs ne quittent Innsbruck avant mon arrivée. J'allai jusqu'au bourg de Reutte[209], qui est situé sur le fleuve Licus, qu'on appelle Lech en allemand, et là je passai la nuit. **(B)**

Le seizième jour au matin, je quittai seul Reutte et je pénétrai dans les Alpes Rhétiques : c'est par là en effet qu'on entre dans les Alpes Rhétiques. L'ascension escarpée est très pénible par temps de pluie et l'on s'enfonce profondément dans la boue. J'eus une fort mauvaise route, car il avait plu la veille et la neige tombée la nuit suivante avait recouvert la boue, si bien que je ne pouvais voir les marais et les trous profonds. Aussi, le cheval que je menais par la main en montant s'enfonçait profondément jusqu'au ventre à chaque pas, et moi de même jusqu'au-dessus des genoux. Nous nous enfoncions encore plus profondément dans les fossés. Mais finalement, en franchissant le col des Alpes Rhétiques qu'on appelle le col d'Ehrenstein, nous arrivâmes au pied du mont Fericius[210]. Après l'avoir gravi d'un côté et descendu de l'autre, je vis qu'il me restait encore une bonne partie de la journée. Aussi je traversai le bourg de Nassereith, montai de nouveau vers des sommets fort élevés et parvins au bourg de Schneckenhusen où je décidai de dormir. A l'auberge, se trouvaient des compagnons mineurs, qui travaillaient dans les mines d'argent. Ils jouaient, buvaient et s'abandonnaient aux plaisirs. Leur compagnie me paraissait suspecte et je fus prudent en discutant avec eux. Toutefois l'aubergiste m'installa dans une petite chambre individuelle dont je fermai soigneusement la porte, et ainsi je dormis.

Le dix-septième jour au matin, alors que chacun se levait, il y eut une grande agitation dans la maison, car deux conducteurs de diligence se plaignaient d'avoir perdu leurs besaces avec leur argent. En effet, alors que ces derniers

cameram eorum ingressi peras eorum de cervicalibus trahentes et evacuantes, in hortum domui contiguum vacua marsupia projecerunt, ipsi vero simul, dum omnes dormirent, aufugerunt cum pecunia.

Cum autem sol oriretur, a loco illo recessi et cum timore processi, timens ne forte fures illi insidiarentur mihi in via, sed nihil mihi mali accidit. In meridie autem ad Pontinam oppidum veni, sperans me dominos meos ibi reperturos, sed spe mea frustratus fui. Pontinum latine, Insprugg dicitur theutonice, quia Pontinum dicitur quasi Pons Ini fluvii, quod significat hoc nomen Insprugg. Dum enim jam ad pontem oppidi accederem et intrare vellem, venerunt mihi obviam quinque armigeri servi Dominorum meorum, quos a se remiserant ad propria, et ipsi profecti fuerant de Pontina mane illo die. Multis enim diebus fuerant in curia Ducis taedio affecti ; ideo quam cito causas suas expediverunt, recesserunt, uno die citius quam mihi Dominus Johannes Truchsas terminum statuerat. Hoc enim egerant apud Ducem, quod eidem commiserant omnia quae reliquerunt, uxores, liberos, terras, villas, oppida ac castra, pagos et dominia eorum : insuper literas promotoriales ab eo acceperant ad Ducem Venetorum et ad Senatum Venetum. Et istis expeditis abierunt. Non repertis **(27 A)** Dominis in oppido, festinanter pertransivi sequens eos, et in montana ascendi et per curvitates multas montium in vallem quandam magnam, quae dicitur Matra, perveni, et ibi noctem egi.

Decima octava die de Matra in altiora montana conscendi, et per jugum montis dicti Brenner transivi, et frigore vehementi molestatus fui. Nam ibidem etiam aestivo tempore nives, pruinae et glacies non desunt. De isto jugo ab alia parte per longam viam descendi et in oppidum Stertzingen veni, ibique in hospitio Dominos meos reperi cum aliis nobilibus et famulis suis. Inveni ibi Dominum Heinricum de

dormaient, les compagnons mineurs, des voleurs, étaient rentrés dans leur chambre, avaient pris sous les oreillers leurs besaces qu'ils avaient vidées et jetées dans le jardin voisin de la maison, avant de s'enfuir avec l'argent. Tout le monde dormait alors.

Au lever du soleil, je quittai ce lieu et j'avançai avec inquiétude, craignant que par hasard ces voleurs ne me tendissent un piège sur la route, mais aucun ennui ne m'arriva. À midi, j'arrivai à la ville d'Innsbruck, espérant que mes seigneurs m'y retrouveraient, mais mon espoir fut déçu. La ville s'appelle Pontinum en latin, et Innsbruck en allemand parce que Pontinum correspond à « pont sur le fleuve Inn », ce que veut dire le nom d'Innsbruck. Donc, comme j'arrivais au pont de la ville et que je voulais y entrer, cinq serviteurs de mes seigneurs vinrent en armes à ma rencontre ; leurs maîtres les avaient renvoyés chez eux et avaient eux-mêmes quitté Innsbruck le matin même. Leur long séjour à la cour du duc avait en effet fini par les lasser ; aussi avaient-ils réglé au plus vite leurs affaires et étaient-ils partis un jour avant la date que m'avait fixée le seigneur Jean Truchsas. Ils s'étaient donc arrangés avec le duc pour lui confier tout ce qu'ils avaient laissé : leurs épouses, leurs enfants, leurs terres, leurs bourgs, leurs villes et leurs châteaux, leurs domaines et leurs propriétés. En outre, ils avaient reçu des lettres de recommandation du duc pour le doge de Venise et le Sénat vénitien. Et celles-ci étant prêtes, ils étaient partis. N'ayant pas retrouvé **(27 A)** ces seigneurs dans la ville, je la traversai à la hâte pour me lancer à leur poursuite et je gravis une montagne pour parvenir après bien des détours dans une grande vallée qu'on appelle Matrei[211], où je passai la nuit.

Le dix-huitième jour, je montai en partant de Matrei vers une zone de montagnes plus élevées, passai par le col du Mont Brenner et fus saisi par un froid violent. Car ici, même en été, la neige, les gelées et la glace ne manquent pas. Je descendis l'autre versant de ce col par une longue route et j'arrivai dans la ville de Stertzing[212], où je retrouvai dans une auberge mes

Stöfel, et dominum Johannem Truchsas, et Dominum Ursum de Rechberg : quartus vero Dominus Johannes Wernher de Cymbern Baro praecesserat eos, ut Venetiis de hospitio congruo provisionem faceret pro dominis et nobis omnibus.

Decima nona die ab illo loco post sumptum prandium recessimus et, cum juxta monasterium Cellae novae prope Brixinam Ordinis Canonicorum Regularium essemus, Praepositus monasterii nobis occurrit omnesque in monasterium secum duxit, propter Dominum Johannem Truchsas, quem venerabatur, quia de Waldsee, ubi Dominus Johannes Truchsas residet, assumptus fuerat in Praepositum illius monasterii. Noluit autem dictus Praepositus nos illo die a se dimittere, sed coegit manere, et cumulatissime nos tractavit. Est enim monasterium valde solemne et multum abundans. Vix vidi tot vasa argentea et aurea, sicut in triclinio illius Praepositi. Ecclesiam habet magnam cum pretioso ornatu, et Librariam bonam. Sunt ibi viri maturi et observantiales : nunquam videtur mihi me audivisse tam regularem et bonum chori cantum, sicut in hoc monasterio.

Vicesima die, quae erat dominica Jubilate, mansimus in divinis officiis in Cella nova, et in prandio ; et deinde a monasterio recessimus. Cum festinantia autem Brixinam civitatem pertransivimus, quia dicebatur dominis quod pestilentia ibi grassaret. Aliis tamen vicibus in ea civitate pernoctavi. Ibi est Episcopatus abundans. Ideo frequenter mortuo episcopo insurgunt rixae et contentiones multae et primariae perturbationes pro Episcopatu ; et tota terra illa interdicto et censuris ecclesiasticis vexatur. Recolo quod propter illum Episcopatum Dux Austriae Sigismundus, qui hodie est, et tota terra illa interdicto stricto et gravissima excommunicatione fuit punitus : ita quod omnis homo, sive ignoranter sive scienter transiens per terram illam, fuit excommunicatus **(B)**. Ecclesia cathedralis est pulchra.

seigneurs avec d'autres nobles et leurs serviteurs. Je trouvai là le seigneur Henri de Stoefel, le seigneur Jean Truchsas et le seigneur Ursus de Rechberg ; quant au seigneur Baron Jean Wernher de Cymbern, il les avait précédés afin de trouver à Venise un logement convenable pour les seigneurs et pour nous tous.

Le dix-neuvième jour, nous quittâmes Stertzing, après avoir pris le petit déjeuner ; comme nous étions près de Brixen, à côté du monastère de Novacella de l'Ordre des chanoines réguliers[213], le prévôt de cette communauté vint nous voir et nous emmena tous avec lui au monastère à cause du seigneur Jean Truchsas qu'il révérait, car il habitait Waldsee, la ville du seigneur Jean, avant d'être nommé à la tête de ce monastère. Le prévôt refusa que nous le quittions le jour même ; il exigea que nous restions et il s'occupa parfaitement de nous. C'est en effet un monastère remarquable et très riche. J'ai rarement vu autant de vases d'argent et d'or que dans la salle à manger de ce prévôt. Il y a une grande église avec une précieuse décoration, ainsi qu'une imposante bibliothèque. Il y a là des hommes sages et qui observent bien la règle ; il me semble ne jamais avoir entendu un choeur chanter aussi juste et aussi bien que dans ce monastère.

Le vingtième jour, qui était le dimanche *Jubilate*[214], nous restâmes à Novacella pour les offices divins et pour le repas ; ensuite nous nous retirâmes du monastère. Nous traversâmes rapidement la ville de Brixen, parce qu'on avait dit aux seigneurs qu'une épidémie y sévissait[215]. Mais j'ai passé la nuit dans cette ville à d'autres occasions. C'est un riche évêché. Aussi à la mort de l'évêque, des disputes, des rivalités multiples et de graves troubles surgissent souvent pour la succession à l'épiscopat : le territoire entier est alors frappé d'interdit et de censures ecclésiastiques. Je me souviens qu'à cause de cet évêché, le Duc d'Autriche Sigismond, qui vit encore aujourd'hui, fut puni, lui et tout son territoire, d'un interdit strict et de la plus sévère excommunication : ainsi tout homme qui traversait ce territoire, qu'il le sût ou non, était

Quadam vice in eadem ecclesia steti, dicens cum socio fratre horas canonicas ; praepositus autem ecclesiae dominus et canonicus magnus misit capellanum suum ad nos et interrogavit an essemus fratres mendicantes, et percepta veritate direxit nobis pinguem et bonam eleemosynam. Valde bene staret ibi conventus bonorum fratrum. In tota namque dioecesi non est aliquis conventus fratrum mendicantium. Sunt autem ibi ita maturi canonici, quod nolunt in nova Cella sustinere monachos nisi reformatos. Veruntamen monasterium novae Cellae est canonicorum illorum, et ante tempora non multa fuit ecclesia novae Cellae ecclesia cathedralis, et ea translata in civitatem posuerunt ibi Canonicos Regulares.

Postergata Brixina venimus ad viam Conteri, per quam faciliter ascendimus, quia Dux Austriae eam ita plantavit, quod jam cum curribus ascendunt et descendunt, omnibus viis dimissis. Ideo nunc praefatus dux construit in supremo illius viae domum valde altam et pretiosam, thelonario ibi ponendo. Non sunt duo anni elapsi, quod via illa erat adeo mala et periculosa quod cum magnis difficultatibus potuit eam homo transire, equum ad manum post se trahens. In mea prima peregrinatione cum quantis angustiis illam viam transiverim ego scio. Sunt enim a parte dextra profundissimae valles, et via erat stricta superius a sinistris habens parietes petrarum altissimas et a dextris vallem profundissimam. Adeo arta et periculosa fuit ista via ut in communitate cantentur de ea publica carmina. Sed nunc, ut dixi, Dux fecit arte cum igne et bombardarum pulvere dividi petras, et scopulos abradi, et saxa grandia removeri, et multis expensis fecit aspera in vias planas, non solum ibi sed in pluribus locis per montana Rhaetica suae dictioni subjecta.

Praefata via duobus miliaribus theutonicis est longa ; quam cum percurrissemus, descendimus in Bozanam civitatem, quam noviter miserabiliter paene totaliter exustam

excommunié. **(B)** L'église cathédrale est belle. Un jour, je suis resté dans cette église à dire avec un frère de mon Ordre les heures canoniques ; le supérieur, maître et grand chanoine, nous avait envoyé son chapelain et nous avait demandé si nous étions des frères mendiants. Quand il avait su la vérité, il nous avait donné une grasse et bonne aumône. Ici un couvent de bons frères serait fort bien, car dans le diocèse entier il n'y a pas un seul couvent de frères mendiants. Là-bas, les chanoines sont si graves qu'à Novacella ils ne veulent supporter que les moines réformés. Le monastère de Novacella appartient donc à ces chanoines, mais il y a peu de temps, l'église de Novacella était une église cathédrale et ce n'est qu'une fois la cathédrale transférée dans la ville qu'on y plaça des chanoines réguliers.

Ensuite, après avoir laissé derrrière nous Brixen, nous prîmes la route de Kunter[216] par laquelle nous fîmes une ascension facile, car le duc d'Autriche l'avait si bien construite qu'on la montait et descendait désormais en chariot, sans plus emprunter aucune autre route. De plus, le duc était en train de faire construire à son sommet une très haute et riche demeure et d'y installer un péage. Il n'y a même pas deux ans, cette route était particulièrement mauvaise et dangereuse, et un homme ne pouvait la pratiquer qu'au prix de grandes difficultés, en tirant son cheval par la bride derrière lui. Durant mon premier voyage, je sais avec quelles peines je l'ai empruntée. Il y a en effet, à droite de celle-ci, des vallées très encaissées. Vers le haut, la route était étroite, avec, à sa gauche, des parois de pierre très hautes, et à sa droite, un précipice. Elle était si resserrée et dangereuse qu'on chantait fréquemment des chansons populaires à son sujet. Mais maintenant, comme je l'ai dit, le duc a fait habilement éclater la roche avec de la poudre à canon, araser les parois rocheuses, déplacer des blocs imposants et aplanir à grands frais des chemins accidentés, non seulement dans ce lieu mais aussi à plusieurs endroits à travers les Alpes Rhétiques soumises à sa juridiction.

Cette route est longue de deux milles teutoniques[217] ; après l'avoir parcourue, nous descendîmes vers la ville de

reperimus : necdum erat ignis extinctus, sed de cumulis ruinarum flammam et fumum vidimus et odoravimus. Monasteria tamen et ecclesiae remanserunt illaesa quasi miraculose. Conventus noster Praedicatorum in multis locis ardere inceperat, sed diligentia et labor fratrum in tectis currentium extinxit. Ignis tamen adeo pervaluit etiam in nostro conventu quod fratres non potuissent eum conservasse, si alia virtus superior non affuisset. Tectum enim dormitorii arsit in altum et Prior venerabilis, Pater Nicolaus Münchberger, sicut certissima habeo relatione, sub igne genibus flexis beatam invocavit virginem, et adjutorium invenit. Ante plures annos quidam ignis cunctis videntibus per portam civitatis intravit, et per vicos cucurrit et totam civitatem combussit. Unde sicut eandem combustionem sic et illam divinae vindictae ascribunt. **(28 A)** Est enim populus ibi vitiosus, crapulae, luxuriae, superbiae deditus ultra modum. Omnia enim sunt ibi in bono et levi foro et est abundantia optimarum rerum ibi : vinum est ibi praecipuum, fructus alii dulces. Sed habet aerem insanum, quia, ut dicunt, ab illa parte qua spirat aer recens et sanus, sunt montes altissimi, quos mihi demonstrabant fratres, et ab illa parte, qua aerem recipit, sunt paludes foetidissimae. Unde contingit quod ibi sunt semper multi febricitantes, et est adeo commune teneri febribus quod febrim infirmitatem non aestiment. Quando enim quis alteri amico suo obviam venit, et eum videt pallidum et deformem facie, interrogat : O amice, quid habes, video te infirmum et deformatum ? ad quod ille dicit : Certe, amice, infirmus non sum, per dei gratiam, sed febris deformat me.

Unde quadam vice cum quodam seculari transivi in Bozanam, et dum civitatem videremus, dixit ad me : ecce frater[1], non credo aliquam civitatem esse in mundo

[1] frates *ed.*

Bolzano que nous trouvâmes malheureusement presque entièrement détruite par un récent incendie : le feu n'était pas encore éteint et nous vîmes et sentîmes les flammes et la fumée qui sortaient des amas de ruines. Cependant les monastères et les églises étaient restés intacts comme par miracle. Notre couvent de frères Prêcheurs avait commencé à brûler en maints endroits mais grâce à leur vigilance et à leurs efforts, les frères, courant sur les toits, avaient maîtrisé le feu. Pourtant le feu couvait encore, même dans notre couvent, à tel point que les frères n'auraient pu le sauver si un autre miracle plus grand encore n'était survenu. En effet, le sommet du toit du dortoir s'enflamma et le vénérable prieur, le Père Nicolas Münchberger, comme on me l'a rapporté de source sûre, s'agenouilla sous les flammes, invoqua la sainte Vierge et obtint son aide. Plusieurs années auparavant, un autre feu avait pris à la porte de la ville sous les yeux de tous, avait parcouru les quartiers et détruit toute la ville. C'est la raison pour laquelle on attribue l'un et l'autre incendie à la vengeance divine. **(28 A)** En effet, il y a là une population corrompue, ivrogne, débauchée, et orgueilleuse à l'excès. Car tout y est très bon marché et il y a abondance des meilleures choses : le vin y est remarquable et les autres produits, de qualité. Mais l'air là-bas est malsain, parce que, comme on le dit, du côté où souffle un air frais et sain, il y a de très hautes montagnes, que les frères m'ont montrées, et du côté qui reçoit l'air, il y a des marais fétides. Il s'ensuit que le lieu compte toujours de nombreuses personnes touchées par la fièvre et il est si fréquent d'en être atteint qu'on ne la prend pas pour une maladie. En effet, lorsque quelqu'un vient à la rencontre de l'un de ses amis et voit qu'il a le visage blême et défiguré, il lui demande : « Ami, que t'arrive-t-il ? Je te vois faible et défiguré ». À quoi l'autre répond : « Eh oui !, mon ami, je ne suis pas malade par la grâce de Dieu, mais la fièvre me défigure. »

J'ai traversé une fois Bolzano avec un laïc et, pendant que nous visitions la ville, il m'a dit : « Eh bien, mon frère, je ne

frigidiorem quam illam ; de quo miratus dixi : non esse ita, sed est, dixi, calidissima. Ad quod ille : ego nunquam veni ad hanc civitatem etiam aestivo et calidissimo tempore, quin semper viderim ibi multos in pelliciis hiemalibus[1] sedentes pallidos prae frigore, et dentibus stridentes. Et hoc joco dixit de febricitantibus. Multi aestimant quod febrem non ex malo aere homines contrahunt, sed ex bono vino et de bona coquina, de quibus se ingurgitant et infirmitates contrahunt.

Civitas haec ante paucos annos fuit italica, et vulgaris locutio fuit italicum. Unde ego novi quendam Patrem de Italia, qui non scivit unum verbum theutonicum, qui tempore juventutis suae in Conventu Bozanensi fuit cursor et praedicans, sed per successum temporis, crescentibus Theutonicis, facta est civitas illa alemanica, et conventus ille Provinciae nostrae additus est, qui prius erat sub provincia S. Dominici.

In hac civitate mansimus per noctem, et miseriam magnam vidimus, quia multi in ruinis domorum suarum demorabantur, non habentes aedes, nec manendi locum, et multi emigrabant pauperes, qui fuerant ante ignem divites. Sed hodie reaedificatur civitas, et pretiosiores structuras faciunt quam ante, contra ignem.

Vicesima prima die, Missa in nostro Conventu audita et prandio sumpto, recessimus a loco ad dextram partem habentes Athysim aut Lavisium fluvium, qui vulgariter Etsch nominatur : et trans Atisim vidimus fertilissima montana, cum multis castris et villis, principalior tamen villa dicitur Tramingum, quae magna est, juxta quam illa crescunt vina nobilia, quae ducuntur in Sueviam, et a villa denominantur *Tramminger.*

Porro inter Ahesin et nos, contra Meronam civitatem, sunt paludes profundae, et post paludes contra Tridentum

[1] hilemalibus *ed.*

crois pas qu'il existe une ville au monde où il fasse plus froid qu'ici ». Tout étonné, je répondis que ce n'était pas le cas : « Au contraire, il y fait chaud », dis-je. Ce à quoi, il répondit : « Je ne suis jamais venu dans cette ville, même en été et par temps de canicule, sans toujours y voir de nombreuses personnes emmitouflées dans des fourrures d'hiver, blêmissant de froid et claquant des dents ». C'était une plaisanterie sur les personnes atteintes de fièvres. Beaucoup de gens estiment que les hommes ne contractent pas la fièvre à cause d'un air malsain mais à cause du bon vin ou de la bonne cuisine dont ils se gavent et qui provoquent ainsi des maladies.

Peu d'années auparavant, cette ville était italienne et la langue du peuple était l'italien. J'y ai connu un père venu d'Italie qui ne savait pas un mot d'allemand ; du temps de sa jeunesse, il avait été courrier et prêcheur au couvent de Bolzano. Mais avec le temps, le nombre des Allemands s'accrut, la ville devint alémanique et son couvent qui dépendait auparavant de la province de Saint-Dominique, fut rattaché à la nôtre. Nous restâmes dans cette ville pour la nuit et nous vîmes une grande misère : beaucoup de personnes s'attardaient dans les ruines de leurs maisons, n'ayant plus de toit, ni de lieu où rester et beaucoup de personnes, riches avant l'incendie, émigraient, ayant tout perdu. Mais aujourd'hui, à l'heure où j'écris, la ville est reconstruite et les propriétaires dépensent bien plus qu'avant pour avoir des constructions résistant au feu.

Le vingt-et-unième jour, après avoir écouté la messe dans notre couvent et pris le repas, nous quittâmes ce lieu[218]. Sur notre droite se trouvait la rivière de l'Adige ou Lavisius que l'on appelle communément Etsch : en la traversant, nous vîmes des coteaux très fertiles avec de nombreux bourgs et villages dont le principal est appelé Tramin[219]. C'est un grand village autour duquel on produit un bon vin qui est importé en Souabe et est appelé Tramminger du nom du village.

Entre l'Adige et nous, en face de la ville de Merona[220], il y a des marais profonds et après les marais, en face de Trente, il

sunt montana mediocria, et in cornu eorum jacet unum antiquum castrum nomine Firmianum, a quo orti sunt nobiles illi, qui dicuntur domini de Firmiano, quorum aliquos ego vidi. Castrum autem nunc habet **(B)** in possessione Sigismundus Dux Austriae, qui de novo reaedificat et ampliat spississimis muris et altis ac magnis turribus circumdans. Muri spissitudo est XX. pedum calceatorum. Et quatuor habet habitacula per quatuor angulos magna et firma, a se distincta per intermedias turres et muros, et quaelibet habitatio habet propriam plateam et propria stabula pro equis, ita quod quatuor principes possent in eo secure morari.

Ego fui in illo castro et omnia lustravi. Aquam non habet, nisi quam per rotam sursum de Athesi trahunt, qui decurrit ad rupem castri. Porro propter paludis foetorem facta fuit habitatio odiosa, quia homines ibi morantes cito moriebantur. Ideo ad tollendum hoc impedimentum fecit Dux per medium paludis ab Athesi usque ad montana fossata magna et profunda, ad quae distillant aquae paludis : ita quod nunc sunt prata amoena, ubi prius erat foetida et mollis palus. Et ipsa fossata sunt aquis[1] de palude fluentibus ita plena, quod cum navibus in fossatis faciunt transitum sursum et deorsum. Super margines vero fossati plantari fecit Dux vineam perlongam ab utraque parte, de quibus colligunt tempore vindemiae XX. aut ultra vini plaustra optimi.

Istis tamen non obstantibus, et quamvis foetor paludis sit ablatus, nemo tamen diutius in castro illo dicitur posse vivere. Cujus causam dixit mihi nunc castellanus ibidem ; quia in alto est situm et habet aerem recentem et fortem, quo efficiuntur homines ibi morantes esurientes et sitientes, et concitatur ibi appetitus multum. Cui cum quis semper sine ordine satisfacere satagit, tandem seipsum perimit : nec est ibi defectus, sed semper stat mensa ibi parata, et vinum ibi non clauditur. Et iste excessus locum minus carum reddit.

---

[1] aqua *ed.*

y a des montagnes peu élevées, au sommet desquelles se trouve un antique château du nom de Firmianum[221], d'où sont issus ces nobles qu'on appelle seigneurs de Firmianum. J'en ai rencontrés quelques-uns. Cependant Sigismond, le duc d'Autriche, **(B)** tient maintenant le château en sa possession : il l'a reconstruit à neuf et l'a agrandi en l'entourant de hauts murs très épais avec de grandes tours. L'épaisseur de l'enceinte est de vingt pieds de cordonnier. Ce château comporte quatre corps de logis spacieux et solides, un à chaque angle, séparés les uns des autres par des tours intermédiaires et par les remparts. Chaque logis a sa propre cour et sa propre écurie, de sorte que quatre princes pourraient y séjourner en sécurité.

Je suis allé dans ce château et j'y ai tout visité. Il n'y a pas d'eau si ce n'est celle qu'une roue tire de l'Adige, qui coule le long de la roche où se dresse le château. De plus, à cause de l'insalubrité du marais, il était devenu dangereux d'y habiter, car les hommes qui y restaient mouraient rapidement. Pour supprimer cet inconvénient, le duc a fait construire, au milieu des marais, depuis le fleuve jusqu'aux montagnes, des fossés larges et profonds, où les eaux s'écoulent. Il y a maintenant de beaux prés là où auparavant il n'y avait qu'un terrain marécageux fétide et mouvant. Ces fossés mêmes sont remplis des eaux qui coulent du marais à tel point qu'on en fait la traversée en bateau à l'aller et au retour. Sur les rives, de l'un et l'autre côté du fossé, le duc a fait planter des vignes très résistantes dont on tire en période de vendanges vingt chariots, sinon plus, du meilleur vin.

Bien que ces lieux ne soient plus hostiles et que la mauvaise odeur du marais ait été supprimée, on dit cependant que personne ne peut vivre trop longtemps dans ce château. Le châtelain de l'endroit m'en a donné la raison : le château est situé en hauteur et reçoit un vent frais et violent qui excite, chez les hommes qui y demeurent, la faim et la soif et provoque un appétit féroce. Ainsi, celui qui cherche toujours à les satisfaire sans mesure finit-il par se détruire lui-même. Et rien ne manque là-bas ; la table est toujours bien garnie et le

Quaesivi a castellano quid tandem Dominus Dux praetenderet, quod tantas expensas faceret, castrum illud sic fortificando, cum tamen omnia per circuitum pertineant ad Comitatum Tyroli. Respondit quod ideo faceret ut si vulgus se a Domino avertere conaretur, et a subjectione recidere, sicut fecerunt Helvetii sive Switenses, quod tunc in castro illo Dux se reciperet, eosque tantum vexaret quod redire cogerentur, cum ipsum castrum quasi inexpugnabile sit, et in corde illius aulonis sit situatum.

Equitavimus ergo consequenter et ad novum Forum, villam magnam, venimus, ibique propter equos per horam mansimus in hospitio. Venit autem ad me quidam famulus, de domo opposita, dicens se missum a quodam fratre Ordinis Praedicatorum in eadem domo commorante interrogare me quis[1] essem, et unde venissem. Cui respondi : si placet fratri illi scire quis sim, et unde huc venirem, veniat ad me et dabo sibi bona responsa ; tibi vero, dixi, famulo non respondebo. Hoc autem ideo dixi, quia suspicabar quod esset unus de vagis fratribus nostris per montana discurrentium. Nam instabiles et fugitivi fratres ordinis nostri et aliarum religionum se ad illa loca conferunt, et in montanis, tanquam in tutissimis locis, latitant, et cum hoc omnia sunt in bono foro, et levi pretio, possunt vitam suam dissolutam **(29 A)** nutrire, et discurrunt ad rusticos, dicentes eis Missarum utilitates, quod audientes emunt Missas eorum, pro se et suis defunctis, non scientes virus Symoniae ibi esse. Et ita dant eis pecunias ut legant Missas, cum potius esset eis pecunia danda, quod nunquam pro honore Dei ad altare accederent. Vidi ibi in montanis quasi de universis religionibus miseros vagari, et Episcopi ac Presbyteri eos tolerant.

[1] quis *F* : qui *ed.*

vin n'y est pas rationné. D'ailleurs, cet excès enlève du charme au lieu.

Je demandai au châtelain quel motif avait donc le seigneur duc de faire de telles dépenses pour fortifier ainsi ce château, alors que tout à l'entour appartenait au Comté du Tyrol. Il répondit que le duc le faisait au cas où le peuple chercherait à se détourner de lui et à se libérer de sa soumission, comme le firent les Helvètes ou Suisses. Si cela arrivait, le duc se retirerait alors dans ce château et il les persécuterait tellement qu'il les forcerait à la reddition puisque ce château est quasiment inexpugnable, situé comme il l'est au coeur même de cette vallée.

Nous repartîmes donc à cheval et nous arrivâmes à Novoforo[222], un grand village où nous restâmes dans une auberge durant une heure pour reposer les chevaux. Un serviteur de la maison d'en face vint me voir, affirmant qu'il était envoyé par un frère de l'Ordre des Prêcheurs qui séjournait dans cette même maison et qui se demandait qui j'étais et d'où je venais. Je lui répondis : « S'il plaît à ce frère de savoir qui je suis et d'où je viens, qu'il vienne à moi et je lui répondrai sans mentir. Mais à toi, le serviteur, dis-je, je ne répondrai pas ». En fait, j'avais dit cela parce que je soupçonnais qu'il s'agissait d'un de nos frères errants, un de ceux qui courent çà et là à travers les montagnes. Car les frères vagabonds qui ont déserté notre communauté et d'autres Ordres se rassemblent dans la région et se cachent dans les montagnes qui leur offrent un abri des plus sûrs ; en outre, tout y est bon marché et ils peuvent ainsi entretenir leur vie dissolue à peu de frais **(29 A)**. Ils font aussi le tour des paysans en les convainquant de l'utilité des messes. Ceux-ci les écoutent et achètent leurs messes pour eux-mêmes et pour leurs défunts, sans savoir qu'il y a là le poison de la simonie. Et ainsi, les paysans leur donnent de l'argent pour qu'ils disent des messes alors qu'il faudrait plutôt leur en donner afin que, par respect pour Dieu, ils n'approchent jamais d'un autel. Là, dans les montagnes, j'ai vu errer des misérables venant pratiquement

A novo Foro equitavimus per aulonem contra Tridentum. Communis vulgus dicit, quod per illam aulonem aut vallem usque ad Meronam mare olim fuerit, et quod Athesis super Meronam de montibus ruens in mare labebatur. In cujus signum in petris montium circa Tyrolim reperiuntur adhuc circuli ferrei, ad quos naves alligabantur, et ita totum spatium, per quod Athesis in suo alveo in mare mediterraneum labitur, mare fuit ; quod bene credo, cum mare ante tempora fuerit multo altius, quam nunc sit, ut ostendetur folio sequenti et P. 2 Fol. 173. B.

Venimus autem ad unam villam nomine Nova, in quam ruit fluvius rapidus de montanis, qui dividit Italos ab Alemannis, et supra fluvium in parte nostra stat una Capella, in qua ilia S. Udalrici Episcopi Augustensis sunt sepulta. Dicunt enim, quod Sanctus praefatus fuerit Romae, et in itinere existens incepit graviter infirmari. Rogavit autem Deum, quod non permitteret eum mori in Italia, sed in Alemania, et ita factum est. Statim enim ut per pontem hujus fluminis venit, mortuus fuit, et ilia ejus ibi sepulta, corpus vero fuit in Augustum deportatum.

Ab hoc loco in Tridentum civitatem equitavimus et per noctem ibi mansimus. Civitas Tridentina una est de vetustissimis civitatibus illis, quas Trojani venientes per mare cum Antenore in montanis aedificaverunt ; ad ejus moenia decurrit Athesis. Est autem in amoenissimo et claro ac sano loco sita et sunt quasi duae civitates, inferior et superior, propter duas diversas gentes. In superiori enim habitant Italici, sed in inferiori sunt Alemanni. Et ibi est divisio linguae et morum. Raro inter se habent pacem, et saepe ante tempora nostra fuit illa civitas dilacerata, quandoque ab Italicis in odium Theutonicorum ; aliquando a Germanis in

de tous les Ordres religieux, et les évêques et les prêtres les tolèrent.

De Novoforo, nous chevauchâmes le long de la vallée en direction de Trente[223]. Les gens du peuple disent que la mer arrivait autrefois par cette gorge ou cette vallée jusqu'à Merona et que l'Adige coulant des montagnes au-dessus de Merona se jetait dans la mer. La chose est avérée par les anneaux de fer que l'on trouve dans les roches des monts autour du Tyrol et auxquels les bateaux s'amarraient. Ainsi tout cet espace, par lequel l'Adige coule en son lit en direction de la Méditerranée, était jadis la mer, ce que je crois volontiers puisqu'autrefois la mer était beaucoup plus haute qu'elle ne l'est maintenant (comme le montrent le folio suivant[224] et le folio 173 B de la deuxième partie).

Nous arrivâmes ensuite à un village du nom de Nova[225], dans lequel coule une rivière rapide qui descend des montagnes ; elle sépare l'Italie de l'Allemagne, et au-dessus de la rivière, de notre côté, se dresse une chapelle dans laquelle les entrailles de saint Ulrich, évêque d'Augsbourg, sont ensevelies. En effet, on dit que ce saint aurait été à Rome, et qu'au retour, il tomba gravement malade. Il demanda à Dieu de ne pas le laisser mourir en Italie mais en Allemagne, et il en fut ainsi, car aussitôt qu'il eut franchi le pont de ce cours d'eau, il mourut ; ses entrailles furent inhumées là-bas, mais son corps fut transporté à Augsbourg.

De Nova, nous chevauchâmes en direction de la ville de Trente, où nous restâmes pour la nuit. La ville de Trente est une ville parmi les plus vieilles que les Troyens, venus par la mer avec Anténor[226], ont construites dans les montagnes. Le long de ses murailles coule l'Adige. Cette ville est située dans un lieu très agréable, ensoleillé et sain. Il y a pour ainsi dire deux villes, la ville basse et la ville haute, car deux peuples différents y habitent : dans la partie haute habitent les Italiens, mais dans la partie basse demeurent les Allemands. Il y a là une division de langues et de moeurs. Ces peuples sont rarement en paix et cette ville a souvent été ravagée autrefois,

displicentiam Italorum. Non sunt multi anni elapsi, quod Theutonici in illa civitate erant hospites et pauci, nunc vero sunt cives et urbis rectores. Et tandem continget de illa civitate, et nunc de facto contigit, cum Dux [Athesis][1] Pontinae eam jam totaliter sibi et Theutonicis subdiderit, sicut de Bozano dictum est, quia Alemani in dies magis et magis augmentantur. Quae autem sit causa augmenti eorum, quod nos potius crescimus in regiones aliorum, quam alii crescant in regiones nostras, adhuc non didici, nisi dicere velimus in terrae nostrae ruborem, quod propter ejus defectiones et steribilitates, quaerimus alienas ; vel propter populi Theutonici crudelitatem, cujus vicinitatem et conspectum nulla potest sustinere gens, sed dant cuncti eis locum, cedentes iracundiae, quam nemo tolerare valet.

Ex opposito civitatis super Athesin habent fratres Praedicatores conventum valde amoenum, pulcherrimis hortis circumdatum, et dicitur ad Sanctum Laurentium ; illum Conventum aedificavit B. Jordanes, immediatus successor in regimine Ordinis sancti Dominici, Patris nostri, **(B)** sed ibi est nulla observantia nec regula, sed pauci et miseri fratres ibi sine fructu degunt.

In hac civitate Anno 1475. martyrizatus fuit sanctus puer Symeon a Judaeis, cum magnis tormentis : propter quod Judaei fuerunt cum torturis magnis suspendio deputati ; quorum maledicta corpora vidi in patibulis pendere, anno sequenti, quando ivi Romam. Corpus autem B. Pueri inventum magnis incepit clarere miraculis, et hodie claret, ut dicitur. Propter quod homines a longinquis partibus Theutonicae, Françiae et Italiae illac peregrinantur, et deferunt ceram, vestes, aurum, argentum et pecunias in tanta

[1] Athesis *seclusimus*

tantôt par les Italiens qui détestaient les Teutons, tantôt par les Germains qui ne supportaient pas les Italiens. Il y a quelques années, les Teutons n'étaient que des étrangers, peu nombreux, de passage dans cette ville ; mais maintenant, ils en sont citoyens et la dirigent. Finalement, un jour viendra – et c'est en fait déjà le cas aujourd'hui – où le duc d'Innsbruck l'aura entièrement soumise à son pouvoir et à celui des Teutons, comme on l'a dit à propos de Bolzano[227], puisque la population des Allemands y augmente de jour en jour. Les raisons de cet accroissement, du fait que notre nombre augmente bien plus dans les pays étrangers que celui des étrangers dans nos régions, je ne les ai pas comprises, à moins qu'il ne faille dire, à la grande honte de notre terre, qu'en raison de sa pauvreté et de sa stérilité, nous en cherchons d'autres à l'étranger ; ou peut-être est-ce à cause de la cruauté du peuple allemand dont aucune nation ne peut supporter la proximité et la présence. Mais toutes les nations finissent par leur faire une place, en reculant devant une colère que personne n'est capable d'affronter.

À l'opposé de la ville, au-dessus de l'Adige, les frères Prêcheurs ont un couvent très agréable, entouré des plus beaux jardins, que l'on appelle le couvent de Saint-Laurent ; il fut fondé par saint Jordanès, le successeur immédiat à la direction de l'Ordre de notre Père saint Dominique **(B)**, mais il n'y a là aucune observance ni aucune règle. Seul un petit nombre de frères misérables y emploie son temps inutilement.

Dans cette ville, en l'an 1475, le saint Enfant Simon fut martyrisé par les Juifs en d'atroces tortures : c'est la raison pour laquelle les Juifs furent condamnés à être pendus après d'abominables supplices. Je vis leurs corps maudits pendus à la potence l'année suivante quand j'allai à Rome. Quant au corps du saint Enfant, quand il eut été retrouvé, il commença à s'illustrer par de grands miracles, et s'illustre encore aujourd'hui, à ce qu'on dit. C'est pour cela que les hommes font pèlerinage dans ce lieu depuis les régions lointaines de Teutonie, de France, et d'Italie et apportent des cierges, des

copia, quod stupendum est videre. Unde ecclesiam S. Petri, in qua corpus fuit locatum, antiquam destruxerunt et novam amplam superaedificaverunt ex illis bonis ; et domum martyrii ejus etiam emundaverunt, eamque ecclesiam consecraverunt. De martyrio illius Pueri vide in supplemento Chronicorum, lib. 15. Fol. 177. Cum ergo nos peregrini vestes equitantium deposuissemus, ad ecclesias pro indulgentiis transivimus, et in ecclesia S. Petri corpus S. Pueri vidimus et locum martyrii ejus, et ecclesiam Cathedralem antiquam, et alias capellas et ecclesias. Hoc enim faciunt honesti peregrini Jerosolymitani quod, cum ad aliquas civitates divertunt, statim de ecclesiis et Sanctorum reliquiis inquirunt, et ea visitant. Sic etiam fecerunt Domini mei, et ego una cum eis, ut patebit in processu.

Cum autem sero factum esset, et in coena omnes simul sederemus, advenit quidam joculator cum fistula, et uxor ejus cum eo, quae ad fistulationem concinebat voce, bona modulatione. Vir autem licet prudens esset, fistulando gesticulationes faciebat fatuorum, propter quarum ineptias magnum concitabat ad laetitiam musicae risum. Cum autem ludus finitus esset, ex more Domini Barones et nobiles inter se de dando pretio joculatori conferebant. Quidam autem nobilis nihil contribuere volebat, asserens : suum Plebanum saepe praedicasse, quod in talibus datio et acceptio esset damnosa, et mortale peccatum. Cum itaque sim constitutus in sacra peregrinatione, nolo eam foedare vitiosa datione ; sed pauperibus tribuam. Ex hoc facta est contentio non modica inter nobiles, et disputatio longa et rixosa. Tandem autem petita responsione mea, conclusioni et sententiae meae stare affirmabant. Conclusi ergo, licet cum formidine, dandum esse joculatori. Sicque dederunt munus fistulatori et ejus uxori. Cum autem domum redissem, quaesivi in scriptis

vêtements, de l'or, de l'argent et des pièces de monnaie en telle abondance que c'est étonnant à voir. Aussi détruisit-on la vieille église Saint-Pierre dans laquelle son corps avait été déposé et, au même emplacement, on en construisit une nouvelle, plus grande, grâce à tous ces dons. On purifia aussi la maison de l'enfant martyr et on la consacra en église. Au sujet du martyre de cet enfant, cf. le supplément des *Chroniques*, livre XV fol. 177. Donc, nous pèlerins, nous déposâmes notre tenue de voyage et nous fîmes le tour des églises pour la rémission de nos péchés ; nous vîmes dans l'église Saint-Pierre le corps du saint Enfant, le lieu de son martyre, la vieille cathédrale ainsi que les autres chapelles et églises. C'est ce que font les pèlerins dignes de ce nom en route pour Jérusalem : lorsqu'ils passent par quelque ville, ils s'enquièrent aussitôt des églises et des reliques des saints, et les visitent. Ainsi firent aussi mes seigneurs, et moi avec eux, comme il sera possible de le voir dans la suite.

Tard le soir, alors que nous nous étions tous attablés pour manger, un jongleur arriva avec une flûte, suivi de son épouse qui, de sa voix, accompagna harmonieusement l'instrument. L'homme était certes doué, mais, tout en jouant, il gesticulait comme les bouffons, et ses pitreries provoquaient de grands rires en accord avec la gaieté de la musique. Quand la musique s'arrêta, selon la coutume, Messieurs les barons et les nobles discutèrent entre eux de la somme à donner au jongleur. L'un des nobles ne voulait rien donner prétextant que son curé avait souvent affirmé que, dans de tels cas, donner et recevoir était une faute et un péché mortels. « Moi qui me suis engagé dans un pélerinage sacré, je ne désire pas le souiller par un don corrompu ; mais je donnerai cet argent aux pauvres », ajouta-t-il. Cela souleva une sérieuse dispute entre les nobles ainsi qu'une longue et violente discussion. Finalement, ils me demandèrent mon avis, affirmant qu'ils s'en tiendraient à ma conclusion et à mon verdict. J'ai donc conclu, mais avec crainte, qu'il fallait donner de l'argent au jongleur. Et ainsi, ils donnèrent une récompense au joueur de flûte et à son épouse.

Doctorum, an bene sententiassem, et reperi sententiam meam in Gersone, in duobus locis : ubi tractat de Avaritia, in materia de 7. peccatis capitalibus et de cognitione peccatorum, ubi habet quod tales fistulatores, joculatores, gesticulatores non sunt in statu damnationis, et quod talia possunt dicere aut facere sine peccato mortali ; quamvis sint verba aut facta ociosa, jocosa, et interdum mendosa, salva tamen honestate, nisi faciat talia solum propter dissolutionem ; secus, si propter sustentationem et lucrum et propter principum ac dominorum, quae curis magnis praegravantur, recreationem. Quod hunc joculatorem fecisse deprehendimus, qui Tridentinus erat mechanicus, et non continue joculabatur, sed tantum in adventu principum et dominorum : cum enim audivisset esse peregrinos terrae sanctae, pro eorum solatio et suo salario ludebat, ut moeror et anxietus nostra remitteretur paululum.

Vicessima secunda die audivimus Missam ad Sanctum puerum Symonem et prandium in hospitio sumpsimus. Deinde stratis equis de civitate profecti sumus. Statim autem ante portam civitatis per praecipitem clivum ascendimus, dimittentes illam inferiorem viam quae super alveum Athesis descendit contra Veronam. Est autem ascensus ille non solum praeceps, sed est una petra rubea et de durissimo marmore. Unde etiam omnes muri et moenia civitatis Tridentina sunt de pretioso et pulchro marmore, sed non polito.

Post longum ascensum ad alia parte descendimus et in Persam villam venimus. Persa enim est villa magna, et supra villam in monte est castrum grande, quasi civitas, cum altis turribus et magno muro per circuitum, et multi opinantur ex nomine illius castri quod Perseus, totius nobilitatis Graeciae pater hoc castrum aedificaverit, vel aliquis filiorum ejus aut subditorum ejus, et ex ejus nomine Persea nominetur hodie, sicut et regnum Persidis, quod ipse de Graecia veniens et

Quand je fus de retour chez moi, j'ai cherché dans les écrits des docteurs pour savoir si j'avais bien jugé, et j'ai trouvé le jugement que j'avais rendu chez Gerson[228] en deux endroits : lorsqu'il traite de l'avarice, au chapitre des sept péchés capitaux et de leur connaissance, et lorsqu'il dit que les joueurs de flûte, les jongleurs et les acrobates ne sont pas en état de damnation, et qu'on peut faire de tels métiers sans commettre un péché mortel. Bien que ces activités soient oisives et frivoles, parfois même trompeuses, l'honneur est sauf, si on ne les pratique pas que par dissolution ; par exemple, si c'est pour se nourrir, gagner sa vie et divertir les princes et les seigneurs qui sont accablés de grands soucis. Nous avons compris que c'était ce qu'avait fait ce joueur de flûte qui était un ouvrier de Trente et qui jonglait à l'occasion, mais seulement lors de la venue de princes et de seigneurs : ainsi, quand il apprenait qu'il y avait des pèlerins allant en Terre sainte, il jouait pour les distraire, pour se faire de l'argent et pour éloigner un peu notre tristesse et notre angoisse.

Le vingt-deuxième jour, nous entendîmes la messe en l'honneur du saint Enfant Simon et nous prîmes le repas à l'auberge. Ensuite, après avoir sellé les chevaux, nous quittâmes la ville. Juste avant la porte de la ville, nous nous engageâmes dans une montée escarpée et abandonnâmes la route en contrebas qui descend dans le lit de l'Adige en direction de Vérone. Cette montée est non seulement escarpée, mais elle se fait à travers un rocher rouge qui est un marbre très dur. C'est pour cela que tous les murs et les remparts de la ville de Trente sont en beau marbre, précieux mais non poli.

Après une longue ascension, nous descendîmes par l'autre versant et arrivâmes dans le bourg de Persa[229]. Persa est un important village au-dessus duquel se trouve, sur la montagne, un château vaste comme une cité, avec de hautes tours et un épais rempart de clôture. Beaucoup pensent, à cause du nom de ce château, que Persée, le père de toute la noblesse grecque, ou bien l'un de ses fils ou de ses sujets, l'a construit. Son nom expliquerait ainsi son appellation moderne de Persa, comme

devincens a se Persidam nominavit. In hoc castro dux Austriae habet semper multos soldatos, qui custodiunt ibi castrum, et provinciam.

Ulterius processimus et ad lacum quendam venimus, de quo lacu fluvius decurrit, nomine Brenta, qui inde currens ad Paduam usque pervenit, et postea descendens mari Veneto commiscetur. Consequenter in longam vallem magnam et fertilem venimus, et in oppidum quoddam, dictum vulgariter Valscian, divertimus modicum pausandi gratia. Est autem hoc oppidum et consequenter tota terra usque ad mare de lingua italica ; hospites tamen quasi **(30 A)** omnes sciunt ambas linguas alemanicam et italicam. Interrogavi autem hospitem de ratione nominis, quare oppidum nominaretur Valscian, qui respondit. Valscian idem est quod vallis sicca, et accepit nomen ideo quia ante multa tempora, antequam mare remissum fuit, ascendit usque huc sursum, et tota vallis plena fuit aquis : unde ab utraque parte montium vallem respicientium reperiuntur circuli ferrei in petris pro alligatura navium. Post recessum ergo maris vallis siccata retinuit nomen Valscian. Ex quibus notare potui quod omnes valles contra mare tendentes montium fuerunt olim repletae aquis, et erant canalia maris magni, sicut hodie est, in terris mari propinquis, ut dixi. Theutonici nominant Valscian : *In der Burg*, quia duo castra sunt supra oppidum, et murus castri concludit oppidum. Deinde a Valscian recessimus et sero in villam, quae dicitur Spiteli, id est hospitiolum, divertimus, ibique remansimus per noctem.

Vicessima tertia, quae est festum St. Georgii militis et martyris, mane rogaverunt me Domini, ut celebrarem eis Missam de sancto Georio : omnes enim nobiles singulari quadam devotione St. Georium colunt. Erat autem solum una capella in villa sine sacerdote, et cum magna difficultate

celle du royaume de Perse, ainsi appelé par Persée lui-même, qui, venu de Grèce, écrasa les Perses. Le duc d'Autriche maintient toujours dans ce bourg fortifié de nombreux soldats qui y défendent le château et la région.

Nous continuâmes notre route et nous arrivâmes à un lac[230] d'où part un fleuve nommé la Brenta, qui coule de là jusqu'à Padoue et qui, après, continue sa descente pour aller se jeter dans le golfe de Venise. Par la suite, nous pénétrâmes dans une longue vallée, grande et fertile et nous prîmes le chemin d'un bourg communément appelé Valscian[231], pour nous y reposer un moment. On parle italien dans ce bourg et dans tout le territoire qui va jusqu'à la mer. **(30 A)** Cependant, les aubergistes connaissent presque tous les deux langues : l'allemand et l'italien. J'en interrogeai un sur la raison pour laquelle l'endroit s'appellait Valscian et il me répondit : « Valscian signifie ' vallée sèche ' et elle a reçu ce nom parce qu'il y a très longtemps, avant qu'elle ne se fût retirée, la mer montait jusqu'ici et toute la vallée était pleine d'eau : c'est pour cela que sur chacune des parois rocheuses qui entourent la vallée, on trouve des anneaux de fer dans la roche pour l'amarrage des bateaux. Après le retrait de la mer, la vallée asséchée reçut donc le nom de Valscian ». Ces propos m'ont permis de noter qu'en montagne toutes les vallées descendant vers la mer furent autrefois remplies d'eau ; c'étaient des canaux menant à la Méditerranée, semblables à ceux qu'on voit aujourd'hui sur les terres proches de la mer, comme je l'ai dit. Les Allemands appellent Valscian *In der Burg*[232], parce qu'il y a deux châteaux au-dessus du bourg et que les remparts d'un des châteaux l'entourent. Ensuite nous avons quitté Valscian pour nous diriger vers une localité qu'on appelle Spiteli, ce qui veut dire « petit gîte », où nous restâmes pour la nuit.

Le vingt-troisième jour, jour de la fête du chevalier et martyr saint Georges, les seigneurs me demandèrent au petit matin de célébrer pour eux une messe en son honneur : en effet, tous les nobles ont une dévotion particulière pour lui. Mais il n'y avait qu'une chapelle sans prêtre dans le village et

obtinui ab aedituo ecclesiae quod capellam aperuit et paramenta pro Missa exposuit. Cumque jam indutus sacerdotalibus vestibus essem, et Domini mei nobiles, et alii homines de villa per sonum campanae convocati advenissent, et calicem more nostro[1] ante Confiteor parare vellem ; non fuit in vasculo in fenestra posito panis vel hostia, nec in tota villa : verti ergo me ad populum et hostiae defectum intimavi ; ne tamen omnino vacui recederemus, legi in altari Officium tantum, cum omnibus Missae moribus dempto canone, sicut solet fieri in navibus per mare. Et illas Missas nominant Missas torridas, vel crudas, aut aridas aut vacuas de quibus vide fol. 49. A. B. Post illam orationem iterum verti ad populum, et feci sermonem brevem de sancto Georio, et exhortationem. Haec autem me faciente et ita loquente, populus villae astabat, et mente confusa me respiciebat cum admiratione magna. Erant enim Italici et forte nunquam audierant sermonem theutonicum in sua ecclesia nisi a me.

Et his finitis regressi sumus in hospitium et manducavimus. Post commestionem incepit pluere, nihilominus tamen equos ascendimus, et a villa recessimus. Porro pluvia magis ac magis crescebat, et ita madidi facti fuimus usque ad pellem, sicque in Feltrum oppidum infusi pluvia venimus. Sumus ergo propter inundantem pluviam hospitium ingressi, volentes ibi per horam vel duas exspectare, quousque cessaret. Sed magis ac magis invaluit pluvia et ita coacti fuimus manere hac die ibi, quod tamen molestum nobis erat, quia ipsum hospitium artum fuit et repletum rusticis italicis, et hospes ac hospita et omnis familia erant de italica lingua : nec usum tractandi dominos habebant, nec apta instrumenta **(B)** ad honeste ministrandum. Erant tamen simplices boni homines et fecerunt suum posse : hoc ego bene consideravi. Sed servi dominorum erant impatientes.

[1] nostroo *ed.*

j'eus bien du mal à obtenir du sacristain qu'il l'ouvrît et qu'il sortît les ornements pour la messe. J'avais déjà revêtu mes vêtements sacerdotaux, et mes nobles seigneurs ainsi que d'autres hommes de l'endroit rassemblés par le son de la cloche étaient arrivés, quand je voulus préparer le calice avant le *confiteor*, selon notre coutume ; mais il n'y avait ni pain, ni hostie dans le ciboire placé dans le tabernacle, pas plus que dans tout le village. Je me tournai donc vers l'assemblée et annonçai l'absence d'hosties ; cependant, pour que nous ne repartions pas sans rien du tout, je lus à l'autel l'office seul, avec tous les rites de la messe, mais sans célébrer le canon, ainsi qu'on le fait en mer sur les navires. On appelle ces messes « sèches », « crues », « arides » ou « vides » (à leur sujet, voyez folio 49 A-B). Après ce service, je me retournai de nouveau vers l'assemblée et fis un bref sermon sur saint Georges et une exhortation. Pendant mon office et mon sermon, les habitants du village se tenaient debout, et, l'esprit troublé, me regardaient avec un grand étonnement. En effet, c'était des Italiens, et ils n'avaient sans doute jamais entendu personne à part moi parler allemand dans leur église.

Quand tout fut fini, nous retournâmes à l'auberge et nous mangeâmes. Après le repas, il commença à pleuvoir, mais nous n'en montâmes pas moins sur nos chevaux et nous quittâmes le village. Plus tard, la pluie se mit à tomber de plus en plus drue et nous fûmes mouillés jusqu'aux os. C'est complètement trempés que nous arrivâmes dans le bourg de Feltre[233]. À cause de la pluie battante, nous rentrâmes dans une auberge, voulant attendre là une ou deux heures jusqu'à ce qu'elle cessât. Mais la pluie fut de plus en plus violente et ainsi nous fûmes contraints de rester dans cette auberge ce jour-là, ce qui ne nous réjouissait guère parce qu'elle était petite et pleine de paysans italiens. L'aubergiste, sa femme et toute leur famille parlaient italien ; ils n'avaient pas l'habitude de recevoir des seigneurs et n'avaient pas non plus le nécessaire **(B)** pour les servir correctement. Cependant, c'était des gens simples et bons

Vicesima quarta adhuc sine intermissione pluit, sicut fecerat die altera et nocte praeterita et ex hoc aquae confluebant, et torrentes exundabant. Verum pluvia non obstante ingressi sumus Ecclesiam supra in civitatem et Missa audita etiam ipsum oppidum consideravimus. Est enim Feltrum unum de istis oppidis, quae construi fecit Antenor pro custodia montium antiquissimum, sicut et structure ejus demonstrant, et est multum longum per jugum collis extensum, et habet episcopum et monasteria aliqua sub monte civitatis.

In domum ergo regressi cibum sumsimus et sub prandio cessavit pluere. Stratis ergo equis a Feltro recessimus, et cum magno periculo equitavimus propter crescentes aquas. Nam parvi rivuli in fluvios rapidissimos creverant, et torrentes sicci aquis redundabant. Sed quia aer serenatus fuit, paulatim decrescebant. Die advesperascente inde recessimus, et ad quendam magnum fluvium venimus, in cujus litore per unam Venetorum custodiam transivimus, et deinde in villam, quae Ower nominatur, venimus ad pernoctandum, quod et fecimus. Porro hospitium nostrum, sicut et tota villa ad radices cujusdam montis delectabilis et graminosi situm erat.

Et dum coena parabatur, transivi cum Dominis in curia domus, et suspiciens dixi : ecce, si quis in supercilio illius montis esset, mare magnum videre posset. Hoc cum domini audivissent : ascendamus, inquiunt, et videamus mare, forte nostrum futurum sepulchrum. Et statim tres Domini mei, et duo servi et ego montem ascendimus, qui erat multo altior quam nobis apparuit. Et conjectis oculis contra meridianam plagam, extra montana in planitiem Italiae, et post planitiem mare mediterraneum vidimus : in cujus aspectu Domini mei, utpote juvenes et delicati, quodammodo conterriti stabant, et pericula futura cum mari contemplabantur. Et de facto ego ipse in ejus aspectu quodam metu concussus fui, quanquam

et ils firent leur possible, comme je l'ai bien vu. Mais les serviteurs des seigneurs étaient impatients.

Le vingt-quatrième jour, il plut encore sans arrêt, comme la veille et la nuit précédente, et de ce fait, les eaux gonflaient et les torrents débordaient. La pluie ne cessant pas, nous rentrâmes dans l'église de la cité et, après avoir écouté la messe, nous visitâmes la ville elle-même. En effet, Feltre est une de ces cités qu'Anténor fit construire dans l'antiquité pour la défense des montagnes, comme le montre sa structure. Elle est très longue et occupe le sommet d'une colline. Elle a un évêque et quelques monastères au pied de la montagne où elle se dresse.

De retour à l'auberge, nous mangeâmes et, pendant le repas, il cessa de pleuvoir. Nous sellâmes donc les chevaux, quittâmes Feltre et chevauchâmes fort dangereusement à cause de la crue des eaux. En effet, les petits ruisseaux s'étaient transformés en rapides et les torrents à sec s'étaient gorgés d'eau. Mais comme le temps s'était remis au beau, la décrue se fit peu à peu. À la tombée du jour, notre route nous mena à un grand fleuve sur la rive duquel nous traversâmes un poste de garde vénitien, avant de gagner pour la nuit un village du nom d'Ower[234], où nous dormîmes. Notre auberge se trouvait, de même que tout le bourg, au pied d'une colline agréable et verdoyante.

Pendant qu'on préparait le repas, je passai avec mes seigneurs dans la cour de l'auberge et levant les yeux vers la colline, je dis : « Regardez ! du haut de ce sommet on pourrait apercevoir la Méditerranée ». À ces mots, les seigneurs dirent : « Montons la voir, elle qui sera peut-être notre tombeau ». Aussitôt, trois de mes seigneurs, deux serviteurs et moi-même fîmes l'ascension de la colline, qui était beaucoup plus haute qu'il ne nous avait semblé. Nous tournâmes les yeux vers le sud, au delà des montagnes, vers la plaine d'Italie, et au delà de la plaine, nous vîmes la Méditerranée. À sa vue, mes seigneurs, qui étaient jeunes et délicats, furent figés par une sorte de terreur. En la contemplant, ils songeaient aux dangers qui les y attendaient. De fait, je fus moi-même pris de quelques craintes

suas amaritudines bene gustassem. Habuit enim sic de monte contemplatum satis horridum aspectum. Videbatur quod esset in propinquo et sol serotinus partem ejus illustrabat anteriorem ; reliquum, cujus finem videre nemo potest, videbatur esse nebula elevata, crassa, atra, aerei coloris nigrescentis. Demum satiati hoc aspectu per montana in nostro circuitu respeximus et multa antiqua destructa castra vidimus. In monte etiam, ubi eramus, sub pedibus murorum magnorum ruinae et fossata per circuitum supra montem, et piscina pulchra **(31 A)** adhuc aquam retinens ibi erat et pascualis mons fuit. Et creduntur illa castra omnia aedificata fuisse ab exercitu Antenoris Trojani, quia cum Baduanum urbem aedificasset in plano, ascenderunt in montana et oppida et castra aedificaverunt contra transalpinos, qui erant homines adhuc silvestres, more bestiarum viventes. Interea dum de his cum Dominis meis loquerer in monte, occidit sol, et descendere incepimus ; antequam autem in hospitium venimus, fuerunt tenebrae, et cum lumine cibum sumentes dormitum ivimus.

Vicessima quinta die erat festum S. Marci ; optavimus nos esse Venetiis, quia hoc festum ibidem cum[1] maximo apparatu et multa gloria peragitur. Audivimus tamen Missam de St. Marco in villa, et postea cibum sumpsimus, et inde recessimus. Est autem ab illa villa descensus de montanis et exitus ab eis, et ita in campestrem terram venimus, valde fertilem, plenam segetibus, arboribus fructiferis et vitibus, quam transcurrentes in Tarvisium civitatem venimus, mansuri ibi per aliquot dies, quousque equos nostros venderemus. Non enim amplius erant nobis equi necessarii, quia non longe a mari eramus.

Vicessima sexta die erat festum S. Desiderii, qui in ecclesia Cathedrali quiescit ibidem. Et fecerunt Tarvisini

---

[1] cam *ed.*

à sa vue, quoique j'eusse déjà bien goûté ses amertumes. Contemplée du haut de la colline, elle avait un aspect plutôt effrayant ; elle semblait toute proche et le soleil couchant éclairait la partie la plus proche de nous, mais le reste, dont nul ne peut voir la frontière, ressemblait à un brouillard qui montait, dense, sombre et fait d'un air de couleur noire. Enfin, rassasiés par ce spectacle, nous jetâmes un regard circulaire sur les montagnes et nous vîmes de nombreux châteaux anciens en ruine. Sur la colline même où nous étions, il y avait sous nos pieds de hauts murs et des fossés en ruines tout autour du mont, et un beau bassin **(31 A)** qui retenait encore de l'eau. C'était une colline qui servait de pâturage. On croit que tous ces châteaux ont été construits par l'armée du Troyen Anténor, car après que celui-ci eut fondé la ville de Padoue dans la plaine, les Troyens montèrent dans les montagnes et construisirent des places fortes et des châteaux pour se protéger des Transalpins, qui étaient encore des hommes des bois vivant comme des bêtes. Pendant que sur la colline je parlais à mes seigneurs, le soleil se coucha et nous commençâmes à descendre. Avant notre retour à l'auberge, l'obscurité s'installa ; nous mangeâmes donc à la lueur d'une torche avant d'aller dormir.

Le vingt-cinquième jour était le jour de la Saint-Marc. Nous aurions aimé être à Venise parce que là-bas, cette fête est célébrée avec une très grande solennité et avec beaucoup d'apparat. Nous entendîmes cependant la messe en l'honneur de saint Marc dans le village et, après avoir mangé, nous reprîmes la route. A partir de ce village, on descend et on sort des montagnes. Nous arrivâmes ainsi dans une plaine très fertile, couverte de champs, d'arbres fruitiers et de vignes. Nous la traversâmes rapidement et arrivâmes dans la ville de Trévise avec l'intention d'y rester quelques jours pour vendre nos chevaux : nous n'en avions plus besoin puisque nous n'étions plus très loin de la mer.

Le vingt-sixième jour était le jour de la fête de saint Didier qui repose dans la cathédrale de l'endroit. Les Trévisiens

magnam sollemnitatem cum processione per civitatem ; et cum omnis plebs in ipsa majori platea congregata esset, fecerunt ludum, in quo illius sancti legenda gestibus hominum ad hoc instructorum celebri spectaculo expresserunt ; cui et nos peregrini astetimus, cum admiratione quidem, nescio si cum devotione[1]. Post prandium venerunt Italici multi ad hospitium nostrum, videre et emere equos nostros cupientes, in quorum venditione habebant mirabile litigium inter se ipsi Italici. Accurrebant enim, et unus alium praevenire conabatur, et interrumpebant sibi ipsis forum, et se ipsos verbis opprobriosis lacerabant, et viri senes ac divites et honorati simul sicut pueri certabant, et unus in displicentiam alterius majorem pecuniam offerebat quam equi valebant, et cum industria unus alteri praejudicabat. Et in hoc litigio nos in pace stetimus, et bene equos nostros vendidimus, et sic transivit dies illa.

Notandum quod ab oppido Pontinense usque huc loca descripsi, ideo quia in reversione non veni per illam viam in Pontinum, sed per aliam ut patebit. Ulterius autem nullum locum describam in ingressu, se in reversione omnia loca, ad quae declinare me contigerit, describam. Et ideo descriptionem Tarvisii, et aliarum civitatum servabo in reditum etc. Festino enim in Jerusalem, ad quam firmavi faciem meam, nec quiescam, donec clarissimam illam et desiderabilem urbem iterato videam. **(B)**

Vicesima septima die, quae erat dominica Cantate, Missam Tarvisii audivimus et cibum sumpsimus. Post prandium vero equos, quos Martyres nominant, conduximus, pro nobis et nostra supellectili ad mare ducendum, et profecti sumus contra maris oram ; et in oppidum Masters venimus, volentes procedere usque in Margerum, ubi limbus est maris magni. In ipso autem oppido occurrit nobis quidam Theutonicus inquirens an essemus de societate domini Johannis de Cymbern Baronis. Quo audito

[1] dovotione *ed.*

célèbrèrent une grande fête solennelle avec une procession à travers la ville, puis toute la population se rassembla sur la grand-place et il y eut une pièce dans laquelle des acteurs formés pour l'occasion représentèrent en un grand spectacle la légende du saint. Les pèlerins que nous sommes y avons assisté debout sinon avec dévotion, du moins avec étonnement. Après le repas, beaucoup d'Italiens se rendirent à notre auberge pour voir et acheter nos chevaux dont la vente causa un étonnant litige entre les Italiens eux-mêmes. En effet, ils accouraient, chacun cherchant à devancer l'autre, interrompaient d'eux-mêmes la transaction, se disputaient en s'insultant ; des hommes âgés, riches et honorables, se querellaient comme des enfants ; chacun, pour faire enrager l'autre, offrait bien plus que ce que valaient les chevaux et tous s'appliquaient à se nuire les uns les autres. Nous nous tînmes à l'écart de ce litige et vendîmes à bon prix nos chevaux, et c'est ainsi que se passa la journée.

Il faut noter que, depuis la ville d'Innsbruck jusqu'à Trévise, j'ai décrit les lieux parce que je ne suis pas revenu par cette route mais par une autre, comme on le verra. Désormais, je ne décrirai plus aucun lieu rencontré pendant l'aller, mais je décrirai dans les pages sur le retour tous ceux qu'il m'aura été donné de voir. Je garde donc pour le retour la description de Trévise et des autres villes. En effet, je me hâte vers Jérusalem vers laquelle j'ai résolument tourné mon visage, et je ne me reposerai pas avant d'avoir vu de nouveau cette ville célébrissime et fascinante. **(B)**

Le vingt-septième jour, le dimanche de *Cantate*[235], nous écoutâmes la messe à Trévise et mangeâmes. Après le repas nous louâmes des chevaux qu'on appelle des martyrs pour nous transporter, nous et nos bagages, jusqu'à la mer, et nous partîmes en direction du rivage. Nous arrivâmes à la ville de Mestre avec l'intention de poursuivre jusqu'à Marghera qui est en bordure de la Méditerranée[236]. Cependant, nous rencontrâmes dans la ville un Allemand qui nous demanda si nous étions des amis de Monsieur le Baron Jean de Cymbern.

quod sic, reduxit nos in hospitium et paratam mensam cum cibo et potu ostendit nobis, dicens : Dominum Johannem de Cymbern ita ordinasse pro nobis fieri. Duxit nos etiam in hortum domus, et in flumine, qui ibi de montanis ad mare decurrit, ostendit nobis magnam barcam, quam Dominus Johannes Baro de Cymbern de Venetiis miserat in Masters, ut ibi per flumen in mare navigaremus.

His visis laetati sumus, et consedimus edentes et libentes quae parata erant. Postea omnem dominorum supellectilem tulimus in navem, et omnes simul ingressi ipsam barcam satis graviter oneratam reddidimus, quia multi eramus, et Dominorum supellex ac servorum non modica erat. Sic ergo terrae valediximus, committentes nos aquis, et ingressi barcam per flumen quasi unum miliare descendimus contra mare. Cum autem ad locum venissemus, ubi fluvius faucibus maris magni illabitur, ad limbum et oram maris, et aquam salsam ac amaram maris ingressi essemus navigio, incepimus cantare altis et laetis vocibus peregrinorum carmen, quod pergentes ad Dominicum sepulchrum cantare solent : *Inn Gottes Nahmen fahren wir, seiner Genaden begehren wir : Nu helff uns die Göttlich Kraft, unnd das heylige Grab, Kyrie eleyson*. Quod latine sonat : in Dei nomine navigamus, cujus gratiam desideramus ; cujus virtus adjuvet nos et sanctum sepulchrum protegat nos, Kyrie eleyson.

Inter haec non nulli considerantes ipsius maris amaritudines et mille ejus pericula, non cantum sed in cordibus suis planctum fecerunt. Quidam vero devotione ad sanctum sepulchrum affecti, ex cantu moti fleverunt. Alii ipsum mare tanquam coemeterium suae sepulturae horruerunt. Caeteri, nihil futurum perpendentes vel timentes, riserunt.

Quand il eut appris que oui, il nous conduisit à une auberge et nous montra une table garnie de nourritures et de boissons, en disant que c'était le seigneur Jean de Cymbern qui avait fait préparer cela pour nous. Il nous conduisit dans le jardin de l'auberge, et sur le fleuve qui là-bas coule des montagnes jusqu'à la mer, il nous montra une grande barque que le seigneur Jean, baron de Cymbern, avait envoyée de Venise à Mestre pour nous conduire de là jusqu'au golfe par le fleuve.

Voir tout cela fut un plaisir et nous nous attablâmes pour manger et boire ce qui avait été préparé. Après, nous portâmes les bagages des seigneurs sur l'embarcation et nous montâmes tous ensemble dans la barque, qui s'en trouva assez fortement alourdie, car nous étions nombreux et les bagages des seigneurs et de leurs serviteurs n'étaient pas modestes. Ainsi donc, nous dîmes adieu à la terre, nous en remettant aux flots, et nous fîmes descendre la barque le long du fleuve sur à peu près un mille en direction de la mer. Quand nous fûmes arrivés à l'endroit où les bouches du fleuve se jettent dans la Méditerranée, sur le bord et le rivage de la mer, et quand notre embarcation eut pénétré l'eau salée et amère, nous commençâmes à chanter à haute et joyeuse voix le chant des pèlerins que les voyageurs en direction du Sépulcre du Seigneur aiment à entonner : *Inn Gottes Nahmen fahren wir, Seiner Genaden begehren wir : Nu helff uns die Göttlich Kraft, unnd das heylige Grab, Kyrie eleyson.* Ce qui signifie : « Nous naviguons au nom du Seigneur dont nous désirons la grâce, que sa vertu nous aide et que le saint Sépulcre nous protège, Seigneur, prends pitié ».

Cependant, quelques-uns, considérant les amertumes de la mer et ses mille dangers, n'avaient pas dans leur coeur un chant mais une plainte. Les uns, tout dévoués au Saint-Sépulcre, émus par le chant, se mirent à pleurer. D'autres tremblaient devant la mer comme devant le cimetière de leur sépulture. Tous les autres, jugeant sans aucune crainte que rien ne leur arriverait, souriaient.

Interea prope castellum Margerum venimus, et procedentes juxta turrim, quam nominant turrim de Marger, obviam barcam habuimus, quam quidam juvenes fortes trahebant contra Margerum remis impetuose, et impegit in nostram barcam et collidebantur prorae ad invicem, ex quo nostra barca in latus fuit detrusa impetu, et super quendam palum in aquam fixum impulsa minabatur eversionem ad latus, **(32 A)** et quasi eversa fuisset cum hominibus et rebus, et valde perterriti fuimus. Naucleri autem de ambabus navibus conclamantes maledixerunt alterutris, et ita processimus. Post modicam moram occurrit nobis alia barca cum sociis, et unus interrogavit nos ad quod hospitium declinare intenderemus Venetiis. Cui cum diceremus, ad Sanctum Georium, ubi dominus Johannes de Cymbern disposuerat, incepit ille vilipendere et hospitem et hospitium, et mala praedicata exclamabat de hospite, stans super proram, et conabatur nos avertere, et quoddam aliud nobis demonstrabat hospitium. Eo sic stante in prora et cum clamore suadente, subito casum accepit, et de prora ruens in mare cecidit. Qui cum multo labore suorum sociorum fuit extractus et a morte ereptus. Erat autem vestibus novis sericis indutus, quae simul cum eo baptismum acceperunt : unde magnus risus in nostra navicula fuit exortus.

Consequenter navigantes ante oculos habuimus inclytam civitatem, magnam, pretiosam et nobilem Venetiarum, maris magni dominam, in aquis mirabiliter subsistentem, cum altissimis turribus et excelsis ecclesiis, et domibus ac palatiis eminentibus. Et erat nobis stupor videre tam gravissimas moles et altas structuras in aquis constitutas. Tandem civitatem ingressi sumus navigio, et per canale magnum navigavimus contra Rivoaltum, et ab utroque latere habuimus domus stupendas prae altitudine et decore. Porro infra Rivoalti pontem declinavimus a canali magno in aliud canale, quod a latere dextro habet fonticum Almanorum, per quod ascendimus intra domus, et usque ad portam hospitii nostri, quod ad Sanctum Georium dicitur, vulgariter theutonice *zu*

Entre-temps, nous arrivâmes au château de Marghera et alors que nous étions juste à coté de la tour qu'on appelle la tour de Margher, nous croisâmes une barque que des jeunes gens vigoureux emmenaient vers la ville à grands coups de rames, et qui heurta la nôtre. Les proues s'entrechoquèrent ; la violence du choc poussa notre embarcation sur le côté et elle alla frapper un poteau dans l'eau en menaçant de verser sur le flanc. **(32 A)** À l'idée qu'elle aurait pu sombrer corps et biens, nous fûmes terriblement effrayés. Les patrons des deux bateaux s'insultèrent l'un l'autre à grands cris, puis nous reprîmes notre route. Peu après, nous croisâmes une autre barque transportant des compatriotes, et l'un d'entre eux nous demanda dans quelle auberge nous avions l'intention de descendre à Venise. Nous lui répondîmes : « A l'auberge Saint-Georges » selon les dispositions du seigneur Jean de Cymbern. Alors l'autre se mit à injurier à la fois l'aubergiste et l'auberge : il criait pis que pendre de l'aubergiste depuis la proue où il se tenait debout, et il cherchait à nous en détourner en nous indiquant quelque autre auberge. Or soudain, alors qu'il se tenait sur la proue et nous criait ses conseils, il chuta et, glissant de la proue, il tomba à la mer. Ses amis le sortirent de l'eau à grand-peine et l'arrachèrent à la mort. Il était vêtu d'habits de soie tout neufs qui reçurent le baptême en même temps que lui, ce qui provoqua un grand rire dans notre barque.

Tout en naviguant, nous avions sous les yeux la ville célèbre, vaste, riche et fameuse de Venise, maîtresse de la Méditerranée, admirablement sise au milieu des eaux, avec ses très hautes tours, ses nobles églises, ses maisons et ses palais remarquables. Nous étions stupéfaits de voir des bâtiments aussi grands et des édifices aussi hauts contruits sur l'eau. Enfin, nous entrâmes avec le navire dans la ville et nous naviguâmes par le Grand Canal en direction du Rialto, avec, d'un côté comme de l'autre, des maisons étonnantes par leur hauteur et leur beauté. Enfin, après le pont du Rialto, nous quittâmes le Grand Canal pour un autre, à la droite duquel se tient le Fondouk des Allemands et qui nous mena entre les

der Fleuten, pervenimus. Exivimus ergo de barca, et de mari per lapideos gradus circiter LX. ascendimus ad cameras nobis ad manendum paratas, et omnes res in eas intulimus.

Porro magister Johannes hospes et domina Margareta hospita cum magna hilaritate nos susceperunt, singulariter tamen me amicabiliter salutaverunt, quia ego solus notus eis eram a priori peregrinatione, in qua multis diebus cum eis in illa domo hospitatus fueram. Occurit et nobis reliqua familia nos salutans et ad serviendum nobis se ingerens et exhibens. Omnis autem domus, hospes et hospita et cuncti famuli et ancillae erant de lingua alemanica, nec audiebatur in domo illa verbum italicum, de quo singulare solatium habuimus, quia valde poenale est convivere hominibus, cum quibus locutione conversari non potest.

Denique ad ingressum nostrum occurrit nobis canis, custos domus, magnus et ingens[1], et blandimento caudae suae gaudium se habere monstrabat, et ad nos saltabat sicut canes solent facere ad sibi notos. Hic canis omnes Theutonicos, de quacunque parte Alemaniae veniant, sic gaudens **(B)** recipit. Sed ad ingressum Italici, Lombardi, Gallici, Franci, Sclavi, Graeci, vel alterius provinciae extra Alemaniam, adeo irascitur, quod quasi rabidus aestimetur, et cum grandi latratu[2] occurrit, et furiose in illos insilit, et nisi aliquis canem compescat, a molestia non cessat. Nec etiam illorum Italicorum, qui in vicinis domibus habitant, assuescit, sed contra eos, sicut contra alienos insurgit et perseverans manet omnium implacabilis inimicus. Canes etiam eorum nequaquam ascendere in domum permittit, sed canes Theutonicorum non tangit. Mendicos theutonicos eleemosynam petere volentes non invadit, sed italicos pauperes, ascendere pro eleemosyna volentes, invadit et repellit. Ego multoties liberavi pauperes de morsibus illius

[1] inger *ed.*
[2] latrutu *ed.*

maisons jusqu'à la porte de notre auberge, qu'on appelle « Chez Saint-Georges », vulgairement nommée *Zu der Fleuten*[237] en allemand. Nous sortîmes donc de la barque, et de la mer nous montâmes par un escalier en pierre d'environ soixante marches vers les chambres qu'on avait préparées pour notre séjour et où nous portâmes toutes nos affaires.

Jean, le patron de l'auberge, et sa femme, Marguerite, nous accueillirent avec un grand sourire, me saluant toutefois avec une sympathie particulière : j'étais le seul qu'ils connaissaient en raison de mon premier pèlerinage, au cours duquel j'avais passé plusieurs jours avec eux dans leur auberge. Le reste de la maisonnée vint nous saluer et se présenter pour nous servir. Toute la maison, l'aubergiste, sa femme et tous les serviteurs et servantes parlaient allemand et on n'entendait dans cet endroit aucun mot d'italien, ce qui était pour nous d'un grand réconfort, car il est fort pénible de vivre parmi des gens avec lesquels il n'est pas possible de tenir une conversation.

Enfin, à notre entrée, arriva le chien, le gardien de la maison, grand et imposant : en jappant, il montrait sa joie et sautait sur nous, comme les chiens ont l'habitude de le faire avec ceux qu'ils connaissent. Ce chien accueille avec la même joie tous les Allemands, de quelque région d'Allemagne qu'ils viennent. **(B)** Mais à l'entrée d'un Italien, d'un Lombard, d'un Espagnol, d'un Français, d'un Slave, d'un Grec ou bien de n'importe qui venant d'une autre région que l'Allemagne, il se met dans une telle colère qu'il semble enragé, s'approche avec de grands aboiements, bondit furieusement sur eux et, si personne ne le retient, ne cesse de les harceler. Il ne s'habitue même pas aux Italiens qui demeurent dans les maisons voisines ; il se dresse contre eux comme contre des étrangers et reste, sans jamais changer, un ennemi implacable pour eux tous. De la même manière, il ne laisse jamais entrer leurs chiens dans la maison, alors qu'il ne touche pas les chiens allemands. Il n'attaque pas les mendiants allemands qui veulent demander l'aumône, mais il attaque et repousse les pauvres Italiens qui veulent entrer pour mendier. Moi-même, j'ai bien

canis. Theutonici recipiunt in illo cane argumentum quod sicut implacabiliter Italicis inimicatur : sic homines theutonici nunquam integro corde cum Italicis conveniunt, et e converso, cum illa inimicitia sit in natura radicata. Sed quia bestia ratione caret et passionibus movetur, incessabiliter litigat cum Italicis, natura instigante. Homines vero ratione se cohibent, et affectum inimicitae, qui in natura est, supprimunt ratione.

Reperimus autem in hospitio multos nobiles de diversis partibus Germaniae, et quosdam de Hungaria, qui ,eodem voto quo et nos, astricti intendebant mare transire ad sanctissimum Domini Jesu sepulchrum in Jerusalem. In aliis etiam hospitiis erant plures de Germania, et in societates se combinaverunt ; in una plures, in alia pauciores. Porro nostrae societatis fuerunt XII. peregrini, domini et servi simul, quorum ista erant nomina.

Dominus Johannes Wernherus de Cymbern Baro, vir decorus et prudens, elegantia morum praestans, doctus in lingua latina.

Dominus Hainricus de Stoeffel, sacri Imperii Baro, vir industrius et strenuus, moribus virilis, sicut verus nobilis Suevus.

Dominus Johannes Truchsas de Waldpurg, nobilis procerae staturae, vir de honestis et nobilibus moribus, seriosus, et de sua salute solicitus.

Dominus Ber de Rechberg, nobilis de Hohenrechberg junior omnibus, sed animosior, fortior, longior, jocundior et mitior, liberalior.

Hi quatuor[1] Domini nobiles secum habebant sequentes famulos, quorum nomina ista sunt, cum conditionibus status et officiorum.

---

[1] quator *ed.*

souvent évité aux pauvres les morsures de ce chien. Les Allemands voient dans ce chien, ennemi implacable des Italiens, la preuve qu'ils ne peuvent jamais s'entendre sincèrement avec des Italiens, et inversement, dans la mesure où cette inimitié est enracinée dans leur nature. En fait, la bête manque de raison et elle est mue par ses instincts, si bien qu'elle se dispute sans cesse avec les Italiens sous l'impulsion de sa nature. Mais les hommes se contrôlent grâce à la raison et maîtrisent ainsi grâce à elle la pulsion d'hostilité qui est dans leur nature.

Nous retrouvâmes à l'auberge beaucoup de nobles venus de différentes régions de l'Allemagne et quelques-uns de Hongrie, qui, liés par le même serment que nous, entendaient faire le voyage par mer jusqu'au saint Sépulcre du Seigneur Jésus à Jérusalem. Dans d'autres auberges, il y avait plusieurs voyageurs de Germanie qui s'étaient rassemblés en groupes tantôt importants, tantôt plus maigres. Le nôtre comptait douze pèlerins, seigneurs et serviteurs compris, dont voici les noms :

- le seigneur Jean Wernher, baron de Cymber, homme charmant et avisé, remarquable par l'élégance de ses moeurs, érudit en latin ;
- le seigneur Henri de Stoefel, baron du Saint-Empire, homme zélé et vif, au caractère ferme, comme tout vrai noble de Souabe ;
- le seigneur Jean Truchsas de Waldburg, noble d'une grande stature, homme honnête et courageux, grave et soucieux de son salut ;
- le seigneur Bernard de Rechberg, noble de Hohenrechberg, le plus jeune de tous mais aussi le plus hardi, le plus courageux, le plus grand, le plus agréable, le plus doux et le plus généreux.

Ces quatre nobles seigneurs avaient avec eux dans leur suite les serviteurs dont voici les noms avec la mention de leur statut et de leurs charges :

Baltasar Büchler : vir maturus et multorum expertus, cujus consiliis Domini omnes fovebantur et regebantur, eumque ut Patrem habebant.

Artus, Dominorum barbitonsor, in musicis instrumentis adeo dulcis et promptus, quod non creditur ei fuisse similis.

Johannes dictus Schmidhans, armiger, qui pluribus bellis interfuit, et Dominorum in peregrinatione servitor extitit.

Conradus Beck, vir honestus et providus, civis de Merengen, qui Dominorum provisor fuit et procurator. **(33 A)**

Petrus quidam, simplex et bonus socius, patiens in adversis, de oppido Waldsee, qui fuit Dominorum et totius societatis cocus.

Ulricus de Rafenspurg, quondam in mari Galeotus, multarum miseriarum expertus, arte institor, et Dominorum interpres.

Johannes quidam vir pacificus, in Dominorum servitio sollicitus, puerorum instructor et magister in Babenhusen.

Frater Felix, sacerdos Ordinis Praedicatorum de Ulma, secunda vice peregrinus terrae sanctae, Dominorum et omnium jam dictorum capellanus.

Hi duodecim inseparabiliter cohaerebant, et communibus expensis praedictorum quatuor Dominorum vivebant. Igitur praefati quatuor Domini, hospitem ad se advocantes fecerunt cum eo conventionem pro hospitio et mensa et aliis, quibus rebus ejus utebantur. Hac conventione facta prae omnibus nobis cogitavi pro me aliud, et ignorantibus Dominis meis navigavi ad S. Dominicum, ad Conventum Ordinis Praedicatorum reformatum, et rogavi Priorem loci pro hospitio, quousque galeae peregrinorum recederent, et precibus multiplicatis obtinui. Grave enim mihi erat continue inter saeculares morari, et nimis distractivum. Regressus ergo sum in hospitium et complicatis sacculis meis transivi ad Dominos et dixi eis intentum meum. Sed non placuit, imo displicuit eis, nec consentire quovis modo volebant ut ab eis

- Balthasar Büchler, homme mûr et de grande expérience dont les conseils soulageaient et guidaient tous les seigneurs, qui le tenaient pour un père ;

- Artus, barbier des seigneurs, mais aussi musicien si agréable et virtuose qu'il n'a sans doute pas son pareil ;

- Jean, dit Schmidhans, un soldat qui participa à de nombreuses guerres et qui se mit au service des seigneurs pour le pèlerinage ;

- Conrad Beck, homme honnête et prévoyant, citoyen de Meringen, qui était l'économe et l'intendant des seigneurs ; **(33 A)**

- un certain Pierre, compagnon simple et bon, patient dans l'adversité, originaire de la ville de Waldsee, qui était le cuisinier des seigneurs et de tout le groupe ;

- Ulrich de Rafensburg, jadis galérien en mer, un homme ayant connu bien des misères, excellent commerçant et interprète des seigneurs ;

- un certain Jean, homme pacifique, soucieux quant au service des seigneurs, instituteur et maître à Babenhausen ;

- Frère Félix, prêtre d'Ulm de l'Ordre des Prêcheurs, pour la seconde fois pèlerin en Terre sainte, aumônier des seigneurs et de tous les participants déjà cités.

Ces douze personnes étaient liées de façon inséparable et vivaient aux frais communs des quatre seigneurs susdits. Ce sont donc les quatre seigneurs en question qui convoquèrent auprès d'eux l'aubergiste pour s'entendre sur l'hébergement, les repas et le nécessaire. Une fois les accords passés devant nous tous, je songeai pour moi à une autre solution et, à l'insu de mes seigneurs, je naviguai jusqu'à Saint-Dominique, couvent réformé de l'Ordre des frères Prêcheurs ; je demandai l'hospitalité au frère prieur du lieu jusqu'au départ des galères des pèlerins et, après de multiples prières, je l'obtins. Il m'était en effet pénible de séjourner parmi les laïcs, car c'est trop divertissant. Je retournai donc chez l'aubergiste et, après avoir fait mes bagages, j'allai trouver les seigneurs pour leur dire mon intention. Elle ne leur plut guère et même leur déplut. Ils

recederem. Ut autem eo magis voluntarius essem ad manendum cum eis, disposuerunt cum hospite ; et dedit mihi propriam cellulam, in qua solus manebam ad dormiendum, orandum, legendum, scribendum, et quando placuit, potui esse extra omnem tumultum, sicut si fuissem Ulmae in cella. Sicque semper cum eis mansi in hospitio, quam diu Venetiis fuimus. Saepe tamen et quasi cottidie solitus fui visitare Conventus fratrum Ordinis nostri.

Vicesima octava mane exivimus de hospitio per vicos mercatorum, et ad ecclesiam S. Marci ascendimus ad audiendum Officium. Quo audito per plateam ante Ducis Palatium spatiavimus. In eadem platea ante majus ostium ecclesiae S. Marci stabant duo vexilla pretiosa in hastis altis elevata, alba, cruce rubea insignita ; et erant vexilla peregrinorum terrae sanctae. In his vexillis intelleximus quod duae galeae essent ordinatae pro peregrinorum transductione. Ut enim domini Veneti viderunt multitudinem peregrinorum confluere, ordinaverunt duos viros nobiles de Senatu eorum, curam peregrinorum eisdem committentes, quorum ista sunt nomina. Primus fuit Dominus Petrus de Lando, et secundus Dominus Augustinus Conterinus.

Horum duorum servi stabant juxta vexilla et peregrinos invitabant quilibet ad dominum suum, et inducere peregrinos conabantur, illi ad galeam Augustini, alii ad galeam Petri : illi laudabant Augustinum et vituperabant Petrum ; alii vice versa. Unde factum est, quod illi duo domini, Augustinus et Petrus, fuerunt facti **(B)** capitales inimici et unus alterum diffamabat, lacerabat apud dominos peregrinos in fama et honore : et quilibet conabatur alterum reddere peregrinis odiosum et submittebant, qui haec agerent.

Unde ex hoc etiam hoc malum pullulare cepit, quod ipsi peregrini utrorumque patronorum quasi erant divisi, et quilibet zelabat pro domino patrono suo. Stabant ergo

ne voulaient absolument pas consentir à ce que je m'éloigne d'eux[238]. Pour que j'accepte plus volontiers de rester avec eux, ils s'arrangèrent avec l'aubergiste, qui me donna une petite chambre individuelle dans laquelle je restais seul pour dormir, prier, lire et écrire. Ainsi, quand cela me plaisait, je pouvais me soustraire à tout tumulte, comme si j'avais été à Ulm dans ma cellule. Je restai donc dans l'auberge avec eux tout le temps que nous fûmes à Venise. Cependant, souvent et presque chaque jour, je pris l'habitude de rendre visite à la communauté des frères de notre Ordre.

Le vingt-huitième jour au matin, nous quittâmes l'auberge pour nous promener à travers les quartiers commerçants et aller écouter la messe à l'église Saint-Marc. Après l'avoir entendue, nous flanâmes sur la grande place devant le palais du doge. Sur cette place, devant l'entrée de l'église Saint-Marc, se trouvaient deux précieux drapeaux accrochés à de hautes perches, deux drapeaux blancs marqués d'une croix rouge. C'était les drapeaux des pélerins allant en Terre sainte. Nous comprîmes en les voyant que deux galères avaient été préparées pour la traversée des pèlerins. En effet, lorsque les seigneurs de Venise avaient vu le nombre de pèlerins qui se rassemblaient, ils avaient désigné deux hommes nobles de leur sénat qu'ils avaient chargés de s'occuper d'eux. Le premier était le seigneur Pierre de Land, le second le seigneur Augustin Contarini[239].

Les serviteurs de ces deux hommes se tenaient près des drapeaux et invitaient les pèlerins à aller voir leurs maîtres[240] ; ils s'efforçaient de les amener les uns sur le navire d'Augustin, les autres sur celui de Pierre : ceux-ci louaient Augustin et critiquaient Pierre, ceux-là faisaient l'inverse. Le fait est que ces deux seigneurs, Augustin et Pierre, étaient devenus **(B)** des ennemis mortels et ils se diffamaient l'un l'autre et ternissaient réciproquement leur réputation et leur honneur devant les nobles pèlerins. Chacun s'efforçait de rendre l'autre odieux aux pèlerins, et ils engageaient des gens qui travaillaient dans ce but.

Domini mei suspensi, nescientes cui patrono esset magis confidendum, cum de utroque audirent diversa. Ego quidem laudabam dominum Augustinum Conterini, sciens eum esse virum maturum et fidelem, quia cum eo in alia peregrinatione mea transfretaveram. Alii eum magis vituperant et alium laudabant. Et ita pro bono pacis de hac re me non intromisi, et ambos bonos naucleros esse dixi, dummodo nos ad portus optatos citius ducerent, addens quod si ego scirem quis eorum citius et expeditius se vellet ad navigandum aptare, pro illius parte ego vellem peregrinis consulere. Ambo tamen promittebant quantocius navigationem inchoare, quod tamen pro certo scivi esse mendacium.

Vicesima nona die, quae et festum St. Petri martyris, Ordinis Praedicatorum, duxi Dominos meos ad sanctum Johannem et Paulum, ubi est conventus magnus et solemnissimus fratrum Praedicatorum, et ibi Officio interfuimus quod valde solemniter celebrabatur, et maximus populi concursus est die[1] illa ad ecclesiam fratrum, quia ibi est constituta dies solemnis, in condensis usque ad cornu altaris illo die. Et populus de tota civitate accurrit ad audiendum Officium, et ad deosculandum reliquias sancti martyris et ad bibendum aquam St. Petri, quae in nomine dei benedicta et sancti martyris reliquiis tacta creditur conferre ad salutem animae et corporis. Unde in plerisque mundi partibus recipiunt homines fideles hanc aquam S. Petri, et periclitantibus mulieribus in partu dant ad bibendum, et periculum evadunt ; datur etiam febricitantibus, ut liberentur. Marinarii etiam eam ad naves portant et modicum de ea ad vasa, in quibus aquae sunt, fundunt, cujus virtute aqua alia conservatur, ne foetida efficiatur et quantumcumque antiqua sit aqua, non putrescit, nec foetida fit, dum de illa modicum

[1] dic *ed.*

Évidemment, cela engendra un autre fléau : les pèlerins eux-mêmes étaient pour ainsi dire partagés entre les deux patrons et chacun vantait soit l'un, soit l'autre. Donc mes seigneurs étaient indécis, ne sachant à quel patron il valait mieux se fier, puisqu'ils entendaient des propos contradictoires sur l'un et l'autre. Moi, je louais le seigneur Augustin Contarini que je savais être un homme posé et loyal pour avoir traversé la mer avec lui durant mon premier voyage. Les autres préféraient le critiquer et louaient l'autre. C'est pourquoi, pour le bien de la paix, je ne m'impliquai pas dans cette affaire et je dis que tous deux seraient deux bons patrons s'ils nous menaient assez rapidement aux ports souhaités. J'ajoutai que si je savais lequel des deux voulait se préparer à naviguer le plus rapidement et le plus promptement, je serais moi-même disposé à le recommander aux pèlerins. Mais tous deux promettaient d'entreprendre la traversée au plus tôt, ce qui était, j'en étais sûr, un mensonge.

Le vingt-neuvième jour, celui de la fête de saint Pierre martyr de l'Ordre des frères Prêcheurs, je conduisis mes seigneurs à l'église Saint-Jean-et-Saint-Paul, où se trouve un grand et prestigieux monastère de frères Prêcheurs, et là nous assistâmes à l'office qui fut célébré très solennellement. Il y a, à cette date, un très grand rassemblement de gens dans l'église de ces frères, car là-bas c'est un grand jour de fête et les gens s'entassent jusqu'aux coins de l'autel. La foule accourt de toute la cité pour entendre l'office, pour embrasser les reliques du saint Martyr et boire l'eau de Saint-Pierre qui, bénie au nom du Seigneur et touchée par les reliques du saint, apporte, croit-on, le salut de l'âme et du corps. De ce fait, des hommes pieux de nombreuses régions du monde la recueillent. On la donne à boire aux femmes dont l'accouchement est dangereux, et elles échappent au danger ; on la donne aussi aux fièvreux afin de les libérer. Les marins en emportent aussi sur les navires et ils en versent un peu dans les jarres qui contiennent l'eau ; sa vertu conserve les autres eaux, les empêche de croupir, et l'eau qui a été mélangée avec une petite quantité de cette eau ne

est superinfusum. Hoc per experientiam cottidianam marinarii discunt ita esse. Audito ergo Officio et deosculatis Sancti reliquiis et potu salubri gustato, regressi sumus ad nostrum hospitium ad refectionem.

Post prandium barcam ascendimus et navigio per vicos civitatis ambulavimus usque ad S. Marcum et ibi juxta Ducis Venetorum Palatium ad canale magnum navigavimus, in quo stabant amborum patronorum galeae, ut eas **(34 A)** ambas videremus. Primo ergo navigavimus ad galeam domini Petri de Lando, et de barca sursum in galeam scandimus et placuit primo aspectu navis Dominis et mihi, quia erat galea triremis magna et lata, et cum hoc nova et munda. Nobis in galea deambulantibus venit dominus Petrus Lando patronus in barca, et nos cum reverentia magna suscepit, et in navis castello collationem pretiosam instauravit, propinando vinum creticum, et confecta alexandrina ; et per omnia tractavit nos, sicut illos quos ducere secum optabat. Deinde duxit nos in carinam deorsum per gradus ad locum peregrinorum, et tantam amplitudinem carinae in potestatem nostram posuit, ut eligeremus locum in quocumque latere vellemus, pro XII. personis.

Perspecta autem galea illa diximus patrono quod die crastina vellemus ei dare responsum, an cum eo essemus mansuri, vel cum alio ; et ita descendimus in barcam, et ad aliam galeam domini Augustini navigavimus eumque in ea sedentem reperimus. Qui cum magna veneratione nos suscepit, et per galeam circumduxit, et optionem loci pro XII. hominibus exhibuit, et etiam collationem vini et confectarum praebuit, seque fidelem nobis futurum promisit. Me autem optime novit et testimonium suae probitatis et fidelitatis ad me remisit, dicens : ecce Frater Felix capellanus vester scit qualiter me ad peregrinos habeam, dicat quaeso ergo veritatem, et placebit manere mecum. Perspeximus galeam et

croupit pas et ne devient pas fétide, aussi vieille soit-elle. Les marins apprennent par l'expérience quotidienne qu'il en est ainsi. Après avoir entendu l'office, embrassé les reliques du saint et goûté la boisson du salut, nous retournâmes à notre auberge pour nous restaurer.

Après le repas, nous prîmes une barque et par les canaux nous nous promenâmes dans les quartiers de la ville jusqu'à Saint-Marc et là, près du palais du doge de Venise, nous empruntâmes le Grand Canal pour voir les deux galères qui y étaient amarrées. **(34 A)** Ainsi, nous naviguâmes d'abord vers la galère du seigneur Pierre de Land, et de notre barque nous y montâmes. Au premier coup d'oeil, le navire me plut ainsi qu'aux seigneurs : la galère était une trirème spacieuse et large et de plus neuve et propre. Alors que nous nous promenions sur la galère, le seigneur Pierre de Land, patron à bord, vint à notre rencontre ; il nous reçut avec beaucoup de respect et fit préparer une riche collation dans le château du navire, nous offrant du vin de Crète et des confiseries d'Alexandrie. Il nous traita en tout comme des gens qu'il souhaitait emmener avec lui. Ensuite, par une échelle, il nous conduisit en bas, dans la cale, au logement des pèlerins et il nous offrit de choisir dans le vaste espace de la cale, où nous voulions, un endroit suffisant pour douze personnes.

Après avoir soigneusement examiné cette galère, nous déclarâmes au patron que nous lui dirions le lendemain notre intention de rester avec lui ou de partir avec un autre. Nous descendîmes dans notre barque et nous naviguâmes vers l'autre galère, celle du seigneur Augustin, où nous le trouvâmes assis. Celui-ci nous reçut avec beaucoup de déférence, nous fit faire le tour de sa galère, nous montra la possibilité d'un emplacement pour douze hommes, nous offrit aussi une collation de vins et de confiseries et nous promit de se montrer loyal envers nous. Il me connaissait très bien et s'en remit à moi pour preuve de sa probité et de sa loyauté, déclarant : « Mais votre aumônier Frère Félix sait de quelle façon je m'occupe des pèlerins ; qu'il dise donc la vérité, je le lui

non tantum placuit sicut alia, quia erat biremis, et minus ampla, et cum hoc antiqua et foetida, in qua prius mare transivi, et multa in ea sustinui incommoda. Et visa galea in nostra barca reversi sumus in nostrum hospitium.

Tricesima et ultima die mensis Aprilis audivimus Missam in hospitio, quia quidam magnus dominus de Austria non peregrinus hospitabatur nobiscum, cujus capellanus Missam in domo dixit. Post Missam consedimus simul nos XII. ad deliberandum, cum quo patrono vellemus manere, et quo pactu conventionem inire conveniret. Placuit autem[1] Dominis manere cum domino Petro Lando in sua triremi. Mihi vero melius placuisset alius patronus Augustinus, sed suam biremem fastidivi propter magnas miserias, quas in ea sustinui. Conclusimus ergo manere cum domino Petro : in super XX concepimus articulos, quibus modum conventionis nostrae limitavimus, et ad quae nobis patronus obligaretur expressimus.

Primus Articulus. Quod Patronus nos peregrinos de Venetiis usque ad Joppen, portum terrae sanctae, et inde demum usque Venetias ducat reducatque, ad quod faciendum ad majus in quatuordecim diebus sit paratus et ultra XIIII. dies ab hac non maneat.

II. Quod galeam bene provideat cum expertis marinariis, qui sciant **(B)** artem navigandi in omnem ventum ; et ut sufficientem armaturam in navi habeat pro galeae defensione a piratis aut hostium, si opus fuerit, invasione.

III. Quod patronus caveat ne portus inconsuetos et alienos visitet eundo per mare, sed ad illos duntaxat applicet in quibus galea provisio consueta est fieri, et quantum potest vitet applicationem ad portus, sed procedat via sua :

[1] antem *ed.*

demande, et vous choisirez de rester avec moi ». Nous examinâmes cette galère, mais elle ne plut pas autant que la première parce que c'était une birème, moins grande, et de plus, ancienne et nauséabonde ; c'est sur elle que j'avais traversé la mer la première fois et supporté de nombreux désagréments. Après avoir visité la galère, nous retournâmes en barque à notre auberge.

Le trentième et dernier jour du mois d'avril, nous écoutâmes la messe dans notre auberge parce qu'y logeait avec nous un grand seigneur autrichien, qui n'était pas pèlerin et dont le chapelain disait la messe dans la maison. Après la messe, nous nous assîmes tous les douze ensemble pour décider avec quel patron nous voulions rester et à quelles conditions il convenait de passer accord avec lui. Mes seigneurs préféraient voyager avec la trirème du seigneur Pierre de Land. Quant à moi, l'autre patron, Augustin, m'aurait mieux plu, mais sa birème me déplaisait à cause des grandes misères que j'y avais subies. Nous décidâmes donc de choisir le seigneur Pierre : nous rédigeâmes vingt articles pour fixer les termes de notre contrat et déterminer les engagements du patron à notre égard.

Article premier : que le patron nous conduise, nous pèlerins, de Venise à Jaffa, port de la Terre sainte, et que de là, il nous ramène jusqu'à Venise ; qu'il soit prêt pour cette traversée dans quatorze jours au plus tard, et qu'il ne reste pas dans cette ville plus de quatorze jours à compter d'aujourd'hui.

II. Que la galère soit bien pourvue de marins expérimentés qui connaissent **(B)** l'art de naviguer par tous les vents, et qu'il y ait sur la galère des armes en nombre suffisant pour la défendre, s'il le fallait, contre l'attaque de pirates et d'ennemis.

III. Que le patron veille à ne pas s'arrêter dans des ports inhabituels ou étrangers en cours de route, mais qu'il aborde seulement dans ceux où il a l'habitude de ravitailler sa galère et qu'il évite, autant que possible, de mouiller dans les ports, mais

praecipue volumus quod a regno Cypri caveat, ne ibi vel applicet, aut si applicare oportuerit, quod ultra triduum non in portu moretur, cum ex antiquorum traditione habeamus, aerem insulae Cypri Theutonicis esse pestiferum. Si tamen aliqui de nobis vellent visitare, et se praesentare reginae Cypri in Nychosia et ab ea societatis insignia accipere, debet patronus illos exspectare, juxta quod antiquus mos nobilium habet, dum adhuc regnum regem habuit.

IV. Quod Patronus singulis diebus peregrinis bis ad comedendum et bibendum det sine defectu. Quod si ex qualibet causa aliquis nostrum ad mensam Patroni manere, vel vespere venire noluerit, vel si omnes simul remanere in loco nostro nihilominus voluerimus, ipse patronus solitum cibum et potum transmittere teneatur absque omni contradictione.

V. Quod Patronus peregrinis ex Venetiis usque ad terram sanctam et inde usque Venetias de bonis panibus et paximatibus, de bone vino et dulci recenti aqua, carnibus et ovis, aliisque hujusmodi esculentis competenter providere teneatur.

VI. Quod semper mane ante cibum malfasetum infundat, cuilibet unum bykierum, parvum vitrum, prout consuetum est in navibus fieri.

VII. Si peregrini propter aliquam rationabilem causam, utpote propter aquam afferendam, aut medicinam, aut alia necessaria, peterent emitti ad aliquem portum propinquum, in quem galeam non vult induci, teneatur nobis scapham et scaphalerum dare ad transfretandum in portum.

VIII. Si patronus ad aliquem portum sterilem applicuerit, in quo peregrini sua necessaria invenire non possent, teneatur ipse eis dare ac si extra portum essent : secus si in portum bonum declinaverit, tunc omnes sibi ipsis tenentur providere.

continue sa route : nous voulons en particulier qu'il évite le royaume de Chypre, qu'il n'y mouille pas, ou bien, s'il le fallait, qu'il ne s'attarde pas plus de trois jours dans ce port, étant donné que nous savons par la tradition que l'air de l'île de Chypre est funeste pour les Allemands. Toutefois, si quelques-uns parmi nous voulaient la visiter et se présenter à la reine de Chypre, à Nicosie, pour en recevoir les insignes de son Ordre, le patron devrait les attendre, car c'est une coutume de la noblesse, qui se perpétue tant que le royaume a un roi.

IV. Que le patron donne sans faute à manger et à boire à chaque pèlerin deux fois par jour. Si quelqu'un parmi nous pour une raison quelconque ne veut pas rester à la table du patron, ou bien si quelqu'un ne veut pas venir manger à sa table le soir, ou encore si nous voulons tous demeurer simplement dans l'endroit qui nous est réservé, que le patron lui-même s'engage à fournir la nourriture et l'eau habituelles sans aucune objection.

V. Que le patron s'engage à fournir soigneusement aux pèlerins, de Venise à la Terre sainte et de la Terre sainte à Venise, du bon pain, des biscuits, du bon vin, de l'eau douce et fraîche, de la viande, des oeufs et tous les aliments comestibles de ce genre.

VI. Qu'avant de manger, tous les matins, il offre à tous un *bicchiere*, un petit verre de malvoisie, comme c'est la coutume sur les navires.

VII. Si les pèlerins, pour quelque motif raisonnable, par exemple pour se ravitailler en eau, en remèdes ou en autres produits indispensables, demandent à aller dans quelque port voisin où le patron ne veut pas faire entrer sa galère, qu'il s'engage à mettre à notre disposition une barque et un équipage pour les transporter jusqu'au port.

VIII. Si le patron se rend dans un port où il n'y a rien, où les pèlerins ne pourront trouver ce dont ils ont besoin, qu'il s'engage à les ravitailler comme s'ils étaient hors du port : autrement, s'il s'arrête dans un bon port, chacun s'engage à subvenir par lui-même à ses besoins.

IX. Debet patronus tutari peregrinos, tam in galea quam extra, ne in galea galeotae eos invadant, aut viliter tractent, aut de locis suis, si peregrini cum eis sedere voluerint, repellant : et extra in terra ne molestentur, obsistere debet, quantum potest, et in cumbis eorum nullum impedimentum ponat.

X. Quod patronus in terra sancta peregrinos permittat ad debitum tempus, nec nimis cum eis festinet, eosque ad loca consueta ducat et personaliter cum eis vadat. Et praecipue volumus ut sine contradictione eos ad Jordanem ducat, in quo semper difficultatem peregrini patiuntur, et quod eos ad infidelium vexationibus eripiat.

XI. Quod patronus omnia vectigalia, omnemque pecuniam pro salvo conductu exponendam, et pro asinis et aliis exactionibus, quibuscunque nominibus **(35 A)** censeantur aut ubicunque exponere oportebit, ipse solus pro peregrinis totum solvere absque eorum sumptu teneatur, et curtusias magnas ; de parvis metpsi per nos providebimus.

XII. Quod peregrinus ipsi patrono pro hujusmodi omnibus, per eum, ut praefertur, faciendis vel exponendis, quadraginta ducatos de Zecha dictos, id est, noviter monetatos dare teneatur. Ita tamen, quod illius summae dimidiam partem in Venitiis exsolvat, reliquam vero in Joppe.

XIII. Si aliquem de peregrinis mori contigerit, patronus de derelectis ejus bonis nullo modo se impediat, sed apud eum vel eos, cui vel quibus ejusmodi decedens bona sua legaverit, omnino relinquat intacta.

XIV. Si aliquis ex peregrinis ipsis antequam terrae sanctae applicarent, moreretur, patronus ipse dimidiam partem datae sibi prius pecuniae restituere teneretur : de qua ejus testamentarii ordinabunt juxta commissa.

IX. Le patron doit protéger les pèlerins, tant sur la galère qu'en dehors, afin que les galériens ne les attaquent pas, ne les maltraitent pas vilement, ou ne les chassent pas de leur espace, si les pèlerins veulent s'asseoir avec eux. Le patron doit empêcher autant que possible que les pèlerins soient ennuyés lorsqu'ils descendent à terre et il ne mettra aucune marchandise dans leurs « combes »[241].

X. Que le patron accorde aux pèlerins en Terre sainte le temps nécessaire et ne les hâte pas trop ; qu'il les conduise aux lieux habituels et les accompagne personnellement. Nous voulons particulièrement qu'il ne soulève aucune objection pour les conduire au Jourdain, où les pèlerins ont toujours du mal à aller, et qu'il les protège des mauvais traitements des infidèles.

XI. Il faudra que le patron se charge de tous les frais, de toutes les dépenses pour le sauf-conduit, pour les ânes et pour toutes les autres taxes, quels que soient ceux au nom de qui on les prélève, et en tout lieu **(35 A)** ; lui seul sera tenu de tout payer pour les pèlerins, y compris les grands péages, sans qu'ils n'aient rien à dépenser ; quant aux petits péages, nous y pourvoirons par nous-mêmes.

XII. Que le pèlerin s'engage à donner quarante ducats dits de secque[242], c'est-à-dire de la monnaie récemment frappée, au patron lui-même pour tous les frais de ce genre qu'il devra, comme indiqué, assumer ou avancer. Toutefois, que le pèlerin s'acquitte de la moitié de cette somme à Venise, et de l'autre à Jaffa.

XIII. S'il arrivait à un pèlerin de mourir, que le patron ne s'octroie en aucune façon les biens laissés par le défunt, mais qu'il les lègue tout à fait intacts à l'héritier ou aux héritiers du mort.

XIV. Si un des pèlerins mourait avant qu'on ne débarque en Terre sainte, le patron serait tenu de rendre la moitié des arrhes déjà versées et de la confier immédiatement aux exécuteurs testamentaires qui en disposeront.

XV. Si peregrinus aliquis in galea moreretur, quod non statim corpus ejus in mare mitti jubeat, sed extra ad terram duci et sepeliri faciat, in aliquo coemeterio. Si vero remotius a terra fuerit galea, quod tam diu defuncti corpus in galea sustineatur, quousque vel ad portum aliquem venerit, uel sociis defuncti placuerit mitti corpus in mare.

XVI. Si aliqui ex peregrinis ad St. Katharinam vellent proficisci, in montem[1] Synai, patronus cuilibet tali id petenti X. ducatos de data prius pecunia reddere teneatur in Jerusalem.

XVII. Quod patronus antequam cum peregrinis recedat de Jerusalem, fideliter adjuvet illos peregrinos, qui ituri sunt ad St. Katharinam, et inter eos et Trutzellmanum pacificam conventionem faciat.

XVIII. Quod patronus peregrinis aptum in galea assignet locellum pro pullis sive gallinis, et quod sui coci permittant cocum peregrinorum pariter cum eodem igne parare peregrinis, sicut eis placet.

XIX. Si aliquem peregrinum in galea adeo graviter infirmari contigerit, ita quod in foetoribus carinae manere non posset, vel alii peregrini eum[2] sustinere nollent, teneatur patronus tali superius aliquem assignare locum ad manendum, vel in castello, vel in puppi, vel in aliquo transtro.

XX. Quod si aliquid in hac conventionis formula neglectum aut sufficienter non esset expressum et provisum, quod tamen jure vel consuetudine ipsi patrono congrueret faciendum : id pro expresso in hac formula praesenteque tenore pro inserto debet haberi.

His articulis ita compositis et conscriptis advocavimus dominum Petrum patronum ad nos in hospitium, et articulos conceptos sibi legimus, et si secundum tenorem eorum se

---

[1] mortem *ed.*
[2] eam *ed.*

XV. Si un pèlerin mourait sur la galère, que le patron n'ordonne pas que son corps soit jeté à la mer aussitôt, mais qu'il le fasse mener à terre pour le faire ensevelir dans un cimetière. Si la galère est trop éloignée de la terre, que le corps du défunt y soit conservé aussi longtemps que possible, jusqu'à ce qu'elle arrive dans quelque port ou bien jusqu'à ce que les compagnons du défunt consentent à jeter le corps à la mer.

XVI. Si quelques pèlerins voulaient se rendre jusqu'à Sainte-Catherine sur le mont Sinaï, que le patron s'engage à rendre à quiconque le demande dix ducats de la somme avancée, une fois à Jérusalem.

XVII. Que le patron, avant de quitter Jérusalem avec les pèlerins, aide fidèlement ceux qui iront à Sainte-Catherine et qu'il prévoie entre eux et leur interprète un contrat de bonne entente.

XVIII. Que le patron attribue aux pèlerins sur la galère un petit espace convenable pour garder des poulets et des poules et que ses cuisiniers autorisent le cuisinier des pèlerins à utiliser pour eux le même fourneau, à leur convenance.

XIX. S'il arrivait qu'un pèlerin tombe si gravement malade sur la galère qu'il ne puisse plus rester dans la puanteur de la cale ou que les autres pèlerins ne veuillent plus le supporter, que le patron s'engage à lui accorder un espace où rester, soit dans le château, soit sur la poupe, soit sur un banc de rameurs.

XX. Si une chose dans les termes de ce contrat avait été négligée ou n'était pas suffisamment explicitée ou prévue, mais que le droit ou la coutume impose au patron de la respecter, elle doit être considérée comme expressément inscrite dans ce contrat et dans les présentes dispositions.

Après avoir ainsi composé et rédigé ces articles, nous appelâmes à notre auberge le seigneur Pierre, le patron, et nous lui lûmes les articles que nous avions conçus. S'il acceptait d'agir envers nous selon les termes de ceux-ci et de nous le promettre en prêtant serment devant nous, nous étions prêts à faire accord et pacte avec lui comme cela a été dit. **(B)** Après

vellet ad nos habere, et hoc nobis juramento praestito promittere, cum eo parati essemus conventionem et pactum facere, ut dictum est. **(B)** Quibus auditis patronus accepit cedulam articulorum, et unum post alium perlegit attente. Ad primum articulum dixit : quod quantum ad primam clausulam eum velle accipere, et nos ad Joppen ducere et reducere ; sed quantum secundam partem non posset eum acceptare, et allegavit multas rationes propter quas in mense Majo non potest esse navigatio. Et ideo in XIV diebus non posset nos educere, nec in XXVI. diebus ; sed transactis XXVI. omni hora vellet habito vento proficisci. Ad XII. articulum etiam dixit quod non minus quam XLV. ducatos vellet de quolibet peregrino habere ; allegans rationes multas. Ad. XV. dixit : quod mortuum libenter vellet in galea sustinere, sed mare non posset eum pati, et navigatio nostra impediretur. Sed quid veritatis hoc habeat, vide fol. 198. B. De aliis articulis omnibus stetit contentus. Et tandem cum eo conventionem fecimus per longam interlocutionem.

Conventione facta duxit nos omnes ad St. Marcum in Ducis palatium, et apud protonotarios civitatis nos statuit. Qui audientes causam nostrae praesentationis, singulorum nomina, status et conditiones inscripserunt in quendam grandem librum, cui et prius inscriptus etiam fueram in prima mea peregrinatione : et ita ratificatus fuit contractus et conventio nostra. Quo facto cum patrono in galeam navigavimus, et ad latus sinistrum eligimus locum pro XII. personis, quem locum patronus distinxit in XII. cumbas vel stantias, ad quas cum creta scripsit singulorum nomina, ne quis illa loca occuparet. Tetigit autem me sors bona, et meliorem cumbam vel stantiam habui, quam aliquis de nostra societate. Est autem cumba vel stantia locus pro uno homine in longum extenso a capite usque ad pedes sibi assignatus ad dormiendum, sedendum, manendum, sive sit sanus, sive infirmus.

avoir entendu ces articles, le patron prit la charte et parcourut attentivement les articles l'un après l'autre. Sur le premier article, il dit qu'il voulait bien accepter la première clause, c'est-à-dire nous mener à Jaffa et nous ramener, mais qu'il ne pouvait accepter la seconde et il invoqua de nombreuses raisons pour lesquelles on ne pouvait naviguer au mois de mai. En conséquence, il ne pouvait pas nous emmener ni dans quatorze jours ni dans vingt-six ; mais passés vingt-six jours, il voulait bien se mettre en route à n'importe quelle heure s'il y avait du vent. À propos du douzième article, il dit également qu'il ne voulait pas recevoir moins de quarante-cinq ducats de chaque pèlerin, alléguant de multiples raisons. Sur le quinzième article, il affirma qu'il accepterait volontiers de conserver un mort sur la galère, mais que la mer ne pourrait le supporter et que notre navigation en serait gênée. Mais pour savoir ce qu'il y a de vrai à ce sujet, voyez le folio 198 B. Il se montra satisfait de tous les autres articles. Finalement, nous passâmes accord avec lui après une longue discussion.

Une fois le contrat établi, il nous conduisit tous à la place Saint-Marc, au palais du doge et nous amena auprès des protonotaires de la cité. Ceux-ci écoutèrent la raison de notre venue et inscrivirent les noms, états et situations de chacun dans un grand registre où j'avais aussi été inscrit auparavant, lors de mon premier voyage. Ainsi le contrat et notre pacte furent ratifiés. Après cela, nous allâmes en barque jusqu'à la galère avec le patron et nous choisîmes un emplacement à babord pour douze personnes, que le patron divisa en douze « combes » ou « stances », sur lesquelles il écrivit le nom de chacun avec de la craie, afin que personne d'autre n'occupât ces places. À cette occasion, j'eus de la chance, car de tous les pèlerins de notre groupe, c'est moi qui reçus la meilleure « combe » ou « stance » : la « combe » ou la « stance » est un endroit prévu pour un seul homme étendu de tout son long de la tête aux pieds, qui lui est assigné pour dormir, s'asseoir, ou se reposer, qu'il soit sain ou malade.

Itaque his sic compositis, in hospitium nostrum navigio reversi sumus. De omnibus autem eramus bene contenti, dempto illo, quod tam longum tempus et multos dies adhuc nos Venetiis manere oportuit, quod erat nobis valde grave.

Finit tractatus primus.

Après avoir ainsi réglé ces questions, nous retournâmes donc en barque à notre auberge. Nous étions bien satisfaits de tout, sauf du fait qu'il nous fallait rester à Venise si longtemps et tant de jours, ce qui nous était particulièrement pénible.

Fin du premier traité

TRACTATUS SECUNDUS

Continens Acta Peregrinorum Terrae Sanctae per mensem Majum.

Majus delectabilis et laetus mensis sub primo die sanctos Philippum et Jacobum Apostolos colendos nobis exhibuit cum devota celebritate. Summo ergo mane, cum Domini et alii nostri socii surrexissent, seque ad visitandum ecclesiam et audiendam Missam praepararent, interrogabant me in qua ecclesia Officium divinum vellemus hoc die audire. Quibus respondi : ecce Domini in via Dei constituti sumus peregrini, **(36 A)**, nec decet peregrinum otiosum stare. Oportet autem nos in hac urbe adhuc per illum integrum mensem manere. Et quia circumdati aquis sumus, ita ut non pateat nobis pro nostro solatio et pro deductione temporis exitus ad floridos hortos aut ad amoenas campos, aut ad umbrosas silvas, aut ad viridia prata, aut ad voluptuosa viridaria arborum, florum, rosarum et liliorum, nec venationibus vacare possumus, nec hastiludiis aut choreis interesse decet ; idcirco meum consilium est, ut omni die, quamdiu hic consistimus, peregrinemur ad aliquam ecclesiam et visitemus corpora et sanctorum reliquias, quarum est magna multitudo in hac urbe, et sic per Majum illum carpamus flores, rosas et lilia virtutum, gratiarum et indulgentiarum.

Hoc audito placuit omnibus consilium meum, et communi decreto decrevimus[1], quod singulis diebus, ad aliquam ecclesiam specialem navigare aut ambulare

---

[1] decrevinus *ed.*

DEUXIÈME TRAITÉ

Contenant ce que firent les pèlerins de Terre sainte au mois de mai

L'agréable et joyeux mois de mai, en son premier jour, nous donna à honorer, en compagnie d'une foule pieuse, les saints Apôtres Philippe et Jacques. Très tôt le matin, mes seigneurs et nos autres compagnons se levèrent et s'apprêtèrent à aller à l'église et à entendre la messe. Comme ils me demandaient dans quelle église nous voulions écouter l'office divin ce jour-là, je leur répondis : « A présent, mes seigneurs, nous voilà pèlerins sur le chemin de la Terre sainte, **(36 A)** et il est inconvenant pour un pèlerin de rester sans rien faire. Or il nous faut rester dans cette ville tout le mois de mai. Et comme nous sommes entourés d'eaux, il nous est impossible de nous consoler et de passer le temps en fuyant vers des jardins fleuris, des plaines riantes, de frais bocages, de verts pâturages ou vers de délicieuses plantations d'arbres, de fleurs, de roses et de lys ; nous ne pouvons pas non plus passer nos loisirs à chasser, et il serait inconvenant d'assister à des tournois ou à des rondes. Aussi je suis d'avis de consacrer chaque jour que nous passerons ici à faire le pèlerinage à une église et à visiter les corps et les reliques des saints, dont regorge cette ville. Ainsi cueillons, en ce mois de mai, les fleurs, les roses et les lys des vertus, des grâces et des indulgences. »

A ces mots, tous se rangèrent à mon avis et nous décidâmes d'un commun accord d'aller chaque jour en barque ou à pied vers une église différente ; et si nous n'étions pas toujours tous ensemble, du moins certains d'entre nous le

vellemus ; et si non omnes semper simul, tamen aliqui de nostra societate id facerent, qui postea visa remanentibus referrent. Illo ergo primo die Maii barcam conduximus et ad ecclesiam sanctorum Apostolorum Philippi et Jacobi navigavimus, ibique divinis Officiis interfuimus. Post Officium ad altare accessimus et caput sacrum St. Philippi, quod ibi habetur, deosculati sumus, et venerandum St. Jacobi brachium. Erat autem magna hominum compressio, propter sacras reliquias videndas et deosculandas. Porro Officio terminato defluxit populus, nos vero mansimus quousque sine populi pressura melius reliquias videre et nostris jocalibus, quae nominantur clenodia, ea contingere possemus. Nam terrae sanctae peregrini solent secum ad loca sancta deferre annulos aureos, vel argenteos dilectos, et grana lapidum pretiosorum pro paternostris,*) patriloquiis, vel ipsa paternostra, cruces parvas de argento vel auro, et quaeque chara portabilia, quae vel de parentibus suis et amicis accipiunt, vel Venetiis aut in transmarinis partibus pro sibi charis emunt, et quando ad aliquas reliquias veniunt, vel ad aliquem locum sanctum, tunc illa clenodia ad reliquias applicant vel ad locum sanctum et ea contingunt, ut quandam sanctitatem quodammodo ex contactu accipiant ; et ita suis charis chariora et pretiosora reddantur. Ego enim fui minimus, et pauperior in nostra societate, et tamen multa preciosa clenodia habui, quae mihi collata fuerant ab amicis et fautoribus et fautricibus meis, ut reliquias, ad quas venirem et loca sancta cum eis contingerem, et eis pro munere reportarem. Inter alia magnificus vir, Dominus Johannes Echinger, pro tunc Magister-civium Ulmensis, contulit mihi annulum suum charissimum, quem Pater suus Jacobus Echinger in extremis agens de pollice traxit, et filio tradidit, sicut et ipse a suo patre acceperat : credo quod charior sibi fuerit, quam C. ducati, et nunc charior quam CC. Sic ergo post populi recessum accessimus, et modo dicto reliquias sanctorum Apostolorum contingimus. Hoc autem fuit Officium meum **(B)**, quod circa reliquias vel loca sancta

feraient et raconteraient ensuite leur visite à ceux qui seraient restés. Le premier mai donc, nous louâmes une barque et nous allâmes à l'église des saints Apôtres Philippe, et Jacques, où nous assistâmes aux offices divins[243]. Après l'office, nous nous approchâmes de l'autel et nous embrassâmes la tête sacrée de saint Philippe, qui y est conservée, ainsi que le vénérable bras de saint Jacques. Les gens s'étaient pressés pour voir et embrasser les saintes reliques. Une fois l'office terminé, la foule s'était retirée, mais nous, nous avions attendu de pouvoir, sans être gênés par la foule, mieux voir les reliques et les toucher avec nos bijoux, qu'on appelle des *clenodia*. En effet, les pèlerins de Terre sainte ont coutume d'emporter avec eux vers les Lieux saints leurs anneaux d'or ou d'argent préférés, des colliers de pierres précieuses en guise de chapelets, *)[244] de rosaires, ou des vrais chapelets, des petites croix en argent ou en or, ou encore quelques bibelots précieux qu'ils reçoivent de leurs parents et amis ou qu'ils achètent à Venise ou dans les régions d'outre-mer pour leurs proches. Quand ils sont devant quelques reliques ou devant quelque Lieu saint, ils appliquent ces joyaux sur les reliques ou sur le Lieu saint et les mettent en contact avec eux pour en retirer en quelque sorte une part de leur sainteté ; et ainsi, ils rapportent à ceux qui leur sont chers des objets plus chers et plus précieux encore. Même moi, qui étais le plus humble et le plus pauvre de notre groupe, j'avais un grand nombre de joyaux précieux que m'avaient apportés amis, protecteurs et protectrices pour que je les mette en contact avec les reliques que j'approcherais, et avec les Lieux saints, et que je les leur rapporte en présent. Entre autres, le noble seigneur Jean Echinger, alors bourgmestre d'Ulm, me remit l'anneau inestimable que son père, Jacques Echinger, avait retiré de son pouce à ses derniers moments et avait confié à son fils comme son propre père l'avait fait avec lui : je crois qu'il avait pour lui plus de valeur que cent ducats et qu'il en vaut aujourd'hui plus de deux cents. Ainsi donc, après le départ de la foule, nous nous approchâmes et nous touchâmes, de la manière que je viens de décrire, les reliques des saints

accepi omnium peregrinorum saecularium clenodia, et manu mea adhibui ad contactum et ita singula singulis reddidi. Plures autem nobiles semper penes me dereliquerant. Et ita fecimus per omnia loca sancta et reliquias totius peregrinationis, incipientes in Tridentino a puero Symone. Itaque istis peractis in hospitium navigavimus ad prandium.

Secunda die Maii transivimus mane ad S. Marcum, et ibi Missis interfuimus in ecclesia magna S. Marci. De ecclesia autem, Missis finitis, palatium Ducis Venetorum ingressi sumus, adituri ipsum Ducem cum literis quas illustrissimus Archidux Austriae Sigismundus tradiderat Dominis meis sibi praesentandas, ut patet supra, fol. 26. sub die 17. Ascendimus ergo de curia palatii per lapideos gradus ad ambitum palatii, et ante Praetorium stantes intromitti ad Senatum et audientiam postulavimus. Statim autem intromissi sumus in locum Consulum, et ante Ducem et Senatores constituti. Dominus ergo Johannes de Cymbern Baro, manu elevans Archiducis Austriae literas et disciplina curialissima, accessit in medium, et ad Ducem Venetorum accessit, eique eas[1] curiali reverentia tradidit et retro gradu descendit. Dux vero respiciens sigillum cum cognovisset, deosculatus est sigillum ipsum, eumque assessoribus deosculandum praebuit. Et fecit legi literam in omnium audientia. Qua audita surrexit Dux, et per interpretem obtulit se ad omnia beneplacita Dominorum peregrinorum, et vocatis ad se singulis, eis manum praebuit, et ad se trahens osculum modo italico dedit. Hoc facto petierunt Domini peregrini promotoriales literas ad Capitaneum maris generalem, et ad insularum praefectos, ut, si necessitas exigeret, invocare praedictos possent. Et statim impetraverunt, et literis confectis nobis traditae fuerunt.

---

[1] eos *ed.*

Apôtres. Au reste, j'étais chargé **(B)** d'emporter auprès des reliques et des Lieux saints les joyaux de tous les pèlerins laïques, de les mettre de ma main en contact avec eux et de les rendre ensuite à leur propriétaire respectif. D'ailleurs, plusieurs nobles m'avaient laissé entre les mains leurs joyaux durant tout le pèlerinage. Nous avons fait de même sur tous les Lieux saints et auprès de toutes les reliques pendant tout le pèlerinage, en commençant à Trente par l'enfant Simon[245]. Quand nous en eûmes terminé, nous rentrâmes en barque à l'auberge pour le déjeuner.

Le 2 mai, nous allâmes le matin à Saint-Marc, où nous assistâmes aux Messes dans la basilique Saint-Marc[246]. Après les messes, nous passâmes de l'église au palais du doge de Venise pour nous présenter au doge en personne[247] avec la lettre que l'illustrissime Archiduc d'Autriche, Sigismond, avait chargé mes seigneurs de lui remettre, comme on peut le lire au folio 26 au dix-septième jour. Nous montâmes donc de la cour du palais au portique par des escaliers de pierre, et arrivés devant le prétoire, nous demandâmes à être introduits dans la salle des consuls et à être reçus devant le doge et les Sénateurs. Le seigneur Baron Jean de Cymbern, levant la main dans laquelle il tenait la lettre de l'Archiduc d'Autriche, s'avança au milieu de l'assemblée avec la plus grande courtoisie, se présenta devant le doge de Venise, lui remit la lettre avec une noble révérence et s'éloigna à reculons. Le doge regarda le sceau qu'il reconnut, l'embrassa et le donna à embrasser à ses assesseurs. Puis il fit lire la lettre devant tout l'assistance. Après son audition, le doge se leva et, par un interprète, offrit tous ses services aux seigneurs pèlerins. Puis il les appela à lui un par un, leur donna la main et, les attirant à lui, les embrassa selon la coutume italienne. Après quoi, les seigneurs pèlerins réclamèrent des lettres de recommandation pour l'Amiral de la flotte et pour les préfets des îles, afin de pouvoir, en cas de nécessité, faire appel à eux. On le leur accorda aussitôt, les lettres furent rédigées et nous furent transmises.

Tertia die, quae est festum Inventionis S. Crucis, navigavimus ad ecclesiam S. Crucis, et officio ibi audito corpus S. Athanasii ibi conquiescentis vidimus, et deosculati sumus, et modo pridie dicto clenodia nostra ad contactum ejus adhibuimus. Hic Sanctus, pugil fidei fortissimus, contra haereticos symbolum : Quicumque vult salvus esse, confecit. Et demum in hospitium remeavimus. Post prandium ad Conventum majorem fratrum Minorum transivimus, et locum qui est sollemnissimus vidimus. Porro in quadam capella ecclesiae stabat quidam equus, mirabili artificio compaginatus. Veneti enim gentilium mores imitantes cuidam Capitaneo eorum, qui pro republica fortiter egerat, eamque sua virtute plurimum auxerat, intendebant in recompensam memoriale perenne statuere, et equum cum sessore aere fusum ad aliquem publicum urbis vicum aut plateam locare. Et ut hoc magnificentius fieret, quaesierunt in omnibus finibus eorum artifices sculptores, injungentes eis ut quilibet equum faceret ex quacunque materia vellet, et ipsi de tribus equis melioris formae equum **(37 A)** eligere vellent, et secundum eum aeneum equum fieri oportere ; illum vero artificem, qui formaliorem equum fecisset, ultra precium statutum muneribus honorare intenderunt. Convenientes autem tres sculptores Venetias, unus fecit equum ex ligno cooperiens corio nigro, qui stabat in capella praefata ; et ita vivax erat hoc simulachrum, quod, nisi magnitudo insolita et immobilitas equum illum arte factum proderet, ipsum esse naturalem homo videns[1] aestimaret. Alius artifex equum finxit ex luto, et in fornace decoxit subtilissimae formae, ruffum colore. Tertius ex cera compegit equum album elegantissime formatum. Et hunc Veneti elegerunt, tanquam magis artificialem, magistrumque remuneraverunt. Quid autem de equo fundendo aere fiet, non audivi : forte etiam dimittent ; viso ergo illo Conventu et his quae dicta sunt reversi sumus in locum nostrum.

---

[1] vivens *ed.*

Le troisième jour, fête de l'Invention de la sainte Croix, nous prîmes le bateau jusqu'à l'église Sainte-Croix où, après avoir entendu l'office, nous vîmes le corps de saint Athanase qui y repose et que nous embrassâmes. De la même façon que la veille, nous appliquâmes nos joyaux sur ses reliques. Le saint, un des plus vaillants athlètes de la foi, écrivit contre les hérétiques le symbole : *Quicunque vult salvus esse*[248]. Ensuite, nous retournâmes à l'auberge. Après le déjeuner, nous allâmes au grand couvent des frères Mineurs et visitâmes le lieu qui est très solennel[249]. Dans une de ses chapelles se trouvait une statue équestre fabriquée avec un art admirable. Les Vénitiens en effet, selon une coutume païenne, imaginèrent un jour de récompenser un de leurs capitaines, qui s'était courageusement dévoué pour la République et avait considérablement augmenté son territoire grâce à sa vaillance, en lui érigeant un mémorial éternel, une sculpture en bronze du cheval et de son cavalier, qui serait placée dans une rue ou sur une place publique de la ville. Pour que l'oeuvre fût aussi belle que possible, ils firent venir de toutes les régions des artistes sculpteurs et demandèrent à chacun de réaliser un cheval dans la matière de leur choix. Les Vénitiens choisiraient ensuite des trois chevaux celui qui serait le mieux sculpté **(37 A)** et, d'après ce modèle, feraient faire un cheval de bronze. Quant à l'artiste qui aurait fait le cheval le plus réussi, ils lui conféreraient des honneurs en plus du prix convenu. Trois sculpteurs se retrouvèrent donc à Venise. L'un fit un cheval en bois recouvert de cuir noir (c'est celui qui était dans la chapelle dont je viens de parler) ; cette statue est si vivante qu'à sa vue, on croirait que c'est un vrai cheval, si sa grandeur insolite et son immobilité ne trahissaient qu'il ne s'agit que d'une oeuvre d'art. Un autre artisan façonna un cheval en argile, qu'il fit cuire dans un four, un alezan d'une beauté tout à fait remarquable. Le troisième réalisa en cire un cheval blanc sculpté avec une rare élégance. C'est celui que choisirent les Vénitiens comme étant le plus artistique et ils récompensèrent son auteur. Qu'en est-il du cheval coulé dans le bronze ? On

Quarta die, quae erat dominica Vocem jucunditatis et festum Beatissimae Virginis S. Katharinae de Senis, de poenitentia S. Dominici transivimus ad S. Johannem et Paulum, et ibi processioni solemni et Officio divino affuimus. Et erat tota ecclesia plena hominibus et multae Beginae eiusdem habitus erant ibi. Porro infra Officium transivi ad ambitum fratrum, et reperi ibi transeuntem fratrem Ordinis mei, ferentem insignia peregrinorum terrae sanctae, de provincia Franciae, et de conventu Insulensi, qui etiam navigare nobiscum intendebat ; cum illo ergo contraxi notitiam, et foedus simul inivimus pro nostra consolatione. Veruntamen in meam galeam non venit, sed in aliam : saepe tamen in Jerusalem ipse mihi, et ego sibi, in consolationem venit. Post prandium ego solus navigavi ad S. Dominicum, ut viderem Patres et ostenderunt mihi manum unam integram Beatissimae Virginis Katharinae de Senis, valde delicatam et grossam, cum carnibus et ossibus, quam et aliquotiens deosculatus fui. In eodem Conventu etiam reperi quendam fratrem ordinis de Neapoli insignia peregrinorum sancti sepulchri ferentem, cum quo etiam societatem feci. Sed nec ipse in meam galeam fuit receptus. Post ad hospitium navigio reversus sum.

Quinta die ad insulam S. Helenae Imperatricis navigavimus, et Missam ibi legi Dominis. Post Missam patefecerunt nobis monachi tumbum S. Helenae, et corpus ejus integrum vidimus cum aliis multis reliquiis, et deosculatis ac clenodiis contactis reliquiis in domum nostram reversi sumus. Post prandium in galeam conductam navigavimus, et reperimus, quod patronus ad partem inferiorem cumbarum nostrarum fieri fecit asseres, ut

ne m'en a rien dit ; peut-être abandonneront-ils ce projet ?[250] Quoi qu'il en soit, après la visite du couvent et des oeuvres dont je viens de parler, nous retournâmes à notre logis.

Le quatrième jour, qui était le dimanche *Vocem jucunditatis* et le jour de fête de la bienheureuse vierge sainte Catherine de Sienne, nous allâmes du pénitencier de Saint-Dominique à l'église Saint-Jean-et-Saint-Paul, où nous assistâmes à une procession solennelle et à l'office divin[251]. Toute l'église était pleine de monde et il y avait beaucoup de femmes portant le même habit que les béguines. Après l'office, je me rendis au cloître des frères et y retrouvai un frère de mon Ordre qui était de passage et portait les insignes des pèlerins de Terre sainte. Il venait de la province de France, d'un couvent d'Île-de-France et avait l'intention de naviguer lui aussi avec nous. Je fis donc connaissance avec lui et nous décidâmes d'un commun accord de nous réconforter l'un l'autre. Cependant il ne voyagea pas sur ma galère, mais sur l'autre ; toutefois, à Jérusalem, il m'apporta souvent son réconfort comme je lui apportai le mien. Après le déjeuner, je pris seul le bateau pour Saint-Dominique[252] pour y voir les pères, qui me montrèrent une main entière de la bienheureuse vierge Catherine de Sienne, une main très belle et très grosse avec ses chairs et ses os, que j'embrassai d'ailleurs plusieurs fois. Dans ce même couvent, je rencontrai un frère de l'Ordre de Naples portant les insignes des pèlerins du Saint-Sépulcre et avec lequel je me liai aussi. Mais lui non plus ne monta pas sur ma galère. Après cela, je retournai par l'eau jusqu'à l'auberge.

Le cinquième jour, nous prîmes le bateau pour l'île de l'impératrice sainte Hélène[253], où j'ai lu la messe pour les seigneurs. Après la messe, des moines nous ouvrirent la tombe de sainte Hélène et nous vîmes son corps entier et bien d'autres reliques, que nous avons embrassés et sur lesquels nous avons appliqué nos joyaux avant de revenir à notre gîte. Après le déjeuner, nous prîmes le bateau jusqu'à la galère que nous avions louée et nous découvrîmes que le patron avait fait

quosdam in eis collocaret ad pedes nostros, ubi debebant poni calceamenta et urinalia nostra. Diximus autem custodibus galeae, ut patrono dicerent, quod nisi in crastinum illos asseres deponeret, pactum factum irritare vellemus, quia esset contra articulum nonum. Ex hoc facta est dissensio inter peregrinos et patronum. Oportebat tamen eum opus factum destruere, si volebat nos secum retinere. Et ita dispositis cumbis ad hospitium reversi sumus. **(B)**

Sexta die navigavimus ad Sanctam Luciam et ibi, Officio audito, corpus ejusdem virginis, quod ibi honorifice in tumba reconditum habetur, vidimus et deosculati sumus, et reversi sumus ad locum nostrum. Eodem die ad forum transivimus, et omnia necessaria ad galeam pro navigatione emimus[1], culcitras, lectulos, cervicalia, linteamina, coopertoria, mattas, amphoras, et caetera pro singulorum cumba. Ego culcitram pro me jussi emere repletam pilis vaccarum, et stratos laneos de Ulma mecum tuleram, ut sic dormirem in galea, sicut in cella. Indignum enim judicavi molliori stratu uti in navi quam in cella.

Septima die, quae est festum translationis S. Petri martyris, navigavimus extra Venetias in Murianam, et Officium ad Praedicatores in ecclesia S. Petri martyris audivimus. Et viso ibi Conventu et fratribus navigavimus ad ecclesiam parochialem, ubi plebanus ostendit nobis in tumba una multa corpora integra de Sanctis Innocentibus, quibus deosculatis transivimus ad fornaces vitriatorum, in quibus arte subtilissima instrumenta vitrea multiformia fiunt ; in toto namque mundo non sunt tales vitrorum artifices sicut ibi. Faciunt enim ibi vasa pretiosa crystallina, et alia mira ibi videntur. Quibus visis, navigio Venetias reversi sumus in nostrum hospitium.

[1] eminus *ed.*

mettre des madriers le long de la partie inférieure de nos « combes », si bien que certains d'entre eux allaient se trouver à nos pieds, là où nous devions placer nos chaussures et nos pots de chambre. Nous dîmes donc aux gardiens de la galère de dire au patron que s'il n'avait pas fait enlever ces madriers le lendemain, nous prendrions la décision d'annuler le contrat signé, puisqu'il contrevenait à l'article neuf[254]. Cela provoqua une dispute entre les pèlerins et le patron. Mais il fallait qu'il détruise l'ouvrage qui avait été fait, s'il voulait nous garder avec lui. Et ce n'est qu'une fois nos « combes » remises en ordre que nous retournâmes à l'auberge. **(B)**

Le sixième jour, nous prîmes le bateau pour Sainte-Lucie[255]. Nous y entendîmes l'office, puis nous vîmes le corps de la sainte, qui s'y trouve dignement enfermé dans une tombe. Nous l'avons embrassé et sommes revenus à notre logis. Le même jour, nous allâmes au marché, où nous achetâmes tout le nécessaire pour la traversée en galère, des coussins, des matelas, des oreillers, des draps, des couvre-lits, des nattes, des pots etc., pour la « combe » de chacun. Quant à moi, j'avais demandé qu'on m'achète un coussin rembourré en poils de vache, et j'avais emporté avec moi mes couvertures en laine d'Ulm, afin de dormir sur la galère comme dans ma cellule. Car je jugeais indécent d'avoir un lit plus douillet sur un navire que dans ma cellule.

Le septième jour, fête de la Translation de saint Pierre martyr, une barque nous mena hors de Venise jusqu'à l'île de Murano, où nous entendîmes l'office dominicain dans l'église de Saint-Pierre-Martyr[256]. Après avoir vu là-bas le couvent et ses frères, nous prîmes le bateau pour l'église paroissiale, où le curé nous montra, dans une même tombe, les corps entiers de plusieurs saints Innocents[257]. Nous les embrassâmes, puis nous traversâmes l'eau pour aller voir les ateliers des verriers, où sont fabriqués des objets en verre de toutes les formes avec un art inimitable ; car il n'y a nulle part dans le monde des artisans verriers comparables à ceux-là. Ils font là-bas des vases précieux en cristal, mais on peut y voir bien d'autres choses

Octava die, quae erat festum Ascensionis Domini, ascendimus ad ecclesiam S. Marci, tam ad Officia divina, quam ad solemnia spectacula cernenda. Innumerabilis enim populus illo die ibi confluit. Omnibus enim congregatis Patriarcha cum suo Clero et omnibus Conventibus religiosorum, et dux cum suo Senatu et omnibus Societatibus Scabinorum, singuli in suis ordinibus et ornatibus, cum vexillis, luminaribus, reliquiariis, crucibus, de ecclesia S. Marci procedunt ad mare, ibique praeparatas naves ingrediuntur, et Patriarcha cum[1] Duce, et Senatu Buzatorium (Latine Bucefalum ab equo Alexandri magni sic nominatum) ascendunt, quae est grandis navis in modum tabernaculi depicta, et auro tecta et sericis sagis operta, et haec omnia fiunt cum ingenti apparatu, cum campanarum omnium sono, et clangore tubarum, et cantu diverso Clericorum. Et dum Buzatorium remis, qui sunt ultra trecenti, a terra trahitur, ultra quinque millia navium eum concomitantur. Navigant autem usque ad castella, ubi est portus venetus, et dum extra portum ad mare venerint universae naves, Patriarcha ipsum mare benedicit, sicut est mos in multis partibus illo die aquas benedicere. Benedictione peracta, Dux annulum aureum digito suo detrahens ipsum annulum in mare projicit, quasi desponsans mare Venetis. Post annulum multi se denudant, et feruntur in profundum quaerentes annulum. **(38 A)** Et ille, qui eum invenit, sibi retinet, et cum hoc per totum annum liber in civitate manet ab omnibus oneribus, quibus pro republica ibi habitantes gravantur. Et dum haec aguntur, circumstant universae naves in magna pressura, et est tantus sonitus bombardarum, quas emittunt, tubarum, tympanorum, et clamantium ac cantantium, quod mare videtur moveri. His spectaculis etiam affuimus in propria conducta barca, peracta illa benedictione et desponsatione

[1] eum *ed.*

admirables. Après cette visite, nous retournâmes à Venise à notre auberge.

Le huitième jour, fête de l'Ascension du Seigneur, nous embarquâmes pour l'église Saint-Marc afin d'y assister tant aux offices divins qu'aux cérémonies solennelles[258]. Ce jour-là, l'affluence des spectateurs est incroyable. En effet, tout le monde se rassemble, le patriarche avec son clergé et tous les couvents de religieux, et le doge avec son Sénat et toutes les corporations d'échevins, chacun dans son Ordre et ses vêtements d'apparat, avec bannières, flambeaux, reliquaires et croix ; puis ce cortège va de l'église Saint-Marc à la mer où il embarque sur des vaisseaux qui les y attendent. Le patriarche embarque avec le doge et le Sénat sur le Bucentaure (en latin, *Bucephalus*, du nom du cheval d'Alexandre le Grand) : il s'agit d'un grand vaisseau ressemblant à un tabernacle, orné de peintures, couvert d'or et drapé de soie[259]. Tout cela a lieu en grande pompe, au son de toutes les cloches, au milieu du fracas des trompettes et du chant varié du clergé. Tandis que le Bucentaure est emmené loin de la terre par des rameurs, qui sont plus de trois cents, plus de cinq mille vaisseaux l'accompagnent. Ils naviguent alors jusqu'aux forts où se trouve le port de Venise et, quand tous les vaisseaux sont sortis du port pour gagner la mer, le patriarche bénit la mer, tout comme, par tradition, on bénit les flots ce jour-là dans bien des régions. Après la bénédiction, le doge retire de son doigt son anneau d'or et le jette à la mer en symbole des fiançailles entre la mer et Venise. Pour l'anneau, beaucoup se déshabillent et se jettent à l'eau pour le rechercher **(38 A)**. Celui qui le trouve le garde pour lui et avec cela est exempté durant l'année entière de toutes les charges qui pèsent sur les habitants de cette République. Pendant cette cérémonie, tous les vaisseaux entourent le Bucentaure et le serrent de près, et le vacarme des tirs au canon, des trompettes, des tambours, des clameurs et des chants est tel que la mer en semble secouée. Nous avons assisté nous aussi à ces cérémonies depuis notre propre barque de location ; après la bénédiction et les fiançailles avec la mer, on

maris convertunt Buzatorium ad monasterium S. Nicolai alyu et ibi petito litore exeunt omnes de omnibus navibus et ingrediuntur ecclesiam, quam vix centesima pars populi ingredi valet, quamvis magna sit, et tamen in illa multitudine non est mulier aliqua, sed totum negotium hoc per viros agitur. Dum autem Patriarcha pontificalibus ornatus et Dux cum suis contra ecclesiam properant, Abbas monasterii, infula decoratus, et sui monachi sacris induti obviam multitudini veniunt, ipsumque Patriarcham ac Ducem suscipiunt, et in chorum ducunt, et ibi Officium diei incipiunt, et cum multa sollemnitate peragunt. Quo peracto ad naves redeunt et navigant omnes, unusquisque ad locum suum ad prandium. Talibus spectaculis aliquotiens interfui alias etc. de quibus vide fol. 210. P. 2. Porro per totas octavas Ascensionis sunt festa nundinarum et mira videntur in istis octavis.

Nona die transivimus ad monasterium dictum a cruschechirii et Missa ibi audita ostensum fuit nobis corpus S. Barbarae cum pluribus aliis reliquiis, quibus venerabiliter deosculatis reversi sumus in nostrum hospitium. Eodem die transivimus simul in quamdam domum, in qua stabat elephas, bestia grandis et horribilis, quam vidimus, et mirati fuimus de tanta disciplina tam immanis bestiae. Faciebat enim nobis videntibus ad nutum magistri sui mira. Hanc bestiam emit homo ille pro quinque millibus ducatis, et a Venetiis duxit eam in Germaniam, et multam pecuniam congregavit : nemo enim permittebatur eam videre, nisi praestito argento. Postea duxit eam usque in Britanniam, et ibi in mari tempestate compellente ejecta fuit per naucleros ad mare, et ita periit. etc.

Decima die, quae sabatum fuit, navigavimus ad ecclesiam, quae dicitur S. Maria de Gratia, et Missam audivimus, et inde navigavimus ad S. Mariam de miraculis, ubi ecclesiam

emmène le Bucentaure au monastère de Saint-Nicolas sur le Lido ; là, le littoral une fois atteint, tout le monde descend de tous les vaisseaux et entre dans l'église, qui, malgré sa grandeur, peut recevoir à peine un centième de la foule. Pourtant, au milieu d'une telle affluence, il n'y a pas une seule femme, ces festivités ne concernant que les hommes[260]. Dès que le patriarche en habit pontifical et le doge, accompagné de sa suite, se hâtent vers l'église, l'abbé du monastère, paré de la chasuble, et ses moines, revêtus de leurs vêtements sacrés, vont à la rencontre de la foule, accueillent le patriarche et le doge et les conduisent dans le choeur où ils entament l'office du jour qu'ils célèbrent avec beaucoup de solennité. Après la célébration, tout le monde retourne aux vaisseaux et chacun regagne sa demeure pour le déjeuner. Il m'est arrivé d'assister ailleurs à des cérémonies du même genre (voyez à ce sujet la deuxième partie au folio 210). Pendant toute l'octave de l'Ascension, se tient en outre une foire et il y a d'étonnantes manifestations durant ces huit jours.

Le neuvième jour, nous allâmes au monastère dit des frères Crucifères[261], où nous entendîmes la messe et où nous vîmes le corps de sainte Barbara, avec plusieurs autres reliques que nous avons respectueusement embrassées avant de retourner à notre auberge. Le même jour, nous allâmes tous ensemble dans une maison où il y avait un éléphant, une bête énorme et terrifiante, que nous avons pu voir, et nous avons admiré l'étonnante docilité d'une bête pourtant si grande. Elle faisait sous nos yeux des choses surprenantes au moindre signe de son maître. Cet homme avait acheté la bête pour cinq mille ducats ; il l'emmena de Venise en Allemagne, où il ramassa beaucoup d'argent, car personne ne pouvait la voir sans payer. Par la suite, il l'emmena en Angleterre, mais une tempête se leva en pleine mer et les marins jetèrent à la mer la bête qui trouva ainsi la mort[262].

Le dixième jour, un samedi, nous prîmes le bateau pour l'église qu'on appelle Sainte-Marie-de-la-Grâce[263], où nous entendîmes la messe. De là, nous passâmes à Sainte-Marie-des-

miri decoris aedificant cum monasterio pulcherrimo. Tempore meae primae peregrinationis incepit concursus ad illum locum fieri, nec erat ibi aliqua capella, sed tantum imago beatae Virginis **(B)** in tabula affixa parieti, et dicebatur quod miracula ibi fierent. Et factus fuit tantus concursus et oblatio, quod ibi nunc est res pretiosa et dicitur as S. Mariam de miraculis. De quo plus dicam fol. 208. B. parte 2.

Undecima die, quae fuit dominica infra octavas Ascensionis Domini, audita Missa in proxima ecclesia juxta nostrum hospitium et sumpto prandio navigavimus ad ecclesiam dictam de Castello, ubi residet Patriarcha venetus, et sunt ibi omni dominica plenariae indulgentiae ; has indulgentias solvimus et locum vidimus. Est enim ecclesia magna et antiqua, et reperimus in ea fratrem ordinis Praedicatorum praedicantem, quem tamen nos non intelleximus, et sermone finito in domum nostram reversi sumus.

Duodecima die, quae est Nerei, Achillei, et Pangratii martyrum, navigavimus ad ecclesiam S. Zachariae, et Missae ibi interfuimus. Post Missam denuntiavimus Abbatissae monasterii annexi ecclesiae, rogantes : ostendi nobis reliquias. Sunt enim moniales divites et nobiles satis seculares, Ordinis S. Benedicti. Patefecerunt autem nobis unam tumbam, in qua corpora illorum trium martyrum, quorum dies erat, quieverunt, scl. Sanctorum Nerei, Achillei, et Pangratii. In alia argentea tumba vidimus integrum corpus Zachariae, patris Johannis Baptistae, cum aperto ore, et juxta eum corpus beati Georii Nazianzeni, et corpus B. Theodori Confessoris, et corpus S. Sabinae Virginis et martyris. Miratus autem fui de tantis reliquiis illius ecclesiae, et fuit mihi dictum, quod filia cujusdam Imperatoris fuit ibi quondam Abbatissa, qui ob amorem filiae

Miracles, où étaient en construction une église d'une admirable beauté et un magnifique monastère[264]. A l'époque de mon premier pèlerinage, l'endroit avait commencé à attirer la foule, alors qu'il n'y avait là pas même une chapelle, mais simplement une image de la sainte Vierge **(B)** sur un tableau accroché à un mur. Des miracles, disait-on, s'y produisaient. Et il y eut une telle affluence et un si grand nombre d'offrandes que l'endroit est à présent très riche et appelé Sainte-Marie-des-Miracles. Mais j'en dirai plus à son sujet dans la deuxième partie au folio 208.

Le onzième jour, dimanche de l'octave de l'Ascension du Seigneur, nous entendîmes la messe dans l'église la plus proche de notre auberge[265] et, après avoir pris le déjeuner, nous embarquâmes pour l'église dite du Fort[266], où le patriarche de Venise a sa résidence. On peut y avoir tous les dimanches des indulgences plénières ; nous nous sommes procuré ces indulgences et nous avons visité l'endroit. L'église y est en effet vaste et antique ; nous y avons rencontré un frère de l'Ordre des Prêcheurs en train de prêcher, mais que nous n'avons pas compris, et à la fin de son sermon, nous sommes rentrés à notre gîte.

Le douzième jour, fête des martyrs Nérée, Achillée et Pancrace, nous prîmes le bateau pour l'église Saint-Zacharie[267], où nous avons assisté à la messe. Après la messe, nous envoyâmes un message à l'abbesse du monastère qui jouxte l'église pour lui demander de nous montrer ses reliques. Ce sont des moniales de l'Ordre de Saint-Benoît, riches, nobles et qui n'observent guère la règle. Elles nous ouvrirent donc la tombe unique où reposaient les corps des trois martyrs dont c'était le jour de fête, saints Nérée, Achillée et Pancrace. Dans une autre châsse en argent, nous vîmes le corps entier de Zacharie, le père de Jean Baptiste, la bouche ouverte, et, à ses côtés, le corps de saint Grégoire de Naziance, celui de saint Théodore le Confesseur et celui de sainte Sabine, vierge et martyre. Je m'étonnais que cette église eût tant de reliques et l'on me répondit que la fille d'un empereur avait

corpora illa ad istum locum transtulit. Reliquiis ergo visis et deosculatis reversi sumus ad locum nostrum.

Tertio decimo post prandium navigavimus ad S. Andream ad Carthusienses, ubi est solemnissimum monasterium magnum ; propriam occupans insulam, quatuor habens ambitus et cellas magnas et pulchras. Ibi plures particulares reliquias vidimus, ut digitum S. Andreae Apostoli, et brachium S. Laurentii martyris et caetera. Et deinde remeavimus ad locum nostrum.

Quarto decimo die mane navigavimus ad monasterium S. Georii, ex opposito palatii S. Marci, ultra canale magnum, et Missam de S. Georio cantari fecimus monachos illius monasterii, et post Missam multas reliquias ostenderunt nobis, scilicet caput, sinistrum brachium cum integra manu S. Georii ; caput etiam S. Jacobi Apostoli minoris, et corpus integrum S. Pauli Ducis constantinopolitani, et petiam de spongia Domini, et alia plura ; istis visis remeavimus. **(39 A)**

Quinta decima die, quae fuit octava Ascensionis Domini, et aeque celebris ut ipsa prima dies, ascendimus mane ad S. Marcum, et Missa audita demonstratus fuit nobis S. Marci thesaurus inaestimabilis in auro, argentis et lapidibus pretiosissimis. Ibi tumbam cum corpore S. Isidori vidimus. Corpus vero S. Marci, quod Veneti de Alexandria tulerunt in civitatem suam, non vidimus, quia dicitur quod quidam Monachus furto illud abstulit, et in Germaniam deportavit ad Owiam majorem, de quibus omnibus latius dicitur in P. 2. f. 206. Deinde de ecclesia transivimus in Ducis palatium, et per quendam de curia Ducis ad omnia penetralia Ducis ducti sumus, etiam usque ad thesauros Ducis, quos vidimus. Illa die est festum mulierum, et videntur ibi foeminarum ostentationes seculares facientes, quod est mirum videre

été jadis abbesse ici et que le père par amour pour sa fille avait fait transporter les corps de ces saints à cet endroit. Donc, après avoir vu et embrassé les reliques, nous retournâmes à notre logis.

Le treizième jour, après le déjeuner, nous prîmes le bateau pour Saint-André-des-Chartreux, où se trouve un grand monastère tout à fait remarquable, qui occupe à lui seul une île et possède quatre cloîtres ainsi que de grandes et belles cellules[268]. Nous y avons vu plusieurs reliques partielles, comme le doigt de l'apôtre saint André, le bras du martyr saint Laurent etc. Ensuite nous rentrâmes à notre logis.

Le quatorzième jour, au matin, nous prîmes le bateau pour le monastère Saint-Georges[269], en face du palais de Saint-Marc, de l'autre côté du Grand Canal et nous demandâmes aux moines du monastère de chanter une messe en l'honneur de saint Georges. Après la messe, ils nous montrèrent de nombreuses reliques, la tête et le bras gauche avec la main entière de saint Georges, la tête aussi de l'apôtre saint Jacques le Mineur, le corps entier de saint Paul, duc de Constantinople, ainsi qu'un morceau de l'éponge du Christ[270] et plusieurs autres reliques. Après cette visite, nous rentrâmes **(39 A)**.

Le quinzième jour, dernier jour de l'octave de l'Ascension du Seigneur, aussi solennel que le premier lui-même, nous avons embarqué le matin pour Saint-Marc. Après que nous y eûmes entendu la messe, on nous montra le trésor de Saint-Marc, incroyablement riche en or, en argent et en pierres des plus précieuses[271]. Nous y vîmes la tombe contenant le corps de saint Isidore, mais nous ne vîmes pas le corps de saint Marc que les Vénitiens ramenèrent d'Alexandrie dans leur cité, car on raconte qu'un moine le vola un jour et l'emporta en Allemagne à Reichenau. Tout cela est expliqué plus en détail dans la deuxième partie au folio 206[272]. Ensuite, nous sommes passés de l'église au palais du doge, où quelqu'un nous mena de la cour du doge aux appartements intérieurs, jusqu'aux trésors mêmes du doge, que nous avons vus. Ce jour-là a lieu une fête des femmes, pendant

tantam preciositatem.

Sexta decima die, jacentibus adhuc nobis in lectis, audivimus familiam domus lamentantem. Nam hospes noster magister Johannes eadem nocte obierat, et tractabatur de ejus sepultura. Unde quidam, aestimantes eum fuisse pestilenticum, navibus conductis ascenderunt in Paduam, et ibi per aliquot dies manserunt. Cum illis autem, qui remanserunt, ego navigavi in ecclesiam S. Rochii in civitate venetiana, et invocavimus praefatum Sanctum, qui specialis adjutor est timentium pestem, ne inficiantur.

Decima septima die, quae fuit vigilia Pentecostae, navigavimus ad Monasterium S. Johannis Ordinis albi, et ibidem Officio interfuimus et reliquias deosculati sumus. Post prandium vero ad armamentarium, quod nominant Archanale, civitatis, transivimus, petentes intromitti. Intromissi autem vidimus ibi mirabilem apparatum bellicum, et reipublicae paramenta ad bella navalia et equestria ac pedestria, de quibus post dicitur Part. 2. f. 205. Post hoc ivimus etiam ad domum pistorum, qui coquunt paximates ad mare, et de tantis fornicibus et ignibus et laboribus expavimus. Et demum ad domum reversi sumus.

Decima octava, quae fuit dies dominica et festum Pentecostes, intravimus mane ecclesiam S. Bartholomaei Apostoli, quae est ecclesia parochialis hospitii nostri ; et ibi audivi confessiones quorundam peregrinorum, et de licentia plebani ejusdem ecclesiae eosdem sacro Eucharistiae sacramento communicavi, et mansimus per totum Officium in parochia. Post prandium vero navigavimus ad ecclesiam Sancti Spiritus, ad quem erat multus concursus pro indulgentiis et processio sollemnis fraternitatum, quas Scolas nominant. **(B)**

laquelle on peut voir des parades féminines bien peu religieuses dont la préciosité est étonnante[273].

Le seizième jour, alors que nous étions encore couchés dans nos lits, nous entendîmes toute la maisonnée se lamenter. C'est que notre aubergiste, Maître Jean, était mort dans la nuit et l'on préparait son enterrement. Du coup, certains, estimant qu'il avait contracté la peste, louèrent des bateaux et embarquèrent pour Padoue, où ils passèrent quelques jours. Avec ceux qui étaient restés, je pris le bateau pour l'église Saint-Roch, dans la cité de Venise, et nous invoquâmes ce saint, qui est le protecteur particulier de ceux qui craignent la peste, afin de ne pas être contaminés[274].

Le dix-septième jour, veille de la Pentecôte, nous prîmes le bateau pour le monastère Saint-Jean de l'Ordre des moines blancs[275], où nous assistâmes à l'office et embrassâmes des reliques. Après le déjeuner, nous allâmes au dépôt d'armes de la cité, que l'on appelle l'Arsenal, et nous demandâmes à y entrer. Une fois entrés, nous y vîmes un stock d'armes incroyable et tout ce que la République tient prêt pour équiper sa flotte, sa cavalerie et son infanterie ; il en est question plus loin, dans la deuxième partie, au folio 205[276]. Après cela, nous allâmes aussi à la maison des boulangers, qui cuisent les biscuits pour la mer, et dont les nombreux fours, les feux et le travail nous ont stupéfiés[277]. Et après tout cela, nous retournâmes au gîte.

Le dix-huitième jour, qui était un dimanche et le jour de la Pentecôte, nous allâmes le matin à l'église de l'apôtre saint Bartholomée, qui est l'église paroissiale de notre auberge[278]. J'y entendis les confessions de quelques pèlerins et, avec la permission du curé de l'église, je leur administrai le saint sacrement de l'Eucharistie. Nous sommes restés à la paroisse pendant tout l'office. Après le déjeuner, nous prîmes le bateau pour l'église du Saint-Esprit[279], où s'était rassemblée une grande foule pour des indulgences et où avait lieu une procession solennelle des confréries qu'on appelle des « écoles » **(B)**.

Decima nona die navigavimus ad ecclesiam, quam nominant ad S. Mariam de Misericordia, quae est pulcherrima, ditior et antiquior ecclesia in urbe, ibique Officio divino interfuimus, et ornatum in picturis et sculpturis mirati sumus. In reditu ad hospitium venimus ad multas alias ecclesias, in quibus indulgentias accepimus, quarum ecclesiarum nomina taeduit me scribere.

Vicesima die, facto mane, antequam sol incalesceret transivimus in ecclesiam S. Mariae formosae ; et certe ipsa ecclesia formosa est et magna ; ibi ergo Missis auditis ingressi sumus in hospitium. Nec die illo exire domum praesumsimus propter excessivos calores. Tantus enim erat calor, quantus praeterito tempore non est visus Venetiis. Qua arefactae sunt cisternae, et facta est aquarum dulcium magna caristia ; nec habebatur ibi potabilis aqua, nisi quae de fluvio Brenta adducebatur in navibus, et illa care vendebatur, et cisternis circumfundebatur, ut per terram coleretur et in cisternas destillaret.

Vicesima prima die navigavimus ad S. Antonium prope S. Dominicum, et ibi divino Officio interfuimus. Post Officium circuivimus et structuras magna, quas ibi Domini Veneti faciunt fieri, perspeximus, et tantas expensas mirati sumus, quia de mari et aquis muros ingentes erigunt, et est multum pretiosum ibi nova fundamenta jacere. Ratione illius aedificii Dux Venetiarum fratribus nostris ad S. Dominicum erat illo tempore multum offensus et alii senatores, quia postulabant a fratribus spatium dimidii horti Conventus nostri pro monasterio S. Antonii ampliando : sed fratres nolebant consentire et forti fronte Duci et Senatui se opposuerunt, propter quod in magna indignatione steterunt ; ut tamen fratres flectere possent ad consensum, obtulerunt fratribus contra orientem spatium in mari quantumcunque vellent,

Le dix-neuvième jour, nous prîmes le bateau pour l'église qu'on appelle Sainte-Marie-de-la-Miséricorde, qui est l'église la plus belle, la plus riche et la plus ancienne de la ville[280]. Nous y assistâmes à l'office divin et y admirâmes les peintures et les sculptures qui la décorent. Pendant le retour à l'auberge, nous visitâmes beaucoup d'autres églises, où nous avons obtenu des indulgences, mais il serait fastidieux d'en donner tous les noms.

Le vingtième jour, au matin, avant que le soleil ne devienne trop fort, nous allâmes à l'église de Sainte-Marie-la-Belle[281] ; de fait l'église est belle et grande, et nous y entendîmes les messes avant de rentrer à l'auberge. Le reste de la journée, nous avions prévu de ne pas sortir de la maison à cause de la canicule. Il faisait en effet si chaud que les Vénitiens n'avaient jamais vu, par le passé, pareille température. Les citernes en furent asséchées, et il y eut une grave pénurie d'eau douce, car il n'y avait pas d'eau potable à part celle qu'on emmenait par bateaux depuis la Brenta, qui coûtait cher et était déversée autour des citernes pour être drainée par le sol et filtrée dans les citernes.

Le vingt-et-unième jour, nous prîmes le bateau pour Saint-Antoine[282], près de Saint-Dominique, et nous y assistâmes à l'office divin. Après l'office, nous fîmes le tour de l'endroit et regardâmes les grands bâtiments que les seigneurs de Venise y font faire. Nous fûmes stupéfaits par les dépenses énormes que supposent les murs immenses qu'ils font sortir de la mer et des flots, et cela coûte une fortune d'y jeter de nouvelles fondations. A cause de cette construction, nos frères de Saint-Dominique avaient, à l'époque, beaucoup contrarié le doge de Venise et les autres sénateurs, qui leur réclamaient la moitié du jardin de notre couvent pour agrandir le monastère de Saint-Antoine. Mais les frères ne voulaient y consentir et ils se heurtèrent avec une farouche opposition au doge et au Sénat, ce qui provoqua parmi eux une grande indignation. Pour pouvoir obtenir le consentement des frères, ils leur proposèrent de bénéficier, côté ouest, de tout l'espace

possent accipere, et de sumptibus civitatis vellent fundamenta jacere, sed Prior tunc temporis, homo imperterritus, nullo modo consentire volebat. Porro Domini Veneti locum illum ita sollemniter aedificant cum honestis habitationibus, et multis cameris, ut peregrini Jerosolymitani ibi hospitentur. Inhonestum enim judicant quod peregrini tam sanctae peregrinationis habitent in publicis hospitiis et quod in tanta civitate non habeant proprium locum nisi loca publica. Nam apud eos hospitia publica sunt inhonesta, ideo quando ad eos veniunt magnates, assignant eis proprias domus, ne in hospitiis maneant. Suas etiam popinas[1], quas hospitibus magnis de communitate offerunt, invitissime ad hospitia publica mittunt, et si mittunt, exiguas et minus honestas mittunt. Dictum enim fuit Dominis meis, quando fuit de civitate popinatum, quod si essent in alio loco, quam in hospitio publico, Domini Veneti saepius popinas mitterent, **(40 A)** et liberalius agerent.

Et idcirco locum illum aedificant sumptuose, ut honorabiles peregrini ibi habitent et honorentur ab eis. Inde de S. Antonio navigavimus in galeam nostram, quae de S. Marco fuerat prope S. Antonium educta, et invenimus in ea multos laboratores, navem cum transtris[2] et remis et malis et aliiis requisitis coaptantes, et arenam inducentes. Quod ut vidimus, gavisi sumus sperantes nos citius recesursos.

Vicesima secunda die navigavimus ad ecclesiam, quae dicitur ad Apostolos, ibique divina audivimus. Post Missam ostenderunt nobis corpus S. Marinae[3] Virginis, de qua in Vitis Patrum clara habetur mentio : in prima parte (p. 49. b). Post prandium iterum in galeam navigavimus educentes in eam aliquas capsas et cistas ad cumbas nostras. Navigavimus

---

[1] popiuas *ed.*

[2] transtis *ed.*

[3] Marinae *scripsimus cum F.* : Mariae *ed.*

en mer qu'ils souhaitaient et d'y jeter des fondations aux frais de la cité, mais le prieur de l'époque, un homme inébranlable, ne voulut à aucun prix y consentir. Quoi qu'il en soit, les seigneurs de Venise construisent à cet endroit des bâtiments fort luxueux avec de riches maisons aux chambres nombreuses, dans le but d'y loger les pèlerins de Jérusalem. Ils jugent en effet inconvenant que les pèlerins d'un voyage si saint séjournent dans des auberges publiques et n'aient pas dans une cité si prestigieuse un endroit à eux en dehors des maisons publiques. Il est vrai que leurs auberges publiques ne sont guère convenables, et d'ailleurs, quand des grands de ce monde viennent à Venise, on leur assigne des maisons privées pour qu'ils ne restent pas dans les auberges. Même les repas qu'ils offrent aux hôtes de marque aux frais de la communauté, ils n'aiment vraiment pas les faire porter dans des auberges publiques et, s'ils le font, ils ne font porter que des repas modestes et moins fastueux. De fait, on a dit à mes seigneurs, quand on leur a offert à manger aux frais de la cité, que, s'ils étaient ailleurs que dans une auberge publique, les seigneurs de Venise leur feraient porter des repas plus souvent **(40 A)** et se montreraient plus généreux[283].

Voilà donc pourquoi ils font construire cet endroit à grands frais pour y recevoir les honorables pèlerins et les honorer à leur tour. De Saint-Antoine, nous allâmes par bateau jusqu'à notre galère, qui avait été amenée de Saint-Marc près de Saint-Antoine et nous y trouvâmes un grand nombre d'ouvriers en train de l'équiper de bancs, de rames, de mâts et de tout le nécessaire, et de la lester avec du sable. Cette vue nous réjouit en nous donnant l'espoir que nous partirions plus tôt.

Le vingt-deuxième jour, nous prîmes le bateau pour l'église dite des Apôtres, où nous entendîmes les offices divins. Après la messe, on nous montra le corps de sainte Marine, la vierge dont il est fait glorieusement mention dans les *Vies des Pères*, dans la première partie[284]. Après le déjeuner, nous retournâmes à nouveau sur notre galère et y apportâmes des

etiam ad locum maximarum navium, in quas ingressi, vidimus digna admiratione quomodo aqua tam gravissima pondera possit portare et tam ingentes structuras.

Vicesima tertia die navigavimus ad ecclesiam S. Jeremiae, et post Missam corpus S. Magni Episcopi fuit nobis ostensum, qui fuit primus antistes civitatis venetianae. Et inde ad monasterium S. Mariae, quod dicitur Virginum, venimus et multas sanctorum reliquias ibi vidimus, et alias capellas illo die multas lustravimus, quarum nomina transeo.

Vicesima quarta die, quae est traslatio B. Dominici, navigavimus ad S. Dominicum ad fratres Praedicatores, et ibi divino Officio interfuimus, et inde transivimus ad S. Annam prope ; ibi etiam multae reliquiae sunt nobis ostensae. In reditu navigavimus ad S. Mariam de vinea, ubi fratres minores de observantia habent pulcherrimum conventum[1], eumque indies pretiosiorem faciunt. Ibi gloriosa Virgine salutata reversi sumus ad locum nostrum.

Vicesima quinta die, quae fuit dominica et festum beatissimae Trinitatis, mane surgentes transfretavimus canale magnum ad ecclesiam S. Trinitatis, ubi est domus Dominorum Theutonicorum, et ibi processioni et divinis Officiis interfuimus et invitati cum illis Dominis pransi fuimus. Maximus autem concursus est illo die ad locum illum ; et per totum diem est canale repletum navibus venientium et recedentium. Cum autem ad hospitium reversi essemus, audivimus, quod Domini Consules Venetorum mandassent **(B)** ambobus patronis, ut cum peregrinis in illa septimana recederent nec ultra manerent. Quo audito laetati sumus, quia taedium magnum incepimus habere Venetiis.

---

[1] conventnm *ed.*

boîtes et des coffres pour nos « combes ». Nous naviguâmes aussi vers l'endroit où mouillent les plus grands vaisseaux, sur lesquels nous sommes montés et que nous avons visités en nous demandant à juste titre comment l'eau peut porter des poids aussi lourds et des bâtiments aussi impressionnants.

Le vingt-troisième jour, nous prîmes le bateau pour l'église Saint-Jérémie[285] et après la messe, on nous montra le corps de l'Évêque saint Magne, qui fut le premier évêque de la cité de Venise. De là, nous allâmes au couvent de Sainte-Marie qu'on appelle Sainte-Marie-des-Vierges[286], où nous vîmes plusieurs reliques de saints ; nous avons fait aussi ce jour-là le tour de bien d'autres chapelles, sur les noms desquelles je ne m'attarde pas.

Le vingt-quatrième jour, jour de la Translation de saint Dominique, nous prîmes le bateau pour Saint-Dominique, église des frères Prêcheurs, où nous assistâmes à l'office divin[287]. De là, nous passâmes à Sainte-Anne[288], qui est toute proche, et on nous montra là aussi plusieurs reliques. Au retour, le bateau nous mena à Sainte-Marie-de-la-Vigne[289], où les frères Mineurs de stricte observance ont un magnifique couvent, qu'ils enrichissent de jour en jour[290]. Après y avoir salué la glorieuse Vierge, nous retournâmes à notre auberge.

Le vingt-cinquième jour, qui était un dimanche et le jour de la Sainte-Trinité, nous nous levâmes tôt et nous traversâmes le Grand Canal pour aller à l'église de la Sainte-Trinité, où se trouve la maison des chanoines Teutons[291]. Nous y assistâmes à une procession et aux offices divins, et fûmes invités à déjeuner avec les chanoines. L'endroit connaît une grande affluence ce jour-là, et durant toute la journée, le canal est rempli des bateaux de ceux qui arrivent et de ceux qui repartent. De retour à l'auberge, nous apprîmes que les seigneurs consuls de Venise avaient enjoint les deux patrons de galère de partir avec les pèlerins dans la semaine sans plus attendre. La nouvelle nous combla de joie, car nous commencions à nous lasser sérieusement de Venise.

Vicesima sexta die transivimus ad S. Stephanum, ubi est Conventus Augustinensium, et ibi audivimus Missas. Post Officium ostenderunt nobis fratres quosdam lapides, cum quibus credunt fuisse S. Stephanum lapidatum in Ierusalem. Eodem die mandavit patronus, ut omnes cistas et reservacula ducere faceremus in galeam, quod et fecimus celeriter cum magno gaudio, quia recessum nostrum desideranter exspectavimus.

Vicesima septima die navigavimus ad S. Cartianum, ubi est quaedam ecclesia parochialis, in qua Missam audivimus. Post Officium ostenderunt nobis clerici corpus S. Maximi Episcopi ; quod in argentea teca honorifice est locatum. Transivimus etiam ad unam ecclesiam, in qua corpus S. Sabbi Abbatis requiescit. Et istis reliquiis deosculatis reversi sumus in hospitium. Eodem die occupati multum fuimus cum nostra expeditione facienda in galeam, et videbatur nobis quod vix sufficerent nobis dies residui, quos adhuc Venetiis mansuri fuimus pro nostra expeditione.

Vicesima octova die mane navigavimus ad S. Mariam Carmeli, ubi fratres Carmelitae Conventum habent, et Missa audita celerius in hospitium reversi sumus. Disposuerant enim Domini peregrini medicum, qui pransurus erat nobiscum. Ab illo physico receperunt regimina in scriptis per mare, quilibet secundum conditionem suam, et dedit eis recepta de apothecis, et multi receperunt purgationes, sicut necesse est mare ingredientibus prius purgari.

Vicesima nona die, quae fuit festum sanctissimi Corporis Christi, ad S. Marcum ascendimus et processioni solemni affuimus. Nunquam vidimus tantas solemnitates illo die, sicut ibi. Mirifica enim erat haec processio multitudine maxima religiosorum omnium Ordinum et sacerdotum, qui sacris induti vestibus cum reliquiaris pretiosissimis et variis procedebant ordinate per circuitum plateae S. Marci, quae

Le vingt-sixième jour, un bateau nous conduisit à Saint-Étienne, où se trouve un couvent d'Augustins et où nous entendîmes les messes[292]. Après l'office, les frères nous montrèrent des pierres, avec lesquelles saint Étienne, croit-on, fut lapidé à Jérusalem. Le même jour, le patron nous enjoignit de faire conduire à la galère tous nos coffres et bagages, ce que nous fîmes au plus vite avec une grande joie, tant nous étions impatients de partir.

Le vingt-septième jour, nous prîmes le bateau pour Saint-Cartien, où il y a une église paroissiale, dans laquelle nous entendîmes la messe. Après l'office, les clercs nous montrèrent le corps de l'Évêque saint Maxime, qui est conservé dignement dans un tombeau en argent. Nous passâmes ensuite à une église où repose le corps de l'Abbé saint Sabbas. Et, après avoir embrassé ces reliques, nous retournâmes à l'auberge. Le même jour, nous fûmes très occupés par les préparatifs nécessaires avant de monter à bord de la galère ; il nous semblait même que les jours qui nous restaient à passer encore à Venise suffiraient à peine à nos préparatifs.

Le vingt-huitième jour, au matin, nous prîmes le bateau pour Sainte-Marie-du-Carmel[293], où les frères Carmes ont un couvent. Nous y entendîmes la messe et nous rentrâmes au plus vite à l'auberge, car les seigneurs pèlerins avaient pris rendez-vous avec un médecin qui devait déjeuner avec nous. Ce médecin leur remit par écrit, à chacun selon leur condition physique, les règles à suivre en mer, leur donna des prescriptions pharmaceutiques et remit à plusieurs d'entre eux des purgatifs, car il est nécessaire de se purger avant de partir en mer.

Le vingt-neuvième jour, fête du très saint Corps du Christ, nous embarquâmes pour Saint-Marc, où nous assistâmes à une procession solennelle[294]. Jamais je n'ai vu à cette date autant de fastes qu'ici. Cette procession était en effet magnifique et rassemblait un nombre incroyable de religieux et de prêtres de tous Ordres ; revêtus de leurs habits sacrés et portant toutes sortes de reliquaires des plus précieux, ils défilaient en bon

cooperta erat sagis lineis per totum longum circulum, per quem processio de ostio uno ecclesiae S. Marci usque ad aliud ibat. Patriarcha vero Eucharistiae sacramentum portabat, ad cujus latus Dux ibat in sua pretiosissima ducali mitrella ; et Abbates infulati cum toto **(41 A)** senatu Venetorum sequebantur. Delectabile valde est, praeter ecclesiasticum ornatum, qui excellens est, videre maturitatem dominorum de Senatu, et honestissimum eorum vestitum ; hos sequebantur fraternitates multae et deinde communis vulgus. Religiosi vero et canonici et clerici praecedebant cum cantu et omni genere musicorum cum ludis et spectaculis diversis. Ibi nullum collegium, nullum monasterium, nulla[1] fraternitas comparuit absque aliquo singulari spectaculo, quo omnes mirarentur, et delectarentur. Fratres Praedicatores de S. Johanne et Paulo suo decore et jocundis spectaculis totam processionem venustabant ; ibi vidimus tantum aurum, tantum argentum, lapides pretiosos, vestes pretiosas, quod non potest aestimari. Nihil est ibi quam multitudinis confusibilis compressio, cursus et importunitas. Post prandium navigavimus ad monasterium, quod dicitur ad corpus Christi, et sunt ibi moniales nobiles et ditiores civitatis Ordinis Praedicatorum ; et paene tota civitas post prandium illa hora ad ecclesiam illam navigio venit, et fit magna navium compressio et congregatio ad videndam processionem. Veniunt enim fratres Praedicatores de tribus Conventibus : de S. Johanne et Paulo, de S. Dominico et de S. Petro martyre, et faciunt ibi preciosam processionem cum corpore Domini, per longum spatium, super canalem magnum cum multis spectaculis. Inter ista divina solemnia quantae ibi videantur vanitates, et mulierum intemperata ornamenta et secularium rerum dissolutiones, et religiosorum ac clericorum evagationes, perpendat ille, qui tantae multitudinis confluxum considerat. Si sanctissimo et divinissimo sacramento honor acceptus est tam saeculariter

---

[1] nullo *ed.*

ordre autour de la place Saint-Marc, recouverte de draperies de lin sur toute la largueur de son pourtour qu'empruntait la procession d'une porte de l'église Saint-Marc à une autre. Le patriarche portait le saint Sacrement et, à ses côtés, le doge avançait sous sa splendide mitre ducale, suivi par les abbés en chasuble avec tout **(41 A)** le Sénat de Venise. C'est un réel plaisir, en dehors de l'apparat ecclésiastique, qui est remarquable, de voir le sérieux des seigneurs du Sénat et leur très belle tenue. Ils étaient suivis par de nombreuses confréries et enfin par le commun des mortels. Les religieux, chanoines et clercs, marchaient devant au milieu des chants, des musiques de toute sorte, des interludes et des spectacles les plus variés. A cette procession, aucun collège, aucun monastère, aucune confrérie ne se montre sans offrir quelque spectacle particulier pour étonner et réjouir tout le monde. Les frères Prêcheurs de Saint-Pierre-et-Saint-Paul embellissaient toute la procession par la beauté et la gaieté de leurs spectacles ; nous vîmes à cette occasion tant d'or, tant d'argent, de pierres précieuses, de vêtements précieux qu'on ne peut estimer leur valeur. Et tout l'endroit est envahi par une foule désordonnée qui s'entasse, court en tout sens et se bouscule. Après le déjeuner, nous prîmes le bateau pour le monastère dit du Corps-du-Christ, où se trouvent de nobles et riches moniales vénitiennes de l'Ordre des Prêcheurs ; après l'heure du déjeuner, presque toute la cité vient en bateau à cette église et un grand nombre d'embarcations se rassemblent et s'entrechoquent pour aller voir la procession. En effet, les frères Prêcheurs viennent des trois couvents, de Saint-Jean-et-Saint-Paul, de Saint-Dominique et de Saint-Pierre-Martyr et font là-bas une riche procession avec le corps du Seigneur en parcourant un long chemin sur le Grand Canal tout en offrant bien des spectacles. Au cours de ces cérémonies sacrées, combien de frivolités on peut voir, et de femmes en tenues extravagantes, d'attitudes dissolues de laïcs et d'errements de religieux et de clercs ! Et cela peut se comprendre quand on considère l'incroyable foule qui s'y rassemble. Est-il permis de faire honneur de manière aussi

exhibitus, Deus, qui omnia novit, scit. Istis ergo finitis remeavimus in hospitium nostrum ad coenam.

Tricesima die ad ecclesiam S. Danielis navigavimus, et ibi Missam audivimus ; post Missam ostenderunt nobis corpus integrum cujusdam S. Johannis martyris ; illas ergo reliquias deosculati sumus et in domum reversi. Eodem die, facto prandio, multi peregrini colligatis sacculis suis navigaverunt in galeam, nec amplius in civitatem redierunt manentes in navi usque ad omnium exitum.

Tricesima prima die, quae est ultima Maii, mane surreximum et ad sanctum Salvatorem, ubi sunt Canonici regulares de observantia, Missis interfuimus. Postea barcam conduximus, et duci nos fecimus ad ecclesias, quarum patroni singulariter peregrinari volentibus necessarii sunt, quia jam recessus noster instabat et sanctos invocare volebamus pro adjutorio. Primo ergo navigavimus in ecclesiam S. Raphaelis Archangeli, rogantes ibi deum, ut S. illum Archangelum nobis mittat inductorem sicut Tobiae. Deinde navigavimus ad S. Michaelem Archangelum, deprecantes **(B)** eum nobis ad conterendum omne nocivum, tam visibilium quam invisilibium hostium. Ab inde navigavimus ad S. Christophorum, eumque petivimus fieri nostrum bajulatorem per hoc mare magnum. Est enim inter Venetias et Murianam insula, in qua est ecclesia nova et pulchra S. Christophori cum monasterio Ordinis albi. In illo Monasterio est depicta una mappa mundi valde pulchra. Ab illa insula navigavimus ad ecclesiam S. Marthae hospitae Domini Iesu ; et illam rogavimus ut de honestis et bonis hospitiis nobis provisionem fieri procuraret, aut certe patientiam in defectu hospitii impetraret pro nostro longo itinere. Circa hanc ecclesiam sunt moniales albi habitus. Et his peractis in hospitium reversi sumus. Ecce quomodo ab

profane au sacrement le plus saint et le plus divin ? Dieu, qui connaît toutes choses, le sait. A la fin de ces festivités, nous retournâmes à notre auberge pour le dîner.

Le trentième jour, nous prîmes le bateau pour l'église de Saint-Daniel, où nous entendîmes la messe ; après la messe, on nous montra le corps entier d'un saint Jean martyr. Nous embrassâmes donc ces reliques et rentrâmes au gîte. Le même jour, après avoir déjeuné, plusieurs pèlerins rassemblèrent leurs sacs et prirent le bateau pour aller à la galère ; ils ne revinrent plus dans la ville et restèrent à bord jusqu'au départ de tout le monde.

Le trente-et-unième jour, dernier jour de mai, nous nous levâmes tôt et allâmes assister aux Messes à Saint-Sauveur, où vivent des chanoines réguliers de stricte observance[295]. Ensuite, nous louâmes une barque et nous nous fîmes conduire aux églises dont les patrons sont particulièrement salutaires pour ceux qui veulent entreprendre un pèlerinage, car désormais notre départ était imminent et nous voulions invoquer la protection des saints. Nous allâmes donc en premier à Saint-Raphaël-Archange[296], où nous priâmes Dieu de nous envoyer ce saint Archange comme guide, ainsi qu'il fit pour Tobie[297]. Ensuite, nous allâmes à Saint-Michel-Archange[298] et le priâmes **(B)** de terrasser pour nous tous les ennemis aussi bien visibles qu'invisibles qui pourraient nous nuire[299]. Ensuite, nous allâmes à Saint-Christophe et nous lui demandâmes d'être notre porteur durant la traversée de la Méditerranée[300]. Il y a en effet entre Venise et Murano une île sur laquelle se trouve une nouvelle et belle église Saint-Christophe avec un monastère de frères blancs, dans lequel est peinte une carte du monde vraiment remarquable. De cette île, nous allâmes à l'église de sainte Marthe[301], qui reçut chez elle le Seigneur Jésus[302], et nous la priâmes de veiller à ce que nous ne soyons pas privés de bonnes et honnêtes auberges ou, à tout le moins, de nous donner la patience de supporter d'être mal hébergés durant notre long voyage. Autour de cette église habitent des moniales portant l'habit blanc. Après avoir fait tout cela, nous

evagatione etiam in civitate non poteramus non continere ! Posui autem solum honestas et sanctas evagationes, quas in civitate venetiana habuimus. Curiosas vero et minus utiles ignoro, quamvis saepe factae fuerint. Et hic habet finem evagatio venetiana. Porro illo toto die occupati fuimus disponendo nos ad navis ingressum pro die crastina. Et cum physico, qui nobis medicinas dedit, computavimus, et hospitam nostram dominam Margaretam solvimus, et eas res, quibus per mare usus non est, commendavimus cellario domus, Nicolao Frig, Theutonico, et diem crastinum fieri praestolati sumus.

retournâmes à l'auberge. Voilà comment nous n'avons pu nous empêcher d'errer, même à l'intérieur de la cité ! J'ai exposé les honnêtes et saintes errances que nous avons faites dans la cité de Venise, mais je passe sous silence celles que nous avons faites par curiosité et sans vrai profit, bien qu'il y en ait eu souvent[303]. C'est donc ici que prend fin notre errance à Venise. Nous passâmes tout le reste de la journée à nous préparer pour l'embarquement prévu le lendemain. Nous réglâmes le médecin pour les remèdes qu'il nous avait fournis, nous payâmes Marguerite, la patrone de notre auberge, nous confiâmes les choses inutiles en mer à l'intendant de la maison, le Teuton Nicolas Frig, et nous attendîmes le lendemain.

Sequuntur quaedam neccessaria pro intellectu maritimae Evagationis.

Evagari antequam per mare incipiam, aliqua praemittere judicavi necessaria, ad solvendum dubia multa, quae fieri solent circa maritimam Evagationem. Peregrinatio enim terrae sanctae pro majori parte in mari perficitur, et tempus longius in maritimo itinere transit. Ideo tria praemittere ei statui :

Primum, de mari multiplici et ejus qualitatibus et periculis.

Secundum, de galea triremi et ejus dispositionibus.

Tertium, de regimine et politia triremium, et avisamentis.

His tribus intellectis potest quietus stare etiam ille, qui nunquam vidit mare.

De triplici mari.

Mare in genere est triplex, scilicet : mare magnum, mare majus et mare maximum. Mare magnum est mare mediterraneum, quod dicitur mare nostrum ; mare majus est mare ponticum ; mare maximum est oceanus, quod ambit mundum. De hoc oceano primo videbimus breviter, et postea de aliis. **(42 A)**

Oceanus vel oceanum mare maximum, quod exterius per modum circuli ambit orbem terrarum, eumque amplectitur. Et dicitur tam a Graecis, quam a Latinis oceanum, eo quod ambit orbem ; sive a celeritate sua, quia oceanum ocius id est velocius discurrit ; sive a coelo derivando nomen a media syllaba Ce, quia hoc mare similitudinem habet cum coelo in

Suivent quelques informations utiles pour comprendre un voyage en mer

Avant d'en venir à mon errance en mer, j'ai jugé nécessaire de fournir quelques informations préalables, afin d'éclaircir les nombreux points obscurs qui entourent bien souvent les errances maritimes. Le pèlerinage en Terre Sainte se déroule en effet surtout en mer, et l'on passe donc le plus clair de son temps à voyager sur la mer. Aussi ai-je décidé de commencer par trois préambules :

Le premier sur la multiplicité de la mer, ses caractéristiques et ses dangers.

Le deuxième sur la galère trirème et ses caractéristiques.

Le troisième, sur la conduite et la direction des trirèmes et sur les précautions à prendre.

Instruit dans ces trois domaines, même celui qui n'a jamais vu la mer peut être rassuré.

Les trois mers

Il y a trois sortes de mer, à savoir : la grande mer, la mer supérieure et la mer immense. La grande mer est la mer Méditerranée, qu'on appelle aussi « notre mer » (*mare nostrum*). La mer supérieure est la mer Pontique. La mer immense est l'océan, qui entoure le monde. Nous nous intéresserons tout d'abord à cet océan, puis aux autres mers. **(42 A)**

L'océan, ou immense mer océanique, entoure le disque terrestre à l'extérieur, de manière circulaire et l'étreint. Parce qu'elle entoure la Terre, les Grecs comme les Romains nomment cette mer Océan. Ce nom ou bien s'explique par la rapidité de l'océan, qui se répand *ocius*, c'est-à-dire « plus vite » ; ou bien il dérive du mot *coelum* par sa syllabe du

colore, et quomodo coelum coloratum videtur, sic et oceanum.

Oceanus ille manat ex orbe, et in ipso est radix ejus et principium ; finis quoque ejus est apud finem illius. Et est origo omnium mundi aquarum, a quo defluunt et influunt. Ideo oceanus dicitur hospitium fluminum et fons imbrium ; nec tamen augetur influxu, nec minuitur effluxu, quia quantum recipit tantum reddit. Mirum autem hoc videtur, cum tantus numerus fluminum illuc currentium sit fluctusque tam perpetuus cursus, tam fere infinitus, quomodo inde non augeatur oceanus. Nec minus mirum cum multa ex eo procedant subterranea flumina, multam quoque partem illius stellarum haustus auferat, quia sol et alia sidera de eo maximam abundantiam aquarum suis intensissimis ignibus hauriunt, et circum omnia sidera fundunt eas, ut ea temperentur, quae de se sunt ignea, nec per siderum copiosissimum haustum et attractionem oceanus minuitur, quia ut dictum est, tantum recipit, quantum per effluxum et haustum perdit. Quomodo autem hoc fiat, soli Deo cognitum est, cujus opus mundus est, et cui soli omnis mundi ratio nota.

Hoc mare maxime sequitur lunae cursum, et est ideo vorago, quae totas aquas et naves absorbet et revomit, et hoc in exortu lunae majori aestu fluctus vomit et revomit. Ista autem vorago dicitur abyssus magna, de qua scriptum est Genes. 7. v. 12. rupti sunt omnes fontes abyssi magnae. Juxta hanc sunt cavernosa loca, et speluncae latae et patentes, in quibus venti de spiramine aquarum concipiuntur, et illae cavernae sunt quasi mundi nares[1] et spiritus illi in Scriptura nominantur spiritus procellarum. Hi spiramine suo aquas maris per patentes terrarum cavernas introrsus in abyssum attrahunt, et eos iterum exundare magno impetu compellunt.

---

[1] mudinares *ed.*

milieu – *ce*, puisque cette mer a un point commun avec le ciel : sa couleur est toujours la même que celle du ciel, quelle que soit celle-ci[304].

L'océan sort de la Terre et, en elle, se trouvent ses racines et son fondement, de même que ses frontières sont celles de la Terre. Il est à l'origine de toutes les eaux du monde, c'est de lui qu'elles sortent et vers lui qu'elles retournent. C'est pourquoi on dit que l'océan est l'hôte des fleuves et la source des pluies. Son volume n'est pas augmenté par le flux ni diminué par le reflux, parce qu'il reçoit autant d'eau qu'il en rejette. Certes, alors que tant de fleuves coulent vers lui et que le flux suit un cours si perpétuel, pour ainsi dire si infini, il peut paraître étonnant que le volume de l'océan n'en soit pas augmenté. Et le contraire n'est pas moins étonnant, car de nombreux fleuves souterrains en sortent et les astres font évaporer aussi une grande partie de son eau : le soleil et les autres étoiles puisent en effet en lui une très grande quantité d'eau à cause de leur feu très intense, et toutes les étoiles répandent ces eaux autour d'elles pour tempérer le feu qu'elles génèrent. Pourtant, le volume de l'océan n'est pas diminué par l'évaporation massive des eaux qu'absorbent les astres, parce que, comme il a déjà été dit, l'océan reçoit autant d'eau qu'il en perd par écoulement et évaporation. Comment cela se fait-il ? Dieu seul le sait, car le monde est son oeuvre et Lui seul possède l'explication complète du monde.

Cette mer suit principalement le cycle lunaire et est de ce fait un gouffre qui engloutit et rejette toutes les eaux et les navires. Lorsque se lève la pleine lune, il jette et rejette les flots avec une violence accrue. On nomme ce gouffre « la grande abysse », dont il est dit dans la *Genèse* (VII, 12) : « Toutes les sources de la grande abysse se rompirent ». Près de ce gouffre, se trouvent des zones caverneuses, des grottes larges et béantes où les vents naissent de la respiration des eaux. Ces cavernes sont comme les narines du monde[305], et dans les Écritures, on appelle leurs souffles les « souffles des tempêtes ». Ces vents, par leur souffle, aspirent les eaux de la mer vers l'intérieur de

De istis late loquitur Vincent. in Spec. Natur. lib. 6. Habet hoc mare aquas salsas, sicut et alia maria, ut patebit. Porro oceano magnitudo incomparabilis est, et intransmeabilis latitudo, et post eum terra nulla est, sed solum denso aere nubium mare continetur. Sed et terra subterius est. Secundum ordinem quippe naturae tota terrae superficies aqua deberet esse operta ; at vero creator omnium Deus magno suo beneficio voluit pro hominum et bestiarum habitatione partem terrae siccam conservare, quando dixit : congregentur aquae, quae sub coelo sunt in locum unum, et appareat arida. Haec praeeminentia designatur, cum de orbe ipsius dicitur : quia ipse super maria fundavit eum (Psalm. 24. v. 2) ut scilicet operiretur, sed virtute creatoris fluctus cohibentur. Unde Psalmus : terminum posuisti, quem non transgredientur, neque convertentur operire terram (Psalm. 104.v. 9.). Et Job. 38. v. 8. Quis conclusit ostiis mare, quando erumpebat. Si quis de his clarissimum voluit habere intellectum, legat additiones domini Pauli Burgensis Postillae Lyrae de opere 3. diei ; ibi : congregentur aquae, quae sub coelo sunt in locum unum.

Ex hoc mari funduntur et effluunt alia maria ; mediterraneum, ponticum **(B)** et mare rubrum sicut rami a stipite.

Mare majus dicitur mare ponticum, non quod de facto majus sit, quam mare nostrum ; sed ideo, quia nullis aut paucis insulis intersecatur. Et dicitur ponticum, quia omnis ista aquarum congregatio per alveum concurrit, quo Xerxes ponte navibus facto commeavit ; quem fluxum nominant Hellespontum. Vel ponticum dicitur, quasi sine ponte, nec ponte transiri potest. Vel dicitur ponticum a puncto, eo quod rotundum esse dicatur sicut punctus. Vel est ponticum

l'abysse, à travers les grottes béantes des terres, et les forcent à se répandre à nouveau avec violence. Vincent parle abondamment de ces phénomènes dans le livre 6 du *Miroir de la nature*[306]. Les eaux de l'océan sont salées, ainsi que celles des autres mers, comme nous le verrons. En outre, l'océan est d'une grandeur sans égale, d'une telle largeur qu'on ne peut le traverser, et au-delà de lui, il n'y a aucune terre ; il n'est entouré que d'un air dense chargé de nuages. Mais il y a de la terre sous lui. D'ailleurs, selon l'ordre de la nature, toute la surface de la terre devrait être couverte d'eau. Mais Dieu, Créateur de toutes choses, dans sa grande mansuétude, a voulu garder une partie de la terre au sec pour y loger les hommes et les animaux, quand Il a dit : « Que toutes les eaux qui sont sous le ciel se rassemblent en un seul lieu, et qu'apparaisse la terre ferme »[307]. Cette prééminence de la terre est évoquée, lorsqu'il est dit de son univers : « Il a Lui-même bâti la terre au-dessus des mers » (*Ps.* 24,2), si bien qu'elle serait donc recouverte si les flots n'étaient contenus par la vertu du Créateur. D'où le Psaume : « Tu as fixé aux mers une limite à ne pas franchir, pour qu'elles ne viennent pas couvrir la Terre » (*Ps.* 104, 9). De même, *Job* 38, 8 : « Qui a fermé la porte à la mer quand elle sortait des profondeurs ? ». Si quelqu'un souhaite mieux connaître ces questions, qu'il lise les *Suppléments* de Maître Paul de Burgos[308] à la *Postilla* de Nicolas de Lyre[309] sur l'oeuvre du troisième jour à l'endroit : « que toutes les eaux qui sont sous le ciel se rassemblent en un lieu unique ».

Cette mer donne naissance à d'autres mers : la Méditerranée, la mer Pontique **(B)** et la mer Rouge, comme des branches issues d'un même tronc.

La mer Pontique est appelée mer supérieure, non qu'elle soit plus grande que « notre mer », mais parce qu'elle n'est entrecoupée d'aucune île, ou de quelques-unes seulement. Elle est dite « pontique » parce que toute la masse de ses eaux se rassemble en un détroit que Xerxès traversa en construisant un pont de navires et qu'on appelle l'Hellespont[310]. Ou peut-

vocatum, eo quod sit brevis.

Communiter etiam nominatur mare hoc Pontus Euxinus a moribus accolarum, ut dicit Isidorus, quia secundum Ptolomaeum pessimis pollebant Euxologitae moribus, adeo ut nemo eos molestaret, et aliis ad eos confugisse fuit pro asilo. Sed et fluvius Euxes, monte Caucaso fusus, in eum pontum labitur, eique nomen adfert, vel ipse fluvius a mari trahit nomen suum. Porro a tergo Ponti est Meotus palus latissima, qui in se suscipit Tanaim fluvium, qui scindit ab Europa Asiam, fluitque de Rhiphaeis montibus. Insuper Pontus ille Euxinus est mare dulcius, quam alia maria, ex multitudine fluminum dulcium aquarum. Unde Danubius noster auctus LX. magnis fluminibus per VII. ostia ponto illabitur Euxino.

Mare magnum dicitur mare nostrum et mare mediterraneum, et de illo mari loqui est nobis magis ad propositum. Primo quidem dicitur mare magnum, quia caetera maria et lacus in ejus comparatione sunt minora. Secundo dicitur mare nostrum, quia nobis notum, nobis propinquum, et a nobis usitatum. Tertio vero dicitur mediterraneum, quia ab occidente per mediam terram usque in orientem perfunditur, et principalibus mundi partibus, scilicet Europae, Asiae et Affricae interjacet, ipsas se et suis brachiis ab invicem separans et distinguens. Habet enim ab occidente[1] et septentrione Europam, ab oriente Asiam, ad austrum Affricam. Unde peregrinus, qui ad S. Katharinum transit, tres illas mundi partes attingit in mari.

In Europa enim navigare incipit, et in Creta et Rhodo et Cypro Asiam tangit, dum vero in Alexandriam Aegypti pervenit, in Affrica erit. Nilus enim dividit Asiam ab Affrica,

[1] oriente *ed.*

être le nom de « pontique » veut-il dire en quelque sorte « sans pont », car elle ne peut être traversée par un pont. Ou alors « pontique » viendrait du mot *punctus*, parce que cette mer est ronde comme un point. Peut-être aussi l'appelle-t-on « pontique » parce qu'elle est petite.

Généralement, on appelle aussi cette mer Pont-Euxin, à cause des moeurs des riverains, comme le dit Isidore[311], car les habitants du Pont-Euxin, selon Ptolémée[312], avaient des moeurs si détestables que personne ne s'occupait d'eux, et il est arrivé à certains de chercher refuge chez eux. Le fleuve Euxes[313], qui prend sa source sur le Caucase, se jette dans le Pont et lui donne son nom, à moins que ce ne soit le fleuve qui tire son nom de la mer. A quelque distance derrière le Pont, se trouve le très grand Palus-Méotide[314] ; il reçoit le fleuve Tanais, qui sépare l'Asie de l'Europe et descend des monts Rhiphées[315]. Au-dessus du Pont-Euxin, la mer est plus douce que les autres mers, grâce aux nombreux fleuves d'eau douce. Notre Danube, augmenté par soixante grandes rivières, se jette dans le Pont-Euxin par sept embouchures.

La grande mer est appelée « notre mer » ou mer Méditerranée, et, dans l'optique de notre propos, c'est sur elle que nous devons nous attarder. On l'appelle premièrement « la grande mer », parce que comparés à elle, les autres mers et lacs sont plus petits. On l'appelle ensuite « notre mer », parce qu'elle est à la fois connue de nous, proche de nous et sillonnée par nous. On l'appelle enfin Méditerranée, car elle s'étend au milieu de la terre[316], de l'occident jusqu'à l'orient, et elle est placée entre les principales parties du monde, à savoir l'Europe, l'Asie et l'Afrique, qu'elle sépare et distingue les unes des autres grâce à son étendue et à ses bras de mer. En effet, elle baigne à l'ouest et au nord l'Europe, à l'est l'Asie et vers le sud, l'Afrique. Ainsi, un voyageur à destination de Sainte-Catherine[317] passe en mer par ces trois grandes parties du monde.

Il commence en effet sa navigation en Europe ; passant par la Crète, par Rhodes et par Chypre, il atteint l'Asie ; et

in cujus Affricana parte est Alexandria. Porro mare nostrum continuatur cum duobus praefatis maribus, et sunt eaedem aquae oceani, pontici et maris mediterranei. Nam ex oceano ab Hispaniis profunditur, Galliam, Italiam, Siciliam, Cretam et usque in Aegyptum pertransit. Brachium autem illud, quo in Hispania oceano jungitur, vocatur vulgariter strictum de Maroch, et dividit regnum Marochiae, quod est in Affrica, ab Hispania ; inter quas regiones effluit mare mediterraneum ex oceano per praefatum brachium, quod in latitudine vix habet quartale miliaris. Stant enim foeminae lotrices in utraque parte, paganae in Maroch, christianae in Hispania, et corixantur, et ibi dividitur Affrica ab Europa. Altero vero ejus brachio, quod Hellespontus dicitur, alias brachium S. Georii, continuantur cum mari pontico, et hoc brachium dividit Europam et Asiam minorem, quae jam Turcia dicitur, quia Turcus totaliter eam cepit. Vulgares tamen nominant hoc brachium Buccam constantinopolitanam, eo quod super ipsum in litore Europae civitas Constantinopolis est situata. Ubi vero hoc brachium derivari incipit a mari mediterraneo super litus Asiae minoris, dicitur fuisse Troja illa antiqua et potens civitas constituta. Veritas tamen certa de hoc non habetur, quod Troja ibi steterit. Ideo recte dicitur mare nostrum mediterraneum, quia et terrae mediae interjacet, et medium inter alia duo maria tenet. Ad ista tria maria omnia flumina nobis nota decurrunt. Danubius noster omnia flumina montium rhaeticorum contra orientem tendens secum ducit in mare **(43 A)** ponticum, quod alias dicitur Euxinus. Rhenus in ipsis rhaeticis montibus oriens contra occidentem tendit, secumque infinita flumina in oceanum pertrahit. Rodanus cum Rheno in origine socius, contra meridiem currens secum reliqua flumina in mare Tyrrhenum pertrahit.

lorsqu'il parvient à Alexandrie en Égypte, le voilà en Afrique. Car le Nil sépare l'Asie de l'Afrique, et c'est dans la partie africaine que se trouve Alexandrie. Plus loin, « notre mer » est prolongée par les deux mers précédemment décrites ; les eaux de l'océan, de la mer Pontique et de la Méditerranée sont les mêmes. Car la mer se répand en sortant de l'océan depuis l'Espagne et passe par la Gaule, l'Italie, la Sicile, la Crète, jusqu'à l'Égypte. Le bras de mer par lequel elle est reliée à l'océan en Espagne est communément appelé « détroit du Maroc », et il sépare le Royaume Marocain, qui se situe en Afrique, de l'Espagne. Entre ces régions, coule la mer Méditerranée, quittant l'océan par ce bras de mer qui mesure à peine un quart de mille de largeur. D'ailleurs, des deux côtés, il y a des lavandières, païennes au Maroc, chrétiennes en Espagne, qui sont en conflit. C'est à cet endroit que l'Afrique est séparée de l'Europe.

Par son deuxième bras de mer, qu'on nomme l'Hellespont – dit aussi bras de Saint-Georges, les eaux de la Méditerranée se prolongent avec la mer Pontique. Ce bras de mer sépare l'Europe et l'Asie mineure, qu'on appelle désormais Turquie, parce qu'elle a été entièrement prise par les Turcs. Cependant, les gens nomment aussi ce bras de mer « Bouche de Constantinople », parce que la ville de Constantinople est située sur sa rive européenne. Là où débute ce bras de mer en partant de la Méditerranée, sur la rive de l'Asie mineure, on prétend que fut bâtie la puissante ville antique de Troie. Cependant, la véracité de cette hypothèse – que Troie se serait située à cet endroit – n'est pas assurée. « Notre mer » est très justement appelée Méditerranée, parce qu'elle est située au centre de la terre et qu'elle occupe le milieu entre les deux autres mers. C'est vers ces trois mers que courent tous les fleuves connus. Notre Danube, qui coule vers l'est, conduit avec lui tous les fleuves des montagnes Rhétiques dans la mer **(43 A)** Pontique, qu'on appelle aussi Pont-Euxin. Le Rhin, qui prend sa source au coeur même des montagnes Rhétiques, coule vers l'ouest et entraîne avec lui dans l'océan un nombre

Sic Athesis ex alpibus et Padus et Brenta trahentes originem, in mare mediterraneum decurrunt.

Sunt insuper alia maria ex Scriptura nobis satis nota, quae etsi non apparentibus brachiis continuantur cum aliquo praedictorum trium, tamen per gurgites subterraneos creduntur eisdem copulari : ut est in oriente mare caspium, quod quidem singulare est, nec aliquo apparenter sociatur, dicunt tamen, quod occulte sub terra in ponticum mare labatur. Mare etiam Galileae, et mare mortuum dicuntur occulte decurrere in mare rubrum, quod de Oceano profluit, et est lingua oceani, qua Persidem et Arabiam confingit et per eum navigatur ad Indiam, ut dicit Ieronymus in epistola ad Fabiolam. Insuper notandum quod mare mediterraneum est unum, sortitum diversa nomina, pro diversitate locorum, sicut et terra, cum sit una, habet diversa nomina. Quandoque enim a provinciis nomen accommodat : sic dicitur mare asiaticum, mare syricum, hybericum ; quandoque ab insulis, sicut balearicum, siculum, creticum, cyprium ; quandoque a promontoriis, sicut maleum et aegaeum, quandoque a gentibus, sicut germanicum, gallicum, italicum, dalmaticum ; quandoque ab adjacentibus civitatibus, sicut adriaticum, tyrium, joppicum, alexandrinum, venetianum. Et ideo dum leguntur etiam in Evagatorio diversa maria, non intelligitur nisi unum, habens diversa nomina.

Hoc mare sicut et oceanus[1] et caetera maria ex eo profluentia habent aquas salsas, amaras, insipidas, insanas et penitus ad potandum inhabiles, et tam hominibus quam bestiis abominabiles, magis quam urina. Hujus autem salsedinis causa est occultissima : hoc ex eo patet, quia antiqui philosophi in inquisitione illius causae multum

---

[1] oceanns *ed.*

lorsqu'il parvient à Alexandrie en Égypte, le voilà en Afrique. Car le Nil sépare l'Asie de l'Afrique, et c'est dans la partie africaine que se trouve Alexandrie. Plus loin, « notre mer » est prolongée par les deux mers précédemment décrites ; les eaux de l'océan, de la mer Pontique et de la Méditerranée sont les mêmes. Car la mer se répand en sortant de l'océan depuis l'Espagne et passe par la Gaule, l'Italie, la Sicile, la Crète, jusqu'à l'Égypte. Le bras de mer par lequel elle est reliée à l'océan en Espagne est communément appelé « détroit du Maroc », et il sépare le Royaume Marocain, qui se situe en Afrique, de l'Espagne. Entre ces régions, coule la mer Méditerranée, quittant l'océan par ce bras de mer qui mesure à peine un quart de mille de largeur. D'ailleurs, des deux côtés, il y a des lavandières, païennes au Maroc, chrétiennes en Espagne, qui sont en conflit. C'est à cet endroit que l'Afrique est séparée de l'Europe.

Par son deuxième bras de mer, qu'on nomme l'Hellespont – dit aussi bras de Saint-Georges, les eaux de la Méditerranée se prolongent avec la mer Pontique. Ce bras de mer sépare l'Europe et l'Asie mineure, qu'on appelle désormais Turquie, parce qu'elle a été entièrement prise par les Turcs. Cependant, les gens nomment aussi ce bras de mer « Bouche de Constantinople », parce que la ville de Constantinople est située sur sa rive européenne. Là où débute ce bras de mer en partant de la Méditerranée, sur la rive de l'Asie mineure, on prétend que fut bâtie la puissante ville antique de Troie. Cependant, la véracité de cette hypothèse – que Troie se serait située à cet endroit – n'est pas assurée. « Notre mer » est très justement appelée Méditerranée, parce qu'elle est située au centre de la terre et qu'elle occupe le milieu entre les deux autres mers. C'est vers ces trois mers que courent tous les fleuves connus. Notre Danube, qui coule vers l'est, conduit avec lui tous les fleuves des montagnes Rhétiques dans la mer **(43 A)** Pontique, qu'on appelle aussi Pont-Euxin. Le Rhin, qui prend sa source au coeur même des montagnes Rhétiques, coule vers l'ouest et entraîne avec lui dans l'océan un nombre

Sic Athesis ex alpibus et Padus et Brenta trahentes originem, in mare mediterraneum decurrunt.

Sunt insuper alia maria ex Scriptura nobis satis nota, quae etsi non apparentibus brachiis continuantur cum aliquo praedictorum trium, tamen per gurgites subterraneos creduntur eisdem copulari : ut est in oriente mare caspium, quod quidem singulare est, nec aliquo apparenter sociatur, dicunt tamen, quod occulte sub terra in ponticum mare labatur. Mare etiam Galileae, et mare mortuum dicuntur occulte decurrere in mare rubrum, quod de Oceano profluit, et est lingua oceani, qua Persidem et Arabiam confingit et per eum navigatur ad Indiam, ut dicit Ieronymus in epistola ad Fabiolam. Insuper notandum quod mare mediterraneum est unum, sortitum diversa nomina, pro diversitate locorum, sicut et terra, cum sit una, habet diversa nomina. Quandoque enim a provinciis nomen accommodat : sic dicitur mare asiaticum, mare syricum, hybericum ; quandoque ab insulis, sicut balearicum, siculum, creticum, cyprium ; quandoque a promontoriis, sicut maleum et aegaeum, quandoque a gentibus, sicut germanicum, gallicum, italicum, dalmaticum ; quandoque ab adjacentibus civitatibus, sicut adriaticum, tyrium, joppicum, alexandrinum, venetianum. Et ideo dum leguntur etiam in Evagatorio diversa maria, non intelligitur nisi unum, habens diversa nomina.

Hoc mare sicut et oceanus[1] et caetera maria ex eo profluentia habent aquas salsas, amaras, insipidas, insanas et penitus ad potandum inhabiles, et tam hominibus quam bestiis abominabiles, magis quam urina. Hujus autem salsedinis causa est occultissima : hoc ex eo patet, quia antiqui philosophi in inquisitione illius causae multum

[1] oceanns *ed.*

infini de fleuves. Le Rhône, compagnon d'origine du Rhin, courant vers le sud, entraîne toutes les autres rivières restantes dans la mer Tyrrhénienne. De même, l'Adige[318], le Pô et la Brenta, tirant leur source des Alpes, descendent vers la Méditerranée.

Il y a en outre d'autres mers que nous connaissons bien grâce aux Écritures ; même si elles ne prolongent pas les trois précédentes par des bras de mer apparents, on pense malgré tout qu'elles leur sont reliées par des gorges souterraines. Il y a par exemple, à l'est, la mer Caspienne qui certes est isolée et ne communique pas apparemment avec une autre, mais qui, dit-on, coule sous terre en secret dans la mer Pontique. De même, on dit que la mer de Galilée et la mer Morte courent en secret dans la mer Rouge, qui elle, s'écoule depuis l'océan et forme une bande d'océan par où on atteint la Perse et l'Arabie ; on navigue par là vers l'Inde, comme le dit Jérôme dans une lettre à Fabiola[319]. Il est à noter aussi que la mer Méditerranée constitue une seule mer, assortie de différents noms en fonction des différents lieux, tout comme la terre, unique, possède différents noms. En effet, on attribue à cette mer tantôt le nom d'une région – ainsi, on parlera de mer d'Asie, de Syrie, d'Ibérie, tantôt le nom d'une île – mer des Baléares, de Sicile, de Crète, de Chypre, tantôt celui d'un promontoire – mer de Malée, mer Egée[320], tantôt celui d'un État – mer Germanique, mer de Gaule, d'Italie, de Dalmatie, tantôt celui d'une cité avoisinante – mer Adriatique, Tyrrhénienne, mer de Joppé, d'Alexandrie, de Venise. C'est pourquoi, si le lecteur rencontre dans ces *Errances* différentes mers, il doit comprendre qu'il ne s'agit que d'une seule mer possédant différents noms.

Cette mer, tout comme l'océan et toutes les autres mers qui en découlent, a des eaux salées, amères, insipides, malsaines et tout à fait impropres à la boisson : elles sont, tant pour les hommes que pour les bêtes, plus abominables que de l'urine. La cause de cette salinité est fort mystérieuse : cela saute aux yeux, vu l'abondance des travaux des philosophes antiques

laboraverunt, et in assignatione causarum quodammodo delirasse videntur, sicut et de Nili ortu et ejus incremento propter occultissimam horum[1] delirarunt, ut patet P. 2. fol. 119. A. B. per totum. Sic de causa salsedinis maris dicendo ad stultitias prolapsi sunt. Nam vetustissimi Demogorgonistae, ultra sensum ascendere nescientes, fingebant Demogorgonem, quem patrem primum rerum fuisse aestimabant, molem ingentem de monte Acrocerauni ignitam evulsisse, solidatamque ac rotundatam vel globatam mari oceano sexies immersisse, ex quibus immersionibus tota aquae congeries bulire et fervescere cepit : et si non statim globum retraxisset, tota aquarum maxima moles in salem densata fuisset. Sed quia voluit esse mare, mansit aqua, sed salsa. Insuper Aristoteles 2. meteor. per longum disputat de causa salsedinis maris : sed praeter ea, quae ipse Aristoteles determinat, quidam dicunt, quod quia terra ignitur a sole, resudat de ea humiditas, quae in ea est, et ita ex isto sudore mare congregatur, et quia sudor salsus est, mare cum sit terrae sudor, salsum est. Ideo illi dicunt, quod mare nihil aliud sit, nisi sudor terrae aeternus. Alii dicunt, quod quia mare torridae zonae terrae superpositum est, ex calore ejus spissatur sicut alia aqua dulcis per calorem in salem transit. Alii dicunt, quod terra quaedam est salsa, cui cum aqua maris admiscetur, salsa fit a terra ; sic aqua, quae per cineres colatur, fit salsa. Alii dicunt, quod illa salsedo fit propter calidum vaporem admixtum aquae partibus. Nam et sudor et urina, in quibus agit caliditas, inveniuntur salsa. Alii dicunt, quod solis ardore maris liquor siccatur. Sol enim est torrens, cuncta sorbensque, sicque mari late patenti salsis sapor incoquitur : calore ergo solis et stellarum aqua decocta salsa

---

1 *post* horum *add.* [naturam] *ed.*

consacrés à la recherche de cette cause. D'ailleurs, en cherchant à déterminer ses causes, ils semblent s'être en quelque sorte fourvoyés comme ils se sont fourvoyés sur la source et le cours du Nil, en raison de leur origine très mystérieuse, comme cela est expliqué dans l'ensemble du folio 119 A et B, de la 2e partie. Ainsi, parlant de l'origine de la salinité de la mer, ils sont tombés dans les sottises. En effet, les plus anciens Démogorgonistes, incapables de s'élever au-delà des sens, imaginaient que Démogorgon[321], tenu pour le père fondateur de toutes choses, avait arraché un énorme bloc enflammé du mont Acrocéraunien[322], et qu'il avait six fois plongé cette roche solide et ronde, ou sphérique, dans la mer océane. Alors, toute la masse des eaux aurait commencé à bouillir et à bouillonner ; et si le globe n'avait pas été retiré immédiatement, toute l'immense étendue d'eau aurait été solidifiée en un bloc de sel. Mais comme il voulait que la mer continue à exister, l'eau subsista, mais salée. Aristote, au livre II des *Météores*, débat longuement de l'origine de la salinité de la mer[323]. Mais sans tenir compte de ce qu'Aristote explique lui-même, certains prétendent que, la terre étant chauffée par le soleil, l'humidité qu'elle contient transpire d'elle, et que l'accumulation de cette sueur forme la mer : puisque la sueur est salée, la mer, sueur de la terre, est salée. Ceux-ci prétendent donc que la mer n'est rien d'autre que la sueur éternelle de la terre. D'autres disent que puisque la mer est posée sur une zone brûlante de la terre, elle est condensée par cette chaleur comme toute autre eau douce est transformée en sel par la chaleur. D'autres disent que toute terre est salée et que l'eau de mer, mélangée avec elle, tire sa salinité de la terre ; de même, une eau qu'on fait couler sur des cendres devient salée. D'autres disent que cette salinité provient de la vapeur chaude mélangée à une partie de l'eau. En effet, aussi bien la sueur que l'urine, dans lesquelles agit la chaleur, se trouvent être salées. D'autres disent que la substance de la mer est asséchée par l'embrasement du soleil. En effet, le soleil brûle et absorbe tout ; ainsi, dans la mer, large étendue découverte, le goût de sel résulte d'une cuisson. Bref, sous

efficitur, sicque aqua dulcis per decoctionem sal efficitur, et homo, qui vinum dulce et aquam dulcem bibit, salam urinam mingit, quia calor amaritudinem inducit. Alii dicunt, quod sol exhaurit liquorem dulcem et tenuem, quem faciliter vis ignis attrahit et relinquitur omnis asperior crassiorque liquor, unde summa unda maris dulcior est, **(B)** ima vero amarior. Et lunae quidem alimentum est in dulcibus aquis, solis autem in amaris. Marinae etiam aquae gelantur tardius quam dulces, et accenduntur celerius. Mixta est ergo in mari salsedo dulcedini, quod videri potest in eo : si vas fiat de cera, et ubique obstruitur, ne aqua intrare possit, et mari imponitur, tunc aqua penetrans et distillans per parietes vasis, intus fit dulcis et potabilis, et quasi per colatorium, quod crassum et salsum est, secernitur. Si quis etiam juxta mare in litore foveam fecerit, aqua in eam ex mari percolata per arenam dulcis et potabilis fit.

Alii causam salsedinis maris magis theologicam assignant. Sanctius est enim dicere, ipsum mare sic salsum creatum a Deo fuisse, sicut etiam aliorum elementorum unum quodquod propriam habet naturam ; ita etiam mari connaturalem esse salsedinem ; quod nisi esset sic sale conditum, putresceret sicut aliae aquae paludales, et quidam foetidi lacus : propter quam causam etiam divina ordinatione continue movetur, ut ex suo motu suae substantiae a corruptionis vitio conservetur, quia ex continuatione motus subtiliatur et motu a corruptione conservatur. Ordinavit hoc idem Dei sapientia, ut naves facilius transportaret, et minus periculum transfretantibus incumberet. Aqua enim salsa multo gravior et spissior dulci, quia dulcis est colata et subtiliata : ideo salsa aptior est ad portandum navigia. Saepe enim naves in aquis dulcibus merguntur, quae in mari mergi

l'effet de la chaleur du soleil et d'autres astres, l'eau bouillie est rendue salée, tout comme l'eau douce produit du sel par décoction, et l'homme qui boit de l'eau douce et du vin doux, produit une urine salée parce que la chaleur y introduit de l'amertume. D'autres disent que le soleil puise le liquide doux et pur, que la puissance du feu attire facilement, et qu'il laisse le liquide plus âpre et plus épais – d'où le fait que l'onde marine est plus douce en surface **(B)**, plus amère en profondeur. Et de fait, la lune se nourrit d'eaux douces, le soleil d'eaux amères. De plus, l'eau de mer gèle plus lentement que l'eau douce et chauffe plus vite. Dans la mer, il y a de la salinité mélangée à de la douceur, on peut le vérifier avec cette expérience : si l'on prend un vase de cire qu'on bouche entièrement pour que de l'eau ne puisse y entrer et qu'on le pose sur la mer, alors l'eau, pénétrant goutte à goutte par les parois du vase, devient à l'intérieur douce et potable ; la partie épaisse et salée est séparée du reste comme par un filtre. Si l'on creuse un trou sur le rivage, près de la mer, l'eau provenant de la mer, filtrée par le sable, devient douce et potable.

D'autres attribuent à la salinité de la mer une cause plus théologique. En effet, il est plus pieux de dire que la mer elle-même a ainsi été créée salée par Dieu, tout comme chacun des autres éléments possède sa nature propre : ainsi, la salinité appartient à la nature de la mer. Car si elle n'était pas ainsi assaisonnée de sel, elle croupirait comme les autres eaux de marais et de certains lacs fétides. Pour la même raison, la mer est en mouvement continuel selon la volonté divine, afin que ses substances soient préservées de l'outrage de la putréfaction grâce à ce mouvement ; c'est en effet ce mouvement continu qui épure l'eau et la préserve de la putréfaction. Cela même, c'est la sagesse de Dieu qui l'arrangea afin que la mer transporte les vaisseaux plus facilement et qu'elle fasse peser moins de dangers sur ceux qui la traversent. En effet, l'eau salée est beaucoup plus lourde et plus dense que l'eau douce, car l'eau douce est claire et pure. C'est pourquoi l'eau salée est plus propre à la navigation. De fait, les eaux douces

non possent, sicut patet ad probam, quia ovum in aqua dulci submergitur, in salsa vero natat.

Insuper ipsa maris salsedo deservit plurimum hominum saluti. Si enim mare esset potabile, homines non possent bene salva vita pertransire, quia propter aestum solis sunt navigantes communiter multum sitibundi, et propter labores marinos ; et si haberent ad votum aquam dulcem ad potandum, se ipsos interimerent. Ideo utile est et pro vita transfretantium, quod mare salsum est.

Crassa enim est aqua maris et abominabilis ; ideo quando hauritur, et supra petras effunditur, statim ex solis tactu in sal convertitur. A salsedine illa sibi connaturali sortitur suum nomen, et mare propter amaritudinem dicitur.

De hoc mari dicitur Amos. 5. v. 8. Vocat Deus aquas maris et effundit eas super terram : Super quod Jeronymus [Tom. 6. fol., III. B.] : Tunc Deus aquas maris vocat, dum ipsa amarissimas aethereo calore suspendit et excolat et eliquat in dulcem pluviarum saporem. De maris salsedine vide in Spec. Nat. libr. VI. cap. 9.

Maris aqua diversas contrahit qualitates, quod sic contingit. Cum enim terra cavernosa sit, aqua labilitate sua eam subintrat, quae per catheractas transiens colatur et extenuatur et ex qualitate terrae diversas contrahit qualitates. Si enim per terram arenosam et lapidosam transit, dulcem inde saporem contrahit, et clara ac dura[1] et frigida existit. Si per salsam, salsum. Si per limosam terram, vapida est aqua. Si per lapides sulphuris et calcis aut aeris fit amara, si per foveas alumine plenas et sulphure percurrit, fervorem et foetorem inde contrahit. Itaque **(44 A)** juxta diversa accidentia terrae, diversam suscipit qualitatem. Sicut pro qualitate ventorum immutat colorem. Nam modo est flavum,

---

[1] dura *ed.*

engloutissent souvent des vaisseaux qui ne pourraient couler en mer : on en a une preuve évidente puisqu'un oeuf coule dans l'eau douce mais flotte dans l'eau salée.

Ainsi, la salinité de la mer est très utile au salut des hommes, car si la mer était potable, les hommes ne pourraient pas la traverser sains et saufs : en général, la chaleur du soleil et les peines endurées en mer rendent les navigateurs très assoiffés ; mais s'ils avaient de l'eau douce à boire conformément à leur souhait, ils causeraient eux-mêmes leur perte. Il est donc utile que la mer soit salée, pour la vie même de ceux qui la traversent.

L'eau de mer est donc épaisse et abominable ; et pour cette raison, si on la puise et qu'on la laisse à l'air libre sur des pierres, elle se change aussitôt en sel sous l'influence du soleil. De sa salinité, qui fait partie de sa nature, on a tiré son nom : on l'appelle mer à cause de son a*mer*tume.

Au sujet de la mer, il est dit dans le livre d'Amos (5, 8) : « Dieu appelle les eaux de la mer et les répand sur la terre ». A ce sujet, Jérôme écrit : « Dieu appelle les eaux de la mer en faisant lui-même évaporer dans la chaleur céleste les eaux très amères, en les filtrant et les distillant en des pluies d'eau douce. »[324] A propos de la salinité de la mer, voir *Le miroir de la nature* VI, 9[325].

L'eau de mer acquiert diverses qualités de la façon suivante. En effet, comme le sol est poreux, l'eau y pénètre grâce à sa fluidité. En passant par ses pores, elle est filtrée, purifiée, et elle acquiert diverses qualités en fonction de la nature du sol. Ainsi, si elle traverse un sol sablonneux et pierreux, elle prend une saveur douce et elle jaillit claire, pure et froide. A travers un sol salé, elle devient salée. Si elle passe par un sol fangeux, l'eau devient trouble. Si elle passe à travers des roches sulfureuses, calcaires ou cuivreuses, elle est rendue amère. Si son cours traverse des fosses pleines d'alun et de soufre, elle devient effervescente et malodorante. Ainsi **(44 A)**, au hasard des sols rencontrés, l'eau se charge de qualités diverses. De même, la mer change de couleur en fonction des

modo album, modo nigrum, modo lutulentum, modo atrum, modo clarum, modo turbidum, modo aureum, modo rubeum, et omni modo sicut coelum coloratum apparet, sic et mare. Quamvis tamen utrumque respicienti et comparanti aliter appareat. Vide saepius quod aquae ita nigrae apparebant, sicut incaustum, et tamen coelum videbatur splendidum. Ideo aliquando a flatibus ventorum sic vel sic coloratur, aliquando ex firmamenti resplendentia.

De periculis multiplicibus navigantium.

Evagatio per mare multis incommodis subjacet. Ipsum enim mare inconsuetis est maxime nocivum, et diversis rationibus multum periculosum. Est namque timoris incussivum ; doloris capitis gravativum ; vomitus et nauseae provocativum ; appetitus cibi et potus ablativum ; corporis humani alterativum ; passionum excitativum ; et multarum peregrinarum qualitatum allativum ; mortalium et extremorum periculorum causativum ; et saepe amarissimae mortis inductivum. Et hoc periculum est terribilissimum, quod prudentes maxime timent, stulti vero parum curant.

Unde navigante per mare Aristippo, magno philosopho, in tempestate nauseam passus et subversione stomachi et capitis vertigine auxiatus mortem timuit. Garrulus autem quidam redita tranquillitate, et cunctis restitutis sanitati pristinae, dixit philosopho : quid est quod nos idiotae intrepidi sumus, vos autem philosophi trepidatis ? Respondit : quia non de simili anima utriusque studemus. Te enim pro nequissimi nebulonis anima nequaquam decuit esse solicitum : ego vero obnoxius debui de philosophi morte timere. Nam et divites amplius fures timent quam inopes. Animam plenam virtutibus fero, insidiosissimum furem,

vents : elle est tantôt jaune, tantôt blanche, tantôt noire, tantôt boueuse, tantôt sombre, tantôt claire, tantôt trouble, tantôt dorée, tantôt rougeâtre, mais elle est toujours de la même couleur que le ciel. Pourtant, quand on les examine et qu'on les compare, ils paraissent différents l'un de l'autre : vous observerez assez souvent que les eaux apparaissent noires comme de l'encre alors qu'au même moment, le ciel est éclatant. C'est que la couleur de l'eau est due tantôt aux souffles des vents, tantôt à l'éclat du firmament.

Les multiples dangers de la navigation

L'errance en mer présente de nombreux désagréments. La mer elle-même, pour quelqu'un d'inexpérimenté, est très nuisible et, pour diverses raisons, très périlleuse. De fait, elle inspire la crainte, donne des maux de tête, provoque vomissements et nausées, fait perdre l'envie de boire et de manger, altère le corps humain, excite les vices et enlève aux pèlerins beaucoup de leurs vertus, elle génère des dangers extrêmes et mortels et conduit souvent à une mort très pénible. C'est un danger vraiment terrifiant, que craignent au plus haut point les hommes sensés, tandis que les sots en font peu de cas.

Ainsi, lors d'une navigation en mer, le grand philosophe Aristippe fut pris de nausée au cours d'une tempête : l'estomac retourné et la tête étourdie de vertige, il craignit de mourir. Le calme revenu, lorsque tous eurent retrouvé leurs facultés premières, un bavard lui dit : « Comment se fait-il que nous, qui sommes illettrés, soyons intrépides, alors que vous, les philosophes, vous tremblez ? ». « C'est, répondit-il, parce que nous ne nous soucions pas l'un et l'autre de la même âme. En effet, toi, tu n'avais nullement à t'inquiéter de l'âme d'un garnement sans intérêt. Moi en revanche, exposé au danger, j'ai dû craindre la mort d'un philosophe. Les riches craignent bien plus les voleurs que les pauvres. J'ai une âme remplie de vertus, et j'ai donc raison de

latronem atrocissimum, raptorem crudelissimum mare merito timeo.

Porro omnia maris pericula jam praetacta nemo melius probare potest quam expertus, qui non legendo aut audiendo didicit, sed sentiendo et experiendo. Unde Ecclesiastici cap. 43. v. 26. Qui navigant mare, enarrant pericula illius, et audiemus auribus nostris et admirabimur. Haec ille. Generaliter autem transfretantes patiuntur periculum aut ratione maris, aut ratione aeris, aut ratione navis : quamvis specialia pericula sint innumerabilia ; quae sunt aut ratione propriae dispositionis, aut ratione malae societatis, aut ratione defectus cibi et potus, aut ratione malorum gubernatorum, aut ratione nimii caloris aut frigoris, aut malae provisionis, et hujusmodi, de quibus non sufficiunt verba ut possint dici. Idcirco de generalibus periculis parum dicam, sed singularia patebunt in processu navigationis, et supra in prima peregrinatione mea aliquantulum patuerunt.

Contingit primo periclitari ratione maris navigantes. Nam si mare fuerit scopulosum, undique saxis et rupibus impeditum, non sine periculo pertransitur, sicut est in Cycladum[1] insulis, et in mari Achaico, et in mari juxta Illyricum, et Dalmatiam : in quibus locis noctibus non potest fieri navigatio propter rupes, cautes et scopulos. Hoc periculum timebant nautae, qui transducebant sanctum Paulum, ut habetur Actorum 27. v. 29. Sed et ego ipse in hoc periculo saepe fui constitutus. Aut si mare fundum habet inaequalem, nunc cumulis arenosis elevatum, nunc vero ad modum voraginis depressum, aut certe profundis vallibus et foveis distortum. In talibus locis male naves transeunt, licet enim mare undique videatur aequale, propter quod mare non nunquam aequor dicitur ; tamen quando navis venit ad loca, in quibus fundus inaequalis est, subsistit, et si non est ventus impellens, difficulter potest removeri **(B)** a loco : hoc experientia didici, ut patet fol. 13.

---

[1] Cycladnm *ed.*

trembler devant la mer, comme devant le plus perfide voleur, le plus atroce bandit, le plus cruel ravisseur »[326].

Personne mieux que l'homme expérimenté n'est à même d'évaluer tous les dangers de la mer déjà évoqués, car il ne les a pas appris par ce qu'il a lu ou entendu, mais par ce qu'il a éprouvé et expérimenté. d'où le chapitre 43, v. 26 de l'*Ecclésiastique* : « Ceux qui naviguent sur la mer racontent ses dangers, et nous n'en croyons pas nos oreilles »[327]. Voilà ce qu'il dit. En général, les dangers subis par ceux qui effectuent une traversée proviennent soit de la mer, soit de l'air, soit du navire ; mais il y a d'innombrables dangers particuliers, qu'ils soient dus à la propre disposition du navigateur ou à une mauvaise compagnie, à une pénurie de nourriture et de boisson, à un mauvais timonier, à un climat trop chaud ou trop froid, à une prévision erronée et à bien d'autres problèmes de ce genre dont les mots ne peuvent suffire à dresser la liste. Sur les dangers en général, je dirai peu de choses : je les mentionnerai un par un au fil du récit de ma navigation et certains ont déjà été mentionnés plus haut, dans mon premier voyage.

Le premier danger qui menace les navigateurs est de faire naufrage à cause de la mer. En effet, s'ils traversent une mer semée d'écueils, où font partout obstacle des rochers et des récifs, ils ne peuvent la traverser sans périls. C'est le cas, par exemple, aux Cyclades, en mer Égée, ou dans la mer qui borde l'Illyrie et la Dalmatie. Dans ces régions, on ne peut pas effectuer de navigation nocturne à cause des rochers, des récifs et des écueils. C'est ce danger que craignaient les marins qui conduisaient saint Paul comme l'attestent les *Actes de Apôtres* 27, v. 29[328]. Moi aussi, j'ai souvent été confronté à ce danger. Parfois, le fond de la mer est accidenté, tantôt surélevé par des amas de sables, tantôt abyssal comme un gouffre, ou bien déformé par des abîmes et des vallées profondes. Dans de telles zones, les navires circulent mal, car même si l'on voit la mer entièrement plane, ce qui lui a valu le surnom de « plaine »[329], lorsqu'un navire arrive dans une de ces zones au

Secundo accidit periculum ratione aeris. Modico enim flatu venti redditur mare inquietum, tempestuosum, procellosum, fervidum et tumultuosum, ab hoc mare fretum saepe nominatur. Nam tempore tempestuoso, nebuloso, pluvioso et obscuro mari se committere est periculosum ; potissime quando navis fertur in periculum et ipsum periculum videtur. Ventorum autem nimietas maxime formidatur signanter, quando venti contrarii subito et cum impetu oriuntur ; tunc naufragium timetur, et hoc periculum commune est, saepiusque in eo fui.

Tertio adducit periculum navis deferentis debilitas et insufficientia : non enim tutum est se committere naviculae nimis parvae sive fragili aut confractae, aut vetustae, quia talis non est secura inter saevientes procellas ; quoniam vel propter parvitatem suam fluctibus opprimitur, et subvertitur, aut propter fragilitatem suam impetu ventorum et aquarum confringitur ; aut propter gubernatoris imperientiam tardius ad portum deducitur. Ideo quartum generale periculum addi potest, quod incurritur ex imperientia vel ex pigritia aut negligentia et somnolentia nauclerorum, et hoc similiter expertus sum.

Quantum autem sit periculum tempore ventorum, quo aliquis habet de galea in barcam descendere, vel de barca in galeam ascendere, horribile est videre. Oportet enim tunc facere passum unum aut saltum, et si casu pede non attigerit barcam, aut galeam, in fretum cadet, et sine spe adjutorii periet. Vide de hoc fol. 60.

Insuper adhuc aliud extat periculum, quod non expertus excogitare non posset, nec inter pericula in libris de mare scribentium ponitur, et tamen molestissimum est, accidit tamen sine terrore. Dum enim cuncti venti conticescunt, et mare obmutescit, et tranquillitas undique adest ; dico pro

fond accidenté, il est arrêté, et, s'il n'y a pas de vent pour le pousser, il lui est difficile de se dégager **(B)** de cette zone. C'est l'expérience qui me l'a appris, comme on peut le voir au folio 13.

En second lieu, il y a le péril dû à l'air. Même modéré, le vent rend la mer agitée, orageuse, déchaînée, démontée, bouillonnante et tumultueuse, c'est pourquoi on l'appelle souvent *fretum*[330]. Par temps orageux, nuageux, pluvieux ou sombre, il est dangereux de prendre la mer, surtout quand le navire porté dans le danger semble lui-même être un danger. On redoute évidemment par-dessus tout les vents trop violents : lorsque des vents contraires se lèvent subitement et impétueusement, le naufrage est à craindre. C'est un danger très fréquent et j'y ai été assez souvent confronté.

Troisièmement, la fragilité et les défaillances du navire qui les transporte peuvent conduire les navigateurs au péril. On ne peut en effet voyager en sécurité sur une embarcation trop petite, trop fragile, en trop mauvais état ou trop ancienne. Un tel bateau n'est pas sûr face à la violence des tempêtes : il peut être englouti par les vagues à cause de sa petitesse et couler, ou être brisé par l'assaut des vents et des eaux à cause de sa fragilité, ou enfin arriver trop tard au port à cause de l'inexpérience de son timonier. A ces trois dangers généraux, on peut donc ajouter un quatrième, entraîné par l'inexpérience, la paresse, la négligence ou la somnolence des capitaines. J'ai moi-même vécu pareille expérience.

Quel grand danger que de devoir, lorsqu'il y a du vent, descendre de la galère sur une barque, ou monter depuis la barque sur la galère ! C'est horrible à voir ! En effet, il faut alors ne faire qu'un seul pas ou un seul saut, et si, par malheur, le pied n'a pas atteint la barque ou la galère, on tombe dans la mer et l'on périt sans espoir de secours (cf. à ce sujet le folio 60).

Il existe par ailleurs un autre danger qu'on ne peut pas imaginer si on ne l'a pas vécu et qui ne figure pas dans les livres de ceux qui écrivent sur la mer. C'est cependant le plus

certo, dempto naufragio, quod talis tranquillitas maris et silentium ventorum molestior navigantibus est quam quodcunque dictorum periculorum. Quando enim nulli flant venti, et mare sine motu est, et navis fixa subsistit, tunc omnia in navi marcescunt[1], et putrescunt, et muscida fiunt, aquae foetidae, vinum inutile, carnes etiam desiccatae ad fumum vermiculis plenae, tunc subito generantur infinitae muscae, culices, pulices, pediculi, vermes, mures, et glires, et omnes homines in navi redduntur pigri, somnolenti, caloribus squalidi, passionibus tristitiae, irae, invidiae impatientes et caeteris indispositionibus gravati. Paucos vidi in navibus mori in tempestatibus, multos autem in bonazibus, hoc est in navis dicta quiete, vidi deficere et mori. De his omnibus patebit in processu. Aliis nominibus inveniuntur pericula maris designari, ut dicitur quoddam periculum bythalassum, syrtis, charybdis. Bythalassum, quando duo maria concurrunt, ex quorum concursu navis fluctuans periclitatur. Syrtis locus, ubi cumuli arenae sunt, et ubi mare inaequale est, ita quod in uno loco aqua profunda est, et prope est aqua vadosa, vel ubi mari insunt scopuli occulti, ad quos navis transiens potest impingi. Charybdis secundum fictiones poetarum fuit quaedam vetula voracissima, quae quia boves Herculis furata fuerat, a Jove fulminata est, et **(45 A)** in mare praecipitata, quae usque nunc in fundo maris deambulat, ad se naves transeuntes mare deorsum trahere satagit, ut antiquas exerceat rapinas. Quapropter illa loca, in quibus naves absorbentur, et ubi sunt occulti gurgites, sicut est locus in insulis Gozopolis, ut patet fol. 13., dicuntur charybdes, et periculum charybdum dicitur, a

---

[1] marceseunt *ed.*

terrible, bien qu'il se produise sans effroi, car il se présente lorsque tous les vents se taisent, que la mer devient muette et que règne partout la tranquillité. J'affirme que, hormis le naufrage, cette tranquillité de la mer et ce silence des vents sont plus insupportables pour les navigateurs que tous les dangers déjà énoncés. Quand aucun vent ne souffle et que la mer ne bouge pas, le navire reste immobile. Sur le navire, tout se met alors à rouiller, à pourrir, à moisir. Les eaux deviennent fétides, le vin inutilisable, les viandes, même séchées au fumoir, sont pleines de vermisseaux. Alors apparaît subitement une infinité de mouches, de moustiques, de pucerons, de poux, de vers, de souris et de rats. Tous les hommes du navire deviennent paresseux et somnolents, la chaleur les rend hérissés, ils ne maîtrisent plus leurs pulsions de tristesse, de colère, de jalousie, et ils sont atteints de tous les autres désordres moraux. Sur les navires, j'ai vu peu d'hommes mourir lors de tempêtes ; j'en ai vu défaillir et mourir beaucoup en revanche pendant la bonace, qui, en termes de marine, désigne un calme plat. Tout cela apparaîtra dans la suite du récit.

On trouve différents noms pour désigner les dangers de la mer. Par exemple, on parle de danger *bithalasse*, *syrte* ou *charybde*. Le danger *bithalasse* arrive quand deux mers se rejoignent et que ballotté par cette rencontre, le navire est en danger[331]. Une zone *syrte* est un lieu qui présente des amas de sable et où le fond marin est accidenté, de sorte qu'en un endroit l'eau est profonde et, juste à côté, laisse voir le fond, ou bien c'est un lieu où se trouvent cachés dans la mer des rochers auxquels un navire peut se heurter lors de la traversée[332]. *Charybde*, selon les fables des poètes, fut une vieille dame très vorace. Parce qu'elle avait volé les bœufs d'Hercule, elle fut foudroyée par Jupiter et **(45 A)** précipitée dans la mer, et aujourd'hui encore, elle déambule au fond de la mer et s'efforce de tirer vers le bas les navires qui passent près d'elle, afin de pratiquer ses pillages d'autrefois. Voilà pourquoi les zones où des navires sont engloutis et qui cachent des gouffres, par exemple les îles Gazopoli comme on peut le voir au folio

Charybde vetula, quam antiqui credebant in talibus locis naves attrahere.

Est et aliud periculum, quod quidam Gulf nominant, quod contingit, quando venti erumpunt de aliquibus montium cavernis adeo importune, quod naves in latus evertuntur. Quoddam aliud periculum nominant Grupp, quod navigantes incurrunt, quando duo venti contra se invicem pugnant, et navis in medio consistens contrariis procellis agitatur. Aliud insuper periculum evenit, quod nominant Troyp, a pisce troys : hic naves sentiens de fundo emergit, et navem rostro rodit et perforat, habet quippe rostrum ad modum terebri, et nisi a navi repellatur eam perforat ; non autem a navi avelli potest, nisi per imperterritam inspectionem, ita quod aliquis de navi se inclinet super aquam, et irreverberato aspectu intueatur in oculos piscis, quem piscis vice versa terribiliter inspicit. Si autem inspector trepidat, et retrahere visum incipit, mox bellua consurgit et repente eum attrahit deglutiens sub aquis. Et tantum de maris periculis dictum sufficiat.

De navi, in qua peregrini transfretant, quae Galea dicitur, qualis et quanta sit.

Varias et diversas habet mare naves : grandes, mediocres et parvas. Primo enim tempore non erant in mari nisi parvae naviculae, usque ad Jasonem, cui Argus grandem fabricatus est navem, in qua cum sociis Argonautis Colchydem navigavit. Deinde Aminocles triremos Corinthiis fabricavit contra Corzyrenses. Porro primum navium inventorem dicunt fuisse Athlantem in Libya et navigasse. De illa tamen navium specie solum loqui intendo, in qua peregrini terrae

13, sont appelées *charybdes* et on parle de danger *charybde*, du nom de la vieille Charybde qui, d'après les Anciens, attirait les navires dans ces zones dangereuses.

Il existe aussi un autre danger, que certains appellent *Gulf* parce qu'il se produit quand des vents surgissent des grottes montagneuses et déferlent si violemment qu'ils font chavirer les navires[333]. Un autre danger, appelé *Grupp*, est encouru par les navigateurs lorsque deux vents luttent l'un contre l'autre et que le navire qui se trouve au milieu est ballotté par des bourrasques contraires[334]. Il y a encore un autre danger, nommé *Troyp*, du nom du poisson *Troys* : ce poisson, quand il sent des navires, émerge du fond et de sa gueule, il ronge et perfore le navire, car il possède une gueule en forme de tarière. Aussi, si on ne le repousse pas loin du navire, il le perfore. Mais on ne peut l'éloigner du navire qu'en l'observant sans trahir la moindre peur : il faut que quelqu'un, du haut du navire, se penche au-dessus de l'eau et regarde attentivement le poisson dans les yeux, sans détourner le regard que le poisson lui renvoie à son tour de façon terrifiante. Mais si l'examinateur tremble et entreprend de détourner le regard, la bête surgit aussitôt, l'attire soudain et l'engloutit sous les eaux[335]. Mais en voilà assez sur les dangers de la mer.

De la nature et la taille du navire sur lequel les pèlerins effectuent la traversée et qu'on appelle galère

La mer a des navires variés et divers, des grands, des moyens et des petits. Dans les premiers âges, il n'y avait en mer que de petites embarcations, et ce jusqu'à Jason. Pour lui, Argus fabriqua un grand navire, dans lequel il navigua jusqu'à la Colchide avec ses compagnons, les Argonautes[336]. Ensuite, Ameinoclès fabriqua des trirèmes pour les Corinthiens contre les Corcyréens[337]. On dit en outre qu'Athlas de Libye fut l'inventeur du premier navire et le premier navigateur. Mais je compte parler uniquement de la catégorie de navires qui

sanctae solent mare transire, quae galea dicitur : quod nomen hoc navigii genus etiam in sacris canonibus habet, ut patet de Iudais et Sarracenis. Et est una de mediocribus maris[1] navibus, non de majoribus, nec de minoribus. Haec navis latine dicitur biremis aut triremis. Isidorus tamen decimo nono Etymologicorum nominat eam dormam. Vulgares autem tam Italici quam Theutonici vocant eam galeam. Et hoc nomen illi navigio advenit, quia prora cassis aut galeae formam habet, e regione inspecta, et quasi homo armatus procedit contra fluctus.

Est autem galea navis oblonga, quae remis et velis inpellitur. Similes vel aequales sunt omnes galeae in forma, dissimiles in magnitudine, quia aliquae galeae sunt grandes, quae dicuntur triremes, aliquae sunt parvae et sunt biremes, et adhuc est differentia, quia aliquae sunt galeae praedales et aliquae onerariae ; in prima mea peregrinatione transfretavi in biremi ; in secunda vero in triremi. Est autem biremis, quae binis et binis remis trahitur ; sed triremis, quae trinis et trinis impellitur remis : quia in quolibet scamno habet tres remos et totidem remiges. Galea autem, in qua secunda vice transfretavi, habuit transtra vel scamna LX. et in quolibet tres remiges cum remis ; et si est galea praedalis habet cum remigibus in eodem transtro unum sagittarium cum arcu. Porro longitudo ejus erat XXXIII cubitorum, accipiendo cubitum, quantum homo potest extensis ambobus brachiis comprehendere, et accipitur illa longitudo mensurando a prora usque ad puppim ; latitudo vero erat VII cubitorum, mensurando in medio ejus juxta malum per transversum. Si autem vellemus totam eius latitudinem mensurare, quam habet cum remis ab utraque parte extensis, sic XIII cubitos habet in latum. In altitudine vero, mensurando a sentina usque ad kebam, quae est in summitate mali et in carceria, habuit amplius quam XVIII **(B)** cubitos. Sunt autem omnes

---

[1] maris *iter. ed.*

effectuent les traversées des pèlerins vers la Terre sainte et qu'on appelle « galères ». On nomme déjà ainsi ce type de navires dans les livres canoniques, comme cela apparaît à propos des juifs et des Sarrasins. Il s'agit d'un navire de mer de catégorie moyenne : il ne fait partie ni des plus grands ni des plus petits. En latin, on appelle ce navire birème ou trirème. Isidore, au livre XIX des *Etymologies*, l'appelle *dorma*[338]. Les peuples Italien et Teuton l'appellent galère. Ce nom a été attribué à ce type de navire parce que la proue a la forme d'un casque ou *galea*. Le nom provient donc de cette partie du navire et aussi du fait qu'il avance en fendant les flots, comme un homme en armes.

La galère est un navire de forme allongée, à voile et à rames. Toutes les galères ont la même forme, mais il y en a de différentes tailles : certaines galères sont grandes, on les appelle « trirèmes », et d'autres sont petites, ce sont les « birèmes ». Il y a aussi une autre différence : certaines galères sont des navires de guerre, d'autres des navires marchands. Lors de mon premier pèlerinage, j'ai effectué la traversée en birème, lors du second, en trirème. Une birème est un vaisseau entraîné par deux rangs de rames de chaque côté, tandis qu'une trirème est un vaisseau poussé par trois rangées de rames de chaque côté, c'est-à-dire que sur chaque banc se trouvent trois rames et autant de rameurs. La galère dans laquelle j'ai effectué ma deuxième traversée avait quinze poutres ou bancs et sur chacun trois rameurs avec des rames. Quand il s'agit d'une galère de combat, il y a sur chaque banc, avec les rameurs, un archer armé de son arc. Notre galère mesurait trente trois coudées de long de la proue à la poupe, en entendant par coudée la distance que peut embrasser un homme les deux bras écartés. Elle faisait sept coudées de large, en mesurant au milieu du vaisseau, près du mât, perpendiculairement. Si on voulait mesurer sa largeur totale, rames écartées, elle a alors treize coudées de large. La hauteur, de la sentine à la hune, qui se trouve au sommet du mât dans la prison[339], mesure plus de dix-huit **(B)** coudées. Toutes les

galeae, quam aequalis magnitudinis sunt, ita consimiles in omnibus, quod homo transiens de sua, galea in aliam vix perpendere possit, se esse in alia, nisi quod alias Officiales in una invenit, quam in alia ; et sicut hirundinum nidi aequales sunt, sic galeae venetianae. Et sunt de lignis solidissimis fabricatae, clavis, catenis et ferramentis multis compaginatae.

Porro prima et anterior pars galeae, quae dicitur prora, est contra mare acuta, et habet rostrum durum formatum ad modum ut caput draconis, aperto ore, ferreum, quo in contravenientem navem impingeret. Ab utraque autem parte rostri sunt duo foramina, per quae potest homo caput emittere, et per ea emittuntur funes anchorarum et per ea anchorae attrahuntur, nec mare potest per illa foramina intrare, nisi quando sunt ingentes tempestates. Rostrum autem prorae est altum extensum, a quo venter navis reflecti incipit contra mare. Habet etiam prora proprium velum, dictum dalum, quod vulgariter trinketum nominant ; et habet subtus unam camerulam, in quam funes et vela trajiciuntur, et in ea dormit prorae praefectus, quia proprios habet officiales, qui nonnisi in ipsa habitant et disponunt ibi agenda, et est locus pauperum et miserorum, quos serui prorae recolligunt. Pendent etiam ab utraque parte prorae anchorae ferreae magnae, suo tempore in mare projiciendae.

Puppis alia galeae extremitas posterior, non est acuta contra mare sicut prora, nec habet rostrum sed est lata ab alto deorsum in aquam recurva et multo altior quam prora, habens aedificium altum quod nominant castellum : dependetque ab ea in mari temo sive gubernaculum, supra quod in cancellato tabernaculo residet gubernator clavum manu tenens. Habet autem castellum tria interstitia : supremum, in quo gubernator est et stella maris, et gubernatori intimans maris stellae dispositionem, et inspectores siderum et ventorum, ac

galères de taille égale sont si semblables entre elles qu'un homme passant de sa galère à une autre pourrait à peine se rendre compte qu'il est dans une autre galère, mise à part la différence de l'équipage : les galères vénitiennes sont aussi identiques que des nids d'hirondelles. Elles sont fabriquées dans du bois très solide, assemblées avec des clous, des chaînes et de nombreuses armatures en fer.

La partie la plus avant de la galère, qu'on appelle la proue, est pointue pour fendre la mer, elle a un éperon dur, sculpté par exemple en forme de tête de dragon, bouche ouverte, en fer. Il sert à refouler les navires qui viendraient la heurter. De chaque côté de l'éperon, il y a deux ouvertures par lesquelles un homme peut passer la tête. C'est par là qu'on sort les cordages des ancres et par là qu'on rentre les ancres. La mer ne peut pas pénétrer par ces ouvertures, si ce n'est lors de très grosses tempêtes. L'éperon de la proue se dresse vers le haut, depuis l'endroit où le ventre du navire commence à se recourber au-dessus de l'eau. La proue a sa propre voile, nommée *dalum*, communément appelée *trinquette*. Dessous, il y a une petite chambre où sont entreposés les cordages et les voiles ; c'est là que dort le patron de proue, car la proue a son propre personnel, qui habite et travaille exclusivement à cet endroit. C'est aussi le siège des pauvres et des malheureux accueillis par les serviteurs de la proue. De chaque côté de la proue pendent de grandes ancres en fer, qu'on jette à la mer au moment opportun.

La poupe, extrémité arrière de la galère, n'est pas pointue pour fendre la mer comme la proue et elle n'a pas d'éperon, mais elle est large de haut en bas et elle se recourbe en pénétrant dans l'eau. Elle est beaucoup plus haute que la proue et possède un haut édifice qu'on appelle le « château ». A la poupe, est pendu en mer le timon ou gouvernail, au-dessus duquel, sur une petite plate-forme entourée de balustrades, se tient le timonier, qui manie la barre. Le château a trois étages. Dans le plus élevé, se trouve le timonier, l'étoile de mer[340], celui qui annonce au timonier la position de l'étoile

maris viarum ostensores ; medium, in quo est tabernaculum domini patroni, et nobilium suorum consulum et commensalium ; infimum ubi est locus foeminarum nobilium nocturno tempore, et reservatorum thesaurorum domini patroni et hoc habitaculum non habet lumen nisi per foramina superioris pavimenti. Ad utrumque latus puppis dependent scaphae sive barcae : una magna, alia parva, quae in mare mittuntur in portubus, et in eis homines educuntur, et ad latus dextrum sunt gradus, per quos in mare est descensus in barcas, et ascensus ; et habet etiam proprium velum, majus quam velum prorae, quod nominant mezavala id est medium velum : latine dicuntur epidromus. In eo etiam semper est vexillum erectum, ad discernendum ventorum varium flatum. Extra habitationem puppis post duo transtra ad latus dextrum est coquina non operta, et sub coquina est cellare, et a latere coquinae est stabulum bestiarum mactandarum, et stant simul oves, caprae, vituli, boves, vaccae et porci ; et consequenter per idem latus sunt transtra cum remis usque ad proram : in sinistro vero latere sunt a puppi usque ad proram transtra remigum, **(46 A)** et in quolibet transtro sunt tres remiges cum sagittario, et inter duo transtra super marginem navis ad utrumque latus pendet in bidente ferreo versabili una bombarda, et utrumque latus habet unum bombardanum, qui necessitate lapides de eis emittunt.

In medio navis est malus, arbor alta, magna et fortis, ex multis trabibus composita, sustentans antennam cum accatone vel velo grandi ; in summitate mali est tabernaculum quod Theutonici nominant sportam ; Italici kebam ; Latini carceriam ; et juxta malum superius est quaedam latitudo, in qua conveniunt homines ad colloquium, sicut ad forum, et dicitur forum galeae. Porro ipsum velum magnum habet LIIII pannos in latum, quorum quilibet plus facit, quam ulnam.

de mer et les personnes chargées d'observer les astres et les vents ou d'indiquer les routes maritimes. A l'étage du milieu, se trouve la cabine du seigneur patron et de ses nobles conseillers et compagnons. A l'étage inférieur, se trouve la chambre à coucher des femmes nobles, ainsi que les richesses privées du patron ; cette petite chambre n'a pas d'autre lumière que celle qui passe à travers les trous du plafond. De chaque côté de la poupe, pendent des chaloupes ou des barques : une grande et d'autres petites. On les descend à la mer dans les ports, pour conduire les hommes à terre. Sur le côté droit, il y a des marches pour descendre dans les barques mises à la mer et remonter. La poupe a elle aussi sa propre voile, plus grande que celle de la proue. On la nomme *mezavala* car c'est une voile moyenne ; en latin, on l'appelle *epidromus*. A la poupe, il y a toujours un penon hissé, pour qu'on se rende compte des variations du vent. A l'extérieur de la cabine de poupe, derrière deux bancs, du côté droit, se trouve une cuisine qui n'est pas couverte ; sous la cuisine, il y a la cambuse, et à côté de la cuisine, une étable pour le bétail destiné à être abattu. On y trouve à la fois des moutons, des chèvres, des veaux, des boeufs, des vaches et des porcs. Il y a ensuite, du même côté, des bancs avec des rames jusqu'à la proue. Du côté gauche, il y a des bancs de rameurs de la poupe à la proue **(46 A)**. Sur chaque banc se tiennent trois rameurs et un archer. Entre deux bancs, sur le bord du navire, est suspendue de chaque côté, sur un hoyau de fer mobile, une bombarde, avec de chaque côté un bombardier chargé de tirer des boulets quand c'est nécessaire.

Au milieu du navire, se trouve le mât, un pièce de bois haute, grosse et robuste, faite de plusieurs poutres réunies. Il soutient l'antenne et l'*accatone* ou grand-voile. Au sommet du mât, il y a une petite plate-forme, que les Teutons nomment *sporta*, les Italiens *keba*, et les Latins *carceria* [341]. A côté du mât, sur le pont, il y a un espace où se rassemblent les hommes pour discuter, comme sur une place et qu'on appelle « la place de la galère ». La grand-voile à elle seule fait 54 pans de large,

Verum pro diversitate temporum suspenduntur diversa vela, non adeo magna sicut accaton. In tempestatibus apponunt velum quadratum et grossum, quod nominant papafigo. In ista ergo parte superiore habitant officiales galeae et[1] galeotae, unusquisque in transtro suo, et ibi dormiunt et comedunt et laborant. Porro inter transtra utriusque lateris est medium satis latum, in quo stant cistae magnae plenae mercimoniis, et super cistas istas est deambulatio a prora usque ad puppim ; ibi etiam currunt hortatores tempore remigationis. Juxta malum est foramen magnum per quod 7. gradibus est descensus in carinam, quae est locus peregrinorum, vel onerum in onerariis galeis.

Est autem ipsa carina longa a cellario puppis usque ad camerulam prorae, lata vero ab uno pariete navis usque ad alium, et est sicut camera spatiosa et magna ; nec habet lumen nisi quod per foramina quatuor, per quae est in eam descensus, intrat. In ista carina habet quilibet peregrinus suam cumbam vel suum locellum. Porro peregrinorum cumbae sic sunt ordinatae, quod per longum navis sive carinae est una cumba ad aliam sine interstitio, et unus peregrinus jacet ad latus alterius, in utroque latere, capita habentes ad parietes navis et pedes contra se invicem extendentes. Sed quia carina lata est, stant in medio cumbarum cistae, capsae peregrinorum a cellario usque ad prorae camerulam, in quibus peregrini res suas habent reservatas, et ad illas capsas utrimque dormientes tam in sinistro quam in dextro latere extendunt pedes.

Sub peregrinis adhuc est concavitas magna, et profunditas usque ad galeae infimum, quod venter galeae dicitur, qui quidem non est latus sicut in aliis navibus, sed est acutus a prora usque ad puppim, ita quod galea inferius habet acutum pedem, adeo quando non est in aqua, quod non

---

[1] est *ed.*

de plus d'une aune chacun. Toutefois, en fonction du temps, on hisse différentes voiles et non une aussi grande que l'*accatone*. Dans les tempêtes, on hisse une voile carrée et épaisse nommée *papafigo*. C'est donc dans cette partie supérieure que résident l'équipage de la galère et les rameurs, chacun sur son banc, et c'est là qu'ils dorment, mangent et travaillent. Entre les bancs, de chaque côté, il y a un endroit assez large où sont installées des corbeilles pleines de marchandises. Par-dessus ces corbeilles, de la poupe à la proue il y a une passerelle où courent les chefs des rameurs lors des manoeuvres à la rame. A côté du mât, il y a une large écoutille par où, grâce à sept marches, on peut descendre dans la carène, siège des pèlerins ou de la cargaison s'il s'agit d'une galère marchande.

En longueur, la carène va de la cambuse de la poupe jusqu'à la petite chambre de la proue, et en largeur, d'une paroi du navire à l'autre : c'est comme une grande chambre spacieuse. Il n'y a pas d'autre lumière que celle qui entre à travers les quatre ouvertures par où l'on peut descendre dans la carène. Chaque pèlerin y possède sa « combe », c'est-à-dire son petit emplacement personnel. Voici comment sont disposées les « combes » des pèlerins : tout le long du navire ou de la carène, les « combes » sont les unes à côté des autres sans séparation, et les pèlerins sont étendus les uns à côté des autres, des deux côtés du navire, la tête tournée vers la cloison et les pieds vers les pieds de ceux d'en face. Comme la carène est large, au milieu, de la cambuse à la petite chambre de la proue, sont placées les malles et les coffres des pèlerins. Ils y conservent leurs affaires. C'est vers ces coffres qu'on tourne ses pieds, que l'on dorme du côté gauche du navire ou du côté droit.

Sous les pèlerins, il y a une grande cavité, qui s'étend jusqu'au plus profond de la galère et qu'on appelle « le ventre de la galère ». Toutefois cette cavité n'est pas large comme dans d'autres navires, mais pointue de la proue à la poupe ; ainsi, le « pied » de la galère est pointu, à tel point que, quand

potest super terram erecta stare, sed oportet eam in latere jacere : et ista acuitas navis arena plena est usque ad asseres, super quos jacent peregrini, et in ipsam arenam levatis asseribus sepeliunt peregrini vascula sua in quibus vinum habent, et ova et alia, quae frigore indigent. Porro inferius in loco peregrinorum juxta mali medium est sentina, non hominum immunditias colligens, sed omnes humiditates et aquae occulte aut patenter galeam subintrantes ad **(B)** sentinam illam distillant, et confluunt, et pessimus foetor ex ea exhalat, magis quam ex quacunque latrina humanorum stercorum. Hunc omni die evacuari oportet semel, sed tempore fremitus maris sine intermissione omnes aquas ex ea sursum trahere. Porro super margines galeae sunt loca aptata pro ventrorum purgatione. Tota galea intus et extra est nigerrima pice linita, funes etiam, asseres et alia, ne ab aqua corrumpantur faciliter. Funes velorum et anchorarum partem magnam galeae occupant, quia sunt multae, longae et magnae in multiplici differentia. Mirum est videre multitudinem funium et connexiones et circumplexiones eorum. Galea est quasi claustrum, nam locus orationis est juxta malum, superius ubi forum etiam est ; refectorium commune est pars puppis media ; dormitorium transtra galeotarum et cumbae peregrinorum ; capitulum ex opposito coquinae : carceres sunt sub pavimento prorae et puppis, cellare, coquina, stabulum omnia patent supra.

Et ita breviter multis omissis habetur galeae imago. Praeterea S. Jeronymus in epistola ad amicum aegrotum saeculum pelago comparat, claustrum navi, et in moralem partem traducit, dicens : est saeculum ut mare, quod est impatiens natura, et sine ventis inflatum, erigens in ipsa tranquillitate minaces atque terribiles fluctus, quod licet

elle est hors de l'eau, elle ne peut tenir droite sur la terre mais doit être couchée sur le côté. Cette partie pointue du navire est remplie de sable jusqu'au plancher où sont étendus les pèlerins. Au coeur de ce sable, les pèlerins, après avoir soulevé les poutres, ensevelissent les récipients où ils conservent du vin, des oeufs, et autres denrées qui ont besoin d'être gardées au frais. Dans la partie inférieure du navire réservée aux pèlerins, à côté du mât, se trouve la sentine, qui ne recueille pas les saletés des hommes, mais vers où dégouttent et confluent toute l'humidité et toutes les eaux qui entrent de façon mystérieuse ou visible **(B)** dans la galère. Il s'en exhale une odeur encore plus horrible et fétide que de n'importe quelle latrine d'excréments humains. Il faut la vider une fois par jour ; néanmoins, quand la mer est agitée il faut sans cesse évacuer toutes les eaux de la sentine. Sur les bords de la galère, il y a des endroits prévus pour se soulager.

Toute la galère, à l'intérieur comme à l'extérieur, est enduite de poix très noire, même les cordages, les poutres et autres accessoires, afin que tout pourrisse moins facilement au contact de l'eau. Les cordages des voiles et des ancres occupent une grande partie de la galère car ils sont nombreux, longs, grands et de toutes sortes. C'est une chose étonnante à voir que cette multitude de cordages, leurs liens et leurs méandres. La galère est comme un cloître : elle a son lieu de prière à côté du mât, sur le pont, là où se trouve aussi la place ; elle a aussi son réfectoire commun dans la partie médiane de la poupe, son dortoir, que sont les bancs des galériens et les « combes » des pèlerins, son chapitre en face de la cuisine. Il y a les cellules sous le plancher de la proue et de la poupe ; la cambuse, la cuisine et l'étable apparaissent toutes au-dessus.

Voici donc, dressé brièvement et de manière très incomplète, le portrait d'une galère. Saint Jérôme, dans une lettre à un ami malade, compare le monde à un rivage et le cloître à un navire et en tire une morale en disant : « Le monde est comme la mer qui, par nature, est incontrôlable, qui se gonfle même sans vent et crée au sein de sa tranquillité des

sessores non noceat suos, habet tamen aliquid formidinis etiam innoxia magnitudo ; nec navigantibus desunt formidines frequenter et ictus undarum ; nunquam[1] denique gubernator totos sinus securus explicuit. In mundo et mari rara sunt prospera, densa sunt turbulenta, expavescitur, timetur, morbi quoque non desunt ; solus exitus securitatis est portus.

De politia, quae servatur in regimine galeae.

Politia navalis inter omnes politias est ordinatissima ; ideo Aristoteles et alii politizantes communiter exempla sumunt a politia navali, eamque inducunt, ut patet in principio primi Ethicorum. Est enim in navi maxime communitas domestica, quae alias omnes communitates includit, quia nec regnum, nec civitas, nec vicus esse potest sine ea, et est principium omnium. Domus autem perfecta requirit tres communitates, scilicet viri et uxoris, domini et servi, patris et filii. Prima communitate domus navalis caret ; secundam perfectissime habet ; tertiam vero similitudinarie continet. Ibi est dominus patronus cum multis servis ; est idem patronus pater et tutor peregrinorum, qui sunt quasi filii.

Aristoteles primo Politicorum tria ponit domus regimina, primum conjugale, secundum, quod vir praeest uxori, et hoc iterum inest in navi, cujus ratio est, quia vir habet uxorem, ut generatione mediante perpetuetur communitas domus ; communitatem autem navis nemo appetit perpetuari, sed potius citius corrumpi per adeptionem optati portus.

---

[1] nunquam *scripsimus cum F (cf. Ps.-HIER., Ep. ad amicum aegrotum 5)* : nunc *ed.*

agitations dangereuses et terribles. On peut la regarder sans danger, mais sa grandeur inoffensive a quelque chose d'effrayant. Pour les navigateurs, les motifs d'effroi ne manquent pas et les heurts des flots sont fréquents ; bref, jamais le timonier ne peut déployer tranquillement toutes ses voiles. Dans le monde comme en mer, rares sont les moments de calme et fréquentes les tempêtes, on les redoute, on les craint, les maladies non plus ne manquent pas : le seul havre de sécurité est le port. »[342]

Du système en vigueur dans la direction d'une galère

Le système naval est le plus ordonné de tous les systèmes. C'est pourquoi Aristote et d'autres penseurs politiques choisissent très souvent des exemples tirés du système naval et le mettent en avant, comme cela apparaît au début du premier livre de l'*Éthique*[343]. De fait, le navire est le meilleur exemple de la communauté domestique, qui englobe toutes les autres, car aucun royaume, aucune cité, aucun village ne peuvent exister sans elle : elle est le principe de toutes les autres. Un foyer parfait requiert trois communautés : celle du mari et de la femme, celle du maître et de l'esclave, celle du père et du fils. La première de ces communautés est absente dans le foyer que constitue le navire, il est l'exemple le plus parfait de la deuxième ; quant à la troisième, elle y est symboliquement. Il y a là le seigneur patron avec ses nombreux serviteurs, et ce même patron est un père et un tuteur pour les pèlerins, qui sont comme ses fils.

Aristote, dans le premier livre de la *Politique*[344], a défini les trois régimes domestiques. D'abord le régime matrimonial, selon lequel le mari domine son épouse ; ce régime, je le répète, n'existe pas[345] dans le navire, car la raison pour laquelle l'homme prend une épouse est la volonté de perpétuer la communauté familiale ; or personne ne cherche à perpétuer la communauté d'un navire, mais on souhaite au contraire la dissoudre au plus vite en atteignant le port. Le

Secundum regimen est paternale, secundum quod pater praeest filiis ; et hoc est inter patronum et peregrinos, quantum ad obtemperantiam, quia decet eos obtemperare patrono. Tertium est regimen dominativum et dispoticum, secundum quod dominus praeest servis, et hoc regimen est praestantissimum et ordinatissimum in domo navali.

In qua **(47 A)** dominus patronus primus motor et praeceptor alios subordinat aliis et praeponit, ipse vero quasi immobilis rex et gubernator existit, ad cujus nutum navis ducitur, quo tendit. Nam de arte navigandi se non intromittit, nec eam scit, sed solum jubet eam duci huc vel illuc. Omnes in navi eum verentur et magnae causae tam inter peregrinos quam inter galeotas emergentes ad eum devolvuntur. Nec constituitur aliquis galeae, praesertim peregrinorum militum, patronus, nisi sit nobilis, potens, dives, prudens et honorabilis. Constitus autem accipit secum aliquos sapientes et expertos amicos, cum quibus consiliatur, eisque sua secreta aperit. Insuper eligit et pretio conducit aliquem virum strenuum et bellicosum, expertum in navali bello et illum praeponit armaturae, quem[1] nominant armiregium ; hic providet galeae de bombardis, balistis, arcubus, lanceolis, fustibus et gladiis, thoracibus et scutis.

Habet etiam despensatorem, qui de omnibus ad victum pertinentibus provisionem facit, quem nominant schalcum, et praeest cellario et coquinae et disponit de pane, de vino, de bestiis mactandis, et omni die praecipit tam cocis quam cellario sic vel sic disponere cibum et potum ; et si contingit defectus in cibo vel in potu, hoc nulli nisi sibi imputatur et contra eum murmuratur. Ideo communiter schalci sunt in navi odiosi. Insuper alium habet patronus potentem officialem[2], quem nominant calipham, qui totam[3] galeam et

---

[1] quam *ed.*

[2] offiicialem *ed.*

[3] tatam *ed.*

second est le régime patriarcal, selon lequel le père domine ses fils. C'est celui qui existe entre le patron et les pèlerins du point de vue de l'obéissance puisqu'il convient en effet que les pèlerins obéissent au patron. Le troisième est le régime seigneurial et despotique, selon lequel le maître domine ses sujets. Ce régime est absolument prépondérant et très ordonné dans le foyer que constitue le navire.

Dans ce foyer **(47 A)**, le patron est le premier moteur et, en tant que chef, il place les uns sous les ordres des autres, les autres à la tête des uns, et il est lui-même pour ainsi dire le roi inamovible et le timonier dont le geste indique au navire la direction à suivre. En effet, le patron ne se mêle pas de l'art de la navigation, qu'il ne connaît pas, mais il se contente d'ordonner qu'on conduise le navire ici ou là. Sur le navire, tout le monde le craint et les différends importants qui naissent aussi bien parmi les pèlerins que parmi les matelots sont portés devant lui. Personne ne peut être nommé patron d'une galère – surtout d'une galère de chevaliers en pèlerinage – s'il n'est pas noble, puissant, riche et honorable. Celui qui a été nommé prend auprès de lui quelques amis sages et expérimentés, avec qui il tient conseil et qui lui servent de confidents. De plus, il choisit et appointe un homme vif, vaillant et expérimenté en combat naval, qu'il place à la tête de l'armement. On le nomme l'*armiregius* ; c'est lui qui s'assure de l'équipement de la galère en bombardes, balistes, arcs, lances, gourdins et épées, cuirasses et boucliers.

Le patron a aussi un administrateur qui s'occupe de l'approvisionnement pour tout ce qui concerne les vivres. On le nomme le *schalcus*. Il dirige la cambuse et la cuisine, il répartit le pain, le vin, la viande, et il donne chaque jour, aussi bien aux cuisiniers qu'à l'intendant, des instructions quant à la nourriture et à la boisson. Aussi, s'il arrive qu'on manque de nourriture ou de boisson, cela n'est imputé à personne d'autre qu'au *schalcus*, et c'est contre lui que l'on grogne. C'est pourquoi les *schalci* sont bien souvent haïs sur les navires. Le patron a également un autre officier haut placé, qu'on nomme le « calife ». Celui-

omnes eius partes gubernat, quantum ad hoc, quia considerat, in qua habeat defectum, si aliquid sit ruptum, aut navigationi impeditivum, onera galeae aequat, rupta obstuit et reficit et lustrat galeam tam in sentina quam in keba, in prora et in puppi.

Adhuc[1] officialis potens navis dicitur pirata, quem Theutonici putant dici pilatum. Hic pirata scit maris itinera securiora et propinquiora, et secundum hoc, quod jusserit vel consuluerit, ita fit navigatio. Si autem in aliquam regionem venerit sibi ignotam, facit, quod proximum petant portum et ibi cedit suo officio, et alium patronus conducit, cui notae sunt maris semitae, ne ex ignorantia[2] contingat bythalassium, syrtim, aut charybdim incidere. Cum eodem sunt aliqui gnari viri astrologi et auruspices, qui astrorum et coeli signa considerant, et de ventis judicant, ipsumque piratam dirigunt. Sunt autem communiter omnes in illa arte experti, quod ex inspectione coeli de futuris aut tempestatibus aut tranquillitatibus judicant, quod etiam considerant in colore maris, et ex concursu et motu delphinorum, et piscium volantium, ex fumo ignis, et exhalatione sentinae, et ex scintillatione spirarum et funium noctibus[3], **(B)** et ex remorum mari immissorum radiatione. In nocte ex inspectione siderum omnes horas sciunt. Et habent juxta malum maris stellam unam, aliam in suprema habitatione castelli, quasi compassum et juxta illam semper noctibus ardet lucerna, et in navigatione nunquam avertunt oculum ab ea, sed semper unus stellam inspicit, et cantat quadam dulci melodia, intimans prosperitatem viae, et eodem cantu pronunciat illi, qui gubernaculi clavum regit, ad quam partem ipsum gubernaculum sit trahendum : nec ille gubernator audet quovis modo movere temonem nisi jussu inspectoris

---

[1] ahuc *ed.*

[2] exignorantia *ed.*

[3] *post* noctibus *add.* [motibus] *ed.*

ci, pour l'ensemble de la galère et ses différentes parties, s'occupe d'examiner s'il n'y a pas quelque avarie, quelque chose de brisé ou de défavorable à la navigation. Il répartit la charge sur la galère, bouche les trous, répare et nettoie la galère de la sentine à la hune, de la proue à la poupe.

Il y a par ailleurs un autre officier haut placé qu'on appelle le *pirata*, et non le *pilatus* comme le croient les Teutons. Ce « pirate » connaît les itinéraires maritimes les plus sûrs et les plus courts, et la navigation se déroule selon ses ordres ou ses conseils. Si on arrive dans une région inconnue de lui, il fait en sorte qu'on gagne le port le plus proche, il cède alors sa place, et le patron en engage un autre qui connaît les chemins maritimes, pour qu'on ne risque pas, par ignorance, de s'exposer aux dangers *bithalasse*, *syrte* ou *charybde*. Aux côtés de ce marin, il y a quelques hommes qui connaissent l'astrologie et la science de la prédiction, qui examinent les signes donnés par les astres et le ciel, jugent des vents, et dirigent le « pirate » lui-même. En général, ils sont tous experts dans cet art qui consiste, par l'observation du ciel, à juger des futures tempêtes ou des périodes calmes, déductions qu'ils font aussi en examinant la couleur de la mer, le rassemblement et le mouvement des dauphins et des poissons volants, la fumée du feu, les exhalaisons de la sentine, la brillance des câbles et des cordages dans la nuit **(B)** et les reflets des rames plongées dans la mer. La nuit, ils savent l'heure par l'observation des étoiles. Et ils ont, à côté du mât, une « étoile de mer » – il y en a une autre à l'étage supérieur du château – qui est une sorte de compas. La nuit, il y a toujours une lampe allumée à côté d'elle : durant la navigation, on ne la quitte jamais des yeux ; il y a toujours une personne qui l'observe et qui chante quelque douce mélodie pour indiquer le bon chemin, car c'est par son chant qu'il annonce à celui qui manie la barre du gouvernail de quel côté il doit le diriger. D'ailleurs, le timonier n'ose manoeuvrer le timon dans un sens ou dans l'autre que sur l'ordre de l'observateur de l'étoile de mer qui y discerne si le

maris stellae, in qua cernit, si directe, si curve, si lateraliter navis progrediatur : de his vide fol. 62.

Habent et alia instrumenta, quibus de cursu siderum et de flatibus ventorum et de maritimis semitis judicant. Chartam enim habent, quae habet ulnae latitudinem et longitudinem, in qua maris latitudo mille mille lineis est depicta, et regiones punctis designantur et miliaria cifris. In illa charta perpendunt, et vident ubi sunt, etiam dum nullum terram conspicere possunt, et dum nec sidera apparent propter nebulas. Hoc autem inveniunt in charta ducendo circulum de linea ad lineam de punctis ad punctum mirabili industria ; multa[1] alia instrumenta habent, in quibus maris itinera considerant, et cottidie simul sedent de his conferentes.

Post hos supremus in regimine navis, qui manum apponit, et praecepta speculantium primo suscipit, dicitur cometa, et idem est quod comes galeae, et habet locum suum infra castellum in medio transtrorum in sublimi. Huic patronus intentionem suam insinuat, et ipse consequenter totam coordinationem movet. Habet enim pendere in collo argenteam fistulam, cum qua dat signum, ad quos labores navales currendum sit ; et quacumque hora diei aut noctis fistula illa auditur, repente omnes accurrunt cum clamore fistulanti respondentes. Hic jubet a portubus recedere et accedere ; anchoras ejicere et retrahere ; vela erigere et remittere ; remis trahere et quiescere ; bolidem immergere ; tonsillas figere et dimittere. Hunc omnes inferiores timent sicut diabolum ; quia ipse percutit baculis, castigat pugnis et funibus quos vult, nec est qui murmurare audeat, quia contra murmurantem omnes insurgunt dato ad hoc signo. Vidi de istis cometis inhumanas crudelitates, quibus affligebant pauperes galeotas.

---

[1] mnlta *ed.*

navire doit avancer tout droit, en courbe ou de côté. A ce sujet, voir le folio 62.

Il y a aussi d'autres instruments permettant de juger de la course des étoiles, du souffle des vents et des voies maritimes. Les marins ont en effet une carte qui fait une aune de large et de long. L'étendue de la mer y est représentée par des milliers de lignes et les zones sont désignées par des points et des milliers de chiffres. Ils font leurs calculs sur cette carte et voient où ils se situent, même quand on ne peut apercevoir aucune terre et qu'aucune étoile n'apparaît à cause des nuages. Ils le découvrent en traçant sur la carte des cercles d'une ligne à l'autre, d'un point à l'autre, avec une application admirable. Ils ont de nombreux autres instruments pour étudier les itinéraires maritimes, et ils se réunissent chaque jour pour en discuter.

Tous ces hommes ont un supérieur hiérarchique sur le navire qui a le pouvoir sur eux et qui recueille en premier les indications des observateurs. On l'appelle le *cometa* et il est comme le comte de la galère. Il a un endroit réservé sous le château, au milieu des bancs des rameurs sur le pont supérieur. Le patron le tient au courant de ses intentions et c'est lui par conséquent qui coordonne tout. Il a d'ailleurs un sifflet en argent pendu à son cou avec lequel il donne le signal d'accourir aux travaux navals. A n'importe quelle heure du jour ou de la nuit on entend ce sifflet, et les hommes accourent aussitôt, répondant au son du sifflet par une clameur. C'est lui qui donne l'ordre de quitter le port ou d'aborder, de jeter ou de lever l'ancre, de hisser ou de descendre les voiles, d'actionner ou de laisser au repos les rames, d'immerger la sonde, de fixer ou d'enlever les poteaux d'amarrage. Cet homme est craint par tous les subalternes comme le diable, car il frappe à coups de bâton, et punit qui il veut à coups de poings et de fouet. Nul pourtant n'ose protester, car tous se donnent le signal et se dressent contre le protestataire. J'ai vu de la part de ces « comtes » des actes de cruauté inhumains, infligés à de pauvres matelots.

Sub illo est alius, qui dicitur baronus, id est baro galeae, qui ad jussum cometae movetur et movet, et semper habitat in medio galeae juxta malum, et etiam gerit fistulam praeceptoriam in collo[1] ; et ubi cometa non potest esse, accurrit baro fistulans, clamans, et stimulans ad labores. Huic grandis cura est de funibus, velis et anchoris, ut sint semper aptata et disposita, et singularia habet in galea[2] privilegia et jura. Sub illo alius est, qui dicitur subbarono[3], qui ad jussum ejus jubet et praecipit aliis.

Post illos sunt quidam, qui **(48 A)** dicuntur compani, id est, socii forte IX., inter quos tamen aliqui praecellunt aliis, et sunt illi, qui sciunt discurrere per funes sicut catti, et velocissime per funes usque ad kebam ascendunt, et erecti in antenna currunt, etiam in saevissimis tempestatibus, et anchoras tollunt, immittentes se aquis profundis, si haeserint, et periculosissimis laboribus insistunt. Sunt autem communiter juvenes agilissimi, vitam suam quasi pro nihilo reputantes, audaces, et sunt etiam in galea potentes, quasi milites sub baronibus.

Sub istis sunt alii, qui dicuntur marinarii, qui ad instantes labores cantant, quia labores navales sunt durissimi, nec exercentur nisi concentu hortatoris, et responsione laboratorum. Sic illi laborantibus assistunt, cantant, hortantur, et percussiones minantur in stimulatione. Onera etiam magna eorum industria trahuntur. Et sunt communiter viri senes et maturi.

Infimi dicuntur galeotae vel galeoti, primae vel secundae declinationis, quos latine nominamus remiges vel remices, qui in transtris sedent ad remos trahendos, et sunt in magno numero, et omnes grossi, at asinini labores eorum sunt, ad quos faciendos clamoribus, verberibus, maledictionibus

---

1 colllo *ed.*

2 gaêa *ed.*

3 subparono *ed.*

En dessous de cet homme, il y a quelqu'un qu'on appelle le « baron », c'est le valet d'armée de la galère, qui agit et dirige sous les ordres du « comte ». Il loge en permanence au milieu de la galère, auprès du mât et il porte aussi un sifflet au cou ; quand le « comte » n'est pas disponible, le « baron » accourt en sifflant, criant et exhortant au travail. Il veille soigneusement à ce que cordages, voiles et ancres soient toujours en bon état et bien disposés. Il possède dans la galère des privilèges et des droits particuliers. En dessous, il y a un homme appelé le « sous-baron », qui commande et dirige les autres en suivant les ordres du « baron ».

Il y a ensuite des hommes **(48 A)** qu'on appelle *compani*, c'est-à-dire des « compagnons », environ neuf, parmi lesquels certains surpassent les autres. Ce sont eux qui sont capables de parcourir tout le navire à travers les cordages comme des chats ; ils montent à toute vitesse à travers eux jusqu'à la hune, courent debout sur l'antenne, même pendant les plus violentes tempêtes, soulèvent les ancres, se jetant dans les eaux profondes si elles sont coincées, et s'attaquent aux travaux les plus dangereux. Ce sont en général des jeunes gens très agiles, audacieux, qui ne font presque aucun cas de leur propre vie. Ils font eux aussi partie des personnes haut placées de la galère, comme des soldats aux ordres du baron.

Viennent ensuite ceux qu'on appelle les *marinarii*, qui chantent au rythme des travaux pressants, car les travaux navals sont très durs et ne se font qu'avec un concert d'encouragements auxquels répondent les travailleurs. Ainsi, ils aident ceux qui travaillent, en chantant, en les exhortant, et en les menaçant de coups pour les stimuler. C'est un métier qui leur rapporte un gros salaire, et en général, ce sont des hommes vieux et mûrs.

En bas de l'échelle, il y a ceux qu'on appelle les *galeotae* ou *galeoti*, de la première ou deuxième déclinaison, qu'on nomme en latin *remiges* ou *remices* et qui sont assis sur les bancs et actionnent les rames[346]. Ils sont en grand nombre, et tous costauds, mais leur travail est un travail d'âne, et on les

stimulantur : sicut equi ducentes oneratum currum per viam altam, qui quando fortius trahunt, tanto magis stimulantur ; sic et isti miseri, quando omnem conatum in labore faciunt, adhuc percutiuntur ad plus conandum. Taedet me scribere, et horreo cogitare de tormentis et castigationibus illorum hominum : nunquam vidi bestias adeo atrociter percuti, sicut illi caeduntur. Coguntur saepe tunicas et camisias a cingulo deorsum pendere, et brachiis scapulis et dorso nudato laborare, ut corrigiis et flagellis possint tangi. Hi galeoti sunt in plurimum servi emptitii patronorum, vel alias sunt vilis conditionis, aut captivi, aut fugitivi de terris, aut expulsi, aut exules, vel adeo infelices, quod super terram vivere non possunt nec se nutrire valent : et quando timetur fuga eorum, tunc ferramentis includuntur super transtra sua. Ut communiter sunt Macedones et de Albania, de Achaja, de Illyrico et Sclavonia et nonnunquam sunt inter eos Turci et Sarraceni, qui tamen occultant ritum suum.

Nunquam vidi thcutonicum galeotam, quia nullus Theutonicus miserias istas sustinere posset. Sunt autem miseriis ita assueti, quod tepide et inutiliter laborant, nisi assistat eis, qui percutiat sicut asinos, et maledicat eis. Miserrime comedunt et dormiunt semper in tabulis transtrorum, et diu noctuque sub divo sunt ad laborandum parati, et in tempestatibus in mediis fluctibus stant. Fures communiter sunt, nec parcunt rei, quam inveniunt, quin eam reservent, propter quod gravissime saepe torquentur. Porro tempore, quo non sunt in labore, sedent et ludunt chartis et taxillis pro auro et argento, cum execrabilibus blasphemiis et juramentis. Nunquam audivi tam horribilia juramenta sicut in navibus a jam dictis : nihil enim expediunt, nec in joco, nec

stimule avec des cris, des coups de fouets, des insultes ; ils sont comme des chevaux tirant un lourd chariot sur un chemin qui monte : plus ils tirent fort, plus on les aiguillonne ; de même, ces malheureux eux aussi, quand ils mettent tous leurs efforts dans leur travail, reçoivent encore des coups pour qu'ils en fassent davantage. Cela me dégoûte de l'écrire et je suis horrifié en pensant aux tourments et aux châtiments que subissent ces hommes : jamais je n'ai vu de bêtes frappées de manière aussi atroce qu'ils sont battus. On les force souvent à laisser leurs tuniques et leurs chemises pendre à leur ceinture et à travailler bras, épaules et dos nus, pour qu'ils puissent être atteints par les courroies et les fouets. La plupart de ces galériens sont des esclaves achetés par les patrons, parfois, ce sont des hommes de vile condition, des prisonniers, des gens qui ont fui leur domaine, ont été chassés ou exilés, ou des hommes si infortunés qu'ils ne peuvent vivre sur la terre et sont incapables de se nourrir. Quand on craint qu'ils ne s'enfuient, on les enchaîne sur leur banc. En général, ils sont originaires de Macédoine, d'Albanie, d'Achaïe, d'Illyrie ou de Slavonie, et il y a parfois parmi eux des Turcs et des Sarrasins, mais qui dissimulent leurs coutumes.

Je n'ai jamais vu de galérien teuton, car aucun Teuton ne serait capable de supporter une telle misère. Les galériens sont si accoutumés à leur misère que leur travail est mou et inefficace sans l'assistance de celui qui les frappe comme des ânes et qui les insulte. Ils mangent fort mal et dorment toujours à même leurs bancs. De jour comme de nuit ils sont dehors, prêts au travail, et même dans les tempêtes ils se tiennent au milieu des flots. Ils sont très souvent voleurs mais ne profitent pas de leur butin, qu'ils cachent à cause des sévères punitions que cela pourrait leur attirer. Quand ils ont un moment où ils ne travaillent pas, ils restent assis à jouer aux cartes et aux dés, pour de l'or et de l'argent, avec d'abominables blasphèmes et jurons. Jamais je n'ai entendu de plus horribles jurons que ceux qu'on prononce sur les navires : ils ne peuvent

in serio, nisi cum turpissimis blasphemiis Dei et Sanctorum.

Sunt tamen inter **(B)** eos nonnunquam aliqui honesti mercatores, qui se isti gravissimae servituti subjiciunt, ut mercantias in portubus exerceant. Aliqui sunt mechanici sutores vel calceatores, et tempore quietis faciunt in navi calceamenta, et tunicas ac camisias ; aliqui sunt lotores et lavant in navi camisias et facileta pro pretio. Hoc autem commune est omnibus galeotis, quod sunt negotiatores, et quilibet sub transtro suo habet aliquid venale, quod in portubus exponit ad vendendum, et in navi cottidie simul negotiantur. Sciunt etiam communiter ad minus tres linguas, scilicet sclavonicam, graecam, et italicam, et major pars scit ad istas etiam turcicam. Inter galeotas etiam est ordo : nam aliqui aliis praepositi sunt, et illi, de quibus est major confidentia, ponuntur custodes circa ostia galeae, et dicuntur guardiani. Aliqui sunt praepositi prorae ; aliqui praesunt in dextero latere ; aliqui in sinistro ; aliqui in puppi serviunt, et illi melius stant.

Sunt etiam in galeis communiter tres vel quatuor juvenes masculi, qui discunt per funes currere, et in aliis animosis operibus student se exercere. Aliqui etiam praeter galeotas sunt bombardrini ; aliqui tubicines, qui clangunt semper mane et vespere, et ante mensam et post mensam, et in omnibus portubus.

Aliqui etiam galeae mundatores et ornatores. Sunt etiam in ea rasores ad minus duo, qui etiam sunt medici et chirurgici ; sunt etiam in ea tortores malefactorum, qui torquent sicut lictores, quos patronus jusserit torqueri. Est etiam quidam officialis satis potens in galea, quem nominant scribanum, id est scriptorem, qui omnia nomina personarum galeae in scriptis habet, intrantes in portubus inscribit, et exeuntes, et ille lites ortas de cumbis componit et naulum exigit, et multa agere habet, et est etiam ut communiter homo

rien dire, que ce soit par plaisanterie ou sérieusement, sans une bordée ignoble de blasphèmes envers Dieu et ses saints.

Il y a cependant parfois parmi **(B)** les galériens quelques honnêtes marchands qui se soumettent à ce terrible esclavage pour pouvoir commercer dans les ports. Certains sont artisans couturiers ou cordonniers et, à leurs moments de repos, ils fabriquent sur le navire des chaussures, des tuniques et des chemises. D'autres sont blanchisseurs et se font payer pour laver à bord les chemises et le linge. Généralement, tous les galériens sont commerçants : chacun a sous son banc quelque chose à vendre, qu'il propose à la vente dans les ports et négocie quotidiennement sur le navire. Ils connaissent en général au moins trois langues, à savoir le slavon, le grec et l'italien, et la plupart d'entre eux connaissent également le turc. Il existe une hiérarchie entre les galériens : certains sont plus haut placés que d'autres, et ceux-là, en qui on a davantage confiance, sont postés comme surveillants auprès des issues de la galère ; on les appelle les « gardiens ». Certains sont placés à la proue, d'autres du côté droit, d'autres à gauche, d'autres encore servent à la poupe, ce qui est la meilleure place.

Il y a aussi en général sur les galères trois ou quatre jeunes garçons qui apprennent à courir à travers les cordages et qui s'entraînent avec ardeur à d'autres exercices périlleux.

Outre les galériens, il y a aussi des bombardiers, des sonneurs de trompette qui sonnent matin et soir, avant et après le repas et dans chaque port, et des hommes chargés de nettoyer et de décorer la galère. Il y a aussi au moins deux barbiers, qui sont également médecins et chirurgiens. Il y a encore les tourmenteurs de criminels qui torturent comme des bourreaux ceux que le patron ordonne de torturer. Il y a enfin un officier assez haut placé sur la galère qu'on appelle le *scribanus* : c'est un scribe qui possède sur des registres les noms de toutes les personnes présentes sur la galère. Dans les ports, il enregistre ceux qui entrent et ceux qui sortent, il règle les disputes qui naissent dans les « combes » et réclame le paiement du voyage : il a beaucoup à faire et c'est aussi en

omnibus otiosus, et illud sufficiat de officialibus galeae.

De Justitia et Judicio, quae servantur in galea exacte.

Ut autem in tanta multitudine pax servetur, justitiae locus datur, et in galea exacta justitia servatur. Sunt enim in navi judices, qui cunctis diebus et causis emergentibus sedent pro tribunali, et audiunt partes, et examinant causas ; et rigorosus processus est in galea. Insuper si aliqui de tractatu facto in galea discordaverit, nisi in navali judicio concordaverit, in nullo judicio admittitur unus contra alium extra mare ; nec unus tenetur alteri stare extra navem ; nec aliquis judex terrae se intromittit de contractibus celebratis in mari. Si unus concessit X ducatos in mari, postquam ad terram venerint, si ille negat se accepisse, per nullum judicem cogetur, nec testes admittuntur contra eum. Ita dicunt marinarii ; an autem ita sit et si de facto ita fiat, an sit rationale, videat qui vult. Ideo autem exacta justitia servatur. Fures etiam puniuntur, sed leniter. Nemo adjudicatur morti, sed illa est severissima sententia navis, quod reus aliquo gravi facto ad chordas trahitur, et percutitur et post castigationem in proximum **(49 A)** litus deportatur, et ibi dimittitur, et navis recedit ; sic vidi fieri cuidam homicidae, et tantum de illo : sequitur aliud.

général un homme haï de tous. Mais en voilà assez au sujet de ceux qui travaillent sur la galère.

De la justice et du droit rigoureusement appliqués sur la galère

Pour préserver la paix au milieu d'une telle multitude, il faut donner une place à la justice, aussi applique-t-on sur la galère une justice rigoureuse. En effet, il y a sur le navire des juges qui siègent toute la journée pour arbitrer les conflits qui surgissent, ils écoutent les parties et examinent les causes ; sur le navire, la procédure est stricte. En outre, si quelqu'un est en désaccord avec une décision prise sur la galère, il n'a d'autre solution que de trouver un accord au sein de la justice navale, car entre lui et son adversaire, aucun jugement pris ailleurs que sur la mer n'aura de validité, et personne n'est tenu à une assignation en dehors du navire ; en outre, aucun juge qui exerce sur terre n'intervient contre des arrangements décidés en mer. Si quelqu'un a cédé dix ducats en mer et qu'une fois arrivés à terre, l'autre nie les avoir reçus, aucun juge ne pourra le contraindre, et aucun témoignage ne sera pris en compte contre lui. C'est ce que disent les marins. Cela se passe-t-il réellement ainsi ? Et si c'est le cas, est-ce raisonnable ? A chacun d'en juger. Quoi qu'il en soit, c'est la raison pour laquelle on applique une justice rigoureuse. Même les voleurs sont punis, mais modérément. Personne n'est condamné à mort, mais voici la sentence la plus sévère du navire : le coupable d'un grave méfait est condamné au fouet et frappé. Après ce châtiment, on le débarque **(49 A)** sur le rivage le plus proche, où on l'abandonne, et le navire reprend sa route. J'ai vu procéder ainsi pour un meurtrier. Voilà pour ce sujet, passons à la suite.

De divino Officio, quomodo in galea peragitur.

Nec praetereundum est videre qualiter se navigantes habeant ad Deum in actibus latriae. Dignum enim est ut in tantis discriminibus et periculis existentes Dei non obliviscantur. Tribus ergo vicibus per diem adorant in navibus Deum. Primo mane in ortu solis, tunc enim aliquis de servis domini patroni, stans in alto ante castellum, imperat fistula silentium, quo facto erigit tabulam, in qua depicta est beata Virgo puerum tenens in ulnis ; quam cuncti videntes genua flectunt, et Ave Maria dicunt, et alias orationes si placet. Statim autem ut tabulam remittit, incipiunt tubicines canere tubis, et tunc unusquisque procedit ad opera solita.

Secundo circa horam VIII. ante meridiem iterum signum fit ad orationem, et capsa, quae stat superius ad malum, operitur cum panno aliquo pulchro, et ponuntur super eam duo candelabra, cum accensis candelis, et in medio candelabrorum tabula Crucifixi, et liber missalis, ac si officium Missae deberet celebrari ; et omnes peregrini ascendunt, circumstant malum. Tunc accedit sacerdos stolam in collo habens, et incipit : Confiteor ; et consequenter omnia legit, cum omnibus moribus sacerdotis celebrantis, dempto canone, quem non legit, quia non conficit : et ita perficit Missam, sine sacrificio Missae, concludens eam cum Evangelio : In principio erat verbum. Illas Missas nominant Missas torridas, vel aridas.

An autem hic modus sit in jure fundatus, non memini me legisse. Sed hoc scio quod quibusdam doctis non placet. Dicunt enim quod legere ea, quae manifeste cantantur a choro, non est inconveniens ; sed ea legere cum stola et Missae moribus et sacerdotalibus sollemnitatibus, sit deceptorium. In festivitatibus cantant illas Missas. Sed Eucharistia nunquam in navi conficitur. De cujus carentia

Comment l'office divin est célébré sur la galère

Voyons à présent un sujet inévitable : le comportement des gens sur un navire vis-à-vis de Dieu, dans la célébration du culte. En effet, il est juste que, même dans les situations critiques et dangereuses, les mortels n'oublient pas Dieu. On adore donc Dieu trois fois par jour, sur les navires. On le fait une première fois le matin au lever du soleil, quand un des serviteurs du patron, debout en haut devant le château, ordonne le silence avec son sifflet, avant de soulever un tableau où est peinte la Vierge bienheureuse portant l'enfant sur ses genoux. En la voyant, tous se mettent à genoux et disent l'*Ave Maria* et d'autres prières s'ils le souhaitent. Puis, dès que l'on range le tableau, les sonneurs de trompettes commencent à jouer et chacun retourne à ses occupations habituelles.

Autour de huit heures du matin retentit pour la deuxième fois le signal de la prière. On couvre d'un beau tissu un coffre situé sur le pont supérieur près du mât, on pose dessus deux candélabres garnis de cierges allumés et, entre les candélabres, un tableau du Christ et un missel, comme pour célébrer l'office de la messe. Tous les pèlerins montent et se placent autour du mât. Alors le prêtre s'avance, portant l'étole autour du cou, et commence par le *confiteor*, puis il lit tout, en respectant tout ce que fait un prêtre célébrant, excepté le canon, qu'il ne lit pas, car il n'accomplit pas le sacrifice de la messe : il la termine ainsi sans le sacrement de l'Eucharistie, en concluant par le passage de l'évangile « Au commencement était le Verbe ». On nomme ces messes les messes « desséchées » ou « arides ».

Cette façon de procéder est-elle fondée sur le droit canonique ? Je n'ai pas souvenir de l'avoir lu. Mais je sais qu'elle déplaît à certains docteurs, qui arguent que si lire ce qui est normalement chanté par le choeur n'est pas inconvenant, il serait en revanche trompeur de le lire avec l'étole, les règles de la messe et la solennité sacerdotale. On chante ces messes lors des fêtes, mais on ne célèbre jamais l'Eucharistie sur un navire.

ante maturam deliberationem saepe miratus fui, et negligentiae nostrorum Praelatorum adscripsi, quasi minus curarent de filiorum ecclesiae salute, quam dignum et justum ac necessarium esset, praecipue tamen cum legamus quod tempore B. Gregorii fuerint Missae in navi celebratae, vel ad minus Eucharistia in ea conservata, ut patet 3 Dialogorum, ubi habetur, quod quidam periclitati in mari Adriatico communicati fuerunt corpore et sanguine Domini. Et in legenda B. Ludovici, Regis Franciae. Et videbatur mihi magna ecclesiae negligentia quod in tantis periculis constitutis non esset provisio facta dudum cum sacramentis et signanter peregrinis, qui illa pericula subeunt pro amore et honore divino. Sed cum rem hanc diligenter cum ratione ponderarem, inveni quod prudens et sancta mater Ecclesia hoc sacrosanctum Eucharistiae sacramentum non vult confici, nec conservari in navibus, et pluribus rationibus.

Primo quia hoc sacramentum non est sacramentum necessitatis, sed sufficit ad salutem habere votum suscipiendi tempore et loco oportuno. In navi autem non est locus oportunus, ut patebit, etsi sit tempus, quamvis et ipsum tempus pro omni **(B)** momento sit inconveniens. Secundo : quia ibi non est proprius sacerdos, a quo singulariter est hoc sacramentum suscipiendum, sicut jura decernunt ; parochia enim, ad quam navis devolvatur, ignoratur : ideo dimittitur. Tertio : ibi non potest conservari Eucharistia ; nam panes solidi et magni et bene in clibano decocti non possunt durare in navibus, sed quam statim post paucos dies liquescunt et marcescunt ; quanto minus possent species panis tenuissimi et non bene decocti manere. Nam tempore humido non possent sacramenti species tribus horis manere, quin essent resolutae in pastam liquidam. Ita enim contingit de bapiro,

Avant d'avoir mûrement réfléchi sur son absence, je m'en étais souvent étonné et je l'attribuais à la négligence de nos prélats, considérant, pour ainsi dire qu'ils ne se souciaient pas du salut des fils de l'Église comme il eût été digne, juste et nécessaire de le faire ; je m'en étonnais surtout en lisant que du temps de Grégoire le Grand, des messes avaient été célébrées en mer, ou du moins que l'Eucharistie y était respectée, comme cela apparaît au livre III des *Dialogues*[347], où il est raconté que des naufragés en mer Adriatique avaient communié au corps et au sang du Christ. Voir aussi la légende de saint Louis, roi de France[348]. Cela me semblait donc une grande négligence de la part de l'Église de ne pas prévoir, sur la mer où se dressent de si grands périls, des hosties consacrées, surtout pour les pèlerins, qui affrontent ces périls pour l'amour et l'honneur de Dieu. Cependant, pesant soigneusement la chose avec la balance de la raison, j'ai découvert qu'il y a de nombreux motifs au refus de notre sage et sainte mère l'Église de célébrer le sacro-saint sacrement de l'Eucharistie sur les navires et d'y conserver des hosties.

La première raison, c'est que ce n'est pas un sacrement de nécessité : pour gagner le salut, il suffit d'avoir fait voeu de communion en temps et lieux opportuns. Par ailleurs, il n'y a pas sur un navire, comme on le verra, de lieu approprié, même si le temps l'était, encore que le temps lui aussi soit **(B)** à tout moment inopportun. La seconde raison, c'est qu'il n'y a pas en ce lieu de prêtre attitré, qui est seul habilité à donner ce sacrement, comme le stipulent les lois de l'Église. D'ailleurs, comme on ne sait pas à quelle paroisse rattacher un navire, il échappe à l'Église. La troisième raison, c'est qu'il est impossible en ce lieu de conserver des hosties. En effet, les gros pains consistants et bien cuits au four ne peuvent pas durer sur les navires ; au bout de quelques jours ils se décomposent et pourrissent instantanément. Combien moindre serait la conservation des espèces[349] d'un pain si fin et si peu cuit ! En effet, par temps humide, les espèces d'une hostie ne pourraient se conserver trois heures sans se réduire en une pâte molle.

quae penitus inutilis fit tempore humido. IV. Eucharistia debet conservari in ecclesia et loco sancto ; navis autem non est ecclesia, nec locus consecratus ; nec aptus conservationi. V. Circa sacramentum Eucharistiae debet semper ardere lumen, quod in galea esse non potest. Tantus enim est impetus ventorum et aquarum abundantia quod saepe totam galeam involvit, et lumen nec in latebris nec in lucernis potest conservari. VI. Non debet Missa celebrari, nec Eucharistia conservari in galeis propter incertitudinem periculorum ; subito enim, et in ictu oculi adveniunt tempestates, quibus advenientibus navis importune movetur, et si sacerdos in altari staret, non posset subsistere, nec calix posset manere, nec tabula, aut mensa altaris ; sed in momento contingeret omnia everti. VII. Propter ventorum importunitatem, quo flante lumina ardere non possent, et corporale cum aliis altaris mappis de ara ejicerentur. VIII. Propter incertum illapsum aquarum, quae nunc huc nunc illuc diffunduntur ; ctiam ad parvum[1] venti flatum[2], dum non speratur, nec timetur, illabitur aqua galeae copiose, et quae contingit, confundit ; ideo Missa non habetur in navi. IX. Propter irreverentiam. Nam in navi non est locus, ad quem non sit quandoque irreverentialis concursus. Galeoti enim in necessitate suo cursu nec sacerdoti celebranti, nec sacramento deferrent <reverentiam>, sed omnia, sacerdotem, altare simul cum sacramento subverterent. Sunt enim labores navales subiti, et quodammodo ignei, urgentes, nec moram capiunt, ut deferantur : in omni etiam loco galeae dormiunt homines, comedunt, bibunt, et confabulantur, mentiuntur, et perjurant, quae omnia sunt contra sacramenti reverentiam. X. Non debet ibi Missa celebrari propter praesentiam indignorum. Sunt enim frequenter in navibus illis Judaei, Turci,

---

[1] parvnm *ed.*
[2] ventiflatum *ed.*

C'est ainsi que le papier devient complètement inutilisable par temps humide. Quatrièmement, l'hostie doit être conservée dans une Église et en un lieu saint. Or, un navire n'est ni une Église ni un lieu consacré, il n'est donc pas apte à cette conservation. Cinquièmement, autour du ciboire eucharistique doit toujours briller de la lumière, ce qui est impossible sur une galère. En effet, une galère est tellement assaillie par les vents et les eaux, qu'elle en est souvent entièrement enveloppée et qu'une flamme ne peut rester allumée ni à l'abri ni dans une lampe. Sixièmement, la messe ne doit pas être célébrée ni l'hostie conservée sur les navires en raison de l'insécurité due aux dangers, car les tempêtes arrivent soudain et en un clin d'oeil, et quand elles arrivent, le navire est violemment secoué. Si un prêtre se tenait près d'un autel, il ne pourrait rester debout ; le calice ne pourrait rester en place, ni l'autel ou la table servant d'autel : tout serait renversé en un instant. Septièmement, les vents violents empêcheraient par leur souffle les lumières de rester allumées et feraient s'envoler de l'autel le corporal[350] et les autres linges consacrés. Huitièmement, les eaux peuvent subitement envahir le navire et se répandre ici ou là. Même par vent faible, lorsqu'on ne s'y attend pas et qu'on est sans crainte, l'eau déferle sur la galère et renverse tout sur son passage, c'est pourquoi il n'y a pas de messe sur le navire. Neuvièmement, il y a l'irrévérence. En effet, il n'y a pas un seul endroit sur un navire vers lequel, à un moment ou à un autre, n'accourent, sans rien respecter, des marins. Du coup, les matelots pressés par la nécessité, n'accorderaient dans leur course aucun respect ni au prêtre qui célèbre, ni aux hosties, mais ils renverseraient tout en même temps, prêtre, autel et hosties. C'est que les travaux navals sont imprévisibles et urgents et même pour ainsi dire brûlants : ils doivent être accomplis sans retard. Par ailleurs, partout sur la galère, des hommes dorment, mangent, boivent, bavardent, mentent, jurent, et tout cela va à l'encontre du respect dû au sacrement. Dixièmement, on ne doit pas célébrer la messe en ce lieu en raison de la présence de gens indignes. Il y a en effet très

Sarraceni, schismatici, haeretici, et excommunicati a jure et a judice, et interdicti, et si non isti indigni omnes simul reperiuntur, semper tamen aliqui eorum ibi sunt, coram quibus non debet celebrari. XI. Propter grandia et enormia peccata, quae in navibus committuntur. Ibi cottidie ludunt ad taxillos et chartas, ibi execrabiliter Deum et Sanctos blasphemant, perjurant, et mentiuntur, detrahunt et litigant, furantur et rapiunt, se ingurgitant, replentur et inebriantur. Utinam verum non sit, quod saepe audivi recitare, quod exerceant peccatum nefandissimum sodomiae in galeis galestreli **(50 A)** orientales ; ideo indignus est locus pro tanto sacrificio, ubi committuntur tanta vitia. XII. Foetor turpis et immunditia galeae et hominum dehonestant locum. XIII. Propter derisionem infidelium, et scandalum eorum. Si enim audierint Deum nostrum in navi praesentem esse in sacramento, secundum fidem nostram, et viderint nos nihilominus criminose vivere, vel tribulatione quassari, grave sumerent scandalum, et derisionem facerent sacramento dignissimo. XIIII. Propter malorum Christianorum fatuitatem. Si enim hoc sacramentum praesens esset in galea, et maris tempestas incideret, et navis in periculum tenderet, nec statim consolatio seu adjutorium adesset, hoc illi fatui Christiani in injuriam sacramenti statim retorquerent, et si non ore, tamen corde dicerent : si tu es Christus, salvum fac temet ipsum et nos.

Simile vidi oculis. Nam quodam tempore grassante tempestate et durante, ego et caeteri religiosi et sacerdotes conversi ad Dominum cantavimus letanias et Sanctos Dei invocavimus pro adjutorio, quia erat periculosa tempestas. Sed dum tempestas permaneret, aliqui nobiles milites facti in Jerusalem perversi, dicebant quod ab orationibus cessaremus ; credentes quod propter orationes nostras

souvent sur ces navires des Juifs, des Turcs, des Sarrasins, des schismatiques, des hérétiques, des excommuniés par jugement ou de droit[351], des bannis. Même si on ne trouve pas tous ces gens indignes en même temps, il y en a cependant toujours quelques-uns qui sont là, et devant qui on ne doit pas célébrer. Onzièmement, de grands et immenses péchés sont commis sur les navires. On y joue tous les jours aux dés et aux cartes et on y prononce d'abominables blasphèmes contre Dieu et ses saints, on jure, on ment, on se dénigre et on se querelle, on vole et on rapine, on s'empiffre, on se gorge de vin et on s'enivre. Et puisse ne pas être vrai ce que j'ai souvent entendu raconter, à savoir que sur les galères, les matelots orientaux pratiquent le péché absolument abominable de la sodomie ! **(50 A)** Un lieu où de si grands péchés sont commis est donc indigne d'un si noble sacrement. Douzièmement, la puanteur atroce et la saleté d'une galère et de ses hommes déshonorent ce lieu. Treizièmement, les infidèles se moqueraient et feraient du scandale. En effet, s'ils apprenaient que, selon notre foi, notre Dieu est présent sur le navire dans l'hostie, et qu'ils nous voyaient néanmoins vivre dans le péché ou être les jouets de la tribulation, ils provoqueraient un grave scandale et tourneraient en dérision un si digne sacrement. Quatorzièmement, il y a la sottise des mauvais chrétiens. En effet, si ce sacrement était présent sur la galère, qu'une tempête survînt en mer, que le navire fût en danger, et que ne se présentât aucun soutien ou aucune aide immédiate, ces chrétiens idiots s'en prendraient aussitôt à l'hostie de manière outrageante, et si ce n'est en paroles, du moins avec le coeur, ils diraient : « Si tu es le Christ, sauve-toi toi-même et nous aussi. »[352]

De mes yeux j'ai vu semblable chose. En effet, lors d'une tempête longue et violente, nous tous, religieux et prêtres, tournés vers le Seigneur, chantions des litanies et invoquions l'aide des saints de Dieu, car la tempête était dangereuse. Mais comme la tempête durait, quelques nobles chevaliers pervertis à Jérusalem nous disaient de cesser nos

tempestas magis saeviret, et interrumpentes psalmodiam et letanias dixerunt : si orationes vestrae essent Deo gratae, jam dudum essemus ab his periculis erepti. Sic absque dubio, si Eucharistia in navi conficeretur, idem contingeret. Putarent enim rudes et dubiosi seculares, quod praesente sacramento nihil triste accidere deberet, et si accideret, ejus praesentiae adscriberent. Sic fecerunt filii Israel ducentes secum in praelium arcam Domini, putantes se nihil posse pati ab inimicis. Sed eo non obstante prostrati fuerunt, et arca Dei capta, ut habetur 1. Regum. 4. Magis enim est irae Dei provocativum[1] indigna et irreverentialis contrectatio et circumductio, quam humilis et timida dimissio. Sic etiam aliqui rustici faciunt suos curatos sacramentum Eucharistiae per campos deferre, ne segetes grandine annihilentur : et si segetes proficiunt, parum grati sunt ; si deficiunt, scandalizati manent et contra Deum murmurant.

XV. ratio quare Eucharistia in navi non est sumenda, propter evomitationem facilem et subitam. Si enim sacerdos jam Missam celebrasset, et tempestas advenerit, cogeretur vi naturae Eucharistiam vomitu ejicere, nec posset retinere, et hoc est horribile audire. Ideo pia est illa sacramenti privatio.

Tertium tempus, quo in galea laudant Deum, est in occubitu solis : tunc enim omnes congregantur ad malum, ubi est galeae forum et genibus flexis cantant : Salve Regina ; et in singularibus angustiis praemittunt letanias. **(B)** Post Salve facit cum fistula signum camerarius domini patroni, et statim in alto pronuncians optando omnibus bonam noctem ex parte patroni, et iterum sicut mane ostendit tabulam b. Virginis, ad cujus ostensionem dicunt tria Ave

---

[1] provacativum *ed.*

prières, croyant que nos prières nourrissaient la tempête. Ils dirent en interrompant la psalmodie et les litanies : « Si vos prières étaient bien accueillies par Dieu, nous aurions déjà échappé à ces dangers depuis longtemps. » Ainsi, sans aucun doute, si l'on célébrait l'Eucharistie sur un navire, elle subirait les mêmes sarcasmes. Les laïcs ignorants et sceptiques penseraient en effet que la présence de l'hostie devrait empêcher tout accident fâcheux et, si un malheur arrivait, ils l'imputeraient à sa présence. C'est ainsi que réagirent les fils d'Israël qui portaient avec eux au combat l'arche du Seigneur, pensant qu'elle les protégerait de leurs ennemis. Non seulement ils furent terrassés mais l'arche de Dieu fut emportée, comme cela apparaît dans le premier livre des *Rois* (I, 4). Car on provoque bien plus la colère de Dieu quand on dénature et travestit un sacrement de manière indigne et irrévérencieuse que quand on y renonce avec crainte et humilité. C'est ainsi également que certains paysans font célébrer le sacrement de l'Eucharistie par leurs curés à travers champs, afin que les moissons ne soient pas anéanties par la grêle ; et si les moissons sont abondantes, ils ne se montrent guère reconnaissants, mais si elles sont mauvaises, ils sont longtemps scandalisés et murmurent contre Dieu.

La quinzième raison pour laquelle on ne doit pas communier sur un navire, c'est qu'on y vomit facilement et sans s'y attendre. Si en effet une tempête survenait après la célébration de la messe, on serait contraint par la force de la nature à rejeter l'hostie en vomissant et l'on ne pourrait pas la retenir, ce qui est horrible à entendre. En conséquence, il est pieux de se priver d'Eucharistie dans ces conditions.

Le troisième moment où l'on honore Dieu sur la galère est le coucher du soleil. Alors, tout le monde se rassemble auprès du mât, là où se trouve la place de la galère, et l'on chante à genoux *Salve Regina*. Lorsque la situation est particulièrement difficile, on commence par des litanies. **(B)** Après le *Salve*, le camérier du patron donne un signal avec son sifflet et dit aussitôt, à voix haute, bonne nuit à tous de la part

Maria, sicut fieri solet sero ad pulsum.

Et istis actis descendunt peregrini in carinam ad cumbas suas. Porro post peregrinorum abscessum, cum jam tenebrae incipiunt esse, stat scriptor galeae in castello, et incipit quoddam carmen longum, in lingua vulgari italica, et annectit letaniam, ad quam omnes galeotae et navis officiales genibus flexis respondent, et multa ibi dicunt, et protrahunt orationem quasi ad quadrantale unius horae. Huic orationi saepe adstiti. In fine autem injungit cuilibet ut dicat unum Pater noster, et unum Ave Maria pro anima parentum Sancti Juliani. Haec autem singulis noctibus faciunt, nec omittunt.

Porro de oratione pro parentibus S. Juliani quaestionem habui quare diceretur, quia in omnibus navibus per mare eam dicunt de sero, et dupliciter fui de hoc informatus. Quidam dixerunt quod illa oratio dicitur in laudem Symonis leprosi, qui prius dictus fuit Julianus, et dominum hospitio suscepit, et ideo, ut ejus intercessione bonum portum et bonum hospitium apprehendant, eam dicunt. Ad quod ego dixi quod eam dicerent non in laudem Sancti, sed pro animabus parentum S. Juliani ; et si dicerent pro bono hospitio habendo, quare non potius dicerent eam b. Marthae, quae fuit singularis hospita Domini, et non poterant mihi respondere. Alii dixerunt quod illam orationem dicerent pro parentibus S. Juliani, de quo habetur in Spec. Vincent. Part. 2, lib. 10. cap. 115. Qui cum esset juvenis, ignorans interfecit patrem et matrem suam in lecto, putans matrem esse suam uxorem, et patrem adulterum cum ea, ut patet supra. Quomodo autem haec consuetudo sit introducta ignoratur.

Iste est ergo ordo divi cultus in mari. Tamen praeter illa multae orationes fiunt a peregrinis die ac nocte. Et postquam ad aliquem portum applicant, devotissime omnes ad ecclesiam currunt pro Missis audiendis. De celebratione

du patron ; puis il montre à nouveau comme le matin l'image de la sainte Vierge, et l'on dit trois *Ave Maria* comme c'est la coutume le soir au son des cloches.

Ensuite, les pèlerins descendent dans la cale jusqu'à leurs « combes ». Une fois que les pèlerins se sont retirés, quand les ténèbres commencent à s'installer, le scribe de la galère, debout dans le château, commence quelque long chant en langue vulgaire italique, puis ajoute une litanie, à laquelle tous les matelots et officiers du navire répondent à genoux ; on dit alors beaucoup de choses et l'on fait durer la prière presque un quart d'heure. J'ai souvent assisté à cette prière. A la fin, il enjoint chacun de dire un *Pater Noster* et un *Ave Maria* pour l'âme des parents de saint Julien. Ils font cela chaque nuit et ne l'oublient jamais.

A propos de la prière pour les parents de saint Julien, j'ai demandé sa raison d'être (car on la dit chaque soir dans tous les navires en mer) et l'on m'a donné deux explications. Certains m'ont dit que cette prière dite en l'honneur de Simon le lépreux, d'abord appelé Julien, qui offrit l'hospitalité au Seigneur, est prononcée dans le but de trouver par l'entremise du saint un bon port et un bon accueil. Ce à quoi j'ai répondu qu'ils ne priaient pas en l'honneur du saint mais pour les âmes de ses parents, et j'ai demandé, puisqu'ils disaient cette prière pour s'attirer un bon accueil, pourquoi ils ne l'adressaient pas à sainte Marthe, qui fut un hôte extraordinaire du Seigneur. Mais ils ne furent pas capables de me répondre. D'autres m'ont dit qu'ils adressaient cette prière aux parents du saint Julien dont il est question dans le *Speculum* de Vincent de Beauvais (II, 10, 115). Lorsqu'il était jeune, ce Julien tua sans le savoir son père et sa mère dans leur lit, pensant que sa mère était sa femme, et qu'elle commettait l'adultère avec son père, comme il apparaît dans le passage cité ci-dessus. Bref, on ignore comment cette habitude a été introduite[353].

Voilà donc l'organisation du culte divin en mer. Cependant, les pèlerins font en outre de nombreuses prières jour et nuit. Et lorsqu'on arrive dans un port, ils courent tous

autem dominicae et festivitatum in mari, dico quod pessime servantur. Indubitatum enim fuit in me quin diabolus singulariter cooperetur, ut festorum celebritas debita impediatur. Notavi hoc saepe quod semper majores inquietudines sunt in navibus in sollemnitatibus quam alias : et quamdo 4. aut 5. diebus in aliquo portu stetimus, statim ut vespera sabbathi advenit, profectio parabatur, quae non nisi cum ingentibus laboribus et clamoribus parabatur ; qua parata, per totam noctem navigatur, et in dominica nulla Missa habetur. Hoc adeo frequenter fuit factum in navibus, in quibus ego fui, ac si ex industria fieret. Tanto etiam in ipsa navi sunt majores et grossiores labores, quanto dies sunt sanctiores, ut patebit in processu.

Ego solitus fui in navi sermonem facere diebus solemnibus, **(51 A)** sed quae mihi contigerunt in hoc opere pio dicam breviter. In prima mea peregrinatione, me praedicante, unus filius Belial aliquotiens risibus interrupit Dei verbum, et nec rogatus, nec invasus quievit, sed magis risum concitavit. Qua propter ego quievi, nec ab aliis rogatus Dei verbum amplius proponere volui. Dicit enim sapiens Ecclesiastici 32. v. 6. ubi non est auditus, non effundas sermonem. Et Dominus, Matthaei 7. v. 6. : nolite sanctum dare canibus, et margaritas nolite projicere ante porcos. In secunda vero peregrinatione fuerunt magis nobiles et maturi viri, qui erant gratissimi, et rogabant me pro verbo Dei, quibus et complacui omnibus diebus festivis. Verum multorum nobilium inimicitias praedicando acquisivi, qui se notatos et proclamatos de certis vitiis aestimabant. Sicut enim obsequium amicos, sic veritas odium parit.

très dévotement à l'église pour assister aux messes. Les célébrations du dimanche et des fêtes sont, je l'affirme, très peu respectées. Je suis d'ailleurs persuadé que le diable coopère personnellement pour empêcher la nécessaire célébration des fêtes. J'ai souvent remarqué que lors des fêtes solennelles, les navires subissaient toujours de plus grosses turbulences que d'habitude et, lorsque nous restions quatre ou cinq jours dans un port, dès qu'arrivait le samedi soir, on préparait le départ, préparation qui ne s'effectue qu'à grand-peine et à grands cris : or, chaque fois qu'on a appareillé, on navigue toute la nuit et aucune messe n'a lieu le dimanche. Dans les navires sur lesquels j'ai voyagé, cela fut aussi fréquent que si c'était fait exprès. Plus les jours sont saints, plus les travaux sur le navire sont lourds et pénibles, comme cela apparaîtra dans le récit.

Pour ma part, j'ai eu coutume de faire un sermon à bord lors des jours de fête solennels **(51 A)**, mais dans cet ouvrage pieux, je ne dirai que rapidement ce qui m'est arrivé. Lors de mon premier pèlerinage, un jour où je prêchais, un fils de Bélial interrompit à plusieurs reprises la parole de Dieu par ses rires, et ni mes demandes, ni mes apostrophes ne l'arrêtèrent, au contraire elles excitèrent encore plus son rire. Pour cette raison, c'est moi qui me suis arrêté, et je n'ai pas voulu exposer davantage la parole de Dieu, malgré les sollicitations des autres. Un sage dit en effet dans l'*Ecclésiastique* (32, 6) : « Quand il n'est pas écouté, ne prononce pas de sermon ». Et le Seigneur dit dans *Matthieu* (7, 6) : « Ne donnez pas aux chiens ce qui est saint et ne jetez pas vos perles aux pourceaux ». Lors de mon second pèlerinage en revanche, il y avait des hommes plus nobles et plus mûrs, qui étaient des plus aimables et qui me demandaient de prêcher. J'ai satisfait à leurs requêtes tous les jours de fête. Mais je me suis attiré par mes sermons l'inimitié de beaucoup de nobles, qui, à cause de leurs incontestables péchés, s'estimaient visés et montrés du doigt. De fait, la vérité engendre des ennemis tout comme la complaisance fait des amis.

Officium funerum etiam spectat ad divinum cultum, et hoc modo peragitur in galea : dum quis infirmatur, confitetur cui sacerdoti vult, quia ibi videtur esse articulus necessitatis, in quo quilibet sacerdos potest absolvere. Dum autem morti appropinquat, socii sui ejus curam habent vigilando et serviendo, nec est ibi Eucharistia ut dixi, nec extrema unctio, de qua etiam non est facta provisio ; et videtur quod illa posset in navi servari, cum ipsum oleum non sit sacramentum, sed solum ipse usus. Moritur ergo tantum confessus, et cum mortuus fuerit, et linteamine involutus, ponunt eum in scapham, et ad proximum litus ducunt, si sunt prope terram, ibique sepeliunt in coemeterio, si est ibi ecclesia ; si non, alias eum terrae commendant. Si autem prope terram sunt, et tamen est terra infidelium, non ducunt eum ad terram, sed in mare corpus mittunt. Porro si sunt remoti a terra, accipiunt linteamen et arenam tollunt de fundo navis, eamque super linteamen expansum fundunt, et ipsum corpus desuper ponunt, et involvunt, et saccum cum lapidibus ad pedes ejus appendunt, et circumstantibus cunctis et sacerdotibus canentibus : Libera me domine, galeoti corpus accipiunt, et de galea in mare cadere permittunt[1] in nomine Domini, et statim lapidibus sic gravatum abyssum petit corpus, et anima coelos scandit. Haec saepe vidi nec vidi illum modum, quem aliqui dicunt se vidisse, scilicet quod corpus linteo involutum ligetur super asserem et cum assere in mare mittatur. Verum tamen est, si defunctus habet socios, faciunt quod volunt de corpore defuncti, et ponunt in mari, vel sine lapidibus, vel cum lapidibus aut cum assere.

Exposito autem corpore scriptor galeae omnia derelicta conscribit et patrono praesentat, et solvit debita, si defunctus caret sociis. Si habet socios, illi expediunt, et in proximo portu suas exequias peragunt ; et nisi peregrini in

---

[1] permittuut *ed.*

L'office funèbre fait aussi partie du culte divin. Voici comment il est pratiqué sur la galère : lorsque quelqu'un est malade, il se confesse au prêtre de son choix, car il semble que c'est là un cas de force majeure où n'importe quel prêtre peut donner l'absolution. A l'approche de la mort, ses compagnons prennent soin de lui en le veillant et en le servant, mais il ne reçoit pas alors l'Eucharistie, comme je l'ai dit, ni l'extrême-onction car on ne fait pas provision non plus de chrême ; il semble que ce dernier pourrait être conservé sur le navire car l'huile en elle-même ne constitue pas un sacrement mais seulement son utilisation. Il meurt donc uniquement confessé et, lorsqu'il est mort, on l'enveloppe dans un drap, on le place sur une barque et on le conduit au rivage le plus proche si l'on se trouve près de la terre. Là, on l'enterre dans un cimetière s'il y a une église, sinon, on le confie à la terre ailleurs. Si l'on se trouve près de la terre, mais qu'il s'agisse d'une terre d'infidèles, on ne le conduit pas à terre, mais on jette son corps à la mer. Si l'on est loin de la terre, on prend le drap, on remonte du sable du fond du navire qu'on répand sur le drap étendu, puis on dépose le corps par-dessus, on l'enveloppe et on suspend un sac de pierres à ses pieds. Tandis que tout le monde se tient alentour et que les prêtres chantent *Libera me, Domine*, des matelots saisissent le corps et le laissent tomber dans la mer au nom du Seigneur : le corps ainsi lesté de pierres gagne aussitôt l'abysse et l'âme monte aux cieux. J'ai souvent vu cela, mais je n'ai jamais vu la méthode que certaines personnes disent avoir vue et qui consiste à attacher à une poutre le corps enroulé dans une étoffe et à le jeter à la mer avec la poutre. Il est vrai cependant que si le défunt a des compagnons, ils font ce qu'ils veulent de son corps et le mettent à la mer avec ou sans pierres ou avec une poutre.

Une fois le corps jeté par-dessus bord, le scribe de la galère inscrit tous les biens laissés, les présente au patron et solde les dettes si le défunt n'a pas de compagnons. S'il possède des compagnons, ce sont eux qui font le nécessaire et qui s'occupent des obsèques au port le plus proche. Si les

conventione cum patrono praeveniant, sicut et nos fecimus, tunc patronus lectum defuncti et linteamina et vestimenta accipit. Aestimant multi illam sepulturam esse nobilissimam, magisque eligendam quam terrae compressionem. Ita Aethiopes hodie suos mortuos in flumen projiciunt, ut Diodorus refert : putantes esse optimum sepulchrum, sive corpus devoretur a beluis, sive in aqua putrescat, aerem nec terram inquinat. **(B)** Porro si in navi moritur aliquis de magnis Venetis, corpus ipsum in arenam, quae in navi est, sepeliunt, et usque Venetias ducunt ; hoc vidi, ut patet fol. 165. p. 2.

Ita homines deducunt tempus in Galea.

Regimen peregrinorum in galea varium est secundum variam eorum dispositionem. Diversis autem negotiis se ingerunt, ut tempus in navigatione deducant, et nisi homo in galea sciat tempus redimere, longissimas et taediosissimas habebit horas. Ideo aliqui statim ut de mensa surgunt, ascendunt, et per galeam inquirunt, ubi melius vendatur vinum, et ibi se ponunt, et totum diem juxta vinum deducunt. Ita communiter faciunt Saxones et Flamingi, et alii inferioristae. Aliqui ludunt pro pecuniis, illi in alea, isti in nudis tesseribus, alii cum chartis, caeteri in scaco et major quasi pars isti operi insudat. Aliqui cantant discantos, vel in lutaris, et fistulis et musis, clavicordiis, cytharis et aliis instrumentis musicis tempus deducunt. Alii disputant de rebus mundanis, alii legunt in libellulis, alii orant in paternostris ; alii sedent et cogitant, alii clamant ex jucunditate. Illi rident, isti strident. Alii laborant manibus ; alii ex otio dormiunt : alii totum quasi tempus dormiendo in

pèlerins n'ont pas prévu auparavant de convention avec le patron, comme nous l'avons fait[354], c'est lui qui récupère le lit, le linge et les vêtements du défunt. Beaucoup de gens estiment que cette sépulture en mer est très noble, et bien préférable à l'ensevelissement. Ainsi, les Éthiopiens de nos jours, jettent leurs morts dans leur fleuve, comme le rapporte Diodore[355] ; ils pensent en effet que c'est le meilleur tombeau, car ou bien le corps est dévoré par les bêtes, ou bien il pourrit dans l'eau, et il ne souille donc ni l'air ni la terre. **(B)** Par ailleurs, si quelque noble vénitien meurt sur un navire, son corps est enseveli dans le sable au fond du navire et ramené jusqu'à Venise ; j'en ai été témoin, comme on peut le voir dans la deuxième partie au folio 165.

Comment les hommes passent leur temps sur la galère

Le mode de vie des pèlerins sur la galère varie selon les dispositions de chacun. Ils se livrent à diverses activités pour passer le temps pendant la navigation, car si quelqu'un sur la galère ne sait pas employer son temps, il passera des heures très longues et très ennuyeuses. C'est pourquoi certains, dès qu'ils sortent de table, montent sur le pont et recherchent à travers la galère un endroit où vendre le mieux leur vin, ils se postent là et y passent toute la journée avec leur vin. C'est ce que font souvent les Saxons, les Flamands et d'autres gens de petite condition. Certains jouent pour de l'argent, qui aux dés, qui aux osselets[356], qui aux cartes, et tous les autres aux échecs ; presque la majorité des passagers transpirent à cette activité. Certains chantent à plusieurs voix, ou passent leur temps à jouer du luth, de la flûte, de la cornemuse, du clavicorde[357], de la cithare, et d'autres instruments de musique. D'autres discutent des choses du monde, lisent de petits livres, prient Notre Père, ou restent assis à méditer, d'autres encore poussent des cris de joie. Les uns rient, les autres sifflent. Ceux-ci font des travaux manuels, ceux-là ne font rien et dorment : certains passent presque tout leur temps à dormir

cumbis suis deducunt. Alii per funes currunt ; alii[1] saltant ; alii suam fortitudinem probant levando onera, vel alias faciendo animosa. Alii cum omnibus his communicant assistendo, tunc illis, nunc istis. Alii sedent et mare ac terram, quam transeunt, considerant, et conscribunt, et libellos conficiunt, quod fuit meum negotium cottidianum post dictas horas canonicas. Solliciti enim nec in navi existentes otiantur. Nam Jeronymus ad Asellam pulchram valde conscripsit epistolam de fictis amicis in navi, remeans a Roma Jerosolymam.

Est denique inter omnes occupationes navigantium una vilis quidem, sed admodum communis et necessaria et cottidiana, quae est vermium vel pediculorum insecutio sive captio. Nisi enim homo aliquas horas ad hunc deputat laborem in peregrinatione existens, inquietam habebit dormitionem. In vita Philosophorum[2] legitur de Homero philosopho, quod die quadam spatiabatur in litore maris, ad quod navis quaedam appulit, in qua homines sederunt, pediculos quaerentes et ridentes ; a quibus dum philosophus causam risus quaesivisset, respondit ei unus : de hoc, inquit, ridemus, quia quotquot cepimus, non habemus, et quos non cepimus, retinemus. Homerus autem direxit cogitatum ad capturam piscium, et non potuit probleuma[3] intelligere. Unde ex hoc in tantum amaricatus fuit, quod in insaniam versus se ipsum suspendio peremit.

Haec autem omnia fiunt plus et minus secundus dispositionem temporum. Mutantur[4] enim sensibiliter affectiones hominum in mari, secundum influxum coelestium corporum, et aeris impressiones, et motum maris amplius quam in terra firma. Vidi saepe diem, in qua omnes jocundi, hilares et boni socii eramus, nemo dormiebat, omnes

---

[1] all *ed.*
[2] Philosphorum *ed.*
[3] propleuma [problema] *ed.*
[4] mutantnr *ed.*

dans leur « combe ». D'autres courent à travers les cordages, d'autres sautent, certains prouvent leur robustesse en soulevant du poids ou en effectuant d'autres épreuves de force. Les uns s'arrêtent près des autres et discutent avec tout le monde, tantôt avec ceux-ci, tantôt avec ceux-là. D'autres restent assis à regarder la mer et la terre qu'on longe pendant la traversée, à écrire et à composer des livres, ce qui fut mon activité quotidienne, après avoir dit les heures canoniques. Les gens inquiets, même en mer, ne restent pas inactifs. Ainsi, Jérôme écrivit à la belle Asella une lettre véhémente au sujet des faux amis, sur le navire qui le ramenait de Rome à Jérusalem[358].

Enfin, parmi toutes les occupations de ceux qui naviguent, il en est une, certes vile, mais tout à fait commune, nécessaire et quotidienne, c'est la chasse ou la capture de la vermine et des poux. En effet, si l'on ne consacre pas quelques heures à ce travail pendant le voyage, on aura le sommeil agité. Dans *La vie des philosophes*, on peut lire au sujet du philosophe Homère, qu'un jour, alors qu'il se promenait au bord de la mer, arriva un navire où les hommes étaient assis, en train de se chercher des poux en riant. Comme le philosophe leur demandait la raison de leurs rires, l'un d'entre eux répondit : « Nous rions, dit-il, parce que tous ceux que nous avons pris, nous ne les avons pas, et ceux que nous n'avons pas pris, nous les gardons. » Homère pensa qu'il parlait des produits de leur pêche et ne parvint pas à comprendre le problème. Cela le mit dans une telle amertume que, dans un accès de démence contre lui-même, il se suicida en se pendant.[359]

Toutes ces occupations dépendent toutefois des conditions climatiques. En effet, l'humeur des hommes change sensiblement en mer selon l'influence des corps célestes, de la pression atmosphérique et selon le mouvement de la mer, bien plus que sur la terre ferme. J'ai vu souvent des jours où nous étions tous charmants, souriants et bons compagnons, où personne ne dormait, et où tout le monde était joyeux. J'ai vu d'autres jours au contraire où régnaient un tel silence, un tel

gaudebant. E contrario, vidi diem, in qua tantum silentium, tanta quies erat ut quasi nemo audiretur, in qua omnes dormitabant, et tristes sedebant. Saepe tanta pace et concordia conjunctos peregrinos vidi, ac si omnes fuissent unius matris fratres. Sed quandoque tot litigia et contentiones vidi oriri ex minimis causis, quod galea erat quasi infernus propter maledictiones et blasphemias. Notavi manifeste quod motus omnium passionum vehementior est in aqua quam extra. Sic ergo deducunt horas dierum in navi. Semper defecit mihi dies ante operum meorum completionem. **(52 A)**

De modo manducandi peregrinorum in Galea.

Instanti hora prandii aut coenae surgunt quatuor tubicines, et trumpetae, et tubis concrepant pro cimbalo[1] ad mensam, quo audito cum magna festinantia accurrunt omnes, qui de mensa domini patroni sunt, ad puppim, et idcirco festinant, ut accipiant locum quietae sessionis, quia qui ibi tarde venit, male sedet. Tres enim mensae parantur in puppi bene et ordinate, et qui ad illas potest sedere, bene habet, qui vero tarde venit, extra puppim in scamnis galeotarum sedebit male et in sole, vento et pluvia. In ista sessione non est ordo, sed prior locat se ad placitum, nec pauper diviti defert, nec rusticus nobili, nec mechanicus sacerdoti, nec idiota doctori, nec saecularis religioso, nisi propter singularem familiaritatem aliquis alium honoret. Causam autem illius deordinationis et irreverentiae hanc esse opinor, quia omnes aequale pretium solvunt patrono, minores tantum quantum majores. Credo bene, si magnae dignitatis personae solverent LX ducatos, et simplices ac plebeii XX., aut si patronus reciperet pecuniam ab unoquoque secundum proportionem, quod tunc honor et reverentia esset minorum ad majores. Propter hanc causam nobiles, qui habent famulos, manducant

---

[1] cimbulo *ed.*

calme qu'on n'entendait presque personne, des jours où tout le monde dormait et restait tristement assis. J'ai vu souvent les pèlerins réunis dans une telle paix et une telle concorde qu'on aurait dit des frères nés de la même mère. Mais parfois, j'ai vu naître tant de disputes et de querelles, pour les motifs les plus futiles, que les médisances et les blasphèmes faisaient ressembler la galère à l'enfer. J'ai remarqué nettement que le mouvement de toutes les passions est plus violent sur l'eau qu'en dehors. C'est donc ainsi qu'on passe les heures du jour sur un navire. Pour ma part, le jour m'a toujours abandonné avant que j'aie fini d'accomplir mes activités. **(52 A)**

Comment mangent les pèlerins sur la galère

A l'heure du déjeuner ou du dîner, apparaissent quatre sonneurs de trompes et trompettes, et c'est leurs sons qui, à la place de la cloche, annoncent le repas ; à ce signal accourent en grande hâte à la poupe tous ceux qui sont à la table du patron. S'ils se hâtent c'est pour avoir un endroit où ils seront assis au calme, car qui arrive en retard est mal assis. En effet, il y a trois tables bien apprêtées et confortables à la poupe, et celui qui peut s'y asseoir s'y trouve bien, mais si on arrive trop tard, on sera assis en dehors de la poupe, sur les bancs des rameurs, mal installé, au soleil, au vent et à la pluie. Il n'y a pas d'ordre pour s'asseoir, le premier arrivé s'installe à sa guise, et le pauvre ne cède pas la priorité au riche, ni le roturier au noble, ni l'ouvrier au prêtre, ni l'ignorant au savant, ni le laïque au religieux, sauf sympathie particulière qui conduise l'un à honorer l'autre. Cette absence d'ordre et ce manque de respect sont dus selon moi au fait que tout le monde paye le même prix au patron, les petites gens comme les grands hommes. Je crois bien que si les personnes d'une grande dignité payaient soixante ducats et les simples gens du peuple vingt, ou si le patron récoltait l'argent de chacun proportionnellement à son rang, il y aurait alors de l'honneur et du respect chez les petites gens envers les grands. Pour cette raison, les nobles, qui ont

juxta malum, aut in cumbis suis cum lumine, etiam media die, quando[1] aer est obscurus.

Porro semper in principio mensae ministratur omnibus malfasetum, et sequens cibus communis est paratus more italico : et primum est salutucium lactuca oleatum, si olera possunt haberi ; et carnes ovinae in prandio, et pulmentum vel menestrum de farre, aut de fracto frumento, aut hordeo, aut pannatum et caseum macrum ; in diebus vero jejuniorum et non carnium ministrantur pisciculi, dicti zebilini, salsi in aceto oleato ; vel placenta de ovis cum uno pulmento. Panes recentes tribuunt prope portus. Post quintum enim diem non manet panis recens in galea. Et his deficientibus dant paximates vel paximatios, panes bicoctos, quos biscotas nominant, qui sunt duri ut lapis, sed dum aqua aut vino perfunduntur, statim liquescunt. Vinum ministratur quantum quis bibere potest, pro tempore bonum, et quandoque exile, semper tamen aqua bene mixtum et baptizatum.

Cum celeritate autem prandium peregrinorum expeditur, et omnia festine apportantur, et eorum prandio finito, iterum tubicines tubis canunt ; levatis autem mensalibus, de novo mensae parantur sollemniter pro domino patrono et suis consiliariis. Mensa vero ejus est magis frugalis quam peregrinorum, et cibi ei apportantur argenteis vasis, et cum credentiis propinatur ei potus, sicut principibus nostris. Mulieres peregrinae non accedunt ad mensam communem sed manent in suis stantiis, et ibi manducant, ibi dormiunt. Domini mei habebant proprium cocum et manducandi proprium locum.

Galeoti in suis transtris comedunt trini et trini, et per se sibi praeparant, quos saepe vidi carnes adhuc **(B)** sanguine rubentes manducare. Si qui peregrini cupiunt aliquid in singulari habere de coquina, oportet cocis argentum ostendere, quia sunt tres vel quatuor coci impatientissimi, qui non placantur nisi pecunia exhibita fuerit, de promissa non

---

[1] quado *ed.*

des serviteurs, mangent près du mât ou dans leur combe avec une lampe, même à midi, les jours où le ciel est sombre.

A table, on commence toujours par servir à tout le monde du malvoisie, puis des plats identiques pour tous, préparés à la manière italienne : d'abord une salade de laitue à l'huile, si des légumes sont disponibles, puis de la viande de mouton au déjeuner et un potage ou minestrone à base de blé, de froment concassé, d'orge, ou une panade et du fromage maigre. Les jours où l'on doit jeûner et ne pas manger de viande, on nous sert des petits poissons salés appelés *zebelini*, dans un mélange d'huile et de vinaigre, ou de la galette faite aux oeufs avec un potage. On nous distribue du pain frais près des ports. Car au bout de cinq jours, il ne reste plus de pain frais sur la galère, et quand il n'y en a plus, on nous donne des *paximates* ou *paximatios*, des pains cuits deux fois qu'on appelle « biscottes ». Elles sont dures comme de la pierre, mais il suffit de les tremper dans l'eau ou le vin pour qu'elles ramollissent. On nous sert autant de vin qu'on peut en boire, du bon à l'occasion, et parfois de la piquette ; il est toujours fort coupé et mouillé avec de l'eau.

Le repas des pèlerins est rapidement expédié, tout est apporté en hâte et une fois leur repas terminé, les sonneurs font à nouveau retentir les trompettes. Après avoir débarrassé les tables, on les apprête à nouveau solennellement pour le patron et ses conseillers. Son repas pourtant est plus frugal que celui des pèlerins, mais on lui porte les mets dans des plats d'argent, et on boit à sa santé comme à celle de nos princes. Les femmes qui effectuent le voyage ne vont pas à la table commune, mais restent dans leurs « stances » ; elles y mangent et y dorment. Les patrons auxquels j'ai eu affaire avaient leur propre cuisinier et leur propre salle à manger.

Les galériens mangent trois par trois sur leurs bancs et préparent eux-mêmes leur repas ; je les ai vu manger des viandes **(B)** rouges de sang. Si des pèlerins désirent obtenir quelque chose de particulier de la cuisine, il leur faut présenter de l'argent aux cuisiniers, car les trois ou quatre cuisiniers sont

curant. Mirum tamen non est quod coci impatientes sunt, quia coquina est arta, et multae ollae, variae res coquendae, ignis parvus, clamor ante coquinam magnus, multi postulantes, et labor cocorum utique est compassione dignus. Domini milites abominantur cibum patroni, et magnam dant cocis pecuniam pro singulari cibo. Cibum autem patroni dant pauperibus galeotis. Singulariter autem carnes patroni sunt abominabiles, quia bestias illas mactant, quas supervivere non posse vident, et oves morbidas. Quamcumque enim bestiam vident defectuosam per se cito morituram, hanc mactant.

Extra horam prandii nihil datur de cellario patroni, sed ipsi galeoti vendunt vinum optimum, de quo emunt peregrini. Tempore tempestatum evomitatio et comestio celebrantur simul.

De inquieta dormitione peregrinorum in navi.

Coena peracta ad confabulandum se ponunt peregrini superius juxta malum, et nunquam transeunt dormitum nisi cum luminibus. Cum autem descendunt ad reponendum se, fit ingens tumultus in lectulorum stratione, et excitantur pulveres et communiter concitantur litigia magna inter collaterales, praecipue in principio, antequam assuescant. Nam ille collateralem suum inculpat quod suo lectulo partem cumbae suae occupet, alius negat, ille affirmat, et uterque suos adjutare advocat[1], et quandoque integrae societates offenduntur ad invicem. Vidi in talibus contentionibus peregrinos gladiis et pugionibus evaginatis contra se insurgere, et horribili seditione conclamare. Si in tali seditione scriptor galeae descendisset, cui interest, cumbas

---

[1] adjutere-advocat *ed.*

très irascibles, et le seul moyen de les adoucir est de leur montrer de l'argent ; ils n'ont que faire des promesses. Il n'est pas étonnant d'ailleurs que les cuisiniers soient des personnes irascibles, car leur cuisine est étroite et il y a là de nombreuses marmites, toutes sortes de choses à cuisiner, un petit foyer, un grand brouhaha à sa porte, beaucoup de quémandeurs ; le métier de cuisinier est vraiment digne de compassion. Les seigneurs chevaliers détestent la nourriture du patron, et donnent beaucoup d'argent aux cuisiniers pour avoir une nourriture personnelle. Et ils donnent la nourriture du patron aux pauvres galériens. Les viandes du patron sont particulièrement abominables, car on abat les bêtes qui ne peuvent manifestement pas survivre et les moutons malades. Dès qu'une bête affaiblie semble devoir mourir d'elle-même, on l'abat.

En dehors de l'heure du repas, le patron ne donne rien venant de la cambuse, mais les galériens eux-mêmes vendent du très bon vin, que leur achètent les pèlerins. Par temps de tempête, on mange et on vomit souvent en même temps.

Du sommeil agité des pèlerins sur le navire

Après le dîner, les pèlerins s'installent sur le pont à côté du mât pour se raconter des histoires, et ils ne vont jamais dormir avant la tombée de la nuit. Lorsqu'ils descendent se coucher, c'est un énorme tumulte dans les rangées de lits, un nuage de poussière se lève et, en général, de grosses disputes naissent entre voisins de lit, surtout au début, avant qu'on ne soit habitué. Voilà en effet celui-là qui accuse son voisin d'occuper une partie de sa combe avec sa couche, l'autre dit que ce n'est pas vrai, mais celui-ci n'en démord pas, ils appellent tous deux à l'aide leurs amis, et parfois, des clans entiers s'affrontent les uns les autres. J'ai vu, pendant ces conflits, des pèlerins se dresser l'un contre l'autre l'épée et le poignard au clair et se rabrouer en se disputant horriblement. Si le scribe de la galère était descendu pendant une telle

aequaliter dividere, a peregrinis dilaniatus fuisset. Litigio illo sedato vel non existente, aliqui tardius se dormitum ponunt et luminibus suis, ac locutionibus diutius protractis aliis molesti sunt. Vidi quod aliqui impatientes peregrini cum urinalibus suis jactabant contra lumina ardentia ad extinguendum et tunc iterum excitabantur magna litigia. Aliqui omnibus luminibus extinctis incipiunt cum suis collaterabilibus expedire casus mundi, et protrahunt quandoque usque ad noctis medium, et dum ab aliquo corripiuntur ut taceant, amplius clamant, et nova litigia inchoant ; et nisi aliqui virtuosi et maturi adessent, qui litigantes compescerent, nunquam nox cum quiete transiret, praecipue quando ibi sunt ebriosi Flammingi.

Sunt praeter jam dicta plura impedimenta quietis et dormitionis. Religiosi qui solitarii in suis cellulis consueverunt dormire, difficulter in navi quiescere possunt propter collaterales inquietos et stertitantes. Multis noctibus fui, quod nunquam clausi oculum. Insuper artitudo cumbae lectuli et duritia cervicalium causat inquietudinem. Vix potest se peregrinus movere sine contactu collateralis ; locus etiam est clausus et calidissimus ac grossis vaporibus ac diversis plenus. Et ideo necesse est continue **(53 A)** sudare, quod plurimum inquietat : pulices pro tempore sunt ibi infiniti, pediculi sine numero, mures et glires.

Aliquotiens et quasi singulis noctibus silenter surrexi et ascendi sursum ad aerem, et videbatur mihi quod de squalido carcere ereptus essem. Quietem etiam impediunt somnus inquietus et stertitatio et locutio quorundam in somnis, et gemitus, infirmorum tussitationes, exactiones[1]. Fui in quadam galea per aliquod tempus, in qua stabant equi et muli super nos, qui suis pedibus in asseribus continue strepitum habebant, per totam noctem et diem. Cursus etiam

[1] excaciones *ed.*

discorde, comme c'est lui qui est chargé de partager équitablement les « combes », il aurait été mis en pièces par les pèlerins. Une fois la querelle apaisée, certains ne se décident à dormir que très tard et dérangent tout le monde avec leurs lampes et leurs bavardages qui se prolongent. J'ai vu certains pèlerins emportés jeter le contenu de leur pot de chambre sur les lampes allumées pour les éteindre, ce qui soulevait à nouveau de grosses disputes. Certains, toutes lumières éteintes, commencent à régler le sort du monde avec leur voisin et continuent parfois jusqu'au milieu de la nuit, et lorsque quelqu'un les somme de se taire, ils crient plus fort, et de nouvelles disputent démarrent. S'il n'y avait pas quelques passagers courageux et efficaces pour faire cesser les disputes, on ne passerait jamais la nuit dans le calme, surtout lorsqu'il y a des Flamands ivres.

En plus de celles que j'ai déjà évoquées, il y a plusieurs entraves au calme et au sommeil. Les religieux, accoutumés à dormir seuls dans leur cellule, ont bien du mal à se reposer sur un navire à cause de l'agitation et des ronflements de leurs voisins. Je suis resté de nombreuses nuits sans fermer l'oeil un seul instant. De plus, on manque de confort à cause de l'étroitesse des lits dans les « combes » et de la dureté des oreillers. Un pèlerin peut à peine bouger sans toucher son voisin, et de plus le lieu est fermé, trop chaud et gorgé de diverses vapeurs épaisses. C'est pourquoi on est forcément toujours **(53 A)** en sueur, ce qui est très inconfortable. Selon le temps, il y a une infinité de puces, des poux sans nombre, des souris et des rats.

A plusieurs reprises, et presque chaque nuit, je me levais silencieusement et je montais sur le pont pour prendre l'air. Il me semblait alors m'être évadé d'une prison sordide. Le calme est aussi troublé par ceux qui ont un sommeil agité, ceux qui ronflent, ceux qui parlent en dormant, les malades qui gémissent, toussent et crachent. Je me suis trouvé une fois sur une galère où il y avait au-dessus de nous des chevaux et des mules ; leurs sabots faisaient sur le plancher un vacarme

galeotarum superius, et maris sonitus, et alia multa dormitionem peregrini quietam tollunt ; et tantum de illo.

Difficultas in opere naturae eundo ad secessum in galea, et remedia, et de quibusdam aliis gravaminibus.

Aliquando in navigatione contingit quod homo magnam difficultatem patitur in his quae natura requirit, ut patet de commestione et dormitione. Praecipue tamen difficile valde est, quandoque opus naturae, vel vesicae necessitatem, aut ventris purgationem facere, cum tamen impedimentum ejus sit molestissimum naturae, ut dicitur metrice : « Maturum stercus est importabile pondus. »

De modo ergo, quo tam urinatio quam stercorisatio fit in navi, parum dicam. Quilibet peregrinus habet juxta se in cumba sua urinale, vas fictile, ollam, in quod et urinam emittit, ct ca, quae eructando evomit. Sed quia locus pro tanta multitudine est strictus et tenebrosus, et multa deambulatio ; ideo raro usque mane stat urinale non eversum. Aliquando enim unus importunus, et quem forte aliqua necessitas cogit festinare sursum, suo transitu evertit 5. aut 6. vasa, ex quo causatur foetor intolerabilis. Mane vero dum peregrini surgunt, et venter suum beneficium postulat, ascendunt, et ad proram vadunt, in qua ab utraque parte rostri prorae sunt[1] loca pro sessione aptata. Stant ergo ante loca aliquando XIII. aut plures et exspectant, ut uno expedito alter sedem capiat, nec est ibi verecundia, sed potius iracundia, quando quis nimis diu locum occupat. Assimulavi illam expectationem ei quam faciunt homines in quadragesima ante confessores, ubi stantes male contentantur de illis, qui longas faciunt confessiones, et expectant cum quadam angustia. Porro

---

[1] snnt *ed.*

continuel, nuit et jour. Il y a aussi les matelots qui courent sur le pont, le fracas de la mer, et beaucoup d'autres bruits qui empêchent les pèlerins d'avoir un sommeil paisible. Voilà pour cette question.

Les difficultés sur la galère pour aller aux retraits accomplir ses besoins naturels, les remèdes, et quelques autres désagréments.

Il arrive parfois durant la navigation, que les hommes soient fort gênés pour accomplir les actes que la nature leur impose, comme je l'ai montré à propos de la nourriture et du sommeil. Il est notamment parfois fort difficile de satisfaire aux besoins naturels, qu'il s'agisse de libérer sa vessie ou de soulager son ventre. Cette entrave à la nature est pourtant fort désagréable, comme le dit le vers : « Excrément à maturité est impossible à supporter »[360].

Sur la façon d'uriner et de déféquer sur le navire, je serai bref. Chaque pèlerin a près de lui dans sa « combe » un urinoir : c'est un vase en argile, un pot où il urine et vomit. Mais, comme la cale, pour un si grand nombre d'occupants, est étroite et sombre, et qu'il y a de nombreux déplacements, il est rare que l'urinoir demeure jusqu'au matin sans être renversé. Car il suffit parfois d'un seul importun, poussé par quelque nécessité à monter en vitesse, pour renverser au passage cinq ou six vases, ce qui cause une puanteur insupportable. Le matin, lorsque les pèlerins se lèvent et qu'ils ont envie de soulager leur ventre, ils montent et vont à la proue, où se trouvent, des deux côtés de l'éperon, des lieux prévus pour se retirer. Devant cet endroit, il y a parfois treize personnes ou plus qui attendent que, une fois l'un soulagé, ce soit au tour du suivant de prendre le siège. Personne ne montre de retenue mais plutôt de la colère quand quelqu'un occupe le lieu trop longtemps. J'ai comparé cette attente à celle que subissent les gens pendant le carême devant le confessionnal, lorsqu'ils font le pied de grue, mécontents de ceux qui se confessent

nocturno tempore habet magnam difficultatem venire ad illa loca propter homines, qui per totam galeam jacent et dormiunt. Oportet enim illum qui ad locum secretum accedere vult ultra XL homines pertransire, et quolibet passu habet sub se hominem, et necesse est caute pedem de scamno ad scamnum locare, ne ponat super hominem, et ne non tangendo scamnum labatur in medium **(B)** duorum scamnorum super alium jacentem inferius. Si transiens aliquem pede tangit, maledictiones in promptu habebit.

Si quis autem non esset timorosus et vertiginosus, super margines navis posset in proram ascendere, et se de fune ad funem trahere, quod ego saepe feci, quamvis incautum sit et periculosum ; vel posset extra columbaria remorum supra remos sedendo se expedire, quod etiam timidis non expedit, quia sessio illa est etiam periculosa et ipsis galeotis ingrata. Maxima vero difficultas in tempestatibus, quando loca secreta continue sunt fluctibus operta et remi retracti super transtra. Ille ergo qui se in tempestate vult purgare oportet ut se exponat totali madefactioni, quapropter multi nudi omnibus indumentis despositis accedunt. Verecundia in hoc actu est multum nociva, et facit agere magis verecunda. Aliqui nolunt notari, et procumbunt ad alia loca, quae deturpant, et fiunt irae et rixae et dehonestatio bonorum hominum. Aliqui juxta cumbas suas ollas replent, quod est turpissimum, et multum gravans collaterales ; nisi quis esset infirmus, cum quo merito patientia est habenda. Non possem brevi sermone explicare quantum sustinui cum quodam collaterali infirmo.

Magno studio caveat peregrinus ne ventris alveum obstruat, ductus verecundia puerili et nenimium laxus fiat, quia utrumque perniciosum est naviganti. De facili constipatur homo in mari. Et consilium bonum est et salubre ut peregrinus omni die ter quater, etiam absque naturae

longuement, et qu'ils attendent avec anxiété. Il est très difficile d'aller à cet endroit la nuit, à cause des hommes qui dorment, allongés partout sur la galère. Celui qui veut accéder au cabinet doit passer par-dessus plus de quarante hommes, à chaque pas il a un homme sous lui, et il faut avancer prudemment son pied d'un banc à l'autre pour ne pas le poser sur quelqu'un et pour ne pas, en ratant le banc, tomber entre **(B)** deux bancs sur un autre homme qui dort en dessous. Si en traversant, on touche quelqu'un du pied, on aura aussitôt droit à des injures.

Si l'on n'est pas peureux et qu'on n'a pas le vertige, on peut monter à la proue sur les parois du navire et se hisser de cordage en cordage. Je l'ai souvent fait, bien que ce soit imprudent et dangereux. On peut aussi sortir par les ouvertures faites pour les rames et se soulager assis sur les rames, mais ce n'est pas recommandé aux peureux car cette position est fort dangereuse et déplaît même aux matelots. Mais la pire difficulté, c'est pendant les tempêtes, lorsque les cabinets sont sans cesse couverts par les flots et que les rames sont rentrées sur les bancs. Celui qui veut se soulager pendant une tempête doit donc s'exposer à être complètement trempé, c'est pourquoi beaucoup quittent tous leurs vêtements et y vont nus. La honte est très néfaste en ce domaine, et elle conduit à faire des choses encore plus honteuses. Certains, ne voulant pas se faire remarquer, vont s'accroupir à d'autres endroits qu'ils souillent, et cela soulève des colères, des bagarres, et déshonore les hommes de bien. D'autres se soulagent dans les pots de leur combe, ce qui est vraiment dégoûtant et très incommodant pour les voisins (sauf si la personne est malade, auquel cas elle mérite qu'on fasse preuve d'indulgence). Un petit discours ne suffirait pas pour dire tout ce que j'ai enduré auprès d'un voisin malade.

Que le pèlerin prenne bien garde à ne pas risquer la constipation par une pudeur puérile, comme à ne pas avoir la diarrhée, car les deux sont dangereuses quand on navigue. On est facilement constipé en mer. Aussi, voici un bon conseil de

postulatione, ad locum se ponat, et discreto conatu ventris apertionem promoveat, nec desperet, si venter nec tertia nec quarta vice aperiatur. Accedat crebrius, solvat cingulum et vestimentorum omnium colligationes supra pectus et umbilicum aperiat, et habebit ventris beneficium etiam si lapides essent in eo. Hoc consilium dedit mihi quidam expertus marinarius, cum multis diebus fuissem durissime constipatus, nec est securum, pilulas aut suppositoria accipere in mari, quia per hujusmodi inducitur nimia laxatio, quae periculosior est quam constipatio.

Aliae etiam praeter hanc purgationem sunt peregrino necessariae. Sunt enim plures in navi, qui non sunt provisi in mutatoriis, et sunt semper in sudoribus et foetoribus, ex quibus crescunt vermes tam in vestibus quam in pilis barbae et capitis. Idcirco peregrinus non negligat se, quin omni die se lustret. Contingit enim quod ille qui in hac hora non habet unum pediculum in alia statim sequenti habeat mille, qui ei adhaeserunt in aliquo loco alicujus pediculosi peregrini aut galeotae. Sic ergo barbam et pilos cottidie lustret, quia si ibi superabundaverint, cogatur deponere barbam, et se dehonestare, quia exprobrabile est non habere barbam in mari. Sic inutile est nutrire comam capitis, sicut quidam nobiles, nolentes eam deponere, quorum aliquos vidi adeo **(54 A)** pediculosos, et omnes suos socios replebant, et omnes commorantes gravabant ; nec verecundetur peregrinus petere socium ut sibi quaerat in barba. Similiter de lotione frequenti camisiarum, quam faciunt galeoti, sit singularis diligentia et linteaminum et lectuli munditia curetur, ut eo quietior sit, quia qui in istis est negligens remanebit inquietus, et omnibus reddetur odiosus.

santé : que le pèlerin se rende trois ou quatre fois par jour aux lieux d'aisance, même si la nature ne l'y pousse pas, qu'il s'efforce sans violence de relâcher ses intestins, et qu'il ne se désespère pas s'ils ne se relâchent ni à la troisième ni à la quatrième fois. Qu'il y aille encore plus souvent, qu'il dénoue sa ceinture et tous les liens des vêtements sur sa poitrine, qu'il découvre son nombril, et il soulagera son ventre, même s'il y a des pierres dedans. Ce conseil m'a été donné par un marin expérimenté, alors que j'étais très durement constipé depuis plusieurs jours. Toutefois, il n'est pas prudent de prendre des pilules ou des suppositoires en mer, car ils ont un effet trop laxatif, ce qui est plus dangereux encore que la constipation.

D'autres purgations, outre celle-ci, sont nécessaires au pèlerin. Il y a en effet de nombreuses personnes en mer qui, faute d'avoir prévu des vêtements de rechange, portent toujours des vêtements pleins de sueurs et puants, ce qui fait proliférer la vermine, tant sur les habits que dans les poils de la barbe ou dans les cheveux. C'est pourquoi le pèlerin ne doit pas négliger de se laver tous les jours. Parfois en effet, quelqu'un qui n'a pas le moindre pou à telle heure en a mille l'heure suivante, qu'il a attrapés ici ou là d'un pèlerin ou d'un matelot pouilleux. Qu'ainsi donc on nettoie chaque jour les poils de sa barbe, car s'ils sont infestés de poux, on sera obligé de se raser et de se déshonorer, car c'est un opprobre que de ne pas porter la barbe en mer. En revanche, il est nuisible d'entretenir une abondante chevelure comme font certains nobles qui refusent de la couper. J'en ai vu de si **(54 A)** pouilleux qu'ils en infestaient tous leurs compagnons et incommodaient tout leur entourage : un pèlerin ne doit pas avoir honte de demander à un compagnon de lui chercher les poux dans la barbe. De même, le lavage fréquent des chemises, tâche effectuée par les rameurs, doit être réalisé avec une application irréprochable, et l'on doit veiller à la propreté de ses draps et de son lit pour être tranquille, car si l'on néglige ces tâches, on ne pourra se reposer et on s'attirera la haine de tout le monde.

Navigantes peregrini multas sustinent incommoditates[1] et gravamina ; inter omnes tamen incommoditates, dempta infirmitate propriae personae, molestissima et pessima incommoditas est, quando peregrinus bonus habet collateralem malum, invidiosum, impatientem, litigiosum, inquietum, iracundum et immundum : expertus sum hujus mali poenam, et e contrario impretiabilis thesaurus est socius collateralis rationabilis, fidelis, patiens, quietus et mundus ; et hoc idem experientia didici. Tantum enim bonum est habere collaleralem talem ut omnes aliae molestiae leves et tolerabiles videantur, et saepe gaudium in tribulatione habetur ex jocunditate socii.

Multum cruciat peregrinos quidam malus foetor de galea exhalans, qui non semper, sed pro tempore spirat, et ita male foetet ut omnis alius foetor non sentiatur eo spirante. Quendam novi militem, qui foetore illo spirante solebat dicere grossis et impolitis verbis theutonicis : hominis posteriora et anteriora, latrinae, sentinae, stercus et urina, caseus putridus, cadaver, et inter pedicas rusticus, omnia haec sunt aromatica respectu illius foetoris. Quamvis autem sit valde malus foetor, non tamen laedit caput, nec vires debilitat, nec appetitum tollit, nec ad vomitum impellit, sed solum odoratum offendit et est amplior in antiquis galeis quam in novis. Praeter hunc faetorem spirant alii, non quidem ita intensi, sed magis nocivi, ut de urinalibus, de cacabis infirmorum, de reservaculis cibariorum, caseorum et carnium, et de aquis putridis, de lectulis et vestimentis sudoribus plenis, de stabulo bestiarum, de coquina, de sentina, de miseris galeotis, de quibus exhalat foetor sicut de hospitali repleto infirmis decumbentibus.

Insuper solis ardor superius et inferius caligo, artitudo, caliditas squalida, et aer corruptus. Et quamvis ventorum flatus sit navigantibus necessarius, est tamen multo molestus,

---

[1] incommodiates *ed.*

En mer, les pèlerins subissent de nombreuses incommodités et de nombreux désagréments. Cependant, entre tous ces désagréments, le pire et le plus pénible pour un bon pèlerin – excepté celui d'être soi-même malade – est d'avoir un voisin méchant, envieux, emporté, querelleur, agité, coléreux et sale. J'ai subi personnellement l'épreuve de ce tourment. C'est en revanche un trésor inestimable que d'avoir un voisin raisonnable, loyal, patient, calme et propre, et cela aussi, c'est l'expérience qui me l'a appris. En effet, il est tellement agréable d'avoir un tel voisin, que tous les autres inconvénients semblent légers et supportables, et l'on connaît la joie, même dans l'adversité, grâce à la gentillesse d'un compagnon.

Les pèlerins souffrent beaucoup de la puanteur qui s'exhale de la galère, non pas en permanence, mais suivant le temps. Lorsqu'elle s'exhale, cela sent si mauvais que cela couvre toutes les autres mauvaises odeurs. J'ai connu un soldat qui, quand cette odeur fétide se répandait, avait coutume de dire dans un langage teuton grossier et impoli : « Le derrière d'un homme, son devant, les latrines, les sentines, les excréments et l'urine, le fromage pourri, un cadavre, et les pieds d'un paysan, tout cela embaume à côté de cette puanteur. » Pourtant, si forte soit-elle, cette puanteur ne donne pas mal à la tête, ne diminue pas les forces, ne coupe pas l'appétit et ne donne pas envie de vomir, elle ne fait que heurter l'odorat et elle est plus forte sur les vieilles galères que sur les nouvelles. Outre cette puanteur, il y a d'autres odeurs qui ne sont certes pas aussi intenses, mais qui sont plus nocives, comme l'odeur des urines, des selles des malades, des réserves de nourriture, de fromage et de viande, l'odeur des eaux putrides, des lits et des vêtements pleins de sueur, de l'étable des bêtes, de la cuisine, de la sentine, des misérables galériens qui exhalent une puanteur pareille à celle d'un hôpital rempli de malades alités.

Il y a aussi l'ardeur du soleil sur le pont, et en bas l'obscurité, l'exiguïté, la chaleur malsaine et l'air corrompu. Bien que nécessaire aux navigateurs, le souffle des vents est

quia agitata per eum navi, efficiuntur peregrini vertiginosi et debiles, et commoventur omnia interiora usque ad evomitationem omnium, quae sunt in stomacho, et totius cholerae commotionem : nec potest superius manere propter vim ejus, et propter aquas, quas injicit navi, et propter discursum et labores galeotarum ; imo in cumbis suis manere non possunt, si velum in ea parte pendet, ubi est eorum cumba, sed oportet ad oppositam partem transfugere, et nonnunquam oportet lectulum **(B)** evertere, ut caput ad locum pedum ponat et pedes ad locum capitis, propter navis declinationem per velorum tractum ad unam partem. Insuper fumus coquinae per ventum in navim projectus peregrinos multum quandoque vexat. Sani tempestatum tempore efficiuntur infirmi, et debiles magis languidi. Continua sentinae expurgatio est peregrinis molesta, et propter foetorem inde exhalantem, et propter prohibitionem ascensus et descensus, quorum utrumque prohibetur illa purgatione durante.

Pulices, quorum navis plena est, etiam multum molestant, et pediculi et muscae et inquietudo ex sudoribus, quibus homo magis vexatur quam vivis vermibus. Successu temporis generantur in navi mures et glires in magno numero, et currunt tota nocte, et rodunt reservacula cibariorum, et perforant et cibos foedant, et cervicalia ac calceamenta corrumpunt, et super vultus dormientium cadunt, et hoc plus vel minus pro tempore : non enim semper, sed suis temporibus illa moventur. Ad flatum namque alicujus venti omnia viventia in navi tabescunt, pulices, muscae, mures et hujusmodi, et evanescunt, quod nec unum reperiatur. Sed illo vento vel aere mutato iterum generantur. Culices etiam suo tempore cantu suo et morsibus multum peregrinis molesti sunt.

cependant très pénible, car il agite le navire, donne le vertige aux pèlerins et les affaiblit, leur remue tous les intestins, jusqu'à les faire vomir tout ce qu'ils ont dans l'estomac, et à leur soulever complètement la bile. On ne peut pas rester sur le pont à cause de la force du vent, à cause des eaux qu'il jette sur le navire et des matelots qui courent et qui peinent. On ne peut pas non plus rester en bas dans sa « combe » s'il y a une voile qui pend du côté où elle se trouve. Il faut alors se réfugier de l'autre côté, et il faut parfois retourner **(B)** son lit pour mettre la tête à la place des pieds et les pieds à la place de la tête, car le navire penche du seul côté où l'entraînent les voiles. De plus, le vent refoule parfois la fumée de la cuisine à l'intérieur du navire, et cela tourmente énormément les pèlerins. La tempête rend malades les hommes sains, et encore plus languissants ceux qui étaient déjà faibles. Le nettoyage continu de la sentine est pénible pour les pèlerins, à cause à la fois de la puanteur que cela exhale, et de l'interdiction de monter et descendre, l'un comme l'autre étant interdit pendant le nettoyage.

Les puces, dont le navire est infesté, tourmentent aussi beaucoup, ainsi que les poux, les mouches, et l'inconfort dû à la sueur, qui est encore plus pénible que la vermine grouillante. Les changements de temps provoquent sur le navire une invasion de souris et de rats, qui courent toute la nuit, rongent les réserves de nourriture, entament et souillent les aliments, détruisent les oreillers et les chaussures, tombent sur le visage des dormeurs. Cela arrive plus ou moins suivant le temps, ce ne sont pas en effet des phénomènes permanents, mais qui se produisent quand le temps s'y prête. En effet, quand tel vent souffle, tout ce qui vit sur le navire périt : les puces, les mouches, les rats et les autres bêtes de ce genre disparaissent et l'on n'en trouve plus une seule. Mais par tel autre vent, ou quand l'air change, elles réapparaissent. Il y a aussi les moustiques quand le temps s'y prête, dont le bourdonnement et les nombreuses piqûres sont très pénibles pour les pèlerins.

Ex humiditatibus etiam generantur in navi vermes crassi et albi, qui ubique serpunt et ad crura et in facies hominum insensibiliter ascendunt, quos ut homo sentiens digito tangit, putans esse muscam, mox rumpitur et sanie locus foedatur, ubi haesit. Quamvis autem multae immunditiae sunt in galea ex putredinibus generatae, nihil tamen venenosum in ea generari aut vivere potest. Ibi enim non sunt scorpiones, nec viperae, nec bufones, nec vermes perniciosi, nec araneae. Aqua namque maris venena depellit, scorpionis punctum sanat, viperarum et serpentum morsus curat, et omnibus venenatis contrariatur. Et nisi divina providentia sic ordinasset, nemo in magnis et antiquis navibus manere posset.

Magnum etiam taedium est peregrinis in stratione lectulorum sero, et mane recolligatione. Mane enim lectulum cum linteaminibus, cervicalibus, et tegumentis quilibet colligat fune, et ad clavum super caput suum in pariete navis infixum suspendit, ut per diem sit ibi liber transitus, et sero iterum deponit et resolvit, et sibi sternit : et hoc habet magnam fatigam. Galeotarum[1] infidelitas et rapacitas molesta est peregrinis, quia de nulla re securi sunt, quidquid galeota apprehendit, hoc rapit. Ideo prohibitionem habent galeotae, quod nullus audet in carinam descendere ad cumbas peregrinorum, nec vocati a peregrinis ausi sunt descendere.

Avisamenta, a quibus se debet peregrinus custodire et cavere in mari navigans.

Peregrinus terrae sanctae non solum debet cavere ne sit vitiosus animo, et ne animae pericula incurrat : sed etiam ne sit incircumspectus, ut non incurrat vitae et corporis sui damna. **(55 A)** Ideo hoc in loco ponere volo avisamenta peregrino, mare tansfretanti, necessaria : non quidem illa

---

[1] galêatarum *ed.*

L'humidité fait naître aussi sur le navire de gros vers blancs qui rampent partout, montent sur les jambes et la figure des hommes sans qu'ils le sentent ; et lorsqu'on sent un vers et qu'on le touche du doigt, croyant qu'il s'agit d'une mouche, il crève aussitôt, et souille d'un liquide visqueux l'endroit où il a éclaté. Malgré la grande saleté qui règne sur un navire à cause de la pourriture qui s'y produit, aucune espèce venimeuse ne peut y naître ou y vivre. De fait, il n'y a là ni scorpions, ni vipères, ni crapauds, ni vers dangereux, ni araignées. Car l'eau de mer chasse les espèces venimeuses, guérit les piqûres du scorpion, soigne les morsures de vipères et de serpents, et contrecarre toutes les espèces venimeuses. Si la divine providence n'avait pas fait les choses ainsi, personne n'aurait pu survivre sur les grands navires antiques.

Il est aussi très difficile pour les pèlerins de rester au lit tard ou d'y retourner pendant la matinée. En effet, le matin, on attache ensemble au moyen d'une corde les lits avec leurs draps, leurs oreillers et tout ce qui les couvre, et on les suspend à un clou au-dessus de sa tête sur la paroi du navire, pour pouvoir circuler librement pendant la journée. Puis le soir, on les dépose à nouveau au sol, et on les dénoue pour s'y étendre ; c'est une opération très fatigante. La déloyauté et la rapacité des matelots est très pénible pour les pèlerins car rien n'est en sécurité : tout ce qu'un matelot trouve, il le vole. C'est pourquoi il est interdit à tout matelot d'oser descendre dans la cale aux « combes » des pèlerins et, même si ceux-là les appellent, ils n'osent pas y descendre.

Avertissements sur les choses contre lesquelles doit se protéger et se prémunir un pèlerin qui navigue en mer

Un pèlerin de Terre sainte ne doit pas uniquement faire attention à ne pas pécher en esprit et à ne pas mettre en danger son âme ; il doit aussi veiller à ne pas se montrer irréfléchi, pour ne pas faire encourir de préjudice à sa vie et à son corps. **(55 A)** C'est pourquoi je veux donner ici les avertissements

quae pertinent ad medicorum considerationem, sed ea quae spectant ad amicorum ammonitionem et quae experientia didici. Communiter enim medici suadent peregrinis ut caveant a fructibus, a potu aquae, ab aere marino, a piscibus ; et contra calores haec conferunt, et contra frigora illa ministrant, contra sitem et contra constipationem, et contra ventris nimiam laxationem diversa remedia tribuunt, et contra vertiginem et ad promovendum appetitum, et contra venena ; et alia multa dant et suadent navigare volentibus ; quae certe salubria et bona sunt, et medicis sequelam in his praestare rationale est.

Hoc tamen fateor me vidisse : novi quosdam peregrinos, qui tanta diligentia et studio mandata medicorum servabant, quod nihil nisi suasa a Medicis sumere aut facere ausi fuerunt, et tamen debiles et miseri in peregrinatione facti, aliqui mortui fuerunt. E contrario alios vidi, qui omnia quae placebant in mari et in terra comedebant, bibebant, faciebant, nullam diaetam servabant, et mensuram nonnunquam excedebant, et cum his omnibus nunquam decumbebant, semper laeti et semper hilares manebant. Sed haec non scribo, ut innuere velim quod primi propter curam medicinae mortui fuerint et secundi propter intemperantiam in vita servati, sed ut videatur incertitudo fortunae : et committat se primo peregrinus Deo, et deinde medicis temperate. In aliis servet sequentes cautelas : caveat se pereginus ne se mari profundo immittat balneando, quia multiplex periculum ibi est, etiam bene natare scientibus. Cautus etiam sit, in navi iens de transtro ad transtrum, ne cadat, quia ubique casus est periculosus in navi, et semper cum bona deliberatione descendat et ascendat ad locum cumbarum vel stantiarum. Ego ipse feci duos casus per eosdem gradus ; non mirum, si in frustra fuissem dissolutus. Post quos nunquam nisi cum

nécessaires au pèlerin qui effectue une traversée en mer ; à la vérité, ce ne seront pas des réflexions de médecins mais des conseils d'ami, que l'expérience m'a enseignés. Les médecins conseillent en effet bien souvent aux pèlerins de se méfier des fruits, de l'eau qu'ils boivent, de l'air marin, des poissons, ils leur donnent ceci contre la fièvre, leur prescrivent cela contre les frissons, leur distribuent divers remèdes contre la soif, la constipation, la diarrhée, ainsi que contre le vertige, pour stimuler l'appétit, contre les venins, et ils donnent et conseillent encore beaucoup d'autres remèdes à ceux qui veulent naviguer. Ces remèdes sont certes bons et salutaires, et il est raisonnable de faire confiance aux médecins dans ces domaines.

Voilà cependant, je l'avoue, ce que j'ai : je connais des pèlerins qui observaient les prescriptions des médecins si attentivement et avec tant de soins qu'ils n'ont jamais osé faire ou prendre quoi que ce soit sans les conseils d'un médecin. Certains pourtant, devenus faibles et souffrants pendant le voyage, en sont morts. J'en ai vu d'autres au contraire qui, sur mer comme sur terre, mangeaient, buvaient et faisaient tout ce qui leur plaisait, n'observaient aucun régime et dépassaient même à l'occasion la mesure. Et malgré tous ces excès, ils n'étaient jamais au lit et restaient toujours joyeux et de bonne humeur. Je n'écris pas cela pour insinuer que les premiers sont morts à cause des soins de la médecine et que les seconds ont été sauvés par leur vie dissolue, mais pour faire apparaître l'incertitude de la fortune. Aussi, que le pèlerin s'en remette avant tout à Dieu, et ensuite, avec discernement, aux médecins. Qu'il observe par ailleurs les précautions suivantes :

Que le pèlerin prenne garde à ne pas se plonger en mer profonde pour se baigner, car le danger y est grand, même pour les bons nageurs. Qu'il soit attentif également, lorsqu'il se déplace sur un navire d'un banc à l'autre, à ne pas tomber, car sur un bateau toute chute est dangereuse. Aussi, qu'il prenne toujours beaucoup de précautions pour descendre à l'endroit de sa « combe » ou de sa « stance » et pour en remonter. J'ai

deliberatione et cautela descendi vel ascendi. Vidi etiam aliquos ibi cadentes paene extinctos. Praecipue eundo ad locum secretum sit circumspectissimus, quia descensus ad eum est periculosus, et super margines incedens non confidat funibus, nisi concutiat eos manibus et bene tensos esse probaverit, si enim funis sequeretur tenere volentem, caderet in mare.

Caveat etiam peregrinus ne pauperes galeotas spernat, et offendat, quia in casu possunt sibi fieri necessarii, et utiles et similiter plurimum nocivi et praejudiciales. Gerat etiam se ad caeteros omnes de navi, ne sibi concitet inimicitias ; valde poenale est habere inimicos in navi. Vidi ego quendam superbum peregrinum, qui sprevit plures, et offendit multos : hic ad miseriam deductus in galea, illos quos spreverat exorabat, et dum sibi aliqui **(B)** magis pii charitatis exhiberent officia, nihilominus sperni se suspicabatur, qui se merito spernendum meruisse noverat.

Caveat peregrinus quod non occupet locum alteri assignatum, nisi de ejus pleno consensu, nec supra nec infra. Circa malum est locus communis standi in die, sed in nocte nullibi nisi in stantia sua. Nam quando quis nocte alium petit locum quam cumbam suam et hoc frequenter facit, eum non noscentes furem suspicantur. Si autem omnino propter causas manere in stantia sua non potest, ascendat et super onera, quae in marginibus galeae sunt, sedeat, pedesque contra mare dependere permittat, tenens se ad funes mali. Experientia[1] multa de his docebit, quae homo in principio narranti vix crederet.

---

[1] experentia *ed.*

moi-même fait deux chutes dans les mêmes escaliers ; pas étonnant, si j'avais été imprudent inutilement ! Après ces chutes, je ne suis plus descendu ni monté sans raison ni méfiance. J'ai aussi vu certaines personnes frôler la mort en tombant au même endroit. Il faut surtout être très prudent quand on se rend au cabinet, car la descente y est dangereuse, et lorsqu'on s'avance le long de la rambarde, il ne faut pas se fier aux cordages sans les secouer avec les mains pour vérifier qu'ils sont bien tendus. En effet, si le cordage cédait sous la main de celui qui veut s'y tenir, ce dernier tomberait à la mer.

Que le pèlerin prenne garde aussi à ne pas mépriser les pauvres matelots et à ne pas les offenser, parce qu'ils peuvent lui devenir nécessaires et utiles en cas de chute, comme ils peuvent bien plus encore lui nuire et lui porter préjudice. Qu'il se comporte également envers tous les autres occupants du navire de manière à ne pas susciter de haine contre lui, car il est très néfaste d'avoir des ennemis sur un navire. Pour ma part, j'ai vu un pèlerin orgueilleux qui méprisait la plupart des gens et offensait beaucoup de monde. Il fut réduit à une telle misère sur la galère qu'il implora ceux qu'il avait méprisés, et quand **(B)** de plus pieux pratiquèrent envers lui les devoirs de charité, il les soupçonna néanmoins de le mépriser, car il savait qu'il avait bien mérité de l'être.

Que le pèlerin prenne garde à ne pas occuper un endroit assigné à quelqu'un d'autre sans son plein accord, aussi bien sur le pont que dans la cale. Il y a, autour du mât, un lieu collectif où tous peuvent se tenir pendant le jour, mais la nuit, on ne peut être nulle part ailleurs que dans sa « stance ». En effet, si quelqu'un se rend pendant la nuit ailleurs que dans sa « combe » et qu'il fait cela fréquemment, ceux qui ne le connaissent pas le soupçonnent d'être un voleur. Mais s'il a des raisons qui l'empêchent absolument de rester à sa place, qu'il monte et qu'il s'assoie sur les chargements qui se trouvent sur les bords de la galère en laissant pendre ses pieds au-dessus de la mer et en se tenant aux haubans. Les multiples expériences

Caveat peregrinus, dum superius ad aliquem locum sedet, ne super funes sedeat, ne inopinate aere mutato cum fune peregrinus projiciatur aut laedatur. Et nullo modo manu tangat funes, dum eos trahunt, ne sibi manus, aut digitus violenter eruatur, sicut saepe factum est, quia tractus illi sunt fortissimi et gravium ponderum. Consideret etiam peregrinus ne sedeat ad locum, ubi super eum dependent trochleae, et in casu arcus ipse aut graviter laedatur aut certe extinguatur, sicut contigit illi gubernatori, de quo fol. 16. B. dictum.

Caveat etiam ne galeotis incipientibus currere ad labores impedimentum cursus praebeat, quia eum, si etiam nobilis multum esset, vel episcopus, trudunt et deorsum dejiciunt, super eumque procurrunt, quia labores navales sunt celerrimi et ignei, nec capiunt moram. Nec intromittat se de laboribus eorum, nec manum apponat pro adjutorio, quia non est eis gratum, et praecipue nocturno tempore non maneat superius cum eis existente tempestate.

Caveat etiam ut caute sessum capiat, ne sedendo haereat, quia omnia sunt pice linita, quo liquato ad solis calorem, si aliquis desuper sedet, inquinatus recedet. Videat etiam ne causa solatii sedens super margines galeae, aliquid dilectum manu teneat, et sibi de manu in mari labatur. Cuidam nobili ibi mecum sedenti cecidit unum paternostrum de lapidibus pretiosis, quod sibi fuit dilectissimum et pro multis ducatis non dedisset, et irrecuperabiliter amisit. Sic mihi ibi sedenti et vigilias mortuorum legenti cecidit libellus de manu in fretum et periit, et multa sic labuntur de manibus incautorum, praesertim tempore ventorum[1] pilei de capitibus.

---

1 ventornm *ed.*

lui apprendront des choses qu'on a du mal à croire au début, lorsqu'on nous les raconte.

Que le pèlerin prenne garde lorsqu'il s'assoit quelque part sur le pont, à ne pas le faire sur des cordages, pour ne pas risquer d'être projeté ou blessé par un cordage si le vent tourne brusquement. Qu'il ne touche en aucun cas les cordages de la main lorsqu'on les hale, pour éviter de se faire violemment arracher une main ou un doigt, comme cela arrive souvent, car ces halages sont très forts et exercent une pression très importante. Que le pèlerin fasse aussi attention à ne pas s'asseoir quelque part où des poulies pendent au-dessus de lui, car en cas de chute d'une roue, il serait gravement blessé ou plus vraisemblablement tué, comme c'est arrivé à ce timonier dont j'ai parlé au folio 16 B.

Qu'il prenne garde aussi à ne pas faire obstacle à la course des matelots quand ils se mettent à courir à leur tâche, car, que l'on soit noble ou évêque, on est alors bousculé, jeté au sol et piétiné. En effet, les travaux des marins sont très pressés et très urgents, et ne souffrent aucun retard. Qu'il ne se mêle pas de leurs tâches et ne leur prête pas main forte, car cela ne leur fait pas plaisir, et surtout, la nuit, qu'il ne reste pas avec eux sur le pont s'il y a une tempête.

Qu'il prenne garde aussi à s'asseoir prudemment pour ne pas rester collé là où il s'est assis, car tout le navire est couvert de poix : lorsque celle-ci est liquéfiée par la chaleur du soleil, celui qui s'assoit dessus s'en retourne tout souillé. Qu'il veille aussi, lorsqu'il s'assoit pour se reposer sur les rambardes du navire, à ne pas tenir à la main un objet qui lui est cher, de peur qu'il ne lui échappe et ne tombe à la mer. Un noble qui était assis là en ma compagnie a laissé tomber un chapelet de pierres précieuses qui lui était très cher et qu'il n'aurait pas cédé pour mille ducats : il l'a perdu irrémédiablement. De même, alors que j'étais assis là et que je lisais les Vigiles des morts, le livre m'est tombé des mains dans les flots et a disparu. C'est ainsi que de nombreux objets glissent des mains des

Caveat etiam peregrinus ne nocte lumen sursum portet, quia marinarii hoc miro modo invite habent, nec sustinere possunt in cursu laborum eorum lumina. Ideo in tempestatibus cum industria omnia lumina extingunt etiam inferius, vel sub modio ponunt.

Custodiat peregrinus res suas diligenter, et nec inter notos eas jacere sinat, quia quam statim vultum avertit, evanescit ; nec **(56 A)** pecuniam in cista cumbae suae dimittat, sed inseparabiliter eam secum portet, et non confidat servis nec sociis. Est enim singularis inclinatio ad furtum in navi, etiam illorum, qui extra navim furtum detestantur, et praecipue parvarum rerum, ut panniculorum, cordularum, camisiarum, et hujusmodi, quae etiam socii sibi ipsis subtrahunt, quandoque, quia multiplex defectus in navi homini contingit, cui dum non potest obviare, providet sibi per phas et nephas. Ita dum quis scribit, si pennam deponit et faciem avertit, perdita est inter notos, et dum eam perdit, difficulter valde aliam reperit, etc. de aliis rebus.

Videtur enim in politia navali adhuc vigere lex vetustissima Aegyptiorum, quae furtum non vetabat, jubebat enim eos qui furari volebant nomen suum apud principem sacerdotum scribere, atque e vestigio furtum ad eum deferri. Similiter quibus res furto erepta erat, ad eundem rei sublatae tempus, diem et horam scribere tenebatur : hoc modo facile invento furto, quae remansisset, quarta multabatur parte, quae daretur furi. Satius legislator esse duxit, cum impossibile esset furta prohiberi, potius alicujus portionis quam totius[1] homines jacturam pati : ut habet Diodorus antiquarum historiarum lib. 2. cap. 3. Unde ad idem dicit

---

[1] *post* totius *add.* (esse amissa) *ed.*

imprudents, surtout les chapeaux, qui s'envolent des têtes lorsqu'il y a du vent.

Que le pèlerin prenne garde aussi à ne pas transporter de lampe sur le pont la nuit, car, bizarrement, les marins n'aiment pas cela et ne peuvent supporter la présence de lampes quand ils courent à leur tâche. C'est pourquoi, pendant les tempêtes, on prend soin d'éteindre toutes les lampes, même en bas, ou alors on les met sous le boisseau.

Que le pèlerin surveille attentivement ses affaires, et qu'il ne les laisse pas traîner, même auprès de gens qu'il connaît : tout ce que l'on quitte des yeux disparaît aussitôt. **(56 A)** Qu'il ne laisse pas non plus d'argent dans le coffre de sa « combe », mais qu'il le transporte avec lui sans jamais s'en séparer et ne le confie ni à un serviteur, ni à un compagnon. Il règne en effet sur un navire un singulier penchant pour le vol, même chez ceux qui exècrent le vol en dehors du navire ; on vole surtout des petites choses comme des chiffons, de la ficelle, des chemises et des objets de ce genre ; même entre amis, on se les dérobe parfois, car on manque de beaucoup de choses en mer, et puisqu'on ne peut y échapper, on y remédie par des actes licites et illicites. Ainsi, si quelqu'un en train d'écrire pose sa plume et détourne la tête, la voilà perdue au milieu de gens qu'il connaît, et une fois qu'elle est perdue, il est bien difficile d'en trouver une autre. Et il en est de même pour d'autres choses.

En fait, il semble que, dans le droit naval, soit encore en vigueur une très vieille loi égyptienne, qui n'interdisait pas le vol. Elle ordonnait en effet à ceux qui voulaient voler d'inscrire leur nom auprès du premier des prêtres et de lui apporter sans délai leur butin. De même, ceux à qui un bien avait été volé étaient tenus d'aller inscrire le moment, le jour et l'heure où il avait été dérobé. De cette façon, le vol était facilement identifié, et un quart de ce qui était resté chez le prêtre était confisqué au profit du voleur. Le législateur a jugé préférable, étant donné qu'il était impossible d'empêcher les vols, que les hommes subissent la perte d'une partie de leur

Proverb. 6. v. 30. : non grandis est culpa, cum quis furatus fuerit. Imo in veteri lege morti non plectabatur fur : ut patet Exod. 22. v. 1., sed in substantia mulctabatur. Nunc vero in statu perfectae legis vita privantur in communi hominum conversatione. Sed in navibus aliud videtur esse : innascitur enim navigantibus quidam furandi appetitus, praesertim in rebus parvis.

In portubus caveat peregrinus ne extra galeam exiens evagetur hinc inde : praecipue ad litora solitaria maris, ne subito rapiatur a piratis, et in perpetuam ac miserrimam servitutem redigatur, quod saepe fit. Novi ego quendam militem, qui solus repertus circa mare fuit, suis pecuniis et jocalibus spoliatus ad maenia civitatis per incolas.

Caveat etiam ne domus ingrediatur ad nutus mulierum se vocantium, quia periculum magnum est, non solum honoris et rerum, sed etiam vitae. Quicunque[1] vult honestati et probitati operam dare, et hanc sanctam peregrinationem mundam servare, non debet in portubus extra galeam dormire, sed advesperascente die redeat in galeam, ibique in cumba sua secure dormiat. Sunt enim hospitia in insulis maris lupanaria, ut patet fol. 15. a. Et nemo peregrinos theutonicos recipit in domum suam, nisi lenones ; qui ut in plurimum sunt Theutonici residentes ibi cum scortis, quae tamen removent ad peregrinorum ingressum. Potest ergo religiosus bonus peregrinus per diem in domo manere cum aliis sociis suis, et ibi manducare, sed nequaquam dormire.

---

[1] quincunque *ed.*

bien plutôt que de la totalité. Cela apparaît dans les *Histoires Antiques* de Diodore (livre 2, chap. 3)[361]. D'où aussi ce que dit le *Proverbe* 6, 30 : « Ce n'est pas une grande faute que d'avoir volé »[362]. D'ailleurs, dans l'ancienne loi, le voleur n'était pas puni de mort, comme le montre l'*Exode* (22, 1)[363], mais on confisquait ses biens. Maintenant, en vertu d'une loi parfaite, les voleurs sont écartés de la vie collective et du commerce des hommes. Mais il semble en aller autrement sur les navires : il naît chez ceux qui naviguent une sorte d'attirance pour le vol, surtout pour les petites choses.

Dans les ports, que le pèlerin prenne garde à ne pas errer en dehors de la galère, surtout sur les rivages maritimes isolés, pour ne pas se faire subitement enlever par des pirates, et être réduit à une servitude perpétuelle et tout à fait misérable, ce qui arrive souvent. J'ai personnellement connu un chevalier, qu'on a retrouvé seul au bord de la mer, dépouillé de son argent et de ses bijoux près des remparts par des habitants de la cité.

Qu'il prenne garde aussi à ne pas entrer dans des maisons où des femmes l'inviteraient en faisant des signes, car le danger est grand, non seulement pour son honneur et ses biens, mais aussi pour sa vie. Quiconque veut se soucier de sa vertu et de sa probité et garder pur ce saint pèlerinage ne doit pas dormir dans les ports en dehors de la galère ; il faut qu'il y retourne dès que le soir tombe, pour y dormir en sécurité dans sa « combe ». Il y a en effet dans les îles sur la mer des lieux de prostitution, comme cela apparaît au folio 15 A. Personne n'accueille de pèlerins teutons dans sa maison, à part les souteneurs, car ce sont en majorité des Teutons qui habitent là avec des courtisanes. Ces dernières se retirent à l'entrée de pèlerins. Un pèlerin qui est un bon religieux peut donc rester dans la maison pendant la journée avec d'autres de ses compagnons, il peut y manger, mais il ne doit jamais y dormir.

Multa alia fugienda et cavenda docebit ipsa experientia. Nunc vero regrediendum erit ad persecutionem nostrae Evagationis.

Finit tractatus secundus.

Il apprendra encore par sa propre expérience beaucoup d'autres choses à fuir et à éviter. Mais il faut maintenant retourner à la suite de notre voyage.

Fin du second traité

NOTES

1.– Edward Robinson (1797-1864), orientaliste anglo-américain, né à Southington (Connecticut). Il donna d'abord des leçons de grec et de mathématiques au collège Hamilton, puis entra dans les ordres à la mort de sa femme et voyagea en Europe pour y étudier les langues d'Orient. Pendant son séjour en Allemagne, il se remaria à Halle, avec la fille du célèbre professeur Jacobi. De retour dans son pays, il fut nommé professeur adjoint et bibliothécaire du séminaire d'Andover et ensuite titulaire d'une chaire de littérature orientale (syro-chaldaïque) au séminaire théologique de New York. Avant d'occuper ce dernier poste, Robinson était parti pour la Palestine où, la Bible à la main, il avait relevé la topographie des Lieux saints. Ce voyage donna lieu à la publication intitulée *Recherches bibliques en Palestine, au Sinaï et dans l'Arabie Pétrée*, qui parut en 1851 à New York et lui valut une médaille d'or de la société de géographie de Londres. Dans cet ouvrage qui jetait bas bon nombre de traditions catholiques, le révérend Robinson dépensa des trésors d'érudition, ainsi que dans ses *Dernières recherches en Palestine*, publiées en 1854, à la suite d'un nouveau voyage entrepris pour répondre par des faits irréfragables aux allégations de ses contradicteurs. Il va sans dire que les éloges décernés par un si grand orientaliste à Félix Fabri prouvent l'intérêt et le sérieux des récits de notre dominicain.
2.– Le 27 février 1843 (année non bissextile).
3.– Le Madian est une contrée de l'Arabie Pétrée, au sud du Sinaï, le long de la Mer Rouge. Madian n'est jamais cité dans la Bible comme une ville, même si la tradition arabe connaît une ville de ce nom (cf. Flavius Josèphe, *Antiquités juives*, II, 9, 1, qui la signale à propos de Moïse).
4.– Ancienne province romaine de l'Europe centrale, correspondant à l'ouest de l'actuelle Hongrie et à une partie de la Yougoslavie.
5.– La croisade est aussi un pèlerinage et, comme les autres pèlerins, ceux qui sont partis en croisade ont parfois laissé des récits de leur voyage, comme Ekkehard d'Aura (mort après 1125) qui raconte la première croisade dans une oeuvre intitulée *Hierosolymita* .
6.– Il s'agit du missionnaire italien Odoric de Pordenone (v. 1265-1331), qui voyagea en Tartarie, en Inde, à Sumatra et Bornéo, en Chine et au Tibet. À son retour, il dicta un récit de ses voyages (*Histoires*, appelées aussi *Itinéraire* ou *Relation*), publié à Paris en 1891 par Henri Cordier sous le titre *Les voyages en Asie au XVe siècle du bienheureux Frère Odoric de Pordenone.*

7.– Diodore de Sicile, historien grec (c. 90 av. J.-C. - c. 20 av. J.-C.). Il séjourna à Rome, voyagea en Égypte et dans d'autres pays. Sa *Bibliothèque historique*, en 40 livres, dont nous n'avons conservé que des parties (livres 1 à 5 et 11 à 20), était une histoire universelle depuis les origines jusqu'à l'expédition de César en Bretagne (54 av. J.-C.).
8.– Mot hébreu désignant le bois d'acacia, utilisé pour la confection de l'arche d'alliance, Cf. *Exode* 25, 10.
9.– *Patronus* désigne le commandant en chef d'une galère, mais le *patronus*, comme l'explique Fabri lui-même (cf. § 47 A), ne connaissant pas l'art de la navigation, nous avons préféré gardé le terme de « patron » plutôt que d'utiliser des mots comme « capitaine » ou « commandant », qui seraient trompeurs.
10.– *Horto Christi* [Güterstein].
11.– Les *distinctiones* (dont la plupart sont encore inédits) étaient des recueils ressemblant à de petits dictionnaires, destinés à donner les différents sens qu'un mot pouvait prendre dans l'Écriture. Pour ce passage, H. Wiegandt (*Evagatorium*, p. 1066) renvoie (sans référence précise) aux *Distinctiones dictionum theologicalium* d'Alain de Lille (vers 1125/1130-1203). Nous n'y avons rien trouvé qui ressemble vraiment aux propos de Fabri, si ce n'est les mots du deuxième prologue par lesquels Alain de Lille fait allusion au fait que l'Écriture ne suit pas toujours les règles de Donat, ni celles de Cicéron (...*ubi constructio non subjacet legibus Donati, ubi translatio aliena a regulis Tullii* ; éd. Migne, PL 210, col. 637 B-C).
12.– Jérôme, *Liber Ezrae, Praef.* (Migne, PL 28, col. 1474 B).
13.– Allusion au grec Sinon qui trompa les Troyens en leur conseillant de faire entrer dans leur ville le cheval de bois et dont Virgile fit un traitre achevé. Jérôme imite ici un passage de Virgile, *Énéide* 2, 328-329 :

Arduus armatos mediis in moenibus adstans
Fundit equus ***victorque Sinon incendia miscet***...

« Le cheval menaçant, dressé au milieu de nos murailles, vomit des hommes armés, et Sinon vainqueur sème partout l'incendie... » (trad. M. Rat)
14.– Souvenir du *Psaume* 137, 5-6 : « Si je t'oublie, ô Jérusalem, que ma droite s'oublie ! Que ma langue s'attache à mon palais si je ne me souviens pas de toi. »
15.– Un des deux monstres gardant le détroit de Messine. Scylla passait pour être une femme dont le corps, à sa partie inférieure, était entouré de six chiens dévorant tout ce qui passait à leur portée. Il ne sert à rien pour les éviter de se boucher les oreilles. Fabri confond ici, intentionnellement ou non, Scylla et les Sirènes, qui attiraient les marins par leur musique.
16.– Cf. *Cant* 1, 8 : « Si tu ne le sais pas, toi, la plus belle des femmes, toi, sors sur les traces du bétail et fais paître tes chevreaux près des demeures des pâtres. » Ces mots constituent une réponse à la question posée au verset précédent : « Explique-moi donc, toi que j'aime, où tu feras paître, où tu feras reposer à midi, pour que je n'aie pas l'air d'une femme voilée près des

troupeaux de tes camarades. » Le verset cité va servir de fil conducteur au long commentaire en forme de sermon ou méditation qui suit.

17.– Jérôme, *Epist.* 108, 3 (éd. J. Labourt, Paris, Les Belles Lettres, 8 tomes, 1949-1963 ; T. IV, p. 161).

18.– Réponse à l'invitation du Christ énoncée en *Matth.* 16, 24, *Marc* 8, 34 et *Luc* 9, 23.

19.– Il s'agit en réalité du verset 28 de *Matth.* 19.

20.– Les papes et les évêques.

21.– *Jean* 21, 17.

22.– *Bonus homo* est l'incipit de la lettre 58 de Jérôme (*Ad Paulinum presbyterum*), dont Fabri cite ici avec quelques omissions un extrait du § 4 (Labourt, T. III, p. 78).

23.– Shiméï était un partisan de Saül qui ne pardonnait pas à David sa cruauté envers les Saülides et avait prononcé à l'encontre du roi une malédiction (II *Samuel* 16, 7 et sqq.). La référence fournie par Fabri à la punition infligée à Shiméï par Salomon se trouve au premier livre des *Rois* 2, 36 et sqq. : « Le roi fit appeler Shiméï et lui dit : 'Bâtis-toi une maison dans Jérusalem ; tu habiteras la ville et tu n'en sortiras pas pour aller où que ce soit. S'il t'arrive un jour d'en sortir et de franchir le ravin du Cédron, sache bien que tu mourras immanquablement et que ton sang retombera sur ta tête.' » Fabri, dans sa référence, parle du livre III, car il considère les livres de *Samuel* comme les deux premiers livres des *Rois*.

24.– Trois ans plus tard, Shiméï sortit de chez lui pour rattraper deux de ses serviteurs qui s'étaient enfuis et Salomon le fit mettre à mort (I *Rois* 2, 39-46).

25.– Parmi les sanctions pénales prévues par l'Église catholique et consignées dans le Code de droit canonique, on distingue les peines dites « médicinales » ou censures, avant tout destinées à provoquer l'amendement du coupable, lequel a droit à l'absolution (levée de peine) dès qu'il s'est amendé, et les peines expiatoires dont le but premier est le châtiment. Elles sont temporaires, perpétuelles ou de durée indéterminée ; elles sont rémissibles sous certaines conditions.

26.– La sacrée pénitencerie est liée à la pratique de la confession et, par là, aux « cas de conscience » qui lui sont soumis ou aux situations dont le droit canonique réserve au pape l'absolution. On se souviendra que de nombreux pèlerinages sont entrepris comme pénitence à la suite de l'aveu d'une faute grave.

27.– Il s'agit d'Antonin de Florence (1389-1459), cardinal et auteur d'un *Tractatus de excommunicationibus*, d'une *Somme théologique* et d'un *Chronicon*, histoire du monde des origines à sa mort.

28.– Au nombre des peines communes aux clercs et aux laïcs on trouve l'excommunication (qui sépare le sujet de la communion des fidèles et le prive de certains droits) et l'interdit (sorte de dégradé de l'excommunication). Les peines *latae sententiae* sont encourues de plein droit dès la perpétration du délit dans certaines conditions ; elles ont plein effet juridique après

décision ou sentence déclaratoire. Les peines *ferendae sententiae* sont encourues après sentence condamnatoire.
29.– Félix Fabri écrit, au folio 82 B : « La raison de cette excommunication est que, après l'expulsion des chrétiens de Terre sainte, certains chrétiens mauvais, même des latins, restèrent en ce lieu et firent alliance avec les Sarrasins, leur prêtant serment ; d'autres même, qui émigrèrent, revinrent vers eux et se soumirent : ce sont eux qui par la suite naviguèrent vers les pays chrétiens et rapportèrent les outils de fer et les armes qui font défaut aux Orientaux. Considérant cela, le pape excommunia tous ceux qui restèrent avec les Sarrasins et firent alliance avec eux. Il excommunia aussi ceux qui leur apportaient des armes et d'autres choses dont ils manquaient. Il excommunia aussi la terre, afin que quiconque y pénétrait sans sa permission fût anathème, puisqu'il ne pouvait rester là sans communiquer avec des infidèles et des hérétiques. »
30.– Dans l'organisation de l'Église catholique, il s'agit du prélat responsable du tribunal de la sacrée pénitencerie.
31.– On sait que le Frère Félix Fabri appartient à l'Ordre des frères Prêcheurs dont le supérieur a pour titre maître général. Le maître de l'Ordre, en sa qualité de successeur de saint Dominique et de principe d'unité de l'Ordre, est le prélat propre et immédiat de tous les frères, couvents et provinces en vertu de la profession d'obéissance que chacun des frères lui a faite.
32.– Aristote, *Éthique à Nicomaque* III, 7, 12 : « les audacieux se jettent fougueusement dans les périls et , dès l'abord, veulent s'y précipiter ; mais dans la mêlée, ils lâchent pied... » (trad. de J. Voilquin, Garnier-Flammarion, Paris, 1965, p. 92).
33.– Le verset 21 du chapitre 10 de *Jérémie* dit : « Les pasteurs sont stupides : ils ne cherchent pas le Seigneur. C'est pourquoi ils sont sans compétence et tout le troupeau est dispersé. »
34.– Le verset complet d'*Esaïe* 17, 2 dit exactement, parlant de Damas : « Les villes qui en dépendent seront abandonnées pour toujours. Elles serviront aux troupeaux qui s'y reposeront sans que personne ne les inquiète. »
35.– Nombreuses sont les allusions dans les Évangiles aux agneaux (le Christ lui-même est dit Agneau de Dieu) et aux moutons qui se laissent tondre sans résistance, symboles du juste persécuté qui souffre pour son Dieu sans protester.
36.– On trouve l'ânon lors de l'entrée triomphale de Jésus à Jérusalem, le jour des Rameaux : c'est monté sur cet animal que le Messie traverse la ville sous les acclamations (cf. par ex. *Luc* 19, 28-40).
37.– Dans son *Speculum naturale* (on sait que Fabri le connaissait bien, puisqu'il le cite lui-même assez souvent), Vincent de Beauvais explique que les éléphants qui désirent engendrer doivent d'abord marcher vers l'orient, jusqu'à s'approcher du paradis, puis manger la mandragore qu'ils trouvent en ce lieu avant de s'accoupler (19, 44). Est-ce la difficulté de l'entreprise qui vaut à l'animal cette réputation de chasteté, ou la longueur de la gestation ?

38.– André était l'un des douze Apôtres, un des deux premiers à suivre Jésus auquel il amène son Frère Simon (*Jean* 1, 40).
39.– Les Apôtres Jacques dit le Majeur et Jean (*Marc* 1, 19-20), sont désignés par les Évangiles sous l'appellation de fils de Zébédée (*Matthieu* 4, 21). Jacques le Majeur mourut martyr en 44, sous Hérode Agrippa Ier (*Actes* 12, 2). Une tradition l'a fait aller prêcher en Espagne et l'on montre son tombeau à la cathédrale de Saint-Jacques-de-Compostelle.
40.– On connaît l'appellation célèbre de Jean : le disciple que Jésus aimait et le thème de cet amour divin plein de douceur parcourt tout son Évangile.
41.– Thomas, l'un des douze Apôtres, joue un rôle très important à la fin de l'Évangile de Jean (20, 24 et sqq.) en manifestant son doute à propos de la résurrection du Christ, ce qui provoque l'apparition du Ressuscité et l'acte de foi du disciple.
42.– L'un des « frères du Seigneur » (*Matthieu* 27, 56), Jacques le Mineur est probablement l'un des douze Apôtres ; on l'appelle ainsi pour le distinguer de Jacques le Majeur, choisi avant lui. La plupart des exégètes protestants le distinguent cependant de l'apôtre Jacques, fils d'Alphée (*Matthieu* 10, 3), tandis que, généralement, les exégètes catholiques identifient les deux personnages. Selon les Actes des Apôtres, Jacques le Mineur fut le chef de file de l'Église judéo-chrétienne de Jérusalem (*Galates* 1, 19), lorsqu'en 44, Pierre fut contraint de quitter cette ville. On sait aussi qu'il joua un rôle de premier plan au fameux concile de Jérusalem (*Actes* 15). On lui attribue habituellement la rédaction de l'Épître canonique de Jacques. Les *Actes* le nomment pour la dernière fois en 21, 18. Flavius Josèphe nous a conservé le récit de sa mort (*Antiquités judaïques* XX). Le grand prêtre Hanan II aurait profité de l'intervalle entre la mort du procurateur Festus et la nomination de son successeur pour le faire lapider, en 62. Selon Hégésippe, écho d'une tradition peu digne de foi, il aurait été précipité du haut du Temple.
43.– Il s'agit vraisemblablement du diacre Philippe dont parlent les Actes des Apôtres (8). Par sa parole, il réussit à détourner les gens de Simon le magicien pour les tourner vers le Christ : « mais ayant eu foi en Philippe qui leur annonçait la bonne nouvelle du Règne de Dieu et du nom de Jésus Christ, ils recevaient le baptême, hommes et femmes. »
44.– Habituellement identifié avec le Nathanaël de l'Évangile de Jean (1, 45-51), il est un des douze Apôtres. Il aurait évangélisé la Phrygie, le Pont... avant de mourir écorché en Arménie.
45.– Allusion probable à l'Évangile de Matthieu (3, 2) : « Convertissez-vous, car le Royaume des cieux est proche. »
46.– Probablement Siméon le Stylite (vers 390-459). Antoine, auteur supposé de la *Vita sancti Simeonis Stylitae*, lui prête ces mots : *...opto ut sim servus Dei, si ipse voluerit...* (Migne, PL 22, col 325 et sqq.).
47.– Thaddée (homme à la forte poitrine) pour les évangélistes Marc et Matthieu, est appelé Jude, ou Judas, fils de Jacques, par Luc. Il est l'un des douze Apôtres et, parmi les traditions établies à son sujet, l'une le fait mourir martyr en Perse. On a pu lui attribuer l'Épître de Jude, dans laquelle, après une

condamnation des faux docteurs, l'auteur conclut en ces termes (versets 24 et 25) : « A celui qui peut vous garder de toute chute et vous faire tenir sans tache devant sa gloire dans l'allégresse, au Dieu unique notre Sauveur par Jésus Christ notre Seigneur, gloire, grandeur, puissance et autorité, avant tous les temps, maintenant et à jamais. Amen. »

48.– L'Évangile de Matthieu insiste beaucoup sur l'humilité du Messie et sur l'humilité nécessaire pour rentrer dans le Royaume de Dieu (5, 4 ; 10, 15 ; 11, 25...).

49.– Les évangélistes sont souvent représentés par des figures symboliques : Matthieu par un homme ailé, Marc par un lion ailé, Luc par un taureau ailé et Jean par un aigle. Ce symbolisme semble avoir voulu identifier les quatre auteurs aux quatre « vivants » qui, au chapitre 4 de l'Apocalypse de Jean, sont décrits autour du trône de Dieu. L'expression *bos laboriosus* évoque sans doute aussi l'image du « boeuf qui foule le grain » (*bos triturans*) chez saint Paul, I *Cor.* 9, 9 (il s'agit en fait du 29e précepte d'humanité, cf. *Deut.* 25, 4) : « Tu ne muselleras pas le mufle à un boeuf qui foule le grain. »

50.– Né à Chypre, un des premiers convertis, il met tous ses biens à la disposition des Apôtres, il accompagne pendant un temps Paul et revient mourir à Chypre. Tertullien voyait en lui l'auteur de l'Épître aux Hébreux.

51.– Appellation classique de la partie méridionale de la Haute Égypte, dont la capitale est Thèbes. Un grand nombre de chrétiens, fuyant la persécution de Dèce (249-251), se réfugia dans les déserts situés à l'Est et à l'Ouest de la ville pour y mener une vie ascétique.

52.– Citation tronquée de Jérôme, *Epist.* 58, 3 (*Ad Paulinum presbyterum* ; Labourt, T. III, p. 76-77).

53.– L'Angleterre actuelle.

54.– Né près de Gaza (290), il est confié à un maître chrétien et reçoit le baptême en 306. Après avoir passé quelques temps en Égypte auprès de saint Antoine, il revient vivre comme ermite à Gaza, puis à Chypre où il meurt en 371. Sa biographie a été écrite par saint Jérôme et a plusieurs fois été traduite en français, la dernière étant celle de J. Miniac : Saint Jérôme, *Vivre au désert. Vies de Paul, Malchus, Hilarion*, Grenoble, éd. J. Millon, 1992.

55.– Jérôme, *Epist.* 127, 8 (*Ad Principiam virginem, de uita sanctae Marcellae* ; Labourt, T. VII, p. 143).

56.– Ce verset : « Épée, réveille-toi contre mon berger, contre mon compagnon valeureux – oracle du Seigneur le tout-puissant » est souvent considéré comme une conclusion séparée de l'ensemble du chapitre 11, allégorie des deux bergers dont le verset 17 déclare : « Malheur au berger vaurien qui délaisse le troupeau ! Que l'épée lui déchire le bras et lui crève l'oeil droit ! Que son bras se dessèche, oui, qu'il se dessèche ! Que son oeil droit s'éteigne, oui, qu'il s'éteigne. »

57.– On trouve ici une liste d'animaux, réels ou imaginaires, choisis pour présenter symboliquement un aspect négatif du comportement. Ce sont des caractéristiques permanentes comme la violence du lion, la rapacité du loup, l'impureté du bouc, la fourberie du renard ou l'attrait néfaste exercé par la sirène, ou des travers passagers, tels que l'emportement du cheval sans frein ou la rage du chien. La première partie de l'énumération fait sans doute allusion à *Psaume* 32, 9 (cheval et mulet), *Cant.* 2, 15 (renards), *Matth.* 7, 15 (loups), *Ézéchiel* 22, 27 (loup). L'image de la vigne dévastée se trouve, entre autres, en *Cant.* 2, 15.

58.– On retrouve ici mention des « envahisseurs » successifs de la Terre sainte.

59.– Après un songe au cours duquel Dieu lui est apparu (le célèbre songe de l'échelle), Jacob se réveillant dans le désert où il avait dormi, s'écrie : « Que ce lieu est redoutable ! Il n'est autre que la maison de Dieu, c'est la porte du ciel. »

60.– Dieu habite partout, même dans des endroits où l'homme ne peut vivre. Le désert, terre salée, s'oppose à la terre habitée comme la malédiction à la bénédiction ; or c'est par le désert que Dieu a voulu faire passer son peuple en l'accompagnant au cours de son périple (cf. l'*Exode*).

61.– Ce verset fait partie de la déploration du prophète Jérémie devant les malheurs subis par Israël : « On crie : 'Désastre sur désastre !' oui, tout le pays est dévasté. Soudain mon campement est dévasté, en un instant, mes tentes. »

62.– *Matthieu* 25, 31-33 : « Quand le Fils de l'homme viendra dans sa gloire, accompagné de tous les anges, alors il siègera sur son trône de gloire. Devant lui seront rassemblées toutes les nations, et il séparera les hommes les uns des autres, comme le berger sépare les brebis des chèvres. Il placera les brebis à sa droite et les chèvres à sa gauche. »

63.– Citation tronquée de Jérôme, *Epist.* 58, 2-3 (*Ad Paulinum presbyterum* ; Labourt, T. III, p. 75-76). Comme le signale J. Labourt dans ses notes complémentaires (p. 221), la formulation de la première phrase de Jérôme rappelle Cicéron, *Pro Murena*, 6, 12 : *Non Asiam nunquam uidisse, sed in Asia continenter uixisse laudandum est.*

64.– « C'est vers elle (Jérusalem) que viennent des pasteurs avec leurs troupeaux. Contre elle, tout autour, ils plantent leurs tentes ; chacun broute sa parcelle. »

65.– Cf. Sénèque, *Lettres à Lucilius* 28, 2 : « À quelqu'un qui formulait la même plainte, Socrate répliqua : 'Pourquoi es-tu surpris de ne profiter en rien de tes longues courses ? C'est toi que tu emportes partout. Elle pèse sur toi, cette même cause qui t'a chassé au loin.' Quel réconfort attendre de la nouveauté des sites, de la connaissance des villes ou des endroits ? Cela ne mène à rien de ballotter ainsi. Tu demandes pourquoi tu ne sens pas dans ta fuite un soulagement ? Tu fuis avec toi. Il faut déposer ce qui fait poids sur ton âme : aucun lieu jusque-là ne te donnera du plaisir. » (cf. aussi la lettre 104, 7-8 et 29 ; trad. H. Noblot, Paris, Les Belles Lettres, 7e tirage revu et corr. par A. Novara, 1985, p. 121-2) Comme on le voit, Fabri mêle en fait les propos de Socrate et les commentaires de Sénèque. Sur le fait que Socrate ne voyageait pas, cf. Platon, *Phèdre* 230 d ; *Criton* 52 B et Diogène Laërce II, 22.

66.– À l'origine, le terme d'indulgence désignait la remise d'une pénitence publique imposée par l'Église, pour une durée déterminée, après le pardon des péchés. À la suite d'une lente élaboration, la notion d'indulgence en est venue à signifier aujourd'hui une intercession particulière auprès de Dieu accordée par l'Église en vue de la rémission totale ou partielle de la réparation (ou peine temporelle) qu'on doit acquitter pour les péchés déjà pardonnés. Cet acte de l'Église repose sur le dogme de la « communion des saints », lui-même fondé sur les mérites infinis du Christ mort et ressuscité pour tous. Expression de la solidarité profonde qui lie les croyants en Christ, les indulgences sont aussi une des manifestations de la pénitence exigée de tout pécheur. Longtemps tarifées, pratique qui s'explique par leur sens originel, elles ont été parfois l'objet de trafics contre lesquels s'est élevé en particulier Luther et contre lesquels le concile de Trente a pris des mesures.

67.– Fabri fait vraisemblablement allusion à la *Chronique* d'Eusèbe de Césarée (vers 266-339), traduite et poursuivie par Jérôme, et très diffusée au Moyen Âge grâce à la traduction latine de Rufin d'Aquilée.

68.– Clet, ou Anaclet, fut selon la tradition le troisième pape (79-89 ?).

69.– Dans l'histoire de l'Église, ce terme désigne une sentence excluant de la communauté chrétienne. Par cette sentence se terminaient les canons des conciles ; elle consistait en un texte bref résumant une opinion avant d'en prononcer la condamnation par la formule *anathema sit* : « Si quelqu'un dit [...] qu'il soit anathème. » Au Moyen Âge, l'anathème comportait l'attribution d'une peine, plus grave que l'excommunication, qui était toujours temporaire. Il n'était levé que par les plus hautes autorités ecclésiastiques.

70.– Un apocryphe du Ve siècle, intitulé *Le passage de Marie* indique qu'à la mort de la Vierge, à Jérusalem « les Apôtres transportèrent son corps jusqu'à la vallée de Josaphat que le Seigneur leur avait désignée et le déposèrent dans un tombeau neuf ». Vers 455, une église s'éleva en ces lieux pour commémorer l'ensevelissement passager de la Vierge et son Assomption. Sur les ruines de l'église byzantine, les croisés édifièrent un sanctuaire roman, Notre-Dame de Josaphat.

71.– Cette accumulation de caractéristiques extraordinaires surprend de la part de quelqu'un qui a visité cette région et qui vient en outre de parler de la disparition des « traces des troupeaux » et des dangers de Jérusalem pour la vertu des pèlerins. Fabri suit ici le modèle des textes de l'Ancien Testament, comme le Deutéronome, qui présentaient l'image que se faisaient les Hébreux de la Terre promise. En cela, il poursuit le double but de glorification de la Terre Sainte et d'assimilation du pèlerin au peuple de Dieu, comblé après son errance. Ainsi peut-on mieux comprendre aussi le terme d'*evagatio*, « errance », qu'il emploie si souvent pour parler de son pèlerinage et que l'on retrouve dans le titre même de l'ouvrage.

72.– Ces trois peuples représentent l'Islam, qui tient Jérusalem pour un de ses Lieux saints.
73.– Depuis le schisme de 1054, la chrétienté était divisée en deux blocs, l'Église de Rome et celle de Constantinople.
74.– Il est surprenant de voir ici ces deux catégories, mais Fabri pense à l'église du Saint-Sépulcre où plusieurs familles de la Chrétienté sont représentées (Coptes, Grecs, Arméniens, Latins...) et ses propos sont, autant que la constatation d'une réalité, un désir de montrer l'attrait exercé par Jérusalem.
75.– Allusion au livre de la *Genèse* (5, 1) : « Le jour où Dieu créa l'homme, il le fit à son image... »
76.– Ville de Cisjordanie, dans le sud de la Judée, Hébron est célèbre par les tombes d'Abraham et de Sarah, d'Isaac et de Rébecca, de Léa et de Jacob. Son nom arabe, al-Khalil, signifie « l'Ami », qualificatif d'Abraham. David y fut sacré roi. Lieu saint pour les israélites, les chrétiens et les musulmans, le Haram al-Khalil (tombeau d'Abraham) est l'objet de nombreuses querelles.
77.– Grand théologien et gardien de la tradition qui vécut vers 650-750 et se retira vers 700 au couvent de Mar Saba près de Jérusalem (éd. Migne, PL 94-96).
78.– Le Seigneur dit à Abram : « Pars de ton pays, de ta famille et de la maison de ton père vers le pays que je te ferai voir. »
79.– On retrouve ici les étapes de l'Histoire du peuple hébreux et les diverses catégories de personnes qui ont eu l'autorité, temporelle (patriarches et rois) ou spirituelle (prêtres et prophètes).
80.– On peut voir dans ces trois éléments (curie, consistoire et tribunal) une allusion aux trois pouvoirs, politique, religieux et judiciaire et, symboliquement, y trouver l'idée que c'est à partir de la Terre sainte que Dieu s'apprête à diriger le monde.
81.– Les allusions sont nombreuses à une Jérusalem, siège du pouvoir divin, comme dans l'Ancien Testament chez Ézéchiel aux chapitres 40 à 48 ou dans le Nouveau Testament dans la vision de la Jérusalem céleste que présente l'*Apocalypse* de Jean (21, 9 - 22, 5).
82.– Le nombre de douze n'est, bien sûr, pas innocent. Le douze, en tant que chiffre des douze tribus du peuple hébreux, est aussi un chiffre parfait qui s'applique symboliquement au peuple de Dieu, d'où son emploi pour les douze Apôtres, ou pour les douze portes et les douze assises de la Jérusalem céleste de l'*Apocalypse*.
83.– Le folio 155 A, dans le quatrième traité, nous montre Marie accomplissant un véritable pèlerinage sur les lieux où vécut et mourut son fils, les embrassant dévotement.
84.– Jeune fille pieuse, cf. Jérôme, *De Eustochio*, dans *De vitis patrum* VIII, 121 (Migne, PL 73, col. 1203).
85.– Sur sainte Marcelle, cf. la *vita* contenue dans la lettre 127 de Jérôme.
86.– Valeria Melania, née en 383, appartenait à une très grande famille romaine. À quatorze ans, elle fut mariée à Valerius Pinianus et eut de lui deux

enfants, qui moururent en bas âge ; les époux résolurent de quitter le monde et de vivre dans l'ascèse, mais l'intervention de l'impératrice Serena fut nécessaire pour leur permettre de liquider la plus grande partie de leur fabuleuse fortune. Quand Rome fut prise par les Barbares en 410, Mélanie et son mari se réfugièrent d'abord en Sicile, puis à Tagaste en Afrique du Nord. Les habitants d'Hippone voulurent que leur évêque, Augustin, ordonnât prêtre Pinianus, afin de s'assurer ses dons. Mécontents de ce projet, Pinianus et Mélanie partirent pour la Palestine, où ils se retirèrent à Jérusalem, partageant leur temps entre la prière, les oeuvres charitables, l'étude de la Bible et des Pères. Mélanie y fonda un monastère, dont cependant elle ne voulut pas être supérieure. Son mari mourut vers 432. En 436, elle se rendit à Constantinople pour revoir son oncle Volusien, qui préparait le mariage de l'empereur d'Occident Valentinien III avec Eudoxie, fille de l'empereur d'Orient. Mélanie décida Volusien à recevoir le baptême et lutta pour l'orthodoxie, attaquée par l'hérésie de Nestorius. Elle revint à Jérusalem et y mourut en 439. Jérôme a écrit une *Peregrinatio Melaniae junioris*, dans *De vitis patrum* VIII, 1 (Migne, PL 73, col. 1072) et une *Vie de Mélanie*, dans *De vitis patrum* VIII, 117 (Migne, PL 73, col. 1198-1199).

87.– Jérôme, *Epist.* 39, 5 (*Ad Paulam de obitu Blesilae* ; Labourt, T. II, p. 81-82). Saint Jérôme ne parle pas en fait à cet endroit de Blesilla, mais de sainte Mélanie : « Mais pourquoi ressasser de vieilles histoires ? Suis donc les exemples du présent : vois sainte Mélanie [Mélanie 'l'Ancienne', fille du consul Marcellin], la vraie fierté des chrétiens à notre époque...Le cadavre de son mari était encore chaud, on ne l'avait pas encore inhumé, qu'elle perdit en même temps deux de ses fils...Qui, dans cette conjoncture, ne l'eût imaginée hors d'elle-même, les cheveux épars, déchirant ses vêtements et lacérant sa poitrine avec frénésie ? Or, pas une goutte de larmes n'a coulé...Mais peut-être fut-elle vaincue par la suite ? Bien au contraire. Dans quel esprit elle les avait méprisés [les fardeaux que constituaient son mari et ses deux fils], elle le montre depuis à propos du seul fils qui lui restât, puisque, après lui avoir cédé tout ce qu'elle possédait et bien que l'on fût au début de l'hiver, elle s'est embarquée pour Jérusalem. »

88.– Jérôme, *Epist.* 77, 6-7 (*Ad Oceanum de morte Fabiolae* ; Labourt, T. IV, p. 45 et p. 47).

89.– Jérôme, *Epist.* 125 (*Ad Rusticum Monachum* ; Labourt, T. VII, p. 114-134).

90.– Allusion à une lettre parfois attribuée à Jérôme, cf. Ps.-Jérôme, *Epist.* 20 (*In Susannam lapsam objurgatio*), mais éditée en fait sous le nom d'Ambroise de Milan, auquel on l'attribue plus souvent sous le titre de *De lapsu virginis consecratae liber unus* (Migne, PL 16, col. 363-384).

91.– Jérôme, *Epist.* 139 (*Ad Apronium* ; Labourt, T. VIII, p. 74-75).

92.– Jérôme, *Epist.* 75 (*Ad Theodoram spanam de morte Lucini* ; Labourt, T. IV, p. 32-37).

93.– Jérôme, *Epist.* 76 (*Ad Abigaum spanum* ; Labourt, T. IV, p. 37-39).

94.– Jérôme, *Epist.* 47 (*Ad Desiderium* ; Labourt, T. II, p. 114-116).

95.– Jérôme, *Epist.* 46 (*Paulae et Eustochiae ad Marcellam* ; Labourt, T. II, p. 100-114).
96.– Allusion à l'*Epistola de miraculis Hieronymi* d'un Pseudo-Cyrille, qui n'est pas Cyrille de Skythopolis (Palestine, 524-568/569, l'auteur de biographies de moines palestiniens).
97.– Jérôme, *Epist.* 77, 8 (*Ad Oceanum de morte Fabiolae* ; Labourt, T. IV, p. 49).
98.– Ville considérée dans l'Ancien Testament, puis par les Pères de l'Église (Augustin par exemple) comme le symbole du lieu de perdition.
99.– Dans l'Ancien Testament, le livre d'*Esdras* raconte la restauration juive après la captivité à Babylone.
100.– Citation tronquée de Jérôme, *Epist.* 45, 6 (*Ad Asellam* ; Labourt, T. II, p. 99).
101.– Dans l'édition de Douai du *Speculum historiale* de Vincent de Beauvais, la référence est : livre XVIII, chap. 99.
102.– Éd. Richardson, Leipzig, 1896.
103.– Mère de l'empereur Constantin. La légende lui attribue l'invention de la vraie Croix et d'autres reliques lors de son pèlerinage à Jérusalem en 326.
104.– Elle épousa Théodose II en 421 mais, en 433, tombée en défaveur, elle se retira à Jérusalem où elle mourut en 460.
105.– Née à Antioche vers 430, morte à Jérusalem vers 457, Pélagie, comédienne, fut convertie par un sermon de Nonnus, évêque d'Édesse, en 453. Elle se retira alors sur le mont des Oliviers.
106.– Il doit s'agir vraisemblablement de Guillaume X, Duc d'Aquitaine (mort en 1137), qui favorisa parfois l'Église, mais qui n'hésita pas non plus à l'opprimer quand ses intérêts étaient en jeu. C'est ainsi que lors du schisme d'Anaclet, il se rangea dans le camp de l'antipape jusqu'au jour où saint Bernard, lors d'une messe célébrée à Parthenay en 1135, réussit à le rallier à la cause d'Innocent II (et non d'Eugène III). Ce Guillaume mourut en 1137 au cours d'un pèlerinage à Saint-Jacques-de-Compostelle. Il n'alla donc jamais à Jérusalem, mais les remarques de Fabri doivent être tributaires du roman légendaire qui s'élabora peu à peu à la fin du moyen âge et selon lequel Guillaume aurait quitté le monde à la suite de sa rencontre avec saint Bernard, serait allé, après son pèlerinage à Compostelle, à Rome, puis en Palestine et, de retour en Italie, aurait fondé un monastère en Toscane. A ce sujet, cf. la notice sur Guillaume X de R. Aubert dans le *Dictionnaire d'Histoire et de Géographie ecclésiastique*, Paris, T. XXII, 1988, col. 841-842 et surtout l'article sur « Saint Guillaume d'Aquitaine, saint Guillaume de Maleval, et autres saints du même nom », dans Mgr Paul Guérin, *Vie des saints de l'Ancien et du Nouveau Testament*, Petits Bollandistes, Bar-Le Duc, Louis Guérin impr., T. II, p. 426-433.
107.– Bernard de Clairvaux (1091-1153), fondateur et premier abbé de Clairvaux, il prêcha la 2e croisade à la demande du Pape Eugène III (pape de 1145 à 1153).

108.– Horace, *Épîtres* I, 11, 27 : *Caelum, non animum mutant qui trans mare currunt.*
109.– Voir *Nombres*, 13, 1 et suivants. Moïse envoie des explorateurs au devant du peuple en marche pour reconnaître Canaan, et ceux-ci reviennent en faisant un récit contrasté : il s'agit bien d'un pays « ruisselant de lait et de miel », mais il est imprenable, vu la puissance du peuple qui l'habite.
110.– Il y a ici un jeu de mots étymologique entre *religiosus* et *religatus*, que nous avons tenté de rendre en traduisant *religatus* par « relié ». Fabri fait dériver le mot *religiosus* du participe passé *religatus*, « lié, attaché », selon une étymologie ancienne que l'on trouve par exemple chez Lactance, *Institutions divines* IV, 28, 72 ou chez Servius, *Comm. in Aen.* 8, 349. D'autres, comme Cicéron (*De natura deorum* 2, 72) ou Aulu-Gelle (IV, 9, 1) rattachaient le mot *religio* au verbe *relegere*, « recueillir de nouveau, relire ». D'après Benveniste, l'interprétation par *religare*, inventée par les chrétiens et historiquement fausse, serait significative du renouvellement de la notion, la religion devenant « obligation », lien objectif entre le fidèle et son Dieu (cf. *Vocabulaire des institutions indo-européennes*, T. II, Paris, Minuit, 1969, p. 268-272).
111.– L'ordre des frères Prêcheurs est formé de provinces ayant chacune à sa tête le chapitre provincial et le prieur provincial. Chaque province se compose de couvents et de maisons qui sont régis par un prieur ou un supérieur propre. La province se compose d'un minimum de trois couvents, dont deux au moins comptent dix vocaux. En outre, parmi les vocaux de la province, il doit y avoir au moins quarante prêtres. La province doit avoir un territoire distinct de ceux des autres provinces.
112.– Les *Paralipomènes* sont connus actuellement sous le titre de *Livres des Chroniques*.
113.– Région du Nord-Ouest de l'Asie mineure, autour de la ville de Troie.
114.– Promontoires, situés le premier au Sud de l'île ionienne de Leucade, le second en Épire, réputés pour le danger que présentait leur franchissement.
115.– Le troisième livre de l'*Énéide* conte les étapes du voyage accompli par Énée depuis Troie.
116.– Jérôme, *In librum Paralipomenon iuxta* LXX *interpretes, Praef. ad Domnionem* (éd. Migne, PL 29, col. 423).
117.– Luc écrit littéralement (9, 51) : « Or, comme s'accomplissaient les jours de son enlèvement, Jésus durcit sa face pour prendre la route de Jérusalem », ce qui est une allusion à *Esaïe*, 50, 7, où le prophète déclare : « C'est ainsi que le Seigneur Dieu me vient en aide : dès lors je ne cède pas aux outrages, dès lors j'ai rendu mon visage dur comme un silex, j'ai su que je n'éprouverais pas de honte. »
118.– Eberhard, Duc de Wurtemberg, dit Le Barbu (1445-1496) avait fait le pèlerinage à Jérusalem.
119.– Le couvent dominicain de *Maria sopra Minerva*, ainsi appelé parce qu'il se situe sur le site du temple antique de Minerve, dédicacé par Pompée après ses victoires en Asie.

120.– Sixte IV, Francesco della Rovere (1414-1484) fut pape de 1471 à 1484.
121.– Hippolyte von Stein, père de Georg von Stein qui partira avec Félix Fabri. Notre dominicain latinise ici son nom en l'appelant *de Lapide*, traduction de von Stein.
122.– Le terme de *domicellus* désigne le fils de chevalier qui n'a pas encore été lui-même adoubé.
123.– Souvenir du *Labor omnia vicit / improbus* de Virgile, *Géorgiques* 1, 145-146.
124.– L'Anonyme Parisien donne toutes ses étapes depuis Paris ; il a suivi la route du centre qui passe par Montargis, Nevers, Roanne, Tarare, Bourgoin, La Tour du Pin, Pont de Beauvoisin (frontière du Dauphiné), Chambéry, la Maurienne, le Mont Cenis, Suse, Turin, Milan, Padoue, le canal de la Brenta (Anonyme Parisien, *Le voyage de la Saincte Cyté de Hierusalem* [1480], éd. Ch. Schefer et H. Cordier, Paris, Ernest Leroux, 1882, p. 3-11). Pierre Barbatre a suivi à peu près le même itinéraire et est arrivé à Venise le 4 mai (*Le voyage de Pierre Barbatre à Jérusalem en 1480*, édité par P. Tucoo-Chala et N. Pinzuti, Annuaire-Bulletin de la Société de l'Histoire de France, 1972-1973, Paris, Klincksieck, 1974, p. 90-96). Santo Brasca est parti de Milan le 29 avril 1480 après une messe et un dîner partagé avec des amis qui l'ont accompagné jusqu'à la Chartreuse de Pavie où il s'est logé. Puis il a pris une barque jusqu'à Venise : il est passé par Crémone (2 mai), puis s'est logé à San Benedecto de Mantoue (Benedetto), est passé le 4 mai à Ferrare où il a visité plusieurs édifices, est arrivé à Chioggia le 7 mai ; la ville porte encore les stigmates de la guerre entre Venise et Gênes (Santo Brasca, *Viaggio in Terrasanta 1480*, ed. A.-L. Momigliano Lepschy, Milan, Longanesi, 1966, p. 46-48).
125.– L'expression *regia via* est biblique, cf. *Nombres* : « Nous irons par la route royale sans nous en écarter ni à droite ni à gauche jusqu'à ce que nous ayons traversé ton territoire. »
126.– Le Fondouk des Allemands dont parle Fabri, fondé en 1318, pour accueillir l'importante colonie de marchands allemands fut détruit par un incendie en 1505. L'actuel *Fondaco dei Tedischi* (à côté du pont Rialto, qui est aujourd'hui la poste centrale) fut reconstruit trois ans plus tard. La façade sur le Grand Canal fut décorée par Giorgione et le côté par le Titien.
127.– Barbatre et le Parisien se logent à L'Homme Sauvage (Barbatre, p. 110), près de Saint-Marc. Santo Brasca est hébergé chez des amis et visite de fond en comble le Palais de la Seigneurie (Brasca, p. 48-49).
128.– L'Anonyme est plus précis sur l'identité des pèlerins de marque : Monseigneur Jean-Louis de Savoie, évêque de Genève, beau-frère de la reine Charlotte de Lusignan, était accompagné d'une suite de onze personnes, et Philippe de Luxembourg, évêque du Mans et Légat du pape, conduisait un groupe de cinq. Est mentionnée la présence de plusieurs grands seigneurs de France, d'Angleterre, de Flandre, d'Allemagne, d'Italie et d'ailleurs (Anon., p. 26). Ils font partie des « orgueilleux » dont parle Fabri ; ils aspirent à la

distinction de Chevalier du Saint-Sépulcre. Certains, dont ceux de la suite des évêques, feront demi-tour à Corfou.
129.– Grande famille patricienne de Venise qui compta notamment parmi ses membres sept doges, depuis Domenico Contarini (1043-1071) jusqu'à Lodovico Contarini (1676-1684) et qui attacha son nom à plusieurs palais. Augustino Contarini assura la liaison Venise-Jaffa de 1479 à 1496 (P. Tucoo-Chala, Introd. au Voyage de Pierre Barbatre, p. 83). En 1480, il est le seul à risquer l'aventure par manque d'argent. L'Anonyme explique pourquoi : l'expédition précédente lui a coûté cher, il a fait des pertes et doit, entre autres, payer les dommages d'une rixe de ses marins. Le prix du voyage est de 55 ducats or de Venise, non compris les frais d'escale (Anon., p. 24-25). Ce patron est cité dans nombre de journaux de pèlerins où il brille plus souvent par sa ruse et son âpreté au gain que par son dévouement. Dans les récits de l'Anonyme et de Barbatre, on le voit économiser sur des excursions payées et exiger des suppléments.
130.– *Stantia* et *cumba* ; sur le sens de ces mots, qui ne correspondent guère à nos mots « couchette » ou « cabine » et que nous avons donc maintenus en les francisant, cf. les explications qu'en donne Fabri lui-même à la fin du premier traité, § 35 B.
131.– Mehemmed ou Mehmet II (1432-1481), surnommé al-Fâtih, « le Conquérant ». Ce sultan ottoman régna deux fois, en 1444-1446 et en 1451-1481. C'est lui qui prit Constantinople (29 mai 1453) et qui fonda véritablement l'Empire ottoman. Après avoir pris le contrôle « des deux mers et des deux continents » (mer Noire et mer Méditerranée ; Anatolie et Roumélie), il s'apprêtait à attaquer les Mamelouks d'Égypte lorsqu'il mourut le 3 mai 1481.
132.– On regrette la disparition de cet opuscule. On peut conjecturer que les autorités vénitiennes ont cherché à dissuader les évêques de s'embarquer : d'abord, leur prise par les Turcs eût coûté cher en rançon ; ensuite le passage du parent de la reine Charlotte à Chypre, où Venise avait eu du mal à s'imposer, n'était peut-être pas du goût de la Seigneurie. A Corfou, les évêques renonceront au voyage, certainement moins par couardise, comme Fabri le laisse entendre, que par raison d'État. Le Préteur de Venise finit par autoriser l'étape Venise-Corfou, laissant la suite à la responsabilité de l'Amiral en poste à Corfou.
133.– Mehemmed II avait conclu dès sa reprise du pouvoir en 1451 un traité de paix avec Venise et la Hongrie.
134.– Aujourd'hui Corfou, comme le dit plus loin Fabri.
135.– L'Anonyme avance le chiffre de 80 ou 100 voyageurs (Anon., p. 26). Les pèlerins sont appelés à bord le Ier juin (Barbatre, p. 96). Le 6, tout est prêt, la galère part, mais fait peu de chemin (Barbatre, p. 112). D'ailleurs l'Anonyme ne date le départ que du 7.
136.– Aujourd'hui Porec.
137.– La galée est retardée par le sirocco ; les pèlerins atteignent Parenzo malades et pour cette raison, entre autres, le capitaine ordonne un arrêt

(Brasca, p. 52-53). Arrivée le 8 (Barbatre, p. 112) ou le 9 juin (Anon., p. 29) à Parenzo [Porec, en Istrie]. C'est une petite cité pauvre cernée d'eau, plantée d'oliviers et de fruitiers, selon l'Anonyme. Les pèlerins y vivent à leurs frais, comme c'est la règle pour les escales avec descente à terre. Ni Barbatre, ni l'Anonyme ne parlent de contacts avec la population. Le départ a lieu le 10. Les circuits de l'Anonyme et de Barbatre sont plus détaillés que celui de Fabri : ils signalent le passage à proximité de Pula, le 12 juin, l'île de « Sazere » [vraisemblablement Cres], l'archipel longeant la côte dalmate, Oenona et ses reliques au Nord de Zadar. Quant à Santo Brasca, assez précis sur les lieux, les distances, il esquisse le paysage et signale souvent les aléas de la navigation tout au long de son récit.
138.– Aujourd'hui Zadar.
139.– A Zadar (redevenue vénitienne en 1409), la peste interdit tout débarquement : « on s'y mouroit ; et fusmes environ deux jours devant la ville par deffaute de vent ». La mort d'un matelot déclenche d'ailleurs une psychose (Anon., p. 32, Brasca, p. 54). Santa Brasca écrit : « Le jour suivant, le mal se saisit au bras et il mourut, et aussitôt fut jeté à la mer, ce dont le patron et tous les pèlerins s'effrayèrent grandement, et aussitôt ils commencèrent à prier Dieu qu'Il les garde de toute contagion, et telle furent sa clémence et sa miséricorde que pareil cas ne se produisit plus » (Brasca, p. 55). Brasca est le plus précis pour évoquer l'atmosphère religieuse : il cite de multiples oraisons. Barbatre n'en évoque pas moins une ville, et des reliques qu'il n'a vues ni à l'aller ni au retour (Barbatre, p. 113).
140.– Aujourd'hui Hvar face à Split (rendue à Venise en 1424). La « lente et pénible navigation » dont parle Fabri est explicitée par l'Anonyme : « On passe long chemin entre plusieurs isles et roches dangereuses entre lesquelles y en a deux ou il n'y a que ung traict d'arc l'une de l'autre, et y passa la galée » (Anon., p. 32-33). Barbatre parle du « vent contraire », et d'un rocher inquiétant (le 15 juin), puis d'un mouillage forcé de plusieurs jours dans une baie où la galée se réfugie jusqu'au 18 (Barbatre p. 113). C'est certainement le « mouillage désert » générant « l'ennui » des trois jours passés dans les rochers, dont parle Fabri un peu plus loin. Brasca dit qu'on jeta l'ancre le 16 par un terrible sirocco et que les pèlerins descendirent à terre en esquif pour cueillir des herbes odoriférantes (Brasca, p. 57).
141.– Le 18 juin, à Hvar, le patron profita de bonnes conditions pour poursuivre en direction de Curzola où il pensait débarquer ses passagers avant la nuit, mais par suite d'un changement de vent, il dut finalement faire tuer deux moutons pour nourrir les gens à bord (Anon., p. 34). C'est, dit Barbatre, une ville fermée avec château et couvent ; l'église est faite des dons des mariniers et pèlerins et les frères vinrent quérir l'aumône des voyageurs (Barbatre, p.114).
142.– L'expression « faire canal » (*facere eurippum*) appartient au langage des galères et s'emploie lorsqu'un vaisseau fait un long trajet en perdant la côte de vue ou passe des nuits entières au large sans approcher de la terre.

Nous remercions notre collègue Jacques Paviot, spécialiste du latin de la navigation, qui a bien voulu nous communiquer ces renseignements.
143.– Simonide, né à Céos vers 550 av. J.-C., fut un poète professionnel, qui devint un maître de l'élégie et de l'épigramme. Il passait pour un des hommes les plus favorisés par la chance : à côté de l'histoire que Félix raconte ici et qui se trouve dans Valère Maxime (I, 7, 8 ext. 3), figure aussi un autre épisode où Simonide échappe par miracle à l'effondrement d'une maison dans laquelle il mangeait (cf. Valère maxime I, 8, 12 ext. 7).
144.– Curzola, ville de l'île de Korcula. On ne trouve pas trace des trois jours de tempête dans l'Anonyme, mais l'accident mortel est rapporté. La date d'arrivée est le 19 juin. La ville est peut-être « bien peuplée » (« surpeuplée » ?) à ce moment-là en raison de l'afflux de villageois voisins : « fallut cuire du pain pour les pellerins, car les povres gens des pays prochains s'estoient retraiz en la ville pour le danger du Turc qui les chassoit. Il n'y a jusques ès terres dudict Turc, du costé de Septentrion, que environ sept lieues. et se nomme le pays Bossenat » (Anon., p. 35). La Bosnie est ottomane depuis 1464. En fait, l'Anonyme fait venir le danger de l'intérieur des terres, et Fabri, de la mer. Barbatre ne fait aucune allusion au risque, mais il se peut que son texte ait été abrégé par le copiste : plusieurs etc. émaillent le récit.
145.– Ancien nom de Dubrovnik, qui fut fondée par des colons grecs d'Épidaure et qui portait dans l'antiquité et parfois encore au moyen âge le nom de la ville mère.
146.– Les notes de Fabri sur Raguse ont été réservées pour le voyage de 1483. L'Anonyme et Barbatre font d'amples développements sur la ville payant tribut au Turc, à Venise et au roi de Hongrie (Anon., p. 36, n. 1, Barbatre, p. 115-116). La ville (statut, moeurs, architecture), attire le regard des pèlerins qui se montrent parfois indignés d'y découvrir un florissant marché d'esclaves. Par ailleurs, on y admire les cloîtres et l'abondance des arbres fruitiers. Entre Raguse et Corfou, l'Anonyme mentionne Antivari, Dulcigno à l'entrée du Golfe de Drin, Scutari, Avlona. Il signale les vents défavorables dont Fabri fait état. Barbatre évoque le passage de la galée au large de Durazzo, le 22 juin.
147.– Le 23 juin, le vent a poussé le bateau vers les Pouilles au point que les voyageurs ont pu en apercevoir une ville et la côte. Le soir, la galère a pu retourner de l'autre côté. Cet écart les aurait protégés de la rencontre fâcheuse de voiles turques.
148.– Le *Gazapoli* (ou *Gazopoli*) de Fabri pourrait être identifié avec Kassiopi (Nord de Corfou), face à la langue de terre albanaise de Butrint. La ville se trouve un peu avant le détroit entre Corfou et le continent, et Santo Brasca la désigne comme *Cassopo*. L'Anonyme mentionne une chapelle de Notre-Dame avant Corfou (Anon., p. 40), puis situe la ville au dragon « un peu en deça de Corfou a main senestre » (Anon., p. 44). Barbatre parle du « canal » surveillé en permanence par la marine vénitienne, et situe le lieu à gauche, à six ou huit milles de Corfou, le décrivant plus sommairement mais

indiquant la présence de religieux (Barbatre, p. 118). Les coordonnées de nos voyageurs ne sont pas tout à fait concordantes. A. Longnon (*Le saint voyage de Jherusalem du seigneur d'Anglure*, Firmin Didot, 1878, p. 144) situe plus haut le « Cazopoli » d'Ogier d'Anglure : sur la foi d'un atlas catalan de 1375, il pense à l'île de Sazan (*insula Saso* ou *Sasonis*), face à Valona [Vlorë], mais les caractéristiques des voyageurs de 1480 font pencher en faveur des parages de Corfou. On touche là au problème de la fixation des toponymes étrangers entendus mais souvent déformés, et à la difficulté de leur localisation par les voyageurs.

149.– L'autorisation de naviguer n'était donnée que jusqu'à Corfou, charge à l'Amiral d'apprécier la situation et de laisser ou non continuer les pèlerins jusqu'à Jaffa. Les évêques et leur suite se rangent à ses raisons. Santo Brasca, qui a dû suivre les discussions en italien, écrit : « Et par le fait de tant d'[efforts] de dissuasion, les très-réverends évêques de Genève et du Mans firent demi-tour, et de la même façon, certains autres pèlerins, jusqu'au nombre de vingt-deux » (Santo Brasca, p. 59). Barbatre mentionne l'abandon des prélats et de vingt ou vingt-deux personnes (Barbatre, p. 119). L'Anonyme rapporte l'étonnement des gens de Corfou à l'arrivée des voyageurs et l'interdiction faite de repartir avant le retour d'espions. Les pèlerins toutes nations confondues se plaignent, alléguant qu'ils ont déjà beaucoup dépensé, beaucoup risqué, et qu'avec l'aide de Dieu, ils espèrent échapper au danger. Le Capitaine laisse repartir les téméraires mais exige une décharge écrite et signée de leur main, pour être exempt de toute accusation ou sanction de ses supérieurs. L'Anonyme évalue à vingt le nombre des manquants, les cite ou signale leur rang élevé (Anon., p. 42-43). Santo Brasca explique sa décision : « Moi, voyant que j'avais déjà fait une bonne partie du voyage, que j'avais payé le patron, souffert beaucoup de tribulations à cause du roulis de la mer et que j'étais désormais aguerri contre elle, voyant également que le danger était aussi grand au retour qu'à l'aller, et me confiant en la miséricorde de Dieu, qui, nous ayant épargnés du premier danger de la Valona, devrait encore nous épargner du second de Rhodes, je pris la décision de rallier ceux qui voulaient aller de l'avant » (Santo Brasca, p. 59-60). Sur les sept jours d'immobilisation, il donne peu de détails. Les pèlerins repartent le 1er juillet.

150.– Fabri laisse entendre que les Teutons étaient plus déterminés à poursuivre la route que les Français. L'ambiance à bord paraît avoir été exécrable, et grande la rivalité entre Allemands et Français : Fabri se félicite de l'abandon des évêques. Barbatre leur associe un autre dignitaire, Monseigneur de la Ferté (Barbatre, p. 119).

151.– Dans leur traduction, H. Wiegandt et H. Krauss glosent ce mot par le terme allemand moderne de *Waghälse*, « têtes brulées, casse-cou ».

152.– Fabri fait une ellipse complète entre Corfou et Méthone ou Méthoni, devenue la Modon des Vénitiens en 1206 (qui sera prise par Bajazet II en 1500). L'Anonyme et Barbatre signalent Zante, île turque (2 juillet), puis les parages de Patras, les monts d'Arcadie, la Morée. L'Anonyme fait des erreurs de noms (Arabie pour Arcadie). Barbatre témoigne du spectacle de désolation des îles ruinées et désertifiées par la guerre (Barbatre, p. 120-121). Arrivée à Méthoni le 4 juillet dont Barbatre note le délabrement (Barbatre, p. 121). Le départ a lieu le 6. La galère double le cap Matapan (appelé port des Cailles pour ses oiseaux nombreux). Le 7, elle longe l'île de Cerigo [Cythère ou Kythira], atteint la Crète, passe devant La Canée [Khania] ; les passagers sont débarqués à Candie [Irakleion] le 9 juillet. Les récits parallèles sont riches de détails pittoresques. On sent d'autant mieux l'écart entre les objectifs de Fabri (récit-résumé centré sur les risques) et les intentions littéraires des autres voyageurs (reportage sur les pays traversés).

153.– L'arrivée à Candie, belle ville fortifiée, est fort différente dans les récits parallèles. Le patron s'assura auprès des autorités venues l'accueillir de l'état sanitaire. Santo Brasca dit qu'il envoya à terre l'écrivain de la galée et que plusieurs personnes se portèrent en bateau vers la *Contarina* pour certifier que la peste avait cessé (Santo Brasca, p. 62). Les galiots ont tous des marchandises à vendre, ce qui peut expliquer aussi l'intérêt suscité. Barbatre a compté une affluence de bateaux, vingt ou trente, et compare la ville à Vernon et Gisors pour l'enclos de la cité, et à Raguse pour les fortifications. En quatre jours d'escale, il a noté force détails de vie urbaine ou agricole (Barbatre, p. 122-125). L'Anonyme évoque les costumes, les maisons à terrasses, le goût du malvoisie, le prix de l'eau, les coutumes. A Candie, les voyageurs reçoivent des nouvelles du siège de Rhodes. Là, le patron embarque de nouveaux passagers sur les places libérées. Le récit de Fabri apparaît circonscrit autour des expériences humaines ; rien de tel, chez les autres, plus descriptifs. Les notes du Dominicain sont passées dans les traités du voyage de 1483. La galère quitte Candie le 13 juillet.

154.– Nous lisons ici *portum Cimonicensem* et nous comprenons « le port de Cimon », donc Larnaka, l'ancien Cition, où mourut en 449 le général athénien Cimon lors du siège de la ville par les Perses (cf. Plutarque, *Cimon*, 35 et Cornelius Nepos, *Cimon*, 3, 4).

155.– Caterina Cornaro (1454-1510), la fille du vénitien Marco Cornaro, qui épousa le 10 juillet 1468 le roi de Chypre, Jacques de Lusignan et qui régna sur le Royaume à partir de la mort de son mari en 1473 jusqu'en 1489, date à laquelle elle fut contrainte de le céder à Venise. A travers cette femme au sombre destin (l'année où meurt son mari, son oncle est assassiné lors du coup d'état de 1473 et elle perd son fils Jacques III, le dernier des Lusignan), Venise tentait, non sans heurts, d'asseoir son autorité sur l'île de Chypre. Catherine Corner est une des *Reines tragiques* de Juliette Benzoni, Paris, Barillat, 1999, p. 229-245.

156.– Le Capitaine évite Rhodes et passe en haute mer le plus loin possible des côtes turques. « Nous delaissames la droitte voye de Hierusalem pour eviter l'armee du Turcq qui estoit devant Roddez en grande puissance... et perdismes terre de toulx costés... Pour laquelle armée eviter, tirasmes vers Barbarie » (Barbatre, p. 125). Le 16 juillet, la galère passe devant Baffo (saccagée en 1425 par les Égyptiens). Arrêt à Limassol, peu brillante. Ni l'Anonyme, ni Barbatre ne parlent d'une autre escale, pas plus qu'ils n'enregistrent le déplacement du Patron à Nicosie. La galée repart le 19 (Barbatre, p. 127), ce qui laisse peu de temps. Mais au retour, Agostino Contarini ramènera son Frère Ambrogio, haut fonctionnaire de la reine. Fabri confond peut-être les deux escales à Chypre.

157.– La galère de 1480 est arrivée le 20 juillet à Jaffa : Barbatre explique cette rapidité par la force du vent (Barbatre, p. 127). Les durées en mer et au port données par Fabri ne concordent pas : dans la reconstitution, les vides ont pu être comblés avec l'estimation la plus plausible. Les voyageurs connaissent Jaffa de réputation et y attachent des souvenirs prestigieux. Souvent ils évoquent son passé historique et biblique (Barbatre, p. 128, Anon., p. 57, 61). Les fortifications patiemment érigées par saint Louis (1252) ont été rasées par le sultan Beibars (1268) et jamais reconstruites. Santo Brasca exprime la déception qu'inspire la vision présente : « Cette ville fut jadis grande et belle, comme cela apparaît encore à travers les ruines, elle fut édifiée avant le Déluge par Japhet, fils de Noé... Aujourd'hui, elle est toute en ruine, ce n'est rien d'autre que deux tours où un Maure se tient en permanence, pour faire la garde... le port est tout en ruine, sauf quant aux fondations, et même il faut passer en barque entre deux rochers de l'assise, non sans quelque danger, d'autant plus qu'ici, la mer est toujours agitée » (Brasca, p. 64).

158.– C'est à cet endroit que selon la légende, Andromède aurait été exposée en victime expiatoire avant d'être délivrée par Persée.

159.– Nos voyageurs ne quittent la galère que le 24 juillet. A Jaffa, le plus proche port de Jérusalem, on enregistre des records de lenteurs administratives. Les pèlerins attendent parfois des jours l'autorisation de débarquement : il faut que les ânes soient disponibles, que le gardien de Jérusalem soit arrivé pour les prendre en charge, que les autorités (émir de Ramlah, gouverneur de Gaza) chargées d'accueillir les étrangers ne se trouvent pas ailleurs... Or le moment de l'arrivée des pèlerins est approximatif. C'est pourquoi Philippe de Voisins est retenu à bord du 24 juillet au 4 août 1490, Pietro Casola du 17 juillet au Ier août 1494. Santo Brasca évoque avec humour *uno viaggio da non tenere serrata la borsa* et esquisse le tableau des membres d'équipage tendant chacun une tasse pour recueillir le pourboire de l'arrivée (Brasca, p. 129).

160.– Quand ils ont quitté la galère, les pèlerins font connaissance avec des grottes où ils restent en transit. Tous en parlent avec répugnance : « an olde cave » (Richard Guylforde, *The Pylgrimage* [1506], ed. H. Ellis Camden Society, 1851, p. 16), une « caverne à pourceaulx » (Jean de Cucharmoy, *Le Saint Voyage* [1490], Genève, Fick 1889, s. p.), « une vieille estable orde, comme une estable a pourceaulx, et puante, car les Sarrazins y avoyent faict leur aysement » (Anon., p. 60), pour ne citer que ceux-là. Barbatre décrit les formalités : le gardien de Jérusalem est arrivé le 24, avec des Mamelouks armés pour la protection et des « truchements ». Les commissaires de douane ont enregistré par écrit les identités des pèlerins

(nom propre et nom du père) (Barbatre, p. 128). « Fusmes recontez et contrerollez » (Anon., p. 60). Santo Brasca écrit : « Là nous fûmes mis en réclusion dans une grotte qui servait de magasin ou de fondouk, et comptés plusieurs fois un à un comme des bêtes » (Brasca, p. 64).
161.– Aujourd'hui Ramlèh ou Ramla. Il est un peu étonnant que Fabri ne fasse pas état du parcours accidenté de Jaffa à Jérusalem via l'étape de Ramla. A en juger par les autres récits, il fut riche de péripéties et d'émotions : les pèlerins ont eu d'âpres discussions avec le patron au sujet d'excursions payées et ajournées ; ils ont croisé des bandes armées, ont essuyé des jets de pierres. Fabri gomme délibérément tout ce qu'il développe par la suite.
162.– Dans la Bible, le Millo désigne la zone de l'ancien ravin qui séparait la Cité de David au Sud et le Temple au Nord et que Salomon fit combler, d'où son nom de Millo, « remplissage » en hébreu (cf. par ex. I *Rois* 9, 15). Fabri explique lui-même cette appellation dans son quatrième traité (§ 107 B). En tant que religieux, Fabri aurait dû aller au Couvent des Cordeliers du Mont Sion (Anon., p. 69). Est-il volontairement resté avec le jeune maître et seigneur qui lui avait été confié ? Il déclare un peu plus loin qu'il ne le lâchait à aucun moment. Autre exception : le patron jouissait d'un privilège d'hébergement confortable au Mont Sion (on y dormait dans un lit et on y buvait les meilleurs vins du monde). Il fit profiter de cet avantage Santo Brasca qu'il aimait « comme un fils ». Cc qui n'empêche pas le Milanais de dire un mot des piètres conditions d'hébergement de ses compagnons et de l'état décrépi de l'Hôpital Saint-Jean : « On est installé très inconfortablement parce qu'on dort et on mange à même le sol, et celui qui n'a pas apporté du vin avec lui depuis la galère, il lui faut boire de l'eau » (Brasca, p. 64, 68).
163.– L'arrivée à Jérusalem est datée du 28 juillet. La galère est repartie le 12 août : Fabri sous-estime la durée de son séjour. L'Anonyme donne un calendrier correspondant aux visites des Lieux saints de Jérusalem, Bethléem et du Jourdain. Les notes de Fabri ont été intégrées aux *traités*. On est un peu surpris des réflexions du Dominicain : les autres pèlerins ont profité de leur voyage et fixé de fort belles descriptions des sites visités. Santo Brasca évoque les maisons, les *bazarri*, le *boteghe* où l'on cuisine, les costumes, émaillant sa pérégrination de cantiques et d'oraisons en latin (Brasca, p. 68-69).
164.– C'est-à-dire au monastère du mont Sinaï, que la montagne Sainte-Catherine, qui fut fondé en l'an 530 par l'empereur Justinien et où l'on découvrit en 1859 le fameux *codex sinaïticus*.
165.– Le 17 août, les voyageurs débarquent à Salines ou Salins de Chypre (Larnaka). Le lieu tire son nom de l'abondance du sel qu'on y récolte dans un lac voisin, « la plus belle chose, et la plus merveilleuse que nous ayons point veu en trestout le chemin. Car toutes l'eaue qui sourt audict lac se convertist en beau sel blanc comme cristal », écrit l'Anonyme (Anon., p. 104), « La plus excellente chose que nous avons veue sur le chemin...

l'eaue... se convertit en sel blanc comme seucre ou neige » (Barbatre, p. 154) ; « admirabilissima cosa », renchérit Santo Brasca (Brasca, p. 119).
166.– Le mille teutonique fait 8000 m.
167.– C'est là un passage original : Fabri est un des rares voyageurs à parler de ce rite d'alliance des rois de Chypre avec les chevaliers du Saint-Sépulcre et à en évoquer le cérémonial. L'Anonyme n'en parle pas mais Santo Brasca fut de ceux qui reçurent l'épée des mains de la reine.
168.– Il s'agit de la croix de Dismas, celle du bon larron auquel Jésus crucifié promit le Royaume (cf. *Luc* 23, 39-43) et qui aurait été jadis apportée de Palestine par sainte Hélène. L'Anonyme a profité de l'arrêt de plusieurs jours pour faire des excursions et monter à la Croix du Bon Larron qui passait pour tenir miraculeusement en l'air. Avec quatre compagnons, il s'est rendu à ce haut lieu de pèlerinage. Santo Brasca, pris en charge par des compatriotes, est allé voir de près le lac salé, merveille de Chypre.
169.– Peut-être s'agit-il à nouveau du port de Limassol ?
170.– Aujourd'hui Baffo.
171.– Lors de sa première mission, Paul avec Barnabé traversa toute l'île de Chypre, de Salamine juqu'à Paphos, où il convertit le proconsul Sergius Paulus en rendant aveugle le magicien et faux prophète Bar-Jésus (cf. *Actes des Apôtres*, 13, 1-12).
172.– Sur ce point, nos voyageurs sont à peu près d'accord quoiqu'ils n'adoptent pas tous la même chronologie. Le départ de Chypre a lieu le 24 août, mais le vent défavorable a contraint le capitaine à retourner vers l'île. L'Anonyme parle d'un arrêt forcé à Limassol jusqu'au 27. Un nouveau départ a lieu, que le capitaine pense définitif puisqu'on jette à la mer un nouveau trépassé allemand. Mais le 30, la galère n'est toujours qu'à Baffo où les bien portants vont enterrer « le septième mort de la galée » tandis qu'il y a encore une douzaine de malades à bord. De plus, un accident de manoeuvre a coûté la vie à un marin expérimenté ; le moral est très bas (Anon., p. 108-109, Barbatre, p. 155-156). A Chypre, Santo Brasca signale ces drames : deux pèlerins meurent *per lo pessimo aere*, un autre, frappé de démence, se donne des coups de couteau, un officier menace de se jeter à la mer. Lui-même est malade, *una febre continua et terribilissima* de six jours ; un marin a un accident mortel (Santo Brasca, p. 119-120).
173.– Aux Salins, le 24 août, le capitaine avait eu des nouvelles de l'assaut meurtrier de Rhodes, mais ce n'est que le Ier septembre (ou le 31 août, selon Barbatre), alors qu'il se dirige vers Candie qu'une galée d'observation rapportant à Chypre les nouvelles de la défaite des Turcs croise la route de la *Contarina*. Le capitaine change alors de cap.
174.– La navigation fut particulièrement difficile entre la Crète et Rhodes. La pénurie évoquée par Fabri ne paraît pas exagérée, mais dramatisée par l'accumulation de petits détails réalistes, d'observations, de réflexions. Barbatre écrit simplement : « Estions contrains de prendre terre quelque part car, passés IIII jours, nostre eaue estoit si puante que bestes ne gens ne pouvoient boire » (Barbatre, p. 157). Et l'Anonyme confirme : « Estions

en grant dangier ou soucy pour ce que nos provisions failloient et noz eaues estoyent toutes puantes ». Le 10 septembre, la galère arrive à Lindos (vingt milles de Rhodes), où par prudence autant que par nécessité, le patron préfère s'arrêter : c'est là, semble-t-il que les matelots sont descendus à terre chercher de l'eau pour les pèlerins déshydratés, et que le patron a reçu confirmation, par deux navires marchands, que Rhodes était vraiment libre d'accès (Anon., p. 111 ; Barbatre, p. 157).

175.– Fabri dramatise l'arrivée à l'excès (nuit du 10 au 11 septembre). Est-ce parce qu'il est malade ? Toute différente est la perception de Barbatre, ravi de l'excellent accueil : « Entrasmes dedens le hable et après, nous tous descendismes a terre et fusmes bien venus et receups des bons chevaliers et habitans audit Roddez et mieulx que en nulle aultre cité ou ville depuis nostre partement, et la trouvasmes plusieurs habitudes, familiers et cognoissances. Vroy est que ceulx qui jamais ne nous avoient veulx ne congneux nous fasoient grant chere et nous offrirent de leurs biens... Chacun venoit a nous pour nous consoler et esjouyr » (Barbatre, p. 157). L'Anonyme ne parle que de la beauté des moulins en activité, du port, de la violence destructrice des attaques récentes. Puis il cesse d'évoquer les escales (déjà mentionnées à l'aller) : son récit fait l'effet d'un regroupement thématique autour des régions traversées.

176.– Les voyageurs de 1480 ont laissé un témoignage irremplaçable de l'état de la ville au lendemain des combats. Fabri n'en dit que quelques mots et renvoie à son second voyage. Le meilleur récit est celui de Barbatre, qui a rencontré des compatriotes. Il décrit les dommages subis et incruste une *narracion du siege* faite par un chevalier de Rhodes dans une lettre envoyée en Bourgogne, peut-être au Duc. Tous les événements y sont détaillés. Barbatre, visiblement impressionné par cette page d'histoire, accumule les renseignements de toutes natures (Barbatre, p. 159-162). Là où les autres se contentent d'un résumé élogieux, il examine le fait sous plusieurs angles. Santo Brasca ajoute aussi à la visite des lieux traditionnels celle des sites de combats, constate les dégâts et fait également un rapport appliqué du siège (Santo Brasca, p. 122-123).

177.– Sur les voyageurs qui ont profité du passage de la *Contarina* à Rhodes, Barbatre mentionne la présence à bord de 10 ou 12 mamelouks (sur un total de 200 venus se remettre au grand Maître de Rhodes). Ils se rendent à Rome pour « se reconformer » au christianisme (Barbatre, p. 163).

178.– Le port de Candie, par où les pèlerins étaient passés à l'aller (cf. 15 A). Partie de Rhodes le 14 septembre, la galère n'est arrivée à Candie que le 21. Elle en est repartie le 26.

179.– Polémon prit d'ailleurs la tête de l'Académie à la mort de Xénocrate en 314 av. J.-C. L'épisode de sa conversion devint paradigmatique dans la tradition antique (à ce sujet, cf. J.-P. Dumont, « Les modèles de conversion à la philosophie chez Diogène Laërce », dans *Augustinus*, 32 [1987] p. 85-89). Il est notamment raconté par Valère Maxime (6, 9, 15 ext. 1), dont Fabri s'est manifestement inspiré, et bien sûr par Diogène Laërce, IV, 16 :

« Un jour, à la suite d'un pari avec ses jeunes amis, ivre et le front ceint d'une couronne, il arriva dans l'école de Xénocrate. Celui-ci, nullement dérangé, continua son discours sans rien changer. Il traitait de la modération. [Chez Valère Maxime, comme chez Fabri, le philosophe change de sujet pour traiter ce thème] Le jeune homme en l'écoutant fut peu à peu conquis et il devint si appliqué à son travail qu'il dépassa les autres élèves et succéda à Xénocrate à la tête de l'école... » (Diogène Laërce, *Vies et doctrines des philosophes illustres*, trad. franç. sous la direction de M.-O. Goulet-Cazé, La Pochothèque, 1999, p. 502).
180.– Le 29 septembre.
181.– Barbatre évoque les vents contraires et « la mer terrible et merveilleuse ». Il signale la rencontre d'une petite galée messagère venue des Pouilles et allant à Rhodes porter la nouvelle que le roi de Naples Ferrante d'Aragon (lui-même menacé, et seul roi chrétien à s'être porté au secours de l'île) avait donné un rude coup aux Turcs sur terre et sur mer. On voit que le siège de Rhodes n'était pas une action isolée ; il s'intégrait à un vaste plan stratégique de domination de la Méditerranée dont apparemment le Sultan d'Égypte avait pris la mesure (il avait offert son aide militaire aux Chevaliers de Rhodes), mais dont les puissances occidentales n'avaient pas bien vu l'ampleur.
182.– Le mille alémanique fait 8368 m. Les voyageurs ont atteint Modon [Méthone] le Ier octobre, mais n'ont accédé au port que le 2. Là, ils ont rencontré d'autres voyageurs occidentaux circulant sur quatre gros navires vénitiens qui leur ont appris que le bruit avait couru à Venise qu'ils étaient prisonniers des Turcs à Constantinople (Barbatre, p. 164-165). Barbatre recueille plusieurs autres nouvelles sur l'actualité des conflits en Occident et les mouvements en Méditerranée. C'est le plus attentif et le plus éclairé de tous. Départ de Modon le 5 octobre. Le Capitaine a embarqué deux marchands transportant 20 faucons et éperviers pour la France.
183.– Arrivée à Corfou le 7 octobre et nouveau départ le 8.
184.– Sur l'expression « faire canal », cf. la n. 142.
185.– Sur le sens de *keba*, cf. les explications de Fabri en 45 A et surtout 46 A.
186.– Saint-Jacques-de-Compostelle, haut lieu de pèlerinage où, selon la légende, Jacques le Majeur aurait été miraculeusement déposé.
187.– A Lorette en Italie du Sud, où est abritée, selon la tradition, la Santa casa, c'est-à-dire la maison qu'habitait la Vierge à Nazareth et qui fut miraculeusement transportée en Italie.
188.– Philosophe scythe du VIe siècle av. J.-C., considéré comme le précurseur des Cyniques.
189.– Cf. Diogène Laërce I, 103 ; 104 : « Apprenant que l'épaisseur de la coque d'un navire faisait quatre doigts, il [Anacharsis] dit que telle était la distance qui séparait les passagers de la mort...Comme on lui demandait lesquels sont les plus nombreux, les vivants ou les morts, il dit : 'Dans

quelle catégorie ranges-tu ceux qui naviguent ?' » (trad. franç. sous la direction de M.-O. Goulet-Cazé, La Pochothèque, 1999, p. 140-141)
190.– Cette effroyable tempête nocturne du 9 octobre est également décrite par Barbatre et par Santo Brasca : « La nuyt, fist terrible et mervilleux temps, tellement que toulx ceulx de la galee eurent grant paour ; environ la mynuyt, par aulcuns pelerins et par toulx ceulx du hault de la galee furent veues III lumieres, l'une haut sur le math comme une grande estoille, et les deux aultres sur la pouppe, comme deux estoilles mendres de l'autre du math, et furent contrains de oster la velle qui estoit petit et y mettre ung mendre velle qui estoit quarré ; et ont coustume que quant ilz sont en peril et danger, ilz se recommandent devotement a Dieu, a la glorieuse Virge Marie, a monsegnieur sainct Nicolas et aultres saints. Ilz ont de telles visions de lumiere de feu ou de telle clerté de semblance d'estoilles, et adonc sont seurs que ilz ne periront point, ne leur gallee, et dient plusieurs avoir veu telles clertés. Après ce, plust bien fort, et aussi avoit pleu la nuit precedente » (Barbatre, p.167 ; voir encore Brasca, p. 125).
191.– Fabri fait manifestement allusion ici aux aigrettes lumineuses qui se montrent parfois, à la suite de l'électricité atmosphérique, à l'extrémité des vergues et des mâts ou aux filaments des cordages (quelquefois, la flamme voltige à la surface des flots ou des eaux stagnantes). On appellait ces feux les feux Saint-Elme, du nom du saint Elme (ou Érasme) martyrisé sous Dioclétien vers 303, qui était invoqué par les marins durant les tempêtes. Dans l'Antiquité, on voyait dans ces feux le signe de la présence des Dioscures, qui passaient pour des protecteurs des marins en raison de leur participation à l'expédition des Argonautes.

Nompar de Caumont, dans le récit qu'il fit de son pèlerinage de 1419, raconte lui aussi un épisode similaire : « ...durant notre parcours, un vendredi vers le milieu de la nuit du 10 octobre, un vent si fort se leva qu'on put difficilement baisser les voiles. Il pleuvait, tombait de la grêle, et la nuit était si obscure que sur le bateau nous pouvions à peine nous voir les uns et les autres...Tout de suite nous eûmes recours à Dieu notre Seigneur...Devant cela, Notre-Seigneur nous envoya un glorieux saint que les marins invoquent facilement, qui s'appellle monseigneur saint Elme. Il apparut dans la flamme que les marins entretiennent dans le château arrière de la nef pour observer quelle est la direction du vent. puis il se dirigea vers le château du mât [= la hune]. Cette nuit-là, nous avons subi deux fois la tempête, et à chaque fois il revint, ressemblant à une torche allumée et jetant une grande splendeur. Par sa grâce, je le vis bien distinctement à chacune de ses venues, ainsi que d'autres sur le bateau, ce qui réconforta chacun. Subitement cette mauvaise fortune nous quitta, et la nuit obscure devint si claire que l'on pouvait voir au loin la mer apaisée. » (*Le voyage d'Outre-mer à Jérusalem*, trad. B. Dansette dans *Croisades et pèlerinages. Récits, chroniques et voyages en Terre sainte. XIIe-XVIe siècle*, Éd. sous la direction de D. Régnier-Bohler, Paris, R. Laffont [coll. « Bouquins »], 1997, p. 1106)

192.– Cf. *Psaume* 119 (120, 1) : *Ad dominum cum tribularer, clamaui et exaudiuit me...*, « dans ma tribulation, j'ai appelé le Seigneur, et il m'a répondu... »
193.– Cf. Diodore de Sicile, *Bibliothèque historique* III (et non IV), 40, 5-7 : « Ces régions [celles du golfe d'Arabie où habitent les Troglodytes] sont tout à fait inhospitalières et ne sont fréquentées que par de rares navigateurs. Par surcroît de malheur, les vagues projettent en un instant contre la carène du bateau une telle quantité de sable et l'amoncellent de façon si étonnante qu'il se forme une butte tout autour et que la coque est enchâssée comme à dessein dans le fond marin. Ceux à qui cet accident arrive (...) ont souvent vu se manifester en leur faveur le flux de la marée qui les a soulevés vers le haut en les sauvant, à la manière d'un dieu qui se manifeste, du danger extrême où ils étaient tombés. » (trad. B. Bommelaer, Paris, Les Belles Lettres, 1989, p. 57-58)
194.– La phrase est ici incompréhensible si on ne restitue pas un sujet féminin pluriel au verbe *erant* et à l'attribut *dignae* et auquel puissent se rapporter les génitifs *peregrinorum* et *foeminarum*. Nous avons donc conjecturé l'omission d'un *animae*.
195.– A Chypre, Augustino Contarini a embarqué des personnalités et leur suite ; outre l'évêque de Famagouste, le Cordelier Francesco de Pernisiis de Vecheria, il ramène à Venise son Frère Ambrogio Contarini qui occupait depuis plusieurs années de hautes fonctions (bayle de la République) auprès de la reine de Chypre. Sa femme rentre avec lui à Venise. Ambrogio avait été en 1473 ambassadeur en Perse et le récit de voyage de cette mission a été imprimé à Venise en 1487 (Anon., p. 107 n. 2 ; Barbatre, p. 154-155). La femme enceinte est donc l'épouse d'Ambrogio Contarini.
196.– Abraham intercéda pour Sodome en demandant au Seigneur : « Peut-être y a-t-il cinquante justes dans la ville ! Vas-tu supprimer cette cité ? Ou lui pardonner à cause des cinquante justes qui s'y trouvent ?...Peut-être sur cinquante justes en manquera-t-il cinq ! pour cinq, détruiras-tu la ville ? » (*Gen*. 18, 14. 28).
197.– Pas d'arrêt à Raguse [Dubrovnik], évité en raison de différends diplomatiques entre Vénitiens et Ragusiens (Barbatre, p. 167) ni à Curzola [Korcula]. Arrêt à Lésina [Hvar] le 11 octobre. Départ le 13.
198.– Fabri veut sans doute dire qu'ils ont laissé Jadera [Zadar] « à droite ». Ils sont arrivés le 14 octobre au large de la ville (voir supra n. 140, 144, 146, 147). Barbatre signale seulement que la galère a été ancrée à 2 milles et qu'elle est repartie le 15 sans « prendre port ». Il ne parle pas de la panique suscitée par la peur du naufrage.
199.– Ces noms sont à prendre dans leur sens analogique (et peut-être métaphorique), mais non géographique, car le tourbillon de Charybde et le rocher de Scylla (détroit de Messine) sont fort éloignés du lieu où se trouvent nos pèlerins.
200.– Quarnero, golfe de Kvarner, près de l'Istrie, à peu près face à Ancône (situé au sud).

201.– L'île saint-Nicolas [îlot de Sveti Nikola], nom du saint invoqué lors de la tempête, était un lieu de pèlerinage fréquenté des marins ; on y voit encore des vestiges du XVe siècle, les ruines d'un couvent de Bénédictins et d'un phare des Vénitiens.
202.– Arrivée le 16 octobre à Parenzo [Porec].
203.– L'Anonyme date son arrivée à Venise du 21 octobre sans plus de commentaires (Anon., p. 116), et si l'on s'en tient à la chronologie relative de Fabri (5 jours à Parenzo), les voyageurs durent arriver à peu près ce jour-là, mais était-il en barque privée ou sur la Contarina ? Fabri ne le précise pas. Barbatre et Santo Brasca nous éclairent un peu sur leur itinéraire et leur moyen de transport à partir de l'Istrie. Barbatre et dix autres pèlerins ont loué une barque pour 4 ducats or le 17 octobre ; les lacunes du manuscrit ne permettent pas de le suivre aisément, mais le 23, il quitte Chioggia avec son compagnon à bord d'une barque vénitienne louée 10 marcelins. Il reprend la route du sud, côté italien (Ravenne, Ancône), puis l'on perd sa trace par arrêt brutal du récit (Barbatre, p. 168). Il s'est probablement rendu à Rome par le même convoi que l'Anonyme qui, lui, cite ses étapes : Chioggia, Ravenne, Pesaro, Ancône. À Ancône, il a quitté la mer pour l'intérieur des terres et coupé en travers la botte italienne : Loreto (Sainte-Marie de Lorette), Recanati, Camerino, Spoleto, Terni, Narni, Otricoli, Rome. Il date son arrivée du 7 novembre. Il repart le 13 novembre (Anon., p. 116-117). Santo Brasca offre une autre variante : il nous apprend qu'à Porec, le sirocco soufflait fort, retardant la galée. Il est de ceux qui ont loué une place dans une barque pour gagner Venise où il date son arrivée du 22 octobre. Le 26, il a repris un bateau au Rialto, et est arrivé à Milan le 5 novembre (Brasca, p. 126).
204.– Aujourd'hui le Fernpass, que Fabri appelle aussi le mont *Febricius*.
205.– Aubrey Stewart donne pour la fête de saint Othmar la date du 25 octobre, mais H.F.M. Prescott corrige avec raison cette indication en notant : « Félix dit 'en la fête de saint Othmar', soit le 16 novembre, et non, je crois, comme dans la note du traducteur, le 25 octobre qui est la date de la translation du saint et qui ne laisse pas de place aux quinze jours que Félix passa au lit à Venise » (H.F.M. Prescott, *Le voyage de Jérusalem*, trad. Th. La Brévine, Arthaud, 1959, p. 82). A cette quinzaine de jours, il faut ajouter le temps du retour par Trévise, Trente, Nassereith et le Fernpass, Kempten, Memmingen, Ulm.
206.– Sixte IV (1414-1484) élu en 1471. Adversaire des Médicis. Fit construire la chapelle Sixtine.
207.– Cette remarque étonne quelque peu dans la mesure où ce long chapitre appartient encore au premier traité de la première partie, comme l'indique clairement la table des matières de l'introduction de Fabri, la seconde partie de l'ouvrage ne commençant qu'avec le voyage en Palestine, en Arabie et en Égypte.
208.– Premiers mots de l'Introït de la messe du 2e dimanche après Pâques.

209.– Si Fabri a bien couvert cette distance (Kempten-Reutte), c'est une longue étape. Mais il est pressé de retrouver ses seigneurs, partis avant lui. Il traverse Innsbruck à la hâte et Matrei, qui est le centre commercial le plus ancien de la vallée de la rivière Sill. Après Sterzing, où il a retrouvé ses seigneurs, les étapes journalières seront plus modérées.
210.– Cf. la n. 204.
211.– Matrei-am-Brenner.
212.– Vipiteno.
213.– Novacella/Celleneuve, abbaye fondée en 1142, remaniée au XVe siècle, située à trois kilomètres au Nord de Brixen/Bressanone. Intéressante description de montrant la prospérité du lieu à l'époque. Les fresques de Pacher (cloître) date de 1480 et une bibliothèque contient de précieux manuscrits.
214.– Troisième dimanche après Pâques, où l'on chante l'Introït *Jubilate deo, omnis terra, alleluia : psalmum dicite nomini eius...* (*Psaume* 65).
215.– Bressanone/Brixen, siège des princes-évêques. Fabri traverse la ville rapidement à cause d'une épidémie, mais donne des informations acquises au cours d'autres passages dans la ville (1475, 1486) : excommunication du Duc d'Autriche, anecdote personnelle, histoire des communautés locales. Le temps de l'écriture ne coïncide visiblement pas avec le temps du voyage de 1483.
216.– Cette route, la *Kuntersweg* (de Bressanone à Bolzano sur 15 km environ), était ainsi appelée du nom d'un citoyen de Bolzano, qui l'avait fait construire en 1314. Fabri donne à ce propos des renseignements intéressants sur les travaux de voirie que le Duc d'Autriche avait entrepris dans la région.
217.– Fabri distingue le mille teutonique (8000 m) du mille germanique (7407 m) et du mille alémanique (8368 m).
218.– Le Couvent et l'église des Dominicains de Bolzano/Bozen existent toujours. Fabri a pu en voir les fresques des XIVe et XVe siècles. Il fait état de plusieurs incendies dont l'un à l'époque de son passage : la *via dei Portici* est bordée de maisons à arcades datant du XVe siècle (celles de la reconstruction ?). Une certaine douceur de vivre paraît avoir régné à l'époque (bon vin et bonne cuisine) malgré des marais insalubres. Le voyageur enregistre la mutation linguistique de la région. Fabri doit écrire après 1486, date à laquelle il a dû repasser par Bolzano pour se rendre à Venise et constater l'état de reconstruction de la ville et la solidité des nouvelles maisons.
219.– Termeno/Tramin (*Tramingum*) : de Bolzano à Trente, Fabri a dû prendre la direction Sud-Ouest et suivre la voie qui reliait les bourgs viticoles (Route des vins) et dont il esquisse le paysage.
220.– *Merona* ? : Merano, trop au Nord, paraît exclue dans le cadre de cet itinéraire et des remarques faites par la suite sur le niveau de la mer. Pour mémoire, son Castello Principesco, résidence de Sigismond de Habsbourg date du XVe, et à 4 km au Nord, le Castel Tirolo, construit au XIIIe s. par les comtes de Tyrol, a donné le nom à la région. Le lieu décrit par Fabri est une

région de marais, non loin de Trente (forme corrompue de Mezzocorona ?). Fabri s'affirme déjà comme un géographe attentif aux cultures, aux sols, au relief, aux populations. Il signale les travaux d'assainissement des marais.
221.– Castel Firmiano (*Firmianum*), château du XIIe siècle à la sortie de Bolzano. Dans cette partie, l'itinéraire se trouble, car Fabri fait appel à des notes prises au cours d'autres passages. Il décrit une forteresse prise aux Comtes du Tyrol, reconstruite et agrandie par le Duc d'Autriche. Il donne des coordonnées topographiques : située sur une paroi rocheuse surplombant l'Adige.
222.– Novoforo, puis plus loin village-frontière de Nova, noms donnés aux localités traversée sur la route de Bolzano à Trente. Cette dernière étape est signalée comme ayant une chapelle des reliques de saint Ulrich, évêque d'Aoste.
223.– Trente, ville gouvernée par les princes-évêques depuis le XIe siècle. Fabri fait d'intéressantes remarques sur les deux quartiers regroupant les communautés de la ville où les Dominicains ont un couvent. L'installation des Allemands ne s'est pas faite sans heurts. En 1476, Fabri y est passé, sur la route de Rome, et y a vu les corps suppliciés des bourreaux présumés de l'enfant Siméon, vénéré après sa mort.
224.– Cf. 30 A.
225.– Cf. n. 222.
226.– Anténor, compagnon et conseiller du vieux Priam, passe pour être l'ancêtre des Vénètes, qui peuplaient la vallée inférieure du Pô. Après la prise de Troie, il serait parti, accompagné de ses fils, par la Thrace, et, de là, aurait gagné le Nord de l'Italie.
227.– Cf. 28 A.
228.– Jean Charlier de Gerson, professeur et chancelier de l'université de Paris (1363-1429), grand thélogien mystique dont le chef-d'oeuvre est le *De Mystica Theologia*. Fabri renvoie peut-être à l'*Opus tripartitum* (cité ici dans la version française) de Gerson I, 14 (livre des dix commandements ; chap. sur le Xe commandement) : « ici puet estre ramené le pechié de non faire les oevres de misericorde corporeles et espiritueles, comme de non secourir aus povres quand ilz ont evidens necessités et on a bien de quoy, et en especial quant on laisse ses povres parens honteusement mendier et les bons servans Dieu mourir de fainn ; et quant on retient injustement le salaire et le louyer de ses serviteurs ou laboureurs... » ; et II, 4 (l'examen de conscience ; chap. *circa peccatum auaritie*) : « S'ensuit d'avarice... se tu as laissié a faire les euvres de misericorde quant necessité le requeroit, et a payer tes dismes et offrendes » (éd. Gilbert Ouy, *Gerson Bilingue. Les deux rédactions, latine et française, de quelques oeuvres du chancelier parisien*, Paris, Champion, 1998, p. 40-42 [latin] ; 41-43 [français] et p. 70 [latin] ; 71 [français]).
229.– cf. n. 231.
230.– Le lac de Levico [Terme].
231.– Valsugana/Valscian [Borgo] : Fabri paraît être sorti de Trente par la gorge de la Fersina (*Persa*). Pergine Valsugana est dominé par un château

médiéval, peut-être celui dont il est question dans le texte. Le lac rencontré d'où part la Brenta est le lac de Caldonazzo (ou Levico). Valsugana est bordé de parois rocheuses. Les remarques sur les anneaux anciens d'amarrage ne manquent pas d'intérêt. Fabri fait son escale de nuit à Valscian où il repère deux châteaux : Valsugana Borgo est dominé par les ruines de deux forteresses. Spiteli, mentionné un peu plus bas, que Fabri traduit par « petit gîte » , serait Ospedaletto d'après H. Wiegandt (Fabri aurait donc déformé le mot italien, mais l'aurait bien traduit). Par son *notare potui*, le Dominicain montre qu'il ne perd pas de vue sa mission de géographe.

232.– « Dans le château ».

233.– La route suivie jusqu'à Feltre n'est pas précisée : Fabri a vraisemblablement suivi le lit de la Brenta avant de s'en éloigner pour remonter vers Feltre, cité des évêques au Moyen Age.

234.– Ower [Auer, d'après Wiegandt]. Fabri se dirige vers Trévise et doit rencontrer le Piave sans le traverser. Il fait escale dans les dernières hauteurs avant la plaine (point de vue sur la mer). L'étape supposée serait courte : les voyageurs ont été retardés par la pluie et la crue qui rendait dangereux le chemin.

235.– Quatrième dimanche après Pâques où l'on chante l'Introït *Cantate Domino canticum novum, alleluia : quia mirabilia fecit Dominus, alleluia...* (*Psaume* 97).

236.– Mestre-Marghera s'effectue sur une voie navigable jusqu'à son embouchure. Marghera est un des traghetti sur la lagune où les voyageurs quittent ou rejoignent la Terre Ferme. De là, ils gagnent le Rialto, centre du commerce et des affaires, « le lieu le plus riche du monde » où aboutissaient toutes les routes menant à Venise (Voir à ce sujet E. Crouzet-Pavan, *Venise triomphante-Les horizons d'un mythe*, Paris, Albin Michel, 1999, p. 209). L'auberge où descend Fabri est située sur un canal secondaire.

237.– « Aux flots ». Prescott lit *Zu der Flöte* (« À l'enseigne de la flûte »), *Le voyage de Jérusalem au XVe siècle*, Arthaud, 1959, p. 101.

238.– Fabri qui a déjà séjourné à Venise en 1480, est en pays connu et tente de se faire héberger dans un couvent de son ordre, mais, comme on le voit, ce comportement individualiste semble être peu apprécié par ses seigneurs.

239.– Cf. n. 129.

240.– Les deux patrons de galère concurrents attendent leurs futurs clients place Saint-Marc. Fabri est invité à donner son point de vue sur Contarini qu'il connaît déjà. Il commence à remplir son rôle de guide, conduit ses compagnons à *Zanipòlo*, est invité à l'inspection des galères. Aux collations offertes par les patrons, on imagine quel profit les transporteurs devaient tirer du saint voyage de riches seigneurs.

241.– Sur le sens de ce mot, cf. n. 130.

242.– Des sequins (it. *zecchino*), ancienne monnaie d'or de Venise qui avait cours en Italie et dans le Levant.

243.– Le onzième traité contient un chapitre sur « l'extraordinaire multitude d'églises », estimée à soixante-douze, paroissiales ou conventuelles, et un autre sur les reliques de Venise (*Evagatorium* II, 11, fol. 216 A-219 B ; Hassler, T. III, p. 417-431). L'actuelle église *Santi Apostoli* a été reconstruite au XVIe siècle. Etait-elle en état de fonctionnement sous une forme primitive, en 1483 ? L'église mentionnée est assez éloignée pour nécessiter la location d'une barque.

244.– Ce signe symbolise les chapelets, utilisés par les pèlerins pour compter le nombre de leurs prières. Sur les reliques, voir A. Graboïs, *Le Pèlerin occidental en Terre sainte au Moyen Age*, Paris, 1998, p. 59-67.

245.– Sur l'histoire du saint Enfant Simon martyrisé à Trente en 1475, cf. le folio 29 B.

246.– Au onzième traité, Fabri évoque longuement *San Marco* (histoire, légendes et description). Il rappelle le nom du premier patron saint Théodore. Il y associe le nom de saint Dominique et parle d'inscriptions et d'anciens tableaux prophétiques qui auraient représenté sa personne. Il ajoute : « C'est donc dans ce temple que les facultés prophétiques de notre saint père Dominique se sont révélées. » (Traduction Audrey Elzière, *Le pèlerinage de Félix Fabri en Terre sainte : Venise*, Mémoire de Maîtrise de Lettres Modernes sous la dir. de N. Chareyron et J. Meyers, Univ. de Montpellier III, 1998, p. 72 ou *Evagatorium* II, 11, fol. 216 B ; Hassler, T. III, p. 420).

247.– Giovanni Mocenigo (1478-1485).

248.– Ce symbole, dit d'Athanase, n'est pas d'Athanase d'Alexandrie (295-373). On a voulu l'attribuer à Eusèbe de Verceil (345-370/1). Cf. P. de Labriolle, *Histoire de la littérature latine chrétienne*, Paris, les Belles Lettres, 1921, p. 343.

249.– Fabri, au onzième traité, mentionne les trois couvents de Mineurs. Le plus grand paraît être *I Frari*, abréviation vénitienne de *Fra(ti Mino)ri*, Franciscains, non réformés à l'époque de Fabri. C'est celui dont il est question ici. Le deuxième se situe dans le quartier où jadis se trouvait des vignes, souvenir conservé dans le nom de l'église qu'on peut y voir encore *San Francesco della Vigna*. Le troisième est dédié à saint Job, *San Giobbe* dont l'église date de la seconde moitié du XVe siècle. Le Doge Cristoforo Moro, qui l'a fait bâtir, y repose.

250.– Devant *S. Zanipòlo* se trouve la statue équestre de Bartolomeo Colleoni (1400-1476), grand condottiere de Bergame qui servit la République et lui laissa 100 000 ducats pour un monument à sa mémoire « devant Saint-Marc », place sur laquelle n'est admis aucune statue. Pour profiter néanmoins du don, les juristes interprétèrent le testament par « devant la Scuola Grande di S. Marco », attenante à *Zanipòlo*. Un concours de sculpture fut lancé, remporté par Andrea Verrocchio (1435-1488) qui mourut avant que la statue ne fut coulée dans le bronze. Alessandro Leopardi réalisa la fonte en 1496. S'il s'agit de cette statue, comme nous le pensons, Fabri a donc vu l'oeuvre d'un artiste candidat, mais non la version définitive en bronze que nous connaissons.

251.– *Santi Giovanni e Paolo* ou *S. Zanipòlo* du couvent des Dominicains, construite entre 1240 et 1430. C'est la plus grande de Venise, elle fait le pendant de l'église franciscaine *I Frari* de l'autre côté du Canal. Il y vivait alors « plus de cent frères et de nombreux savants ». Elle contient une chapelle san Domenico et les statues des grands saints de l'ordre, Thomas d'Aquin, Dominique et Pierre Martyr. Au traité 11, Fabri fait l'historique de l'installation des ses frères, mentionne que le couvent n'est pas réformé, en donne une intéressante description, entre autres celle des tombeaux des doges aux décorations trop païennes à son gré. Il déplore aussi la pompe profane des offices. (*Evagatorium* II, 11, fol. 217 B-218 A, Elzière, p. 81-85 ou Hassler, T. III, p. 423-425).
252.– C'est le deuxième couvent de l'Ordre signalé dans le traité 11, réformé celui-ci. Il a la préférence de Fabri pour l'atmosphère qui y règne. Fabri le situe dans la proximité de *Sant'Antonio* (voir n. 287).
253.– *Sant'Elena*. Les reliques de la sainte arrivèrent en 1211 à la suite de la quatrième croisade, et y sont toujours conservées. « Sur l'île Sainte-Hélène, on garde le corps entier de cette reine, une partie de la sainte Croix, un pouce de l'empereur Constantin et une côte de sainte Marie-Madeleine » (*Evagatorium* II, 11, fol. 219 A, trad. Elzière, p. 96 ; Hassler, T. III, 429). La relique de la croix devait être à l'origine des processions de la fête du même nom. Un célèbre tableau de Gentile Bellini (peint après 1479) conservé au musée de l'Accademia, représente une *Procession du Reliquaire de la Croix*, place Saint-Marc.
254.– Cf. folio 34 B.
255.– L'actuelle église *San Geremia e Santa Lucia*, date du XVIIIe siècle, abrite la dépouille de sainte Lucie qui devait reposer dans une version antérieure de l'église.
256.– Murano est l'île des verriers depuis la fin du XIIIe siècle où le Grand Conseil éloigna les fourneaux de la cité, par crainte d'un incendie. Saint Pierre de Vérone, (1205-1252), troisième père fondateur des Dominicains. *San Pietro Martire* fut construite entre 1363 et 1417, reconstruite à la Renaissance après un incendie, elle perdure transformée au fil des siècles.
257.– Il s'agit des enfants juifs mis à mort sur ordre d'Hérode le Grand pour empêcher la royauté du Messie (cf. *Matthieu* 2, 16).
258.– Offices divins puis cérémonies solennelles au cours desquelles le Doge proclamait ses épousailles avec la mer et lui jetait son anneau. Au retour, il s'arrêtait à *San Nicolo del Lido* pour une messe. « Durant les huit jours de l'Ascension, c'est la fête des marchés : il y a chaque jour des spectacles et on voit d'ailleurs dans tous les quartiers et sur toutes les places de la ville des choses extraordinaires » (*Evagatorium* II, 11, fol. 220 B, trad. A. Elzière, p. 105 ; Hassler, T. III, p. 433). Plusieurs pèlerins ont laissé des descriptions de cette fête brillante.
259.– Le Bucentaure est la galère d'apparat que le Doge de Venise utilisait lors de cérémonies officielles, comme celles des fiançailles de Venise et de la mer que Fabri décrit ici.

260.– Ce n'est pas le cas lors de toutes les festivités. Au onzième traité Fabri évoque les foules de nobles qui escortent le Doge en bateau et le patriarche de Venise aux cérémonies du chapitre de l'ordre de 1487 pour l'élection du grand Maître. « C'était, écrit-il, comme si Rome ressuscitée allait défiler... Les Vénitiennes, délivrées de leur époux, se présentaient avec tant de parure et de faste que l'on aurait dit que Vénus était descendue de sa montagne avec ses compagnes, envoyées à notre chapitre par Satan... Elles se promenaient tout autour du couvent, parcouraient les dortoirs, entraient dans les cellules des hôtes, des frères et des internes et déambulaient par curiosité à travers tout le monastère » (*Evagatorium* II, 11, fol. 220 B, trad. A. Elzière, p. 110-111 ; Hassler, T. III, p. 435).
261.– *Cruschechirii*, comme l'indique Stewart (T. I, p. 100, n. 2), doit être une corruption du nom des frères *cruciferi* (« qui portent une croix ») dans le dialecte vénitien que ne parle pas Fabri. Ugheli dans son *Italia sacra* (2e éd., Venise, 1720, vol. 5, p. 1366) mentionne d'ailleurs à Venise *un ecclesia S. Mariae olim cruciferorum*, dans laquelle se trouvait le corps de sainte Barbara. Les frères porte-croix avaient un monastère et un hôpital. *Santa-Maria dei Crociferi* fut un refuge des rescapés des croisades. En 1414, le lieu fut transformé en hospice.
262.– Si la visite de l'éléphant date bien de 1483, ces dernières remarques n'ont pu être écrites qu'après les voyages de 1486 et 1487 à Venise, où Fabri dut prendre des nouvelles de l'animal et apprendre sa triste fin.
263.– Nom d'un ilôt excentré au large de la *Giudecca*, mais il pourrait s'agir d'une autre église.
264.– *Santa-Maria-dei Miracoli* : église dont Fabri signale la mise en construction fin 1480 et raconte l'origine au traité 11 : on plaçait au-dessus des torches d'éclairage des rues des images de la Vierge. Dans un recoin sordide et étroit, le bruit se répandit que l'une d'elles faisait des miracles. Les offrandes affluèrent, qui servirent à la construction de l'édifice.
265.– *San Giacomo di Rialto*. Cette église est considérée comme la plus ancienne de Venise. Mais le document qui fait remonter son existence au Ve siècle est d'authenticité douteuse. A moins qu'il ne s'agisse de l'église paroissiale du quartier de l'auberge.
266.– *San Pietro di Castello* sur l'île du même nom, fondée vers 775 par le Doge Maurizio à l'endroit où, d'après la légende, les Troyens, après la destruction de leur ville, avaient édifié une forteresse, d'où le nom de l'église. Elle fut l'église cathédrale de Venise jusqu'en 1807, *San Marco* étant la chapelle privée des Doges. Siège de l'évéché de Castello qui dépendait du patriarcat de Grado. La dépouille du premier patriarche de Venise, Lorenzo Giustiniani y est conservée (XVe siècle). Le Palais des Patriarches date du XVIe siècle.
267.– *San Zaccaria* (derrière le Palais des Doges) : église contemporaine de Fabri (deuxième moitié du XVe siècle). C'était un couvent de religieuses que le Doge visitait chaque lundi de Pâques.

268.– La lagune comptait plusieurs îles-monastères. Il en subsiste quelques-unes. Fabri fait par ailleurs une analyse des causes de la prospérité des monastères : « Il est admirable de voir qu'autant de clercs, de moines, de moniales et de religieux vivent sur la mer. En outre, grâce aux legs et aux donations des riches, on construit des églises, des monastères, on nourrit les personnes, et grâce aussi aux riches offrandes que font chaque jour les citoyens. En effet, les nobles et les gens fortunés, après leur mort, donnent le dixième de presque tous les biens qui font leur richesse aux églises et à leurs ministres. C'est grâce à cela que les monastères s'enrichissent. » (*Evagatorium* II, 11, fol. 218 B, trad. A. Elzière, p. 92 ; Hassler, T. III, p. 428).
269.– *San Giorgio Maggiore* sur l'île du même nom. L'église primitive du monastère se trouvait au centre de l'îlot, selon le plan des églises conventuelles insulaires. Elle fut reconstruite aux XVe et XVIe siècles. Une messe y était chantée le 26 décembre par les choeurs de Saint-Marc et des moines bénédictins. L'office demandé par Fabri et ses amis est une messe « chantée ». L'église actuelle *San Giorgio Maggiore* ne fut commencée qu'en 1566.
270.– L'éponge imbibée de vinaigre que quelqu'un offrit à Jésus sur la croix (cf. *Matthieu* 27, 48 ; *Marc* 15, 36 ; *Jean* 19, 28).
271.– Une brève division du traité 11 s'intitule « Le trésor » (*Evagatorium* II, 11, fol. 219 B, Elzière, p. 99-100, Hassler, T. III, p. 431).
272.– Ce passage montre encore une fois que la composition des traités ne fut pas linéaire. Au traité 11, Fabri développe largement les épisodes des restes présumés de saint Marc et les légendes qui en découlent. (*Evagatorium* II, 11, fol. 218 B, trad. Elzière, p. 62-72 ; Hassler, T. III, 417-421).
273.– Sur l'opinion de Fabri quant aux Vénitiennes, voir supra n. 260, ainsi que les propos concernant les moniales mondaines de *San Zaccaria*.
274.– Saint Roch (1295-1327), pèlerin français, patron des malades et des pestiférés, particulièrement vénéré à Venise.
275.– Il doit s'agir encore d'une île-monastère de chartreux.
276.– Au onzième traité, Fabri donne une belle description de l'Arsenal de Venise à la fin du XVe siècle et fait état de sa stupéfaction devant les machines de guerre et les personnels travaillant sur les lieux (*Evagatorium* II, 11, fol. 215 A-216 A, Elzière, p. 52-62 ; Hassler, T. III, 413-416).
277.– Le fameux biscuit des galères, pain de conservation, était l'objet de profits des intendants de galères et n'avait pas toujours la qualité requise.
278.– *San Bartolomeo* se trouve à proximité du Rialto.
279.– *Santo Spirito* mentionné un peu plus bas (ancien couvent et église) est sur les *Zattere* où se trouvaient les *Magazzini del sale* au XIVe siècle. Une rue dite *Scuola Monastero* longe encore l'édifice. Les Scuole sont des confréries de laïcs pratiquant la dévotion, l'assistance, le patronage. Au traité 11, Fabri fait une étude des statuts, du fonctionnement, des pratiques des « grands collèges de fraternité » vénitiens, dévoués à un saint. Outre leur pratique religieuse (certains se flagellent lors de cérémonies), il évoque leurs actions

sociales : dot aux filles pauvres, rachat d'esclaves et de prisonniers, accueil de pèlerins, placement d'orphelins dans des écoles (*Evagatorium* II, 11, fol. 219 A, trad. A. Elzière, p. 94 ; Hassler, T. III, p. 428).

280.– *Santa Maria della Misericordia*, appelée aussi *Santa Maria Valverde*, du nom de l'île où elle se dressait au Xe siècle. Elle dispute à *San Giacomo di Rialto* et à *San Pietro di Castello* le privilège d'ancienneté.

281.– La Vierge à la beauté épanouie (d'où le nom de *Santa Maria Formosa*) y serait apparue à saint Magnus.

282.– *Sant'Antonio* ou *Antonin*. Le contexte permet de situer l'église dans le quartier de l'Arsenal où se trouve encore le *Campo sant' Antonin* et une église dont la fondation remonterait au VIIe siècle, qui fut reconstruite au XVIe. Tout près, séparé par une lagune au sud, le couvent Saint-Dominique. Fabri donne des éléments complémentaires sur la restauration de Saint-Antoine et les travaux d'asséchement de la lagune sous le doge Marco Barbarigo : ils permettaient, entre autres, l'extension des ateliers. Mais le terrain étant insuffisant, la moitié du jardin des Dominicains était convoité pour tous ces aménagements. Les frères s'étaient opposés farouchement à cette expropriation et avaient eu gain de cause... Mais pour combien de temps ? (Voir aussi *Evagatorium* II, 11, fol. 218 A, trad. Elzière, p. 87 ; Hassler, T. III, p. 426,).

283.– On voit la Seigneurie se préoccuper du logement des pèlerins en transit avec la construction de cet hôtel. Fabri donne ici un intéressant aperçu des structures hôtelières (auberges privées plus ou moins bien famées, logement chez l'habitant ou par relations amicales).

284.– Dès le IVe siècle, on rassembla dans l'Orient grec les dits, les faits et les gestes de la vie des Pères du désert et l'ensemble complexe de ces collections hagiographiques a été traduit en latin dès l'antiquité tardive et connu sous le titre de *Vitae Patrum*. Il faut lire ici *Marinae*, comme dans le manuscrit de Fabri, et non *Mariae*, qui doit être une coquille de l'éditeur, car Fabri doit fait allusion à la *Vita sanctae Marinae Virginis* (Migne, PL 73, col. 691-694), sainte d'Alexandrie fêtée le 12 février et qui fut d'abord honorée sous le nom de Marie. On ne peut songer en effet, en raison du *virgo* qu'utilise Fabri, aux deux Marie dont il est question dans les *Vitae Patrum* et qui furent d'anciennes prostituées repenties, cf. la *Vita sanctae Mariae Aegyptiacae meretricis* (Migne, PL 73, col. 671-690), la fameuse Marie d'Égypte, fêtée le 2 avril, et la *Vita sanctae Mariae meretricis* (Migne, PL 73, col. 651-660), fêtée le 29 octobre. Au traité 11, Fabri parle bien de sainte Marine et non de sainte Marie : « A l'église des Apôtres, on trouve le corps de la sainte vierge Marine dont parlent les Vies des Pères » (*Evagatorium* II, 11, fol. 219 B, Elzière, p. 98 ; Hassler, T. III, p. 430). Un *Campo di s. Marina* ainsi qu'un *rio* de ce nom se trouve près de l'église *Santa Maria dei Miracoli*.

285.– L'actuelle église de *San Geremia e Santa Lucia* date du XVIIIe siècle, mais à proximité se trouve un Campanile du XIIIe siècle.

286.– *Santa Maria delle Vergine* pourrait être un couvent de jeunes filles, version médiévale des *Zitelle* (les filles célibataires) dont l'église date du XVIe siècle. Sur saint Magne, voir n. 281.
287.– Saint-Dominique, deuxième couvent dominicain de la ville. Fabri le situe dans le voisinage de Saint-Antoine, mais séparé de celui-ci par une lagune. Sainte-Marie-de-la-Vigne devait se situer dans la proximité de *San Francesco della Vigna* du couvent franciscain, édifice datant du XVIe siècle et que Fabri n'a pu la connaître. Sainte-Anne est située par Fabri à proximité de Saint-Dominique, non loin du quartier franciscain « des Vignes ».
288.– Cf. la n. précédente.
289.– Cf. la n. 287.
290.– Fabri veut sans doute parler ici de la basilique *Santa Maria Gloriosa dei Frari* ; comme il s'agit d'une église franciscaine, sa mémoire a peut-être confondu son nom avec celui de l'église *San Francesco della Vigna*. On notera d'ailleurs que Fabri indique avoir salué là la *gloriosa Virgo*.
291.– L'église de la Sainte-Trinité pourrait se situer non loin du Grand Canal à en juger par l'affluence des bateaux qui y accèdent les jours de fête.
292.– Église du couvent *San Stefano*, bâtie au XIIIe siècle et embellie au XVe.
293.– *I Carmini*, église dédiée à sainte Marie du Carmel. Les membres de la *Scuola Grande* du même nom la révéraient.
294.– La fête du *Corpus Christi* était l'une des plus somptueuses de Venise comme on le voit à travers le texte pour l'élaboration duquel Fabri a peut-être utilisé des notes de 1480. En effet, Pierre Barbatre nous donne aussi une version éblouissante de ce que fut la fête cette année-là, et Fabri dut y assister comme lui (*Voyage de Pierre Barbatre*, p. 106-107). Il a pu aussi nourrir son propos d'impressions ressenties au cours des cérémonies des Chapitres de 1486 et 1487 : au traité 11, il réprouve également l'extravagance des toilettes féminines (cf. n. 260). On possède de nombreux témoignages de pèlerins frappés par les fastes de ces cérémonies auxquels participaient toutes les institutions de la cité.
295.– L'église *San Salvatore* dont la fondation remonterait au VIIe siècle aurait été consacrée à l'occasion de la visite du pape Alexandre III qui rencontra l'empereur Frédéric Barberousse à Venise en 1117.
296.– Fabri cite pêle-mêle des églises : *Angelo Raffaele*, Saint-Michel, qui paraît désigner l'île (cimetière) du même nom (*San Michele in Isola*). Il existe un quartier excentré, appelé *Santa Marta*. Tous ces lieux sont éloignés les uns des autres.
297.– Dans le *livre de Tobit*, Raphaël est le « bon ange » envoyé par Dieu à Tobie (cf. en particulier *Tobit* 12, 15).
298.– Cf. n. 296.
299.– Saint Michel est l'ange protecteur d'Israël et celui qui terrasse le Dragon dans l'*Apocalypse* (12, 7-9).
300.– Popularisé par la *Légende dorée*, le géant cananéen Christophe (étymologiquement, le « porte-Christ ») s'était mis au service du Christ en

portant les voyageurs et les pèlerins pour les aider à franchir un fleuve dangereux. Un jour, il fit passer un enfant d'un poids extraordinaire et qui se révéla être le Christ (cf. Jacques de Voragine, *La légende dorée*, trad. de T. De Wyzema, Paris, Seuil, 1998, p. 361-365). Christophe devint donc tout naturellement le patron des voyageurs.
301.– Cf. n. 296.
302.– Cf. *Luc* 10, 38-42.
303.– Les observations au cours des « errances faites par curiosité » apparaîtront toutefois, en partie, au traité 11 de l'*Evagatorium*.
304.– Les différentes étymologies (comme la plupart des indications d'ailleurs) que l'on rencontre dans cette digression sur la mer sont tirées d'Isiodore de Séville, *Origines* XIII, 14-18 (Migne, PL 82, col. 483-494).
305.– L'expression de « narines du monde » est empruntée à Isidore, *De natura rerum* 40, 1 : *Cur Oceanus in se reciprocis aestibus revertatur, quidem aiunt in profundis esse quosdam ventorum spiritus, veluti mundi nares per quas emissi anhelitus, vel retracti alterno accessu recessuque, nunc evaporante spiritu efflent maria, nunc retrahente reducant* (Migne 83, col. 1011 B). Isidore la doit lui-même aux *Collectanea rerum memorabilium* de Solin : *ita in profundis Oceani nares quasdam mundi constitutas per quas emissi anhelitus vel reducti modo efflent maria, modo revocent...* (éd. Mommsen, 107, 13).
306.– Le *Speculum naturale* (V, 13-14; éd. Douai 1624) de Vincent de Beauvais.
307.– Cf. *Genèse* 1, 9.
308.– Paul de Burgos (Paulus a Sancta Maria, auparavant Salomon ben Levi), vers 1353-1435. Né à Burgos vers 1353 dans une famille juive, il se convertit au christianisme en 1390, devint évêque de Carthagène en 1405, de Burgos en 1415 et archichancelier de Castille en 1416. Il écrivit des *Suppléments* (*Additiones*) à la *Postilla* de Nicolas de Lyre (cf. la n. suivante) et défendit le christianisme dans son célèbre *Scrutinium Scripturarum contra perfidium Judaeorum.*
309.– Nicolas de Lyre (1270-1349), provincial des Franciscains de Bourgogne et professeur de théologie à Paris. Il écrivit notamment un commentaire de la Bible reposant sur une connaissance détaillée des exégètes chrétiens et juifs (*Postilla litteralis*) et une explication allégorique (*Postilla moralis*).
310.– Xerxès Ier, roi de Perse (vers 486-465), avait fait jeter sur l'Hellespont, lors de son invasion de la Grèce, un immense pont de bateaux pour permettre le passage à ses troupes (cf. Hérodote, *Histoires* VII, 34-36).
311.– Cf. Isidore, *Étymologies* XIII, 16, 7 : *A moribus accolarum Euxinus, qui Axenos antea appelatus* ; « En raison des moeurs de ses riverains, on a appelé *Euxinus* cette mer auparavant nommée *Axenos* (sans étrangers) ».
312.– Fabri fait sans doute référence à Claude Ptolémée, géographe du IIe siècle après J.-C., mais nous n'avons toutefois trouvé chez Isidore aucune référence à Ptolémée au sujet du Pont-Euxin.

313.– Aujourd'hui, le Kouban.
314.– Aujourd'hui, la mer d'Azov.
315.– Aujourd'hui, le Don.
316.– *Per mediam terram* en latin, d'où *mediterraneum.*
317.– Le monastère de Sainte-Catherine, situé sur le mont Sinaï.
318.– Fleuve de Vénétie.
319.– Cf. Jérôme, *Epist.* 78, 1 : *(...) Mare Rubrum per quod ad Indiam navigatur ...*; « dans la mer Rouge, ce golfe que les navires traversent pour aller aux Indes... » (Labourt, T. IV, p. 53)
320.– *Aegalos* est le nom d'un mont de l'Attique.
321.– Nom inquiétant utilisé par des auteurs du XVe siècle pour désigner le dieu primordial de la mythologie antique et qui semble avoir son origine dans une erreur de transcription, faite par un copiste médiéval, du mot *Démiurge.*
322.– Mont de l'Épire.
323.– Cf. Aristote, *Météorologiques* II, 3.
324.– Citation tronquée de Jérôme, *In Amos Lib.* II, 5, 1, § 289 (Migne, PL 25, col. 1042).
325.– Encore une fois, le *Speculum naturale* (V, 9; éd. Douai 1624) de Vincent de Beauvais. On retrouve dans de nombreux passages de cet exposé sur la salinité de la mer les termes mêmes de l'encyclopédiste.
326.– Cette anecdote concernant le philosophe grec Aristippe (env. 435-356 av. J.-C.) se trouve ches Diogène Laërce, *Vies et doctrines des philosophes illustres* II, 7 :« Un jour qu'il faisait une traversée en direction de Corinthe et qu'il subissait les assauts de la tempête, il lui arriva d'éprouver de la frayeur. A qui lui dit : ' Nous les gens ordinaires, nous ne craignons pas, tandis que vous, les philosophes, vous êtes morts de peur ! ', il répondit : ' En effet, ce n'est pas pour une âme de même espèce que vous et moi éprouvons de l'inquiétude.' » (trad. franç. sous la direction de M.-O. Goulet-Cazé, La Pochothèque, 1999, p. 278). Cf. aussi Aulu-Gelle, *Nuits Attiques* 19, 1 et Élien, *Histoire variée* 9, 20, où Aristippe répond : « Dans votre cas, le désir de survivre et le danger actuel ont pour enjeu une vie misérable, tandis que dans mon cas, c'est une vie heureuse qui est en cause. » (trad. A. Lukinovich et A.-F. Moraud)
327.– Citation d'*Ecclésiastique* (ou *Siracide*) 43, 24 (et non 26 comme le dit Fabri).
328.– Cf. *Actes* 27, 27-32 : « Au cours de la quatorzième nuit, nous étions ballottés sur l'Adriatique. Vers le milieu de la nuit, les matelots soupçonnèrent qu'une terre était proche. Jetant la sonde, ils trouvèrent vingt brasses ; la jetant de nouveau un peu plus loin, ils en trouvèrent quinze. Craignant d'aller donner sur des récifs, ils lancèrent quatre ancres de la poupe et attendirent impatiemment la venue du jour. Comme les matelots cherchaient à s'échapper du navire et mettaient la chaloupe à la mer, sous prétexte de mouiller des ancres du côté de la proue, Paul dit au centurion et aux soldats : « Si ces gens ne restent pas à bord, vous ne pourrez être sauvés ».

Alors les soldats coupèrent les cordages de la chaloupe et la laissèrent tomber dans la mer. »

329.– *Aequor* (la plaine) est un terme très fréquent pour désigner la mer en poésie, notamment chez Virgile.

330.– Autre nom, poétique lui aussi, pour désigner la mer et que Fabri rapproche de ***fervidum*** (« bouillonnante ») et de ***tumultuosum*** (« tumultueuse »).

331.– Cf. *Actes des Apôtres* 27, 41 : « Mais ayant donné sur une langue de terre entre deux courants (*in locum dithalassum*), ils firent échouer le navire. » *Dithalassum* est une latinisation du grec διθάλασσος, mais certains manuscrits des *Actes* présentent aussi, comme Fabri, la variante *bithalassum.*

332.– *Syrtis* est la latinisation du grec Σύρτις, « une syrte », c'est-à-dire un banc de sable, le mot désignant en particulier les deux bancs de sable très spacieux sur la côte de Libye, la Grande Syrte (golfe de Sidra) et la Petite Syrte (golfe de Gabès).

333.– Le même genre de renseignement est fourni aussi au milieu du XIVe siècle par Ludolph de Sudheim, *Le chemin de la Terre sainte* 7 : « Le premier danger vient du vent, notamment d'un vent surprenant que les marins appellent *gulph*, qui vient des grottes des montagnes, mais il ne cause aucun dommage aux navires, sauf s'ils sont près des côtes. L'an du Seigneur 1341, la nuit du dimanche de *Laetare* [4e dimanche de carême, le 18 mars 1341], nous revenions de l'orient, poussés par un bon vent d'est, les six voiles étaient déployées et le navire sembla voler toute la nuit. Mais le matin, au lever du jour, alors que nous étions devant la montagne de Sathalie [Antalya, au sud de la Turquie] et que les marins dormaient, ce *gulph* projeta violemment sur le côté le navire avec toutes ses voiles qui furent trempées, si bien qu'il courait quasiment sur un bord. S'il s'était incliné encore d'une paume, nous aurions été noyés. On coupa alors tous les cordages des voiles, le navire se redressa un peu et nous avons échappé au péril, par la grâce de Dieu. » (trad. de Chr. Deluz dans *Croisades et pèlerinages...*, p. 1036-37)

334.– Cf. Ludolph de Sudheim, *Le chemin de la Terre sainte* 8 : « Il y a un autre péril lié au vent que les marins appellent *grup*. Il provient du choc de deux vents, mais les marins peuvent bien le prévoir. J'ai été cependant dans un grand péril à cause de ce vent lors de mon retour. » (trad. de Chr. Deluz dans *Croisades et pèlerinages...*, p. 1037)

335.– Ludolph de Sudheim évoque lui aussi ce mystérieux poisson que Chr. Deluz, sa traductrice, identifie sans certitude avec le requin, cf *Le chemin de la Terre sainte* 10 : « Un autre danger, mais qui ne menace que les petits bateaux, est celui des grands poissons. Il y a en mer un poisson que les Grecs appellent « truie de mer », que les petits bateaux redoutent beaucoup. Ce poisson ne fait aucun mal aux bateaux, sauf s'il est pressé par la faim. Si les marins lui jettent du pain, il s'en contente et s'en va. S'il ne veut pas s'en aller, il faut qu'un homme le regarde aussitôt d'un air irrité et terrible, alors il s'enfuit effrayé. Mais il faut que l'homme qui le regarde prenne bien soin de

n'avoir pas peur du poisson et le fixe avec une audace qui l'horrifie. Si le poisson sent que l'homme a peur, il ne s'en va pas, il mord le navire et le lacère. Un très respectable marin m'a dit que, dans sa jeunesse, il était sur un petit navire ainsi menacé par ce poisson. Il y avait sur le navire un jeune homme réputé audacieux et dur ; quand le poisson approcha, il ne voulut pas lui donner du pain, mais, avec l'audace qu'il croyait avoir, il se jeta dans l'eau au bout d'une corde, comme on en a l'habitude, pour regarder le poisson d'un air furieux. Mais il fut si effrayé à la vue du poisson qu'il appela ses compagnons pour qu'ils le retirassent avec la corde. Le poisson vit la frayeur de l'homme et, tandis qu'ils le retiraient de l'eau, dansant au bout de sa corde, d'un coup de gueule il le coupa en deux jusqu'au ventre, puis il s'éloigna du navire. Ce poisson n'est ni très gros, ni très long, mais sa tête est énorme et tous les dommages qu'il cause aux bateaux sont le fait de ses morsures. » (trad. de Chr. Deluz dans *Croisades et pèlerinages...*, p. 1038)
336.– Cf. Hérodote, *Histoires* 2, 159.
337.– D'après Thucydide, les premiers bateaux de guerre grec furent inventés vers 700 av. J.-C. à Corinthe et à Samos : « Les Corinthiens furent, dit-on, les premiers à montrer dans le domaine naval un esprit très voisin du nôtre, et c'est à Corinthe que, pour la première fois en Grèce, furent construites des trières. On voit aussi que le constructeur corinthien Ameinoclès fabriqua quatre navires pour les Samiens : c'est, autant qu'on puisse dire, trois cents ans avant la fin de notre guerre qu'Ameinoclès alla à Samos. Le plus ancien combat naval que nous connaissons oppose les Corinthiens aux Corcyréens...» (Thucydide, *La Guerre du Péloponnèse* I, 13, 2-4 ; trad. J. de Romilly, Paris, Les Belles Lettres, 1953, p. 9-10)
338.– Isidore parle en fait de *dromo* (*dromon*) et non de *dorma* ; cf. Isidore de Séville, *Etymologies* XIX, 1, 14 : *longae naves sunt quas dromones vocamus, dictae eo quod longiores sint ceteris, cuius contrarius musculus, curtum navigium. Dromo autem a decurrendo dictus ; cursum enim Graeci dromon vocant.*
339.– Sur ce terme de prison, cf. les explications de Fabri en 46 A.
340.– *Stella maris*, « l'étoile de mer », c'est-à-dire la boussole. Sur les origines controversées de la boussole, dont les premiers témoignages occidentaux remontent à la fin du XIIe et au début du XIIIe siècle, cf. P. Gautier Dalché, *Carte marine et portulan au XIIe siècle. Le* Liber de existencia riveriarum et forma maris nostri mediterranei *(Pise, circa 1200)*, École Franç. de Rome (n° 203), Palais Farnèse, 1995, p. 76-79.
341.– Littéralement, « la prison ».
342.– Citation tronquée d'une *Epistola ad amicum aegrotum,* tantôt attribuée à Jérôme, tantôt à Maxime de Turin, cf. Ps.-Jérôme, *Epist.* 5 (Migne, PL 30, col. 67 B) ou Ps. Maxime de Turin, *Epist.* 115 (Migne, PL 57, col. 926 D-927 A).
343.– Peut-être une allusion à un passage de la *Grande Morale* (I, 1, 19 ; 1183 A), dont l'attribution à Aristote n'est pas assurée. Il n'y a rien en tout

cas, ni au début de l'*Éthique à Nicomaque*, ni au début de l'*Éthique à Eudème*, qui ressemble de près ou de loin à ce que dit ici Fabri.
344.– Cf. Aristote, *Politique*, I, 1, 4.
345.– Le sens habituel de *inesse* (« être dans ») rendrait la phrase absurde et contradictoire par rapport à ce que Fabri vient de dire. Il faut donc voir ici dans *in* un préfixe privatif et prendre *inesse* dans le sens de *non esse* (« ne pas être, être inexistant »).
346.– Fabri donne ici une définition très restreinte du terme de *galeota* (*galeotus*), qui semble correspondre assez bien à notre terme de « galérien ». Nous l'avons donc traduit ainsi dans ce passage. Nous avons toutefois préféré partout ailleurs le terme plus général de « matelot » dans la mesure où Fabri lui-même utilise manifestement le mot *galeotae* pour désigner l'ensemble de l'équipage sans distinction.
347.– Grégoire le Grand, *Dialogues* III, 36, 1-4 (*De Maximiano Syracusanae civitatis episcopo*) : « Je ne pense pas qu'il faille passer sous silence le miracle que Dieu tout-puissant a daigné faire paraître en faveur de son serviteur Maximien, maintenant évêque de Syracuse, alors père de mon monastère (...) Comme il revenait à Rome à mon monastère, dans la mer Adriatique, il fut pris par une grosse tempête. Par un phénomène extraordinaire et un miracle inouï, il put connaître la colère du Dieu tout-puissant et sa bienveillance envers lui et ses compagnons. Pour leur mort, les flots soulevés par des vents pleins de démesure font rage (...). Alors, dans ce navire, les passagers toublés non plus par l'approche de la mort, mais par sa présence même bien visible, se donnent mutuellement la paix, reçoivent le corps et le sang du Rédempteur, se recommandant chacun à Dieu (...) Mais Dieu tout-puissant, qui avait terrifié si merveilleusement leurs esprits, conserva leur vie plus merveilleusement encore. » (éd. A. de Vogüé - trad. P. Antin, Paris, Éd. du Cerf [« Sources chrétiennes », 260], T. II, 1979, p. 409-411).
348.– Nous n'avons pas trouvé à quel épisode de la vie de saint Louis, ni à quelle source précise Fabri fait ici allusion.
349.– Traduction de *species*, terme théologique désignant l'apparence sensible des choses et qui s'utilise notamment pour désigner les deux espèces que sont le pain et le vin, représentant le corps et le sang de Jésus-Christ dans l'Eucharistie.
350.– Linge consacré rectangulaire que le prêtre étend sur l'autel au commencement de la messe pour y déposer le calice et la patène.
351.– *Excommunicatus a jure*, « excommunié de droit », c'est-à-dire au titre d'une catégorie à laquelle il appartient et non à titre individuel. Par exemple, tous les sujets d'un prince excommunié pouvaient l'être « de droit », en vertu de leur statut de sujets d'un prince excommunié.
352.– Allusion aux paroles d'un des deux malfaiteurs crucifiés avec le Christ, cf. *Luc* 22, 39 : « Or, l'un des malfaiteurs mis en croix l'insultait : 'N'est-ce pas toi qui es le Messie ? disait-il. Sauve-toi toi-même, et nous aussi !' ».

353.– Fabri semble croire que les marins font allusion à deux saints Julien, mais Simon le lépreux et saint Julien, dit l'hospitalier, ne font souvent qu'une seule et même personne. Sa légende remonte au treizième siècle. Il en est question dans Vincent de Beauvais (*Speculum Historiale* XII, 112 ; éd. de Douai) et dans Jacques de Voragine (*La légende dorée* 28). Averti par un cerf qu'il tuerait son père et sa mère, il s'enfuit pour échapper à la prédiction. Mais un jour, par méprise, il les tue, croyant tuer sa femme et son amant. En expiation, il se fait passeur au bord d'un fleuve, et le Christ, sous l'aspect d'un repoussant lépreux auquel Julien donne néanmoins l'hospitalité, lui fait enfin savoir que sa pénitence est acceptée. Cette légende inspira l'un des *Trois contes* de Flaubert (*La légende de saint Julien l'Hospitalier*). Cette légende explique assez bien le voeu d'une bonne hospitalité, d'une bonne traversée (Julien était passeur), et le fait qu'on prie pour l'âme des parents du saint.
354.– Voir la convention signée par Fabri et ses compagnons avec leur commandant Pierre de Land au folio 34 A à 35 B.
355.– Diodore de Sicile, *Bibliothèque historique* III, 9, 3 : « Singulières aussi sont les coutumes qu'ils [les Éthiopiens] observent à propos de leurs morts ; les uns, en effet, se débarrassent des corps en les jetant dans le fleuve, estimant que c'est le meilleur tombeau...» (trad. B. Bommelaer, Paris, Les Belles Lettres, 1989, p. 11)
356.– Le texte latin dit *nudis tesseribus*, littéralement des « dés nus », d'où notre traduction par « osselets », c'est-à- dire des dés sans chiffres.
357.– Ancêtre du piano.
358.– Il s'agit de la lettre 45 (*Ad Asellam*) de Jérôme, qu'il écrivit en fait non pendant le voyage, mais « au moment d'embarquer », dit-il, cf. *Epist.* 45, 6 : « Tout cela, ô ma dame Asella, au moment d'embarquer sur le bateau, je l'ai écrit à la hâte dans les larmes et les gémissements, et je remercie mon Dieu de mériter que le monde me haïsse. » (Labourt, T. II, p. 99)
359.– Cette anecdote ne figure pas dans les *Vies, doctrines et sentences des philosophes illustres* de Diogène Laërce, comme pourrait le laisser supposer la référence *in vita Philosophorum.* On la trouve par contre dans la *Vita Homeri* du néo-platonicien Proclos (Ve siècle ap. J.-C.), où la fin est assez différente : « Touchant sa mort, voici la fable qui court. Il aurait demandé à l'oracle comment se mettre en sûreté, et le dieu lui aurait fait cette réponse:

'Il est une île, Ios, où ta mère naquit : elle aura ta dépouille.
Mais gare aux jouvenceaux et à leur devinette.'

On rapporte qu'il fit voile vers Ios...Un jour qu'il était assis sur un promontoire, il aperçut des pêcheurs, les interpella et les interrogea en ces termes :

'Sires chasseurs d'Arcadie, avons-nous quelque chose ?'

Le premier venu d'entre eux lui aurait répondu :

'On a laissé ceux qu'on a pris, on porte ceux qu'on n'a pas pris.'

Mais Homère fut incapable de résoudre l'énigme, qui était celle-ci. Comme ils étaient descendus pour pêcher et qu'ils ne prenaient rien, ils se mirent à chercher leurs poux ; tuant ceux qu'ils attrapaient, ils les laissèrent sur place, mais ramenèrent ceux qu'ils avaient manqués. Et donc, tandis que découragé, Homère s'éloignait tout pensif, parce qu'il comprenait enfin le sens de l'oracle, il glissa, donna contre une pierre et mourut deux jours plus tard. » (*Vie d'Homère* 25-44 ; trad. A. Severyns, *Recherches sur la* Chrestomathie *de Proclos, IV La* Vita Homeri *et les sommaires du cycle*, Paris, Les Belles Lettres, 1963, p. 70-71)

360.– Cet hexamètre léonin est répertorié sous le n° 14493 par H. Walther, *Proverbia sententiaeque Latinitatis Medii ac Recentioris Aevi*, Göttingen, 1963-1969 (qui renvoie à J. Werner, *Lat. Sprichwörter und Sinnsprüche des Mittelalters*, Heidelberg, 1912).

361.– Cf. Diodore de Sicile, *Bibliothèque Historique* I, 80, 1-2 (et non II, 3) : « Il se trouvait aussi chez les Égyptiens une loi sur les voleurs tout à fait singulière. Elle ordonnait en effet que les personnes désireuses de se liver à cette activité se fissent enregistrer auprès du voleur en chef (τὸν ἀρχίφωρα), qu'elles lui apportassent immédiatement, aux termes d'un accord passé, le produit du vol, tandis que les victimes de perte devaient semblablement lui faire une déclaration écrite pour chacun des objets perdus, en indiquant le lieu, le jour, le moment où elles les avaient perdus. Comme par ce procédé tout était promptement retrouvé, la victime devait reprendre possession de ses seuls biens personnels, en donnant le quart de leur valeur. En effet, devant l'impossibilité de détourner tout le monde du vol, le législateur avait trouvé un moyen pour préserver tout ce qui avait été perdu moyennant une petite rançon. » (trad. M. Casevitz, Paris, Les Belles Lettres, coll. "La Roue à Livres", 1991, p. 96-7)

362.– Fabri dénature quelque peu le proverbe biblique en l'amputant de sa fin : « ce n'est pas une grande faute que de voler pour remplir son estomac affamé ».

363.– Ici encore, Félix Fabri travestit le passage biblique qui signale quand même qu'on peut tuer un voleur surpris en pleine nuit sans que ce meurtre appelle vengeance : « Si le voleur, surpris à percer un mur, est frappé à mort, pas de vengeance de sang à son sujet. Si le soleil brillait au-dessus de lui, il y aura vengeance du sang à son sujet. – Un voleur devra donner compensation : s'il n'a rien, il sera vendu pour payer son vol. » (*Exode* 22, 1-2).

INDICES

A) INDEX NOMINVM

Cet index ne comprend que les noms propres de lieux et de personnes cités par Fabri. Les noms de saints sont regroupés sous la rubrique « saints, saintes », de même que les noms d'églises, de couvents et de monastères sous la rubrique « églises, couvents, monastères ». Les chiffres renvoient aux pages.

B) INDEX LOCORVM SACRAE SCRIPTURAE ET AUCTORUM

Les points d'interrogation entre parenthèses indiquent des sources qui ne sont pas assurées.

1. Index locorum sacrae Scripturae

2. Index auctorum

TABLE DES MATIÈRES

Dépôt légal : 3e trimestre 2000

Achevé d' imprimer sur les presses
de l' Université Paul-Valéry Montpellier